大杉栄全集

第1巻

●一九〇四年七月一七日―一九一二年九月一五日

『平民新聞』『直言』『光』他

ぱる出版

赤旗事件出獄記念　左から山川均、堺利彦、大杉栄、1910(明治43)年。

日本社会党電車賃値上げ反対闘争一審勝訴記念　1906(明治39)年7月、『光』同年7月20日号から。前列左から岡千代彦、山口義三(孤剣)、吉川守圀(世民)、幸徳伝次郎(秋水)、深尾詔(少翁)、樋口伝、堺利彦(枯川)。後列左から斎藤兼次郎、西川光次郎(白熊)、大杉栄、竹内余所次郎(矮亭)、半田一郎。日本社会党員の中、当時入獄経験のあったのはこの十二名。幸徳と堺はこの事件の被告ではない。

大杉栄と堀保子夫妻、大久保百人町の自宅の前で。1911(明治44)年4月。

「春三月 縊り殘され花に舞ふ」の句。
幸徳秋水、西川光次郎二人の初入獄に際して作られたこの二人と堺利彦三人の寄せ書きに、秋水刑死後、大杉がこの句を書き加え、また山口弧剣が「王佐之器不悖平民之親友」と書き加えた。

大杉栄全集◉第1巻

凡　例

一、第1巻には一九〇四年七月〜一九一二年九月に執筆ないしは発表された著作を収録、原則として初出を底本とした。ただし、単行本等への再録に際し、著者によって加筆された部分は可能な限り補足し、その部分を〔*〕で示した。

二、無署名の著作にはその旨を記して収録した。大杉栄の著作であることに疑義の残る作品は参考作品として、またエスペラントの和訳、本文理解に欠かせない関連作品は解題の最終頁に掲載した。

三、校訂に際しては、底本の表記を尊重したが読みやすくするために以下の基準を設けた。

a　漢字は現行の慣習に従い新字体に改め、難読の漢字にはふりがなをつけ、カギ括弧は統一を図った。

b　仮名遣いは、底本のままとした。ただし、繰り返しを表す「やゝ」「アヽ」「ほゞ」「いろ〳〵」などは、「やや」「アア」「ほぼ」「いろいろ」と表記し、句点や読点は、一部補足した。

c　初出に付されたルビや傍点・圏点は、原則として削除した。

d　明らかな誤記と誤植は訂正した。

四、伏字や削除箇所は××で示した。伏字の起こしは推定を避け、確実な根拠のあるものにかぎりルビ「×」を付して補った。

五、人名、国名など固有名詞は、底本の表記とした。なお、人名は別巻の「人名索引」において現代表記と比較できるようにした。

六、一部に、今日の人権的見地から不適切な表現があるが、初出掲載時の時代的状況に照らして、そのままとした。

七、編集者による注記は付さないことを原則としたが、最小限必要と考えられる場合のみ付記した。

第1巻——目次

I

II

III

IV

V

I

［地方通信］
名古屋より

あの日午後九時三十分新橋を発車しました、途中大磯あたりで広告と檄文を四五十枚乗客に配布しまして、猶《なお》最近号の平民新聞二枚を出し端の方に「どうぞ御覧になりましたらお隣の方へ御回し下さい」と鉛筆で書きつけて隅の方に居つたお爺さんに渡しましたが、数時間の後には他の隅の方まで順々回り尽しました、当地に来てからは毎晩涼みがてら散歩しますから其都度チラシを持つて行つて撒きちらしました、その時面白く感じましたのは「オオこりや僕の愛読している新聞だ、失礼ですが貴君は此新聞とドウ云ふ御関係の方ですか……アアさうですか、それはドウも御苦労様です、では半分わけて呉れたまへ、向ふ側は僕が受持ちませう」などと言つて、喜んで応援して呉れた熱心なる愛読者のあつた事です。

当地の書店中京堂では平民新聞を毎号六十部ばかり売捌いて居る様です。（西川光次郎殿、大杉栄）

（週刊『平民新聞』第三六号、一九〇四年七月一七日）

［地方通信］

社会主義者茶話会

去る十九日当地に在住せる同志相会して茶話会を開きましたから、其《そ》の模様を通信します、初は中原氏宅にて開会の筈なりしが、同氏病気の為め急に会場を石巻篁西氏宅に移しました、来会者は僅か十三名に過ぎなかつたが、石巻氏からの御馳走なる清新な果物をかぢりつつ「如何にして社会主義者となりし乎、現今は社会主義の為に如何に働きつつある乎」等に就て愉快に談り合ひ、終りに当日徴収の会費は全部之を御社の遊説費に充て、尚御社の新聞書籍等を売つて、其の収入をも之に加へむと決議しました。（名古屋市、大杉生、矢木生）

（週刊『平民新聞』第三八号、一九〇四年七月三一日）

社会主義と愛国心

世界之新聞　社会主義と愛国心

前号の本紙第一面に記載した英国社会党員クエルチ氏の論文中にも示されたる如く、社会主義と愛国心との関係につき此頃欧州社会党間に於て大議論あり、巴里に於て発行する『社会党評論』は此の問題に関する世界各国の名士の意見を求めて、毎号の紙上に掲載しつつあり、本号第一面に訳載せる独逸《ドイツ》社会党首領ベーベル氏の論文も亦《ま》た其一なり、而《しか》して『社会党評論』は数日前平民社の堺氏に宛てて一書を送り、此の問題に関して特に日本社会党の意見を求め来れり、『社会党評論』が掲げたる問題の要領左の如し。

（一）下に掲ぐる共産党宣言の一節に対し、諸君は如何に之を解釈せんと欲するか、愛国心（パトリオチズム）と世界主義（インタナシヨナリズム）とは調和し得べきものなるか。

（二）世界主義は、社会主義者をして、帝国主義、植民主義及び其の原因と経済的影響とに対して、如何なる実際の態度と如何なる伝道の形式とを取らしむるか。

（三）海関税、労働者保護法等の如き、世界的関係に就て、社会主義者は如何なる行動を取るべきか。

（四）戦時に於ける社会主義者の義務如何。

「共産党は国家及国粋の廃止を希望すといふを以て非難せらる、然《しか》れども労働者は国家を有せざるなり、吾人《ごじん》は彼等《べか》が初より有せざる物を取去り能《あた》はざるなり、夫れ平民は其第一着の事業として政権を攫取《かくしゅ》せざる可らず、自ら一個国民を組織せざる可らず、此点よりすれば平民は即ち是れ国民的なり。但紳士が所謂国民なる語と少しく意義を異にするのみ」（共産党宣言の一節）

吾人は此の問題に関する『社会党評論』の諸論文を成るべく多く本紙上に紹介し、而て後《しかし》、改めて吾人の所見を開陳すべし。

（『直言』第二巻第三〇号、一九〇五年八月二七日）

英国社会民主党首領　ケルチ氏

現時欧州諸国社会党の間に極めて重大なる一箇の問題起れり、即ち万国連合社会党運動の死活に関する重大問題発生し来れり。問題とは何ぞや、万国連合運動は如何なる程度に於て愛国心と両立し得るや、社会主義者は現体制の下に於ける防御戦争に参加すべき義務を負へりや否やといふもの即ち是れなり、之に就きて仏国社会主義者の間には二個の相異なれる意見あり、同国社会党の首領ヴエーラン氏は曰く、予は国民をして目下の極東戦争に参加するを拒ましめ、本国紳士閥に対する反抗に依りて社会革命を開始せしむるに尽力せんと、エルヴエ氏は更に一歩を進めて曰く、若《も》し仏国が独逸より攻撃を受くることありとも、予は国民をして侵入軍に抵抗すること勿《なか》らしめ、国内に於ける一層憎むべき敵に対して、其勢力を集注せんことを勧告すべしと、然るに独逸社会党の首領ベーベル氏は之に反して、社会民主党は他党と同じく独逸帝国の寸土をも防御せんとすと議会に於て宣言し、仏国に於てもゲロール、リシヤル氏等の一派は、エルヴエ氏の意見に対して強き反対の意を表せり。

此問題に対する解答は、「愛国心」てふ語の意義に依りて決せらるべし、吾人は今茲《ここ》に古《いにし》への愛国心を意味すべきか、将《は》た今の愛国心を取るべきか。旧愛国心は自己の国、即ち「生　国《ネチーブランド》」に対する愛なりしが、新愛国心は他の人民の国土に対する愛、即ち若し能ふべくんば、そを獲得せんとする決意也、マルクス、エンゲルスの二氏、共産党宣言中に述べて曰く「共産党員は国家廃止の企望を有するものとして非難せらるるも、労働者は国家を有せず、吾人は彼等の有せざるものを彼等より奪ふ能はざる也、故に平民は先づ政権を其手中へ収めて、国民の指導者となり、彼等自から其『国』を組織せざるべからず」と、此の平民自から「国」を組織せざるべからずてふ見解よりすれば、愛国心と万国連合主義との間に何等の衝突もあらざる也、万国連合主義は各国民の自治を基礎とするものなれば也。

吾人社会主義者は、小なる人民の国民的自由を禁遏《きんあつ》し其独立を奪はんとする攻撃的戦争には断乎として反対す、英国社会党がボーア戦争に反対したるは、之れボア人は自から其国事を処置するの権を有すと信じたるが為にして、又、吾人は万国連合主義は自由国民の自由連邦を意味すと信じたるが為也、茲に於てか知るべし、吾人が英国帝国主義の国外に於ける発動に反対するの理由は、即ち亦た吾人が外国侵入軍に対する抵抗を正当とするの理由なることを、而して吾人が外敵防御に参加するの意思は、又、吾人が印度の独立に助力せんとすると同一の意思なり、ベーベル氏の議会に於ける言、亦蓋《けだ》し此意に出づるなるべし。

生産機関の共有は人類自由の為に必須の要件たりてふ、社会主義の根本原理より見る時は、国民なり、自治団体なり、個人なりの自由を得る事は、即ち其の目的にして、共有制度は只だ此の自由を得んが為の手段に過ぎず、故に吾人が追求し防衛する所のものは即ち経済上、政治上、及び社会上の自由に在り、されば社会党の政策は常に此の目的に従はざる可らずと雖《いえど》も、之を実際に適用するに於て、善く一定の手段を確立するは、決して容易の業に非ず、例へば、一般の原則として、国家の自由、独立、領土を防衛するは人民の権利にして又義務なりと定むるも、此の原則の当否は外国侵入軍の性質に依りて決せざるべからず吾人は固《もと》より英国人として自ら英国を救済せんと欲す、然れども階級闘争はあらゆる他の闘争を超越して重要なり、故に、若し、仏蘭西《フランス》、独逸、若くば其他の国の労働階級が政権を握り、此国に侵入して此国の革命運動を助けたりとせば、之を歓迎し之に抵抗せざるは、固より吾人の義務たること明瞭なり。

　されば、国家の自由独立の為、及び民権救護の為には、社会主義者も亦た国防軍を助くるの義務あり、然れども侵略的戦争には断じて反対し、内国の権力階級を敵として人民の自由の為に侵入する外国軍をば断じて歓迎せざる可らず、是れ洵《まこと》に簡単明白なる原則の如しと雖も、之を実際に適用するに至つては、決して而《し》かく容易なるものにあらず、貪婪《どんらん》なる侵略に対して起りたる防衛的戦争も、変じて攻撃的戦争となり、ボーア戦争、日露戦争の如く、其実防衛的にして外観攻撃的なるものも亦た少からず、従つて社会主義者が純然たる防衛的戦争なりと信じて戦闘に従事し、後に至りて其の攻撃的戦闘たるを知るが如きも、亦た有り得べきの事たり、社会主義者の戦争に対する義務豈《あに》常に明白ならんや、印度の土人が英国の帝国主義的資本家の桎梏より脱せんことは、吾人の衷心《ちゆうしん》より喜悦する処なり、さればとて露国の印度侵入に対して之に抵抗せざるが、吾人の義務なりとは云ふべからず、吾人が我に従属せる人種を解放し、彼等をして自由に其発達を遂げしむるは正当なり、而かも一旦彼等を吾人の権力の下に置きたる以上は他の一層残忍貪婪なるべき攻撃者に対しては之を防衛せざるべからず、此の説たるや敢て異論を容るるの余地無きが如くなるも、若し一旦之を正義なりとして許容せんか、帝国主義、軍国主義の、不正にして且つ危険なる攻撃侵略の門戸は忽《たちま》ち茲に開かるべし、ボア戦争、キュバ戦争、皆之に托言したる者には非ざりしか。

又、前述の如く、社会主義者は人民の権利、国家の自由を防衛する為には、進んで戦争に参加すべく、且つあらゆる専制に鉾《ほこ》を向くる侵入軍は之を歓迎し、之に援助すべしとせんか、彼等は他国に於ける斯の如き侵入軍にも、猶ほ参加援助するの準備を為さざるべからず、然れども斯の如きの問題は現時直ちに起るべきにあらず、或る一国に於て社会革命が充分の勢力を得るに至らざる限り、此種の侵入軍は決して組織せざる事なかるべし。

社会主義と愛国主義との関係、実に斯くの如し、然れども社会主義は仮《よ》し戦ふべしとするも、戦ふ可らずとするも彼等は今戦ふべき力量方法を有せざるに非ずや、故に社会主義者はトルストイの無抵抗主義を取らざる限り、其の戦ふべき力を有せんが為に民兵主義を主張せざる可らず、近世の国家の仲裁裁判を以て国際の紛議を決定せんとすれども、而も猶ほ其背後には兵力なかる可らず、今の社会は到底「力」の上に立てり、「力」に依らずして之を顚覆し得べきや否やは今後の見ものなり、吾人社会主義者如何に戦争を憎み平和を愛すと雖も、而も事実を無視すること能はず、乃《すなわ》ち此の愛国心と万国連合主義との問題に関し、彼是《かれこれ》と思ひあはせたる後、現時の状態の下に於て吾人の為し得る所は、左の数件の外なしと信ず、曰く常備軍を廃して民兵を以て之に代ふる事、曰く国際裁判所を設け直接投票に依りて和戦を決する事。

『直言』記者曰く、本編中、露国に対する日本の態度に関する批評の如きは、甚《はなは》だ其意を得ざるものあり、次号には此の問題に関する吾人の評論を掲ぐべし、吾人は猶ほ次号以下に於て、此問題に関する欧州社会主義大家の意見を紹介すべし。

（『直言』第二巻第二九号、一九〇五年八月二〇日）

独逸社会党首領　ベーベル氏

（一）愛国心　固有の言語と固有の風俗と固有の文明と而して又固有の歴史とを有する一国民は、一組織団体として自ら発達し自ら統治するの権利を有するものなり。而して愛国者とは、其出生と其言語と其風俗とにより、自己が隷属する一国民全体の利益の為めに、別に他国民に傷害を与ふる事なくして、更に崇高なる文明を誘致せんと勉《つと》むる者を云ふなり。故に若し茲に、個人的利害を打算する事なく、又権力階級に服事する事なく、即ち一切万民の利益の為に、斯の如き目的を追求する者ありとせば彼は人民の望み得べき最高理想を実現したる者と云ふ可し。

（二）世界主義　世界主義とは、各国民間に於ける文明の平和的関係を支持し発達せしむるの意にして、国家間の威力的圧伏の謂《いい》に非ず、又国民間の暴力的結合の謂に非ず。

一国民の国民的文明の外に更に世界的文明あり。而して各国民は其倫理的及び知識的発達の比例に於て、此世界的文明に参与す。吾人の実業上の関係、科学上、美術上、文学上の活動、発見発明諸品の交換の如きは、此世界的努力の最も顕著なる特性を有するものなり。

而して此世界主義は、商業同盟航海条例、同盟条約の決行により、文明諸資料の交換により、労働者保護の万国法律により、国際法の発達により、内外国人の権利義務の平等により、各国民の人道的努力の発達により、仲裁裁判を以て国際紛争を解決する事により、前述の如き世界的関係をして益々密切ならしめんと欲するものなり。

故に又、此世界主義は、必然的に社会党をして、征服の渇望、国家の敵愾《てきがい》的孤立、税率戦争、陸海軍の挑戦的準備に対し、極力反抗せしむるものなり。何となれば、此等の事件は、総て国家間の紛争を招き、遂に全世界をして常劫の修羅場たらしむるものなればなり。

而して此世界的事業を成功せしむ可べき方法は、万国国会を開設し、各文明国より其代表者を選出せしめ、而して此世界的関係を規定して、益々之を堅固に為さしむるにあり。

斯《かく》の如く愛国心と世界主義とは決して衝突す可きものに非ず。而して人類文明の完全すると共に其関係は益々円満ならんとするものなり。

（三）課題の第二、第三、両問に対する解答は、前述の結果、左の如くならざるを得ず。

即ち社会党は、或は団体に、或は集合に、或は出版に或は国会に、到る処、吾人が先きに分析したるが如き活動の意義に於て行動せざる可らず、而して若しも国民間に於ける敵愾心が、直に消滅し得ざる時は、只《ただ》漸《ようや》く之を稀薄ならしむるに勉めざる可らず。

（四）戦時に於ける社会党の義務　社会党は今日猶、国民の中にも、国会の中にも、少数党なり。而して国家の外交政略に対して、常に傍観者の位置にあり。故に其《その》明確なる義務は、更に高尚なる意義に於ての外交政略に其勢力を及ぼさしむるにあり。

然れども若し、社会党の意志に反して戦争の爆発したる時は、社会党は厳烈なる抗拒《こうきょ》を以て、之が原因を考究せざる可らず。

若し自国政府が侵入者ならば、戦争を為す可き総ての方法を峻拒し、而して其全力を尽して戦争と戦はざる可らず、又若し、自国政府は他の侵入を受け、其意志に反して戦ふの已むを得ざるに至りたるものならば、社会党と雖も政府との共力を拒む事を得ざる可し、何となれば、戦争の為め最少の苦痛を感ずるものは政府にして、最大の苦痛を感ずる者は国民なればなり。

又若し、戦争にして、恰《あたか》もセダン役後に於ける普仏戦争の如く、侵略的性質を帯ぶる時は、社会党の義務は正に之と対抗するにある可し。

千八百七十年の普仏戦争に於て、リーブクネヒト及び予は、公債募集の討議に投票せざりき。何となれば吾人は、此戦争が、当時吾人の盛《さかん》に攻撃したりしビスマルク政略の必然的結果なるを知り、又西班牙《スペイン》王位にホーヘンゾルレルンを候補者と為したるも、単にビスマルクが其熱望せる戦争中に、ナポレオンを投ぜしめんとしたる、一の口実に過ぎざるを熟知し居たればなり。但し吾人は只だ単に公債を拒絶しつつ敢てナポレオン政略を是認するが如き態度をば取らざりしなり。

然れどもセダン役後、吾人の希望したる平和条約は、勝利の獲物としてアルサス、ローレンの割譲を請求したる為め、遂に締結せらるるに至らず、戦争は遂に再び継続せらるるに至れり、是に於て乎《か》吾人社会主義者は単に戦争の継続に反対したるのみならず、国会に於ては、満場一致を以て、戦争継続の為めに要する新公債を拒絶するに至りぬ。

一般に、被征服国民は征服者の中に於て外国人団体として永存するもの也。其好適例は芬蘭《フィンランド》分割なりとす。芬蘭の最後の分割は、既に百十年以前の事なるも、三征服者の領土内に於て、芬蘭国民が其国民的独立を熱望するは、実に未曾有の高度に達しつつあり。彼の瑞西《スイス》共和民主国が、独乙《ドイツ》人、仏蘭西人、伊太利《イタリア》人を雑居せしめて、而も極めて平和なるが如きは却て此理を正確ならしむる例外に過ぎず、何となれば、瑞西に於ては、各民族の間に圧制者、被圧制者の別なければなり。然るに彼の半専制国たる墺太利《オーストリア》に於ては各民族常に反目争闘す。是れ一民族が他の民族を圧伏せんと欲するが故にして、又斯の如き時代遅の政府は、各民族の争闘によりて、漸く存在し得るに過ざる也。

要之《これをようするに》若し戦争が一国民より其領土の一部分を割譲せしめ或は全国民をして被征服者たらしむるが如きに至らば、社会主義者は、戦争に対する其恐怖を捨て永久の奴隷状態より脱す可く、其国家の土地を防御するに全力を尽さざる可らず。

今一例を挙ぐれば、独乙は新領土を得んが為めに仏国と戦争を開始せりとせんに、吾人は素より斯くの如き戦争の為めの公債を拒絶せん、又た極力之れに反抗して闘はん、然れども吾人は其時、仏国の同志が征服者たる独乙を其国境外に駆逐せんと勉むるを以て正当なりとす。

社会党運動の規則正しき発達は、其国の独立に負ふ事大なり。而して一国民が圧制を加へらるる間、階級の反目、階級の争闘は、遅々として進境を見ず。予は社会党が、国民的に又世界的に、如何なる位置に在るものなるか、又戦時に於て如何なる行動を取らざる可らざるかに就き、明白なる論断を下したりと信ず。

(『直言』第二巻第三〇号、一九〇五年八月二七日)

伊太利社会党首領　エンリコ・フェリ氏

社会生活の困難と義務とより遁《のが》れ去らんと欲する、所謂世捨人は、精神病理学上の個人主義者にして、又生命の自棄者、自殺者とも称す可き者也。

独身者は敢為《かんい》の人たるを得べし。然れども彼は又個人主義の体現者也。彼は自己の存在をして、男女当然の状態たる家庭生活にすら到達せしめ能はざる者也。

一家庭の父にして我家庭外の何事にも無頓着なる者も、亦た大いに世人の尊敬を受くるに妨げなかる可し。然れども彼は又、多少制限せられたる意義に於て個人主義の体現者也。彼は公人として社会の欲望と闘争と危険とに関知する能はざる者也。

労働者にして其工場外に社会あるを知らざる者は、資本家道徳の好模範たるべし。然れども彼は労働組合、議員選挙、結社集会に一味たる能はざる者也。即ち寺院、国家の権威を尊奉して団結てふ人類の叫喚に耳を閉づる誠に御目出度き動物也。

一個人、一家庭の外、更に公共生活の事に思慮する者は、其町村郡県の事に関与すると共に、又其の全国民的生活にも関与するを得べき者也。

而して此等の偏愛心を漸次《ぜんじ》拡大して其一身に集めたる者は、更に歩を進めて国境外に出づれば、其偏愛心を以て人道の為に貢献せしめ得べき者也。

斯くの如く独身者若しくは家庭の父は、必ずしも愛国の士たらず、又人道の士たらず。然れども愛国の士、人道の士は、自づから又家庭の善良なる父たるを得べし。是れ個人の愛と、家庭の愛と、国家の愛と、人道の愛との間に、少しも抵触する所なき所以《ゆえん》に非ずや。

若し夫れ、家庭の愛を殺し、人道の愛を傷《きずつ》くる、個人の愛、国家の愛の如きは、共に其堕落の頂上に達せる者也。

されば、是等諸種の感情は、其神聖なる形式に於て、必ず共存し得べき者たるや明か也。

吾人の最もよく知る者は吾人自身なり。而して吾人の徳行と欠点とは、近世良心説に従へば、決して吾人の意志によりて生ずる者に非ず。故に予は、予自身に就きて少しく此問題を語らんと欲す。

予は予の個人性を愛する者也。而して常に一身の衛生に勉むる者也。此の自愛は予の健康をして極めて頑強ならしめ、遂に次の如き甚だ多忙なる労働に服するを得せしめたり。即ち予は、生活の資を得る為め弁護士たるの外、科学者として、伝道者として、大学教授として、又日刊雑誌、日刊新聞の主筆として、常に其職を果しつつあり。

予は又家庭に注意を加ふる甚だ大なる者也。而して之が為めに予の家庭は、予の政治的生活の暗澹《あんたん》たる風雨の中に、平穏なる生活を営みつつあり。

家庭の外に、予は予の生れたる村を愛する者也。而して其美はしかりし幸福なる幼年時代は、恰も青年時代及現今の時代の如くに、今猶予の心臓の鼓動の中に活躍するを覚ゆる也。

家庭の外に、予は又予のマンツー県及ロンバルヂー州を愛する者也。而して伊太利の残部総てを以てするも、予の嗜好は猶此地方に傾けるものの如し。

然れども予は、更に予の大本国たる伊太利全国を愛する敢て人後に落ちざる者也。而して今日まで予の受け来りし批難と迫害とは、総て此愛国心の禍《わざわい》する所也。予は同国人をして、羅馬《ローマ》共和国及び文芸復古時代の祖先よりも、更に幸福なる新社会に到らしめんと勉め居たりし也。

斯《か》くの如く予は予の個人、家庭、郷村、国家を愛すること甚だしき者也。然れども予は一面に於て熱烈なる社会主義者たるに些《いささ》かも妨げらるる所なし。予は戦争を以て野蛮時代の異物なる悪魔なりとし、平和の進歩を以て個人的、国民的、世界的幸福の唯一の保証者なりとする人道の士たるに於て、少しも矛盾する所なし。

人道の愛を以て愛国心の敵とする者は、彼の個人より家庭に、家庭より都市に、都市より国家に、国家より世界に、石を投じたる湖水面の漣《さざなみ》の如く順次拡がり行く愛他的感情の、人心の奥に存するを知らざる者也。

人道の愛と一致せざる、所謂国家主義と称せらるる者は、素より愛国心の堕落せる者也。然れども現下の問題は疾病と健康とを調和せしむる事に非ず。只だ漸くに向上し来る倫理的健康状態を発達せしめて、遂に社会主義てふ世界的良心の十分なる発展に到達せしむるに在り。

前述の如き一般概念よりして、課題に答ふること左の如し。

（一）愛国心と世界主義とは完全に調和す可く、又知識ある近世人には必ず共存す可き筈の者也。而して自己の身体健康を顧みざるが如き過度なる愛他心、又国家の愛を傷害するが如き過度なる世界主義は、共に甚だ有害なる者也。何んとなれば一は精力を消尽して其生命を短縮せしめ或は無益ならしむる事あり、一は人道の多面的進歩に甚だ必要なる国民的天才を、個々に発達せしむるを妨害する事あれば也。

故に社会主義は、個人に対するも、国民に対するも、同じく彼の「各人は其性に従つて益々発達せざる可らず」てふゲーテの理想を実現せしめんと欲する者也。

然れども茲に忘る可らざるは、国家にはダンテの云へる如く「一民命令して一民凋悴《ちようすい》する」の事実ある事也。詳言すれば、社会主義者は、被圧制者、被奪掠者を解放するを以て、国家の独立を衛《まも》ると同様に高尚なる義務なりとなさざる可らざる事也。

（二）軍国主義に対する社会主義者の態度は、極力之に反抗するの外なし。戦争と労働とは人類進歩の二大勢力也、然れども戦争は、権利を非認する太古の蛮的勢力也。其目的、其方法は只だ盗奪と殺人とあるのみ。之に反して労働は、自然界の総ての困難に抗する団結的協力也、幸福と道徳と進歩とを増進せしむ可き最大勢力也。戦争は破壊也、濫費也。而して労働は生産也、発達也。

（三）世界的関係に於ての社会主義者の任務は、国民的関係に於ると異なるなし。即ち個人間の団結と国民間の団結との教導者たるに在り。盗賊、殺人、強姦等の如き個人的罪悪、及び戦争、掠奪、植民等の如き社会的罪悪の世界をして、労働と友愛との世界に変ぜしむに在り。

（四）若しも予の家が盗賊の為めに襲はれたる時は、予は死に至るまで予及び予の家族を防御せん。若しも予の本国が征服者の軍隊によりて襲はれたる時は、予は死に至るまで之と戦はん。然れども、若しも政府者と称する我国の紳士閥が、他国民の国土を劫掠する事あらば、予は絶対に服従を拒否せん。

今日、斯くの如き場合に於て、予と同一の答を為し、且《か》つ之を実行せんと欲する者は、蓋し甚だ稀少なる可し。然れども、十年、十五年、二十年の後に於て、社会主義の伝道は遂に之を以て最大多数たらしむるに至らん。

是れ即ち新人道也。

（『直言』第二巻第三一号、一九〇五年九月三日）

仏国社会党員　ギユスタヴ・エルヴエ氏

（記者云、エルヴエ氏の所論は最も極端にして最も大胆なり、既載のフエリ氏、ベーベル氏、クエルチ氏等に比し、甚だ異なる所あるを見るべし、吾人は直ちに此の極端の論議に賛すること能はずと雖も、諸説を並記して参酌《さんしゃく》対照の便に供せんと欲す。）

一

愛国心と世界主義とは調和し得べき者なる乎。然り恰も水の火に於るが如し。

然らば、愛国心とは何ぞや。

我故郷を愛するの謂乎《いいか》。否、吾人は吾人の出生したる郷村が、たとひ明日は独領となり、露領となり、清《しん》領となることあるも、依然として一種の詩的愛憐の情を有す。

政府現在の組織を愛するの謂乎。否、若し之を以て真ありとすれば、諸政党に属する愛国者なる者は、全然無意義の者とならん。

風俗習慣、精神状態、国民的天才に執著するの謂乎。否、風俗習慣と精神状態とは、地方より地方に、都会より田舎に、階級より階級に異れり。而して仏国の農夫と独国の農夫との、風俗習慣、精神状態は、寧《むし》ろ同一国の紳士閥と農夫との夫《それ》よりも、類似する所多し。

諸国民が、交通機関の不完なるにより各割拠して生活したる時代に於ては、国民的、郡県的偏性は、甚だ盛んなりき。されど諸国民間の交通が便利となり複雑となるに従つて、国民的天才の差異も消滅す。即ち美術、文学、殊に科学の如きは、漸次其国民的形態を失ひつつあり。

故に愛国心とは、如何なる国家なるかを問はず、又其国家が如何なる欠点、如何なる政体、如何なる社会的状態を有するかを問はず、兎も角も吾人が偶然に出生したる国家に、吾人を結付けんとする一種の感情也。而して国家とは、或は随意に、或は多く強迫によりて、同一法律と同一行政との下に集合し、同一の愛国的教育と同一の国民的熱情とに屈従する人民と土地との総体を云ふ。

斯の如き不自然極まれる感情は、各国共に、其の権力階級によりて発達せしめられ、保護せられ居れり。是れ将《まさ》に勃興し来らんとする階級闘争を禦《ふせ》がんが為めに、権力階級の苦心惨憺する窮策に外ならざる也。

愛国心は、前述の如く、権力階級の利益の為めに、階級闘争を妨ぐる結果として、個人の奪掠を益々盛んならしめ、国内の富豪と貧者をして、外国人に対して一団体を形成せしめたり。

之に反して、世界主義的社会主義は、歴史によりて区画せられたる国境線を破りて、人種と言語との区別を去り、只だ富者＝対＝貧者、階級＝対＝階級の団体を形成せしめたり。

是れ実に、両者の到底宥和す可らずして相背馳《はいち》する所以なり。

故に、愛国心を以て現在の国家を愛する者と為し、若しも国家が侵略せられんとするときは、挺身国難に当らざる可らざる者と為さば、吾人社会主義者は、吾人が現在の総ての国家の敵なる事と、吾人が現在の国家を以て厭嫌と憎悪とに満てる継母なり鬼婆なりと認むる事とを、明白ならしめんが為めに、断じて非愛国者なりと宣言せざる可らず。

二

非愛国的社会主義の、国家に対する感情は、前述の如くなるが故に、第四問たる「戦時に於ける社会主義者の義務の如何なるか」は、自ら明かなる可し。

即ち、如何なる場合に於ても、国際戦争に於ては、社会主義者は、現在の国家を防衛する為めに、一滴の血、一寸の肉をも与ふ可らず。開戦の宣告は、何《いず》れの国より発するも、吾人の生命を危険ならしむるに於て同一なり。故に現在の国家を防衛せんが為めよりは、寧ろ此機に乗じて社会的革命を試むる為めに、吾人の生命を賭す可き也。

今、最も進歩したる国家が、最も退歩したる国家の為めに滅亡せられたる場合に於て、平民階級は何物を失ふ可き乎。資本家階級は、経済的方面のみならず、政治的方面に於ても、到る所に平民階級を凌辱するは同一也。然れども政治上の根本自由とも称す可き、出版結社の自由を国民に拒絶するは、現時に於て欧州諸政府の不可能とする所也。露国に於てさへ専制政治は既に死滅に瀕しつつあり。

若しも独乙国の大部分が露国に併呑《へいどん》せられ、或は仏国の大部分が独乙国に併呑せらるる事ありとするも、被併呑国の労働階級の為めには、其の害毒決して大なるものに非ず。労働階級は経済的方面にも、無形的方面にも、之が為に何物をも失ふことなし。何となれば、被併呑国民より、其言語、其精神、其特種なる天才を奪ふは、現時に於て欧州の征服者の不可能とする所ろ也。労働階級は只少しく政治上の権力を失ふに過ぎず、然れども被併呑国民が征服国民よりも進歩したる者ならんには、時代遅れの専制政体を廃滅せしむるの機を早むる事と国境を廃止する事とを以て十分に其害を償ひ得べき也。

難者《なんしや》曰く、斯の如き政策を伝道せんには、仏国の如く言論の自由なる国に於ては、甚だ好都合ならんも、独乙国に於ては、恐らく政府の干渉によりて水泡に帰するならんと。

否！　既に独乙社会民主党は、如何なる政府も社会党の運動を絶滅せしめ能はざるの証拠を与へたるに非ずや。ビスマルク宰相が彼の如き暴行を加へ得たりしは、猶社会党の幼少時なりし故なり。社会党員の数を二倍三倍したる今日に於てヰリアム第二世は、果して能く其迫害を再び為し得んや否や。

難者又曰く、ホッテントット、カーフレ、モンゴルの如き蛮族が、現在の国家を侵略して、到る処に紳士閥と平民との別なく、掠奪し虐殺する事ありとするも猶国家を防衛せざる乎と。

斯くの如き有《あり》さうにもなき事実が現はれたりとすれば、吾人は武器を取つて之に対抗もせん。されど是れ要するに、国家を防衛するに非ずして、身体を防衛する也。

難者又曰く、戦時に一揆を起して、社会的革命を成さんとするは甚だ好し。然れども之れ実現す可らざる事なりと。

社会的革命を実現せんと欲するには、政府の軍政が国際戦争の為めに、隣国軍隊に対抗するの時にあらずんば、決して之を為すこと能はず。斯かる好機会に於てすら、猶之を実現し得べからずと謂ふは、是れ恰も革命其者を信ぜずと云ふに同じ。唇の先のみ革命家にして心の奥底にては情なき改良家也と自白するに同じ。

難者又曰く、然らば侵略戦争と防御戦争との間に、何等の差異をも認めざる乎。

然り、何となれば、実際に於て、交戦国たる両国政府の何れが真の侵略者なるかを知るは、到底不可能の事なればなり。例へば普仏戦争、英杜《えいと》戦争、*〔日露戦争〕の如き、是れ也。政府及び権力階級は、新聞及び電報を縦横に利用して、自国が侵略せられたる事、隣国が攻撃し来れる事につき、自由なる印象を人民に与ふることを得る也。

故に、国家が侵略せらるる場合に国家を防衛せんと云ふは、即ち如何なる場合にも国家を防衛せんと云ふ者也。何となれば、戦争の開始したる場合には、罪は常に双方の上にあれば也。何《いずれ》が真の侵略者になるかは決して知ることを得ざれば也。

難者又曰く、されど一八九一年のブラッセル大会、及一八九三年のヅーリッヒ大会は、此詳論を非認し居るに非ずや。

一大会の為したる事とて他の大会之を破る能はざるに非ざる可し。しかも事情既に同じからざる、十四年以後の今日に於てをや。

三

吾人の非愛国主義と戦時一揆の説とに抗する反対論は、到底共に真面目のものと為すに足らず。

即ち、或る社会主義者、殊に国会派社会主義者の首領が、吾人の議論に与へたる反対論は、吾人の議論を以て、非社会主義的なり、無政府主義的なりとするに非ずして、只自ら白状するを好まざる、又公然に宣言する能はざる、次の二理由より来る者の如し。

（一）、最も年長なる社会主義者の多くは、彼等が嘗《かつ》て学校に於て授けられたる愛国的宗教によりて、其の骨髄にまで染毒せられ居れり。而して彼等は常に、自由なる討究と自由なる評論とを試みんとあせるにも係らず、最も若き汚れざる脳髄が根本的に破壊し得べき、愛国的先入と愛国的惑乱とより逃れ出づる能はざる也。

（二）、如何なる国に於ても、社会主義は近来、多少選挙的、改良的、非革命的政党となれり。而して、国会の討議を以て一時応急の策と為すに止まらずして、社会主義的社会に到達する唯一方法と認むるに至れり。かくして、選挙の勝利の為めには、急進党、民主党＝社会主義的ならずして、甚だ愛国的なる者＝の御機嫌を伺ふに至れり。而して独乙に於けるが如く、仏国に於ても、国会派社会党首領の曖昧極まれる世界主義を生ずるに至れり。

若し社会党が単に選挙的、改良的の政党ならば、選挙といふ利益の為めに、其の未来と理想とを犠牲にするも可ならん。又今日まで主張し来れる世界主義も、必要に応じては放棄するも可ならん。

然れども、社会党が革命党なる以上は少なくとも欧州工業中心地に於て、兵力の一撃の下に社会主義を実行すべき唯一の好機会を、取遁《とりに》がす可きに非ざる也。

（『直言』第二巻第三二号、一九〇五年九月一〇日）

［世界之新聞］

断頭台上の三青年　革命党員の死刑

プレカノフ氏を主幹として巴里市《パリ》の一角より、露国革命の為めに焔火《えんか》の如き気を吐きつつある『露国評論』紙上、三烈士の死刑と題する一悲劇を載せて、万国同志の熱涙と復讐とを要求せり。三氏名をシドルチユク、ペルシス、ニキフオロヴと呼ぶ、共に露国革命的社会党の地方実行委員たり。而して共に猶太人《ユダヤ》虐殺の指導者なる警吏某々を殺害したるの故を以て、去年初夏断頭台の露と消えたる者也。今之が小伝を作る。

公判廷上、軍法会議議長チエネヴスキー将軍の傲然《ごうぜん》起立を命じて、型の如く年齢の尋問より始めんとする時、シドルチユク徐《おもむろ》に曰く

予は起立するを欲せず。而して又、汝の尋問に応答するの無益なるを信ず。汝の有する皮袋は、予の行為に関する報告書にて満ち満てるを知るが故也。汝は予の裁判官に非ず。予は汝の被告に非ず。予は彼の暴虐なるクイアロヴを刺殺せり。然れども、直に之を以て有罪なりと認むる能はず。何んとなれば予の犯したる革命的行為は……

かくして彼は滔々《とうとう》其赤心より湧出づる雄弁を奮つて、猶太人虐殺当時の惨状を陳述し、更に其弁論の終結として叫んで曰く

斯の如きもの、是れ予をして自ら殺人の任に当らんと、本部に嘆願するの不得已《やむをえず》に至らしめし所以也。宣告文に記して、実行委員の目的は、革命の障碍たる総ての人物を地上より葬り去るに在りとあるは誤謬《ごびゅう》也。露国皇帝に使役せらるる総ての官人は革命の障碍物也。然れども我が中央及地方実行委員は、此等諸官人の中、殊に狂暴なる非行を敢てしたる者のみを目的と為る者也。我党の之を為す、決して党自身の為めに非ず。只労働者の利益を慮《おもんぱか》るのみ。我党は、斯の如きテロリスト的行為を以て、攻撃の具と為すに非ず。只自衛の為め也。

弁論は終れり。公判は死刑に決せり、裁判長は「陛下の名によりて」宣告文を読始めたり。シドルチユクは依然椅子に腰掛けたる儘《まま》也。

「起て」

裁判長は狂気の如く叫べり。

「飽迄も予は起立せじ。寧ろ暴力を以てせよ」

斯くの如くして彼は廷丁の巨腕に擁せられ、断頭台上に登れり。

噫々《ああ》此時、遽然《きよぜん》叫喚の声は、満廷に貫き渡れり。僅《わずか》に裁判官の恩恵を以て、其愛児の最後を看んと欲して来れる、貧しき農婦、シドルチユクの母は卒倒して死せる也！

シドルチユク時に年十九歳也。

ペルシスはドヴインスカ地方実行委員の一人にして、警吏クルリアンドスキを撃たんとし、捕はれてヴイルノ軍法会議の為めに、死刑に処せられたる者也。

彼、其姓名を問はるれども答へず、只其実行委員たるを宣言して、罵ツて曰く

我れ未だ無邪気なる労働者なりし時、警吏と憲兵とは吾人労働者の利益の為めに、奪掠者の桎梏を破り、虐殺者の鋭刃より遁れしむる者と思惟《しい》せり。然れども一度小過失の為めに拘引せられたる予は、始めて吾人労働者に鉄鎖を負はしめて、彼等圧制者の爪牙たる者は、汝、警吏と憲兵となるを知るに至れり。看よ、罪なき老若の男女を馬蹄の下に惨殺せしめたる者は、汝、コザツクに非ずや。同胞猶太人の死屍をして街路に堆からしめたる者は、汝、猾犬警吏に非ずや。

而して彼は声を絞つて叫びぬ。

来れ、復讐！ 彼等圧制者をして斯壇上に立たしむるの時は近づけり。

是れペルシスの最後也、彼の齢亦十九歳也。

ニキフオロヴは秘密警吏長グレシネルを殺し、ニジニノヴゴロド軍法会議所に於て頸刎《くびは》ねらる。

彼は只沈黙を守れり。而して只大胆に死せり。

叫んで曰く

社会主義万歳！

革命的社会党万歳！

（『光』第一巻第四号、一九〇六年一月一日）

[世界之新聞]

之を命令する者に発砲せよ

由来仏国は革命の国也。同盟罷工の国也。新聞紙を見る、日々数件の同盟罷工あらざる事なし。而して其の少しく大なる者に至りては、常に軍隊を派遣して銃剣馬蹄の下に之を蹂躙《じゆうりん》せしむ。仏国の社会主義者之を憤りて、或は演説会に、或は新聞紙に、或は議会に、之を難ずる事既に久しき以前よりなりき。殊にヘルヴエ一派の社会主義者は、戦時一揆の説（直言第二巻第三十二号社会主義と愛国心を参照せられたし）を唱へて非軍備主義協会を設立し、無数の檄文を配布して都市村邑《そんゆう》到る処非愛国、非軍備の声を高めつつありき。然るに頃日報あり。ヘルヴエ以下二十余名、其の論議する所公安に害ありとの故をもて、裁判の結果各々数ケ年の懲役に処せられたりと。今之を詳記して仏国非軍備主義者の勇敢と、仏国為政者の暴横とを見んと欲す。

之を命令する者に発砲せよ

ヘルヴエ以下二十余名の処刑せらるるに至りしは、次の如き檄文を以て其の重なる原因と為す者の如し。其の檄文の一句に曰く、兵士諸君！　若し諸君の士官が諸君の兄弟に対つて発砲を命じたる時、諸君は之に応ずるに躊躇する事勿《なか》れ、されど注意せよ、諸君の銃口は決して諸君の兄弟たる労働者に向くる事勿れ。諸君の撃つ可き的は即ち此の如き命令を発したる士官なるを忘るる勿れ。

又曰く

労働者諸君！　未来の兵士諸君！　諸君の同胞たる他国労働者を殺戮す可く、国境の外に送られんとする時、諸君は決して之に応ずる勿れ。戦争は総て罪悪也。動員の命下らば、諸君は直に総同盟罷工或は一揆を以て之に応ぜよ。

之を看たる警官は直に馳せて、之が署名者たる二十余名を捕へ、ヘルヴヱ氏等は獄に投ぜられて静に裁判の日の来るを待ちぬ。

群集の中に我が母在り

裁判は開かれたり、ヘルヴヱ氏等の弁護人として出頭する者五十六名。今其の弁護と、被告二十余名の弁論とを一々詳記するは到底紙面の許す所に非ず。故に単に弁護人の一人ポール・ラフアルグの痛切なる語句を記して、以て裁判の光景を想像せんと欲す、ラフアルグ先づ口を開ひて、仏国社会党の非軍備主義は、世界に平和を建設せんと欲する者なるを詳説したる後、更にヘルヴヱ氏等を処刑するの不可なるを説いて曰く

発砲を命じたる士官に銃口を向けよとは、極めて正当なる警告なりと云ふ可し。群集に対つて発砲を命ずるの士官は、即ち殺人の大罪を強行せしむる者也。正当防衛に非ざる限りは、憲兵と

雖も殺人犯人に対つて其の武器を使用する能はず。是れ法律の規定する所也。然るに武器をも有せず、只群り集れる労働者に発砲を命ずるの士官は、既に一回の法律を犯したる者と云ふ可く、而して又順良なる市民を遇するに、殺人犯人以下を以て為たる者也。然らば、ヘルヴエ氏等兵士に之を誅戮《ちゆうりく》するを警告したるの以前に於て、諸君裁判官は既に彼等士官に死刑を宣告す可き筈《はず》に非ずや。されど未だ此の事あらず。故に、若し諸君にしてヘルヴエ氏等を罰せんとするの意あらば、先づ彼等士官を死刑に処したるの後に於て為よ。終りに予は付言す。士官如何に殺人を強行せしめんと欲するも、イツ迄も兵士は之に服する愚を演ぜざらん。予は既に之をフールミー市の同盟罷工に実見せり。

フールミー市の労働者数百名、同盟罷工の鬱を散ぜんが為めに屋外に集合し、唱歌舞踏嬉々として楽める時なりき。一大尉一ケ中隊の兵を率ゐ来りて、群集の只真中に発砲するの命を発せり、噫々其時若し兵士にして此の命令に従ひたりしならんには、一瞬間にして数百名の死屍《しかばね》街路に横はるの惨を見るに至りしならん。然れども幸に兵士は之に応ぜざりき、大尉憤然兵士の一人を捕へて、其発砲せざるを叱咤するや。其の兵士戎衣の袖に涙を拭《ぬぐ》ふて曰く、

「群集の中に我が母在り」

ラフアルグの弁護は終れり。裁判官は頸を頂垂《うなだ》れて黙し、傍聴席は拍手喝采破るるが如し。

多謝す裁判官諸君

五十余名の弁護人、各々其の雄弁を奮つて無罪を主張したるも、遂に其の功なくヘルヴエ氏以下次

の如くに処刑せらる。

ヘルヴエ氏、四ケ年。

アルムレルーグ氏、シボ氏、イブト氏、各三ケ年。

グランヂヂエ氏、二ケ年。

ウルハン・ゴイエ氏、デスプランク氏、カム氏、ル・ゲリ氏、ラボルト氏、ボデン氏、パトー氏、ボッシエ氏、ボンタン・ニコレ氏、ル・プラベック氏、カスタンイエ氏、ヂベロ氏、メルル氏、ムートン氏、シヤンベン氏、フロンチエ氏、各一ケ年。

ブスケ氏、ガルヌリー氏、クーレ氏、各十五ケ月。

ペルソー氏、六ケ月。

罰金各百法。

ヘルヴエ氏の宣告を聞き、叫んで曰く
「多謝す裁判官諸君、労働者之によりて裁判官は紳士閥の奴隷なるを自覚し而して其の怨恨、憤《ふん》懣《まん》、激怒、遂に大革命を惹《じやっ》起《き》するに至らん」

バスチル牢獄の破壊

ヘルヴエ氏の感謝は大言壮語に非ざりき。果然仏国の労働者は決起せり。巴里は勿論、各州の労働団体は到る処に示威運動を催して、ヘルヴエ氏等の放免を絶叫し、若し政府にして之を聴かざる時は、バスチル牢獄の破壊を再演せんと迄激語する者あるに至れりと云ふ。

之を命令する者に発砲せよ

（『光』第一巻第八号、一九〇六年三月五日）

万国社会党大会略史

緒論

産業革命の巨掌一度全世界を撫し去ると共に、世界十五億の人類は別れて二大階級を形成するに至りぬ。掠奪階級と被掠奪階級、換言すれば紳士閥と平民即ち是れ也。一は生産の機関を独占し、一は労力を以て之に使役せらる。資本と労力、次いで来る可き問題は賃銀の夫れ也。一は之を高からしめんとし、一は之を低からしめんとす。階級闘争の萌芽出でざらんとするも得んや。

謂ふ勿れ。平民羸弱《るいじやく》為すなき也と。吾人試みに左右の手を縦横に振る、空気の抵抗力は殆ど感ずる無きに似たり。然れども一度圧搾器の下、之に異常の圧迫を加ふる時、怖る可き爆裂弾の原料は生ずるに非ずや。空気猶然り、平民豈《あ》に動かざるの理あらんや。財産は盗奪せられ、権利は蹂躙せられ、人格は凌辱せらる。果然、平民自覚の声は、Proudon《プルードン》の咽喉を借りて発したり。曰く、財産は贓品也と。是れ紳士閥に対する平民宣戦の絶叫に非ずや。

階級闘争の幕は開かれたり。旗鼓《きこ》堂々両陣矛《ほこ》を執つて将に進まんとす。然れども看よ、政府と警察と軍隊と学者と宗教と新聞とを率ゐたる紳士閥に対し、平民軍の陣立の如何にみすぼらしきよ。彼らは無有也《ナッシング》。只蟻集《ぎしゅう》するのみ。只声高く叫喚するのみ。

然り只蟻集するのみ也。されど若し此の蟻集に団結加はらんか、是れ至上の強力也。多数は勢力也。平民幸に多数なるを得たり。マルクス共産党宣言の結尾《けつぴ》に之を喝破して云はずや、万国の労働者団結せよと。

是に於て乎、万国労働者同盟成る。

万国労働者同盟（The International Workingmen’s Association）

平民の団結を実現せしめんが為め、万国労働者同盟は設立せられたり。是れ固よりマルクスの指導によるものなりと雖も、又経済的事情の必然的結果として起らざる可からざる者なりし也。

万国労働者同盟は、一八六六年其の大会を瑞西国ゼネバ湖畔に催うせるより、次いで一八六七年の瑞西国ローザンヌ大会となり、一八六八年の白耳義《ベルギー》国ブラッセル大会となり、更に一八六九年の瑞西国バール大会となり、大会毎に各国労働者の代議員を増し、其の発達甚だ見る可き者ありき。

然れ共其団結に急なる、旗色の如何を問ふの暇あらざりけん、遂に一八七二年の和蘭《オランダ》国ヘーグ大会に於ける無政府党と社会党、即ちバクニン派（Bakouninist《バクニニスト》）とマルクス派（Marxist《マルクシスト》）との論争を惹起し、為めに両党の離散となり、次いで万国労働者同盟の解散となりぬ。

ガン連合大会

一八七七年九月、バクニン派とマルクス派との統一を謀らんが為め、白国（Gand《ガン》）市に於て両党連合大会を開く。欧米諸国の各労働者団体より来り会する者四十五名、内にバクニン派の十名を算す。然れども社会党は依然社会党たり。無政府党は依然無政府党たり。社会党は国家をして総ての生産機関を所有せしめんと欲し、無政府党は飽くまでも国家を排斥して、単に自由自治団体をして之を所有せしめんと主張す。バクニン派論争甚だ勉《つと》めたりと雖も、遂に大会の多数は次の如き宣言を議決するに至れり。

社会存在の基礎たる土地及び其他総ての生産機関が、個人或は特別なる階級の掌中に私有財産として握らるる間、必然の結果として労働階級の圧迫、貧窮、飢餓は遁るる能はず。故に大会は宣言す。自由自治団体を以て組織せられ、而して全国民を代表する国家が、土地及び其他総ての生産機関を所有せざる可らず。

国家の二字は、到底無政府党の納るる能はざる文字也。されど議事は進行せざる可らず。問題は、いかにして此の宣言を実現せしむ可きかに在り。

激烈なる革命を準備するの外、他の政治的運動に関与する勿れ、是れ無政府党の断乎として唱ふる所也。而して社会党は、政治的運動によりて万国平民の解放を全うせんと欲す。折衷派出でて之が調停を謀らんとしたるも、両派頑として譲歩するを肯んぜず、折衷派遂に口を噤《つぐ》む。

斯の如くしてガン大会は其の目的を達する能はざりき。バクニン派は袂《たもと》を連ねて去り、白耳義、仏蘭西、英吉利《イギリス》、独逸、丁抹《デンマーク》及び伊太利の代表者、団結契約に調印し、万国労働者通信本部の設立を可決して大会を終れり。

巴里万国社会党大会

巴里大会は万国社会党大会の第一回にして、旧万国労働者同盟の復活也。近世万国社会党運動の歩調、斯大会よりして初めて整々たるを得たり。されど其の生るる甚だ安産ならざりき。先づ之を語らざる可らず。即ち其の母、倫敦《ロンドン》万国労働者大会に遡らざる可らず。

倫敦万国労働者大会

英国の地は、マルクス嘗て此に遁れ来りて労働者運動の基礎を築きたる所也。而して産業革命の激甚なる、労働者を駆りて万国労働者同盟に走らしめたる、此の国より甚だしき者なかりき。されど英国民は徒らに実行を喜ぶの習癖を有し、為めに往々姑息因循《こそくいんじゅん》に流るるの弊あり。一八七一年仏国の労働者、巴里一揆（Commune《コンミューン》）に敗をとりしを観て、彼等は少しく其の頸を傾けたり。而して万国労働者同盟が之に賛同の宣言を発したるを観て、彼等は耳を掩《おお》ふて恐怖に戦慄せり。而して其の足漸く万国労働者同盟より遠ざかり、其口漸く社会改良主義の砂糖水《スイート・ウォーター》に満足するに至りぬ。

されば一八八八年九月、労働組合選出代議士斡旋して倫敦に万国労働者大会を開くに当り、労働者団体——労働組合、産業組合——の直接代表者に非ざれば出席する能はずてふ規定を以てしたり。是れ独乙社会党首領の来会を妨ぐる最良方法なりし也。

独乙、墺太利《オーストリア》、瑞西、亜米利加《アメリカ》の社会党之に代表者を出さず。百十万の労働者を代表せる百十名の代議員を以て開会せり。而して其の決議中、次期大会を翌年巴里に開くの一項は、実に巴里万国社会党大会の胚胎する所也。されど猶之を語るに先ち、仏国に於ける社会党二派の分立に少しく筆を運ばざる可らず。

マルクス派（Marxist《マルクシスト》）と可能派（Possibilist《ポシビリスト》）

マルクス派と可能派とは、共にマルクスの共産制度を以て信仰個条と為す者也。されど国家或は社会をして、総ての生産機関を所有せしむるは、猶数十年或は数百年の後に期せざる可らず。故に先づ自治村邑に之を所有せしめ、然る後漸を以て国家或は社会に之を帰せしめんとす。是れ可能派の主張する所にして、要するに先づ可能なる者より始む可しと云ふに在り。マルクス派は、其の名の如く只マルクスを祖述して之に抗し、両派分立する事既に久しかりき。

然るに一八八九年、可能派は前年の倫敦大会決議により、巴里に大会を開かんと準備せり。時恰も万国大博覧会の巴里にある有り、人目を引くの最も好時機なりし也。

之を聞けるマルクス派は、直に和蘭ヘーグ市に集会を催し、可能派大会に対する態度を論議す。集まる者、独の Bebel《ベーベル》、Liebknecht《リープクネヒト》、仏の Lafargue《ラファルグ》、白耳義の Anseele《アンシール》、Volders《ヴォルデル》及び和蘭の Croll《クロール》、Nieuwenhuis《ニウエンヒュイス》等也。其の決議の結果、マルクス派は可能派大会に加入を申込み、若し納れられざる時は別にマルクス派大会を巴里に開く事となれり。

可能派遂にマルクス派の加盟を許さず、六月十五日に其の大会を開き、マルクス派は一日早く即ち十四日に其の大会を開けり。されど一昨年和蘭国アムステルダムに開かれたる第六回万国社会党大会は、此のマルクス派大会を第一回として之を継承する者なるが故、敢《あえ》て予は此処に可能派大会の記事を掲ぐるの煩を避けんとす。

マルクス派万国社会党大会

旧万国労働者同盟の大会は、常に五六十名の代表者より成り、而して其の代表せらるるもの僅かに十ケ国以内に過ぎざりき。然るに此マルクス派万国社会党大会は、二十余ケ国を代表せる三百八十一名の多数より成り、而かも其の一代表者が五千以上の労働者によりて送られたるを見れば、三百八十一名の代表せる労働者の数は少なくとも二百万を越えたるならん。

斯大会の決議は多く万国労働者保護法案に係る。今之を摘記するに凡《すべ》て左の如し。

(一) 労働時間を八時間に減縮する事。
(二) 十四歳以下の幼児に労働を禁じ、十四歳より十八歳に至る少年労働者には六時間以上の労働を為さしめざる事。
(三) 其の性質甚だ緊急を要する工業の外、全く夜業を廃せしむる事。
(四) 婦人及十八歳以下の少年労働者には、断じて夜業を為さしめざる事。
(五) 婦人をして、其の身体に特別に有害なる労働に就かしめざる事。
(六) 労働者に一週三十六時間の休憩時間を与へしむる事。

（七）政府より其の報酬を支給する監督官を置き、総ての工場を十分に監督せしむ可き事。但し監督官の半数は労働者より選出せしむ可し。
（八）労働者の健康を害する総ての工業及び総ての労働を禁止せしむる事。
されど大会は斯の如き決議のみを以て満足せず、更に之が実行方法を謀れり。其の最も重要なるは、一八九〇年五月一日、各国社会党団体は八時間労働の為めに大示威運動を行ふ可しと議決したるに在り。爾来五月一日は万国労働者の大紀念日となり、年を逐ふて其の示威運動益々旺盛に赴けり。我日本社会党も亦、本年同月同日を以て大に計画する所あらんとすと聞く。

以上は一八八九年六月十四日より同月二十一日に至る大会議事の大略也。予は更に翌年五月一日に催されたる万国労働者の大示威運動を付記して、以て此の章を終らんとす。是れ実に斯大会の産物として最も重要なる者なれば也。

五月一日

五月一日を以て万国労働者団体の大示威運動日と定めたるは、素より巴里マルクス派大会の決議による。されど之が決議となりて現はるるに至りしは、北米社会党の提案に基ける也。即ち一八八六年五月一日、北米の労働者八時間労働の為めに大示威運動を催したるも其の目的を達する能はず、遂に之を巴里大会に檄して万国労働者団体の協力を求めたるによる也。

満場の一致を以て此提案が巴里大会を通過したる時は各国の政府も紳士閥も、何事にあらんと空《そら》嘯《うそぶ》きて居たりし也。されど其日来るに及びて彼等の態度は一変せざるを得ざりき。示威運動の勢は案外に強大なりき。彼等は遽々然《きよきよ》として迫害に勉めたり。何となれば是実に激烈なる革命運動の第一歩なりと信ぜられたれば也。

然れ共怖るる勿れ社会党は平和党也。旧新両世界の工業大都に行はれたる一八九〇年五月一日の示威運動は総て皆静粛と秩序とに充てりき。先きに之が禁止と解散とを叫びたる紳士閥の諸新聞も、掌をかへすが如く賛辞を呈するに至りぬ。警察官も亦示威運動の首領を其の家に訪ふて感謝到らざらんを懼れたりき。

反省せよ日本の新聞記者及び警察官諸君。社会党の運動は平和条約破棄の運動と些か其の趣を異にす。社会党は、涙を揮つて馬稷《ばしよく》を斬れなどと叫ばざる也、内務大臣の官邸も焼かざる也、交番も焼かざる也、教会も焼かざる也、食逃げ店荒しなどの無き事亦勿論也。

ブラッセル万国社会党大会

一八九一年八月、マルクス派巴里大会の決議によりて、第二回万国社会党大会を白耳義 Bruxelles《ブラッセル》市に開く。各国代表者の集まる者三百六十名也。

第一回巴里大会を以て、各国社会党の団結を復活せしめたる者とすれば、第二回ブラッセル大会は此の団結をして始めて組織立たしめたる者也と云ふを得可し。故に其の議せる所亦多く之に関せり。殊に八月二十一日の決議の如きは、其の最も緊要なる者ならん。其決議の大要に曰く、

現今の社会制度に於ては、資本家階級は益々労働階級の政治的権力を掠奪し、労働階級の

経済的状態をして愈々《いよいよ》危殆《き たい》ならしめんとす。此の時に於て、同盟罷工（Strike《ストライキ》）及び関係断絶（Boycott《ボイコット》）は已むを得ざるに出づる労働者の最良武器なりと信ず。是れ其の政治的及び経済的地位を堕落せしめんとする敵の襲来を排撃する所以にして、亦其の政治的及び社会的地位を現今の社会に於て可能なる範囲にまで向上せしむる所以也。

然れども若し其の時機を誤りて此の武器を使用する時は、労働階級に利益を与ふるよりは寧ろ多大の害毒を及ぼす事を忘る可からず。故に労働者は之を用うるに先《さき》だちて其時機及び其方法を熟慮考察せざる可らず。

又其の目的をして完全なる結果に達せしめんと欲せば、労働者は先づ自ら組合を組織するを要す。而して斯く組織せられたる団結は、強固なる基礎の上に防護せられざる可らず。之に石を投ぜんとする政府及び資本家の企図に対しては飽く迄も反抗せざる可らず。若し其の国の法律にして労働者の団結を禁制する者あらんか、労働者は全力を尽して之が廃止に努めざる可らず。斯の如くにして万国各々其の労働者団体を設立し、若し、資本と労働との間に争闘起りたる場合には、直に之を各国労働者団体に告知し、協力して以て万国労働者団結の実を挙げんと欲す。

嗚呼是れ実に万国の労働者を一命令の下に起たしめ、一度労働軍が其巨頭をもたぐる時は、一撃して紳士閥の社会を驚倒せしむべき意気を示したる者に非ずや。是より先き独乙国労働者は、猾犬ビスマルク宰相の下に社会党鎮圧令の鉄鎖を負ひ、苦闘難戦、実に名状す可からざる者あり。而して此の苦き経験の結果は斯の如き決議案を生ぜしむるに至れる也。

ブラッセル大会に提出せられたる議案の中、万国の紳士閥をして驚倒狼狽《ろうばい》せしめたる者一あり。是

れ和蘭社会党首領ドメラ・ニウエンヒユイスの提案にして、彼れ曰く、

国際戦争始まる時に於て、両交戦国の労働者は総同盟罷工を以て、動員の命に応ず可き也と。

されど此の案は遂に通過するに至らず、只だ大会は国際戦争に反対するの決議を為すに止まれり。

ツーリッヒ万国社会党大会

先きにマルクス派より其の足を遠ざけたる英国労働組合の団体は、今や其の非を悟りて可能派の旗下を去り、再び故巣《ふるす》マルクス派に投ずるに至りぬ。されば一八九三年八月の始め、瑞西 Zurich《ツーリッヒ》市に開かれたる万国社会党大会は、先づマルクスの半身像に向つて、六ケ国の語を以て万国の労働者団結せよと叫び、然る後始めて議事に入れり。エンゲルス亦其の老体を提げて倫敦より来り、友マルクスの勝利を祝す。

来り会する者三百三十八名、内に猶太人社会党団体の代表せられたる者十余、及び和蘭小学校教員団体の之に加はれるなどは、斯大会の最も特異とする所也。今其の代表者の数と其の国籍を見るに左の如し。

国名	代表者数	国名	代表者数
濠州《オーストラリア》	一	白耳義	一七
ブラジル	二	ブルガリア	二
丁抹《デンマーク》	二	独乙	九八

仏蘭西	四一	英吉利	六五
和蘭	六	伊太利	二二
諾威《ノルウエー》	一	墺太利	三四
匈我利《ハンガリー》	一〇	ポーランド	一〇
ルーマニア	五	露西亜	一
瑞西	一一七	セルビア	一
西班牙《スペイン》	二	亜米利加	三

ツーリツヒ大会は、先きのブラツセル大会に続いて再び団結組織の事を議せり。されば先づ前大会の決議に基きて各国社会党団体の組織、及び之を統一す可き万国本部の設立を規定し、更に各国の労働委員を選挙して、以て各国社会党団体間の交通を遺憾ならしめんと努めたり。而して本部の組織に関しては、階級闘争を是認し、生産の法を社会的ならしめんとする、総ての団体及び総ての政社を以て之に属するを得べき者と定めたり。

其の他、八時間労働を以て社会党運動の最も急を要する者と為し、普通選挙権の獲得に努力せざる可らざるを約せるが如きは、ツーリツヒ大会の議事の重なる者ならん。ニウエンヒユイスの戦時総同盟罷工案は再び斯大会にも提出せられたけれど、再び多数の為めに否決せられぬ。

倫敦万国社会党大会

一八九六年七月二十七日、万国社会党第四回大会を英京倫敦に開く。大会の地を特に倫敦に択びたるは、近時漸くマルクス派社会主義に近づきつつある英国労働団体の諸派を合同せしめんと欲して也。開会に先ち、独の Liebknecht《リープクネヒト》, Singer《ジンゲル》, 墺の Adler《アドレル》, 英の Aveling《アヴエリング》, Elinor《エリノル》, Marx《マルクス》, 瑞西の Greulich《グロイリツヒ》, Sigg《シツグ》 等演壇に起つて握手し、会集は其の間革命の歌を唱して万国労働者団結の意を表せり。されど大会の目的なる英国労働団体諸派の合同は遂に完成せず。開会の第四日戦時総同盟罷工案の否決せらるるに及びて、和蘭社会党代表者の多数が、其の首領ニウエンヒユイスを擁して喧轟《けんごう》議場を退出するの不幸を見るに至りしは、斯大会の恥辱として永く記憶さらるる所也。

倫敦大会の決議として重なる者左の如し。

(一) 総て成年に達したる者は選挙権を得可き事。
(二) 労働者自治の権。
(三) 婦人解放。
(四) 植民政策に反対す可き事。
(五) 十六歳までの少年に義務教育を課す可き事。
(六) 大学を解放し、其聴講を無料ならしむる事。
(七) 十八歳以下の少年労働者に夜業を禁ぜしむる事。

（八）土地国有。

（九）小学校生徒に昼食を与ふる事。

（十）常備軍を全廃し、民兵を以て之に代へしむる事。

（十一）次期大会を一八九九年に於て独乙に開くか、或は一九〇〇年に於て仏国に開く可き事。

右の内（八）の土地国有問題は、其の方法に関する議論百出し、遂に各国其の国情に応じて、最も適当なりと認むる方法を採るに決したり。

猶斯大会に注意せざる可らざるは、各国の代表者に向つて農民の団結を奨励したる事也。是より先き各国社会党は、工業労働者にのみ注目して農民を等閑《とうかん》に付するの弊ありしも、爾来《じらい》農民の団結を以て革命の一大要素と為し、各国之れが為めに努力するに至りしは、社会党勢力の消長に関して見遁す可らざる問題也。

巴里万国社会党大会

万国社会党大会は再び巴里の地に現はれたり。是れ万国大博覧会の好機に乗じたる也。会期一九〇〇年九月二十三日より同月二十八日に亘り、代表者の数の多き未曾有を以て称せらる。其の国籍及び代表者数左の如し。

国名	代表者数	国名	代表者数
仏蘭西	四七三	露西亜	二三

独乙	五七	ポーランド	一七
内婦人	二	亜米利加	五
英吉利	九五	瑞西	一〇
墺太利	一〇	丁抹	一九
伊太利	一〇	和蘭	九
白耳義	三七	西班牙	四
諾威《ノルウエー》	一	アルゼンチーヌ	一
ブルガリア	一	葡萄牙《ポルトガル》	三
チエーク	二	アイルランド	三

斯大会の開くる前、仏国の社会主義者Millerand《ミルラン》氏商務大臣として入閣し、為めに同国社会党は硬軟の二派に分れ、斯大会にも之が問題起りて両派の紛争甚だ激烈なりしも、予は之を後章アムステルダム大会の記事に於て詳説する所あらんとす。何となれば此の問題はアムステルダム大会に於て始めて解決せられたれば也。例によりて先づ議事の重なる者を記すに左の如し。

(一) 万国社会党の団結をして更に強固ならしむ可き方法。

(二) 労働時間と賃銀の最低額とに関し、万国的規約を設くる事。

(三) 労働者の解放。社会的階級として平民の団結を組織する事。

(四) 常備軍の全廃。万国的平和の建設。

(五) 殖民政策。

(六) 海上労働者の団結組織。
(七) 普通選挙。直接立法。
(八) 紳士閥諸党との連合。
(九) 五月一日の示威運動。
(十) トラスト問題。
(十一) 総同盟罷工。

而して(二)の如何にして万国社会党の団結を強固ならしむるかに関しては、次の如き四項を議決せり。

(一) 万国社会党中央委員の設置。
(二) 万国社会党本部を白耳義ブラッセル市に置く事。
(三) 万国代議士委員会を設け、各国国会に於ける社会党代議士の政治的行動をして一致せしむる事。
(四) 万国社会党図書館及び万国社会党記録所の設置。

一九〇〇年巴里大会は斯の如くにして終を告げぬ。されど猶一事の付記せざる可らざる者あり。即ち大会最終の日に挙行せられたる巴里一揆祭の光景是れ也。

巴里一揆祭

一八八九年第一回万国社会党大会の議事終るや、各国の代表者 Père-Lachaise《ペール・ラシェーズ》 の墓地に集まりて巴里一揆祭を挙行したりき。ペール・ラシエーズの墓地とは巴里一揆の殉難労働者が永久《とこしえ》に静眠せるの地也。一九〇〇年の巴里大会も亦之に倣ふて、大会終るの日即ち二十八日を以て之を催せり。

午前十時、各国社会党の代表者巴里の大路を練り歩きてペール・ラシエーズの墓地に向ふ。其の行列を見るに、仏国社会党の Vaillant《ヴァイヤン》, 独乙社会党の Singer《ジンゲル》, Auer《アウエル》 及び Koutsky《カウツキー》, 白耳義社会党の Vandervelde《ヴァンデルヴェルド》, Furnemont《フルヌモン》 を先頭として、巴里一揆の余党 Camélinat《カメリナ》 等之に次ぎ更に次の如き文字を記したる鮮紅の巨冠を従へたり。

一九〇〇年万国社会党大会、之を巴里一揆の殉難労働者に呈す。

巴里一揆万歳！

行列漸くペール・ラシエーズの墓地に達したる頃、巴里市警視総監馳せ来りて命を伝ふ。演説は一外国代表者の外之を為すを得ず、而して其の時間は十分に超ゆるを得ずと。

弁士は独乙社会党の戦士ジンゲルに決せり。氏先づ巴里一揆殉難者に一礼し、万国社会党の名によりて叫んで曰く

吾人の運動は諸君の運動を以て儀表《ぎひょう》とす。而して吾人は諸君の為めに復讐を全うせん事を期す。

群集も亦ジンゲルの語を繰り返して叫べり。

巴里一揆万歳！　社会革命万歳！

アムステルダム万国社会党大会

万国社会党第六回大会は、一九〇四年八月十四日より同月二十日まで和蘭国 Amsterdam 市のケブウ音楽堂に於て開かれたり。

此の大会に対し世界各国の社会党団体より派遣せられたる代議員の数は一千名を超ゆべく、其の中にて各国の委員は左の如く指定せられたり。

英吉利　H. M. Hyndman.　ハインドマン
　H. Quelch.　クエルチ
独乙　J. Auer.　アウエル
　P. Singer.　ジンゲル
　K. Koutsky.　カウツキー
アルゼンチン　A. Cambier.　カンビエ
　M. Ugarte.　ウガルテ
濠州　Ch. Eyre.　アイル
墺太利　V. Adler.　アドレル
　F. Skaret.　スカレット
白耳義　E. Vandervelde.　ヴアンデルヴエルド

	E. Anseele. アンシール
ボヘミア	A. Némec. ネメーク
	Fr. Soucup. スークープ
ブルガリア	N. Harlakow. ハーラコウ
丁抹	P. Knudsen. クヌドセン
西班牙	Iglesias. イグレシアス
	A. G. Quejido. クエジド
北米合衆国	G. D. Herron. ヘロン
仏蘭西	E. Vaillant. ヴァイヤン
	F. de Pressensé. プレサンセ
和蘭	P. Troelstra. トロエルストラ
	H. Van Kol. ファン・コール
匈牙利《ハンガリー》	J. Weltner. エルトネル
	E. Garani. ガラニ
伊太利	E. Ferri. フエリ
	F. Jurati. チユラチ
日本	S. Katayama. 片山潜
那威《ノルウエー》	O. Kringen. クリンゲン

波蘭《ポーランド》　C. Jeppesen.　エッペセン
　B. Jedrzejowoski.　エドルチエヨウスキー
　C. Wojnarowska.　ヲユナロウスカ
芬蘭　J. K. Kari.　カリ
露西亜　G. Plekhanoff.　プレカノフ
　B. Kritschewsky.　クリチエウスキー
瑞典《スウェーデン》　Hj. Branting.　ブランチング
　C. Wickman.　ヰックマン
瑞西　W. Fürholz.　フユールホルツ
セルギア　V. M. Stoyanoritch.　ストヤノリッチ

日露両国議員の握手

右の委員の中にて、和蘭のフアン・コール氏は会長に、露国のプレカノフ氏と日本の片山氏とは副会長に挙げられ、十四日開会の劈頭《へきとう》に於て、会長先づ一場の演説を為し、次で両副会長は日露両国の社会党を代表し、演壇に併び立ちて公然の握手を為し、片山氏先づ英語を以て左の挨拶を為せり。

予は茲に露国の代表者と相見るを得たるを喜ぶ。我日本は此露国に対して四海兄弟の義を賊する惨絶の戦争を為し居れるに非ずや。日本の社会党は一八九六年以来常に日本に於ける社会主義的革命を期待し居れり。

プレカノフ氏は之に対へて曰く

露国人民は戦争を望まざりき。然れども、人民の敵たる政府は其の冒険的にして、且つ専制的なる政策を以て日本を挑発したり。今や露国が至大の困難に陥れるは当然の報酬也。露国仮し勝利を得るとするも露国人民が犠牲となるは同一也。只日本は吾人の為めに専制主義の巨像の一脚を除去しつつある者に非ずや。

此握手や、是れ実に世界の社会党発達の歴史に於て、永く特筆大書せざる可らざる重大の一事実也。何となれば是れ単に一個の片山氏と、一個のプレカノフ氏との握手に非ずして、実に日露両国の社会党団体が各々其の派遣せる代表者を透して公然の握手を為せる者なれば也。単に世界の同志に対してのみならず、実に列国の君主、宰相、貴族、富豪、其の他総ての階級に対して、社会党の運動が世界一致の運動なる事、社会党の主義が四海同胞の主義なる事、社会党の眼中、人種の別なく、国籍の別なく、有る所は一個の人道のみなる事を、極めて明白に、極めて正直に、極めて大胆に宣揚したる者なれば也。

日露戦争反対の決議

斯くて後、大会は満場一致を以て、仏国代議員より提出せられたる左の決議案を可決したり。

今や露国専制政治が戦争の為めに打撃を受けたるに際し、吾人社会党は、資本家制度と政府の為めに犠牲とせられ、虐殺せられたる日露両国の平民に対し、茲に謹んで敬意を表し、各地社会党の力に依つて、あらゆる方法を以て此戦争の蔓延と永続とに反対せんと欲す。

是より先、日本の社会主義者は戦争反対の決議を為し、左の案を具して之を万国社会党大会に訴へたり。

日露戦争は畢竟《ひっきょう》両国に於ける資本家的政府の行動に過ぎずして、為めに両国の労働社会は至大の損害を受けざる可らず。故に吾人日本の社会主義者は、茲に来る八月アムステルダムに開かるべき万国社会党大会の各員に向つて、彼等が自国の政府を督励して、速に日露戦争の終局を告げんが為めに、全力を尽すべき決議の通過せられん事を求む。

仏国代議員が提出したる戦争反対の決議案は蓋し之に応じたる者なるべし。

社会党政策の硬軟二派

日露戦争反対に次で、斯大会が大に世の耳目を引きたるは、世界に於ける一般社会党の政策に関する討議也。此の問題の由つて来る所、遠くドレフス事件に在り。故に先づ其の歴史より筆を始めん。

ドレフス事件

ドレフスは仏国陸軍の一大尉也。然るに彼れが猶太人たるの故を以て、罵詈《ばり》擯斥《ひんせき》、遂に国賊の冤罪を以て問ふに至れり。是れドレフス事件の正面の事実也。然れども是れ本と仏国王党の陰謀に係り、王党は之を動機として無知の軍人を煽動し、依つて以て共和政府を顚覆し、王党の軍制政治を再現せしめんと欲するに出でたる者也。

専制政治、君主政治、共和政治、其他如何なる政体を以て組織せらるるも、国家は常に紳士閥の爪牙となつて平民の圧制奪掠に従事するに於て同一也。されど総ての自由と総ての権利とを平民より奪ひ去らんとする王党の軍制政治よりは、寧ろ共和政治の数等勝れること素より論を用ゐるを要せず。是れを以て、仏国社会党は全力を尽して共和党政府を援けしかば、ワルデック内閣は遂に其の報酬として、商務大臣の椅子を社会党の Millerand《ミルラン》 氏に与ふる事となれり。而してミルラン氏の入閣は、仏国社会党を二派に分れしむるの動機となれり。

巴里万国社会党大会

社会党の勢援を得たる仏国は、其の為めに王党の陰謀を止め、軍政主義を抑へ、旧教党の反動を鎮め、終に其の共和制を維持するを得たり。是れ本とより可也。然れどもミルランが入閣するに至りては、社会党の目的に反して資本家政府の政策を助け、而して資本家政府が労働者に加へたる暴戻に対し其の責任を分たざるを得ざる事となれり。故に Guesde《ゲスド》 一派は起つてミルランの入閣に反対し、Jaurès《ジョーレス》 一派ミルランを助けて茲に仏国社会党二派の激論を見るに至れり。ゲスド派は、マルクス以来の強硬政策、即ち一切の調和譲歩を排斥して断然たる革命的態度を取るの政策を立て、ジョーレス派は多少の調和譲歩を為しても他の急進諸政党と提携し、連合内閣を作りて直に政権を握らんと欲す。時に一九〇〇年巴里万国社会党大会の開くるあり。ゲスド派之を大会の議席に争はんとし、強硬政策の案を提出す。然れども大会の各国代表者は、仏国社会党の内輪モメに容喙《ようかい》するを遠慮し、遂に折衷案なる所謂カウツキー案を通過せしめたり。其の決議の要領次の如し。

本大会は階級闘争の主意により、吾党が資本家階級の一部に対し何等の同盟を為すを禁ず。若し止むを得ざる例外ありとするも、そは其の地方に於ける社会党全体が其必要を認めたる場合ならざる可らず。近代の民主国に於ては、労働階級の勝利は単に一撃の下に之を得べからず。多年の忍耐により、都市及び立法府に於て漸次に勝利を得ざる可らず。然れども中央集権の他の諸国に於ては、決して部分的の勝利を得べきに非ず。故に社会主義者が個人として資本家政府に入る事は、政権獲得の正当なる順序と見ること能はず。寧ろ過渡時代に於ける一時例外の現象として之を見ざる可らず。

カウツキー決議は其文字の下に見らるる如く、硬軟二派を折衷したる者にして、二派共に満足する事能はざりし也。然るに其後ミルランは社会党の主義に背きて資本家政党に与し、終《つい》に社会党より除名せらるるに至れり。斯くて軟派の調和政策は茲に失敗の実例を示したるが、それにも係らず軟派の思想は諸国に蔓延し、穏和派、改良派、臨機応変派、入閣派等の名を以て称せられ、到る処他のマルクス派、革命派、非調和派と相当るに至れり。

独乙社会党大会

然るに一九〇三年独乙総選挙の後、議会開会の前に於て、同国社会党は Dresden《ドレスデン》 に大会を開く。軟派の首領にして綱領改正案の提出者たる Former《フォルマー》 は、四時間に亘る長演説を為し、盛に硬派首領ベーベル等を攻撃し、綱領改正の必要を論じて曰く。我が主義を実行せんが為め綱領の一部を変更するは実に止むを得ざる也。久しく児戯に類する態度をとり、漫《みだり》に頑固なる主張を為すは愚の至り也。我等は単に主張を以て満足する者に非ず。主張の幾分にても直に実行せられん事を望む者也と。然るにベーベル之を喝破して曰く。改正派（Revisionist《レヴィジョニスト》）今回の提案の如きは畢竟是れ富豪に屈服せんとする者也と、雄弁滔々《とうとう》数時間に亘れり。而して改正案に対する賛否の投票を求めたるに、賛成せる者僅に十一票、他の二百八十八票は悉く之に反対したり。是に於て改正案否決せられ、ベーベル、ジンゲル、カウツキー等の提出せる決議案は直に同様の多数を以て可決せられたり。是れ即ちドレスデン決議と称せらるる者也。其決議左の如し。

彼の改正派は、吾人が今日迄勝利を得来れる、階級闘争に根拠せる政策を変更し、吾人の敵と調和する事に依て、能く国家現在の権力を除去せしめ得べしと謂へり。吾人は断じて斯くの如き企図を排斥す。我党の目的は、一日も早く現在の社会組織を変更して共和民政の社会を現ずるに在り。然るに彼の改正派の政策の結果は、此の純然たる革命的政党を変じて、単に現在の社会組織を改良して満足するの政党たらしめんとす。

故に吾人は改正派の政策に反対して、将来此の階級闘争が緩和せらるる事なく、却て常に増大せらるべきを信じ、茲に左の宣言を為す。

（一）我党は今の資本家制度より生ずる政治上及び経済上の状態に対して何等の責任を感ぜず。故に今の治者階級をして其の権力を持続せしむるに足るが如き一切の方法手段を援助するを拒否す。

（二）我社会民主主義は、一九〇〇年巴里の万国社会党大会に於て採用せられたるカウツキーの決議案に従ひ、資本家政府に参列するを許さず。

吾人は更に一歩を進めて、彼の資本家政党と連合せんが為めに、現在社会の矛盾反目を蔽《おおわ》んとするが如き一切の企図を排斥す。
一九〇四年四月、伊太利社会党も亦大会を催し、硬軟両派の紛争甚だ激烈なりしも、遂にマルクス派勝利を占め、独逸と同様の決議を為せりき。

仏国革命派の提案

ドレスデン大会の後、仏国社会党の革命派は内国大会を開き、此の問題は決して国別の者に非ずとなし、自らドレスデン決議を採用し、之をアムステルダム万国大会に提議する事となれり。是れ社会党硬軟二派の争がアムステルダム大会に現はるる迄の歴史也。扨《さて》大会に於ては、硬派は主として独乙のベーベルに依て代表せられ、軟派は主として仏蘭西のジヨーレスに依て代表せられ、二大雄弁は火花を散して数日の戦を続くるに至れり。然るに両派の論争遂に決せざらんとするを見て、和蘭のヴアンデルヴエルドより両派折衷の決議案を提出したるも、採決の際、可否正反数に分れて廃案となり、次にドレスデン案を投票に付したるに、賛成二十五、反対五、棄権十二の結果となれり。投票は一国二票宛にして、二十一個国の総票数四十二となれり。各国投票数の分れたる有様は左の如し。

原案賛成　独乙、墺太利、ボヘミア、ブルガリア、西班牙、亜米利加、匈我利、伊太利、日本、波蘭、露西亜。
原案反対　英領諸植民地。
英仏二国は、国内の派別に依りて賛否の別を生じたり。即ち

英吉利　社会民主同盟　賛成
　独立労働党　反対
仏蘭西　ゲスド派　賛成
　ジヨーレス派　反対

而して左の諸国は賛否を決する能はざりしと見え、投票を為さざりき。
アルゼンチン、白耳義、丁抹、和蘭、瑞典、瑞西
斯くて原案多数を占め、硬派の主張は遂に大会に容れられたり。決議案の全文は即ち前のドレスデン案と一画一点の差異なし。

一国一党の決議

斯くて硬派は大多数を以て勝利を大会に制したるが、ベーベル、カウツキー、フエリ、トロイストラ、ヴアンデルヴエルドの諸氏は、是より先き別に一個の決議案を提出し、遂に全会一致を以て之を通過せしめたり。一国一党の決議と称する者即ち是也。其の案の大要に曰く、
本大会は宣言す。労働階級が資本家制度に対する闘争に於て其の全力を発展せんが為めには、一国内に只一個の社会党ある事、猶一国内に只一個の労働階級あるが如くならざる可らず。
此の理由に依り、各国の同志は、党の一致を保たんが為めに其の全力を尽すの義務あるものとす。
硬軟両派激戦して稍《やや》感情に走り、人をして社会党の分裂を気遣はしめんとしたる時、此の決議案が

全会一致を以て通過せられたるは、頗る意を強ふするに足る者也。此の決議によりて、先年仏国社会党の二派は合同し、一大政党を形づくるに至れり。英国及び米国の社会党諸派は未だ合同に至らざるも、既に先年以来其の交渉を始めつつあれば、近き将来に於ては各国一党の決議を実現せるの快報、続々として来るものあらん。

大会の終結

アムステルダム万国社会党大会は、予定の如く八月二十日を以て閉会せり。閉会の当日には社会党及び労働組合は、八時間労働の為めに、毎年示威運動を催すべき事。

毎年五月一日（労働祭）に休業する事。

の決議を通過せしめたり。

第七回万国社会党大会

アムステルダム大会の決議によれば、次期大会は、一九〇七年即ち明年に於て独逸Würtemberg《ウルテンベルヒ》王国のStuttgard《スツットガルド》市に開かる可き予定也。然るに最近の外国新聞の報によれば、露国革命の勝利を祝し、且つ之に勢援を与へんが為めに、露国内の一都市に於て之を開催せんかとの議ありと云ふ。

アムステルダム大会の花は実に硬軟二派の論争なりき。而して第七回大会も亦別種の硬軟二派の戦の予想せらるる者あり。即ち愛国心と社会主義との問題是也。此の問題は始め仏国に起因する者にして、同国社会主義者Gustave Hervé《ギュスタヴ・ヘルヴエ》氏の著述『国家論』に胚胎す。氏此の書を著はして戦時一揆の説を主張するや、ジヨーレス其の余りに非愛国なるを難じ、遂に仏国の一雑誌は之に関する論文を各国の社会党名士に求め、其の争は今猶高潮に在るが如し。『直言』発効停止の難を蒙《こう》むるの前、数号に亘りてベーベル、ヘルヴエ、フエリ、クエルチ等の論文を記載せるもの即ち是れなり。

（別に、最後の大会に於ける、総同盟罷工に関する決議あれども、他日、他の同盟罷工問題と共に之を記さん。）

（『社会主義研究』第一号、一九〇六年三月一五日）

万国社会党大会略史に就て

前号「万国社会党大会略史」の最後の章に、「社会主義と愛国心」の問題は、ヘルヴエ氏の著述『国家論』に胚胎す云々と書いて置いたけれど、あれは誤謬でした。次のやうに第二号の紙上に訂正して下さい。

久しくジヨーレス派とゲスド派とに分立して居ツた仏国社会党も、アムステルダム大会の一国一党の決議に従ツて、遂に半ケ年余の交渉を経て合同するの運びに至ツた。そこで一九〇五年四月二十六日、両派合同の祝賀会を開いた。其席上でイヨンヌ州社会党支部の首領ヘルヴエ氏は、きわめて非愛国的なる演説を試みた。之を聞いた紳士閥の諸新聞は、好機逸す可らずと云ふので、社会党は斯の如き非愛国なる者也と。盛んに攻撃した。

然るに巴里に社会主義の新聞と称する者が日刊で二ツある。一は『小共和国』(La petite République)と云ひ、一ツは『人道』(L' Humanité)と云ふ。共に改良的の傾向を有すものである。此二新聞は紳士閥諸新聞の攻撃し来るを見るや、直に之を非認して、社会党の愛国的なる事を熱心に唱道し、口を極めてヘルヴエ氏を罵倒した。

ヘルヴエ氏も亦機関新聞を持ツて居る。それはイヨンヌ州社会党支部の機関で、『社会主義労働者』

(Le Travailleur Socialiste) といふ週刊新聞である。此の紙上で、ヘルヴエ氏は「愛国的世界主義者に答ふ」といふ論題で、腰弱の維盛者流を大にヘコました。

以上が昨年の大問題「社会主義と愛国心」の論争の始まりである。「国家論」は、其後更に反対諸名士の論文を弁駁《べんばく》する為と、更に自分の論旨を明白にする為に、イヨンヌ州社会党支部の意見として、ヘルヴエ氏が筆を執ツたのである。

――東京監獄より――

(『社会主義研究』第二号、一九〇六年四月一五日)

市ヶ谷から　獄中消息（一）

【宛名・日付不明】


僕は三畳の室を独占して居る、日当りもいいし、風通しもいいし、新しくて奇麗だし、なかなか下六（番町）の僕の家などの追ひつくものでない、……こんな処なら一生這入つてもいいと思ふ位だ。

然し警視庁はいやな処だつた、南京虫が多くてね、僕も左の耳を噛まれて、握拳大の瘤を出来した、三四日の間はかゆくてかゆくて、小刀でもあつたらゑぐり取りたい程であつた。

十分間と口から離した事のない煙草とお別れするのだもの、定めて寤寝《ごしんせつ》切なる思を為なければなるまいと……然るに不思議だ、煙草のたの字も出て来ない、余り不思議だから強いて思つて見ようと勉めて見たけど、矢ツ張り駄目だ。

いつまで此処に居るか知らないが、在監中には是非エスペラント語を大成し、独乙語を小成したいと思つてる。

監獄へ来て始めて冷水摩擦といふものを覚えた、食物もよくよく噛みこなしてから呑込むやうになつた、食事の後には必ずウガヒする、毎朝柔軟体操をやる、なかなか衛生家になつた。

（『光』第一巻第一〇号、一九〇六年四月五日）

【宛名不明・一九〇六年四月二日】

此頃は、半ば丸みがかつた月が、白銀の光を夜なかまで監房のうちに送ツて呉れます。監房と雖も花はあります。毎朝運動場に出ると、高い壁を越えて向うに、今を真ツ盛りの桃の木を一株見る事が出来ます。猶其外にも、病監の前に数株の桜がありますから、近いうちには此の花をも賞する事があるのでせう。

月あり、花あり、而して又鳥も居ります。本も読みあきて、あくびの三ツ四ツも続いて出る時に、唯一つの友として親しむのは、窓側の檜に群がツて来る雀です。其の羽の色は決して麗はしくはありません。其の声音も決して妙なるものではありません。其の容姿も亦決して美なるものではありません。然し何んだかなつかしいのは此の鳥です。

（『社会主義研究』第二号、一九〇六年四月一五日）

【堺利彦宛・一九〇六年四月】

五日。父面接に来り、社会党に加盟せるを叱責する事厳也。予則ち之に答へて曰ふ。「父たるの権威を擁して、而して既に自覚に入れる児の思想に斧鉞《ふえつ》を置かんとす、是れ実に至大至重の罪悪也。児たる我は、斯の如きの大罪を父に犯さしむるを絶対に拒む」と。噫々《ああ》是れ果して孝乎不孝乎。然れども又翻りて思ふ。社会の基礎は家庭也。余社会をして灰燼に帰せしめんとする革命の猛火は、先づ家庭に点火せらるるによりて始めて其の端緒《たんしょ》を開く。噫々我既に家庭に火を放てり。微笑と涕泣《ていきゅう》、以て我が家の焼尽し行くさまを眺めんかな。

（『光』第一巻第一一号、一九〇六年四月二〇日）

【宛名・日付不明】

来た始に一番驚いたのは、監房にクシとフケトリとが揃へてあツた事です。是がなかつたら大ハイ*〔当時の僕のアダ名、ハイはハイカラのハイ〕も何も滅茶苦茶なのです。然しまさかに鏡はありません。於是乎《ここにおいてか》腕を拱《こまね》いて大ハイ先生大に考へたのです。そしてとうとう一策を案出したのです。それは監房の中に黒い渋紙をはツた塵取がありますから、それをガラス窓の向側に当てるのです。試みにやツて御覧なさい。ヘタな鏡などより余程よく見えます。

今朝早くからエスペラントで夢中になツて居ます。一瀉千里の勢とまでは行きませんが、兎も角ズンズン読んでゆけるので嬉しくて堪りません。予審の終結する頃までにはエスペラントの大通になツて見せます。

ここにも矢張南京虫が居ります。これさへ居なければ時々は志願して来てもいいと思ツて居ツたのに惜しい事です。今日までに嚙まれた数と場所とは左の如くです。警視庁では、左の耳の下三。監獄では、左の耳の下二。右の耳の下一。左の頬一。右の頬一。咽喉二。胸一。左の腕四。右の腕三。右の足一。右の手の指一。

こんなに嚙まれて居ながら、未だに其の正体を拝んだ事がないので、甚だ遺憾に思ツて居ます。

朝から晩まで続けざまに本を見て居れるものでもなし、例の雀も何処かへ行ツてしまう、已むを得ずに南京虫に喰はれた跡などを数へて時を過してゐます。時々に地震があツて少しは興にもなりますが、これとて余り面白いものでもありません。こんな時に欲しいのは手紙です。

（『光』第一巻第一二号、一九〇六年四月二〇日）

【由分社宛・一九〇六年五月】

どうせ食ふなら重罪の方が面白い、軽罪は余り気がきかない、無罪なら最も妙だ。……看守さんに聞いたら九年以上との話。マア十年と思つて算へて見よう。すると僕が出た時には、堺さんが五十近くの半白爺、秀哉坊が丁度恋を知りそむる頃、僕がまだ漸く三十二三、男盛りの登り坂にかかる時だ。身体は大切にさへして居ればサウ容易《たやす》くは死にもしまい。

エスペラントは面白い様に進んで行く。今はハムレットの初幕の処を読んで居る。英文では読んだ事はないが、仏文では一度読んだ事がある。然しこんど程容易く且つ面白くはなかツた様だ。

（『光』第一巻第一二号、一九〇六年五月五日）

【堺利彦宛・日付不明】

此処へ来てから毎夜のやうに夢を見る。……昨夜のは実に偉観《いかん》此上もなかつた。革命遂に成つて紳士閥の輩を数万人ギロチンに掛けたのだ。而して今朝起きるや否や南京虫を一疋《ぴき》殺した。毎日毎日南京虫に苦しめられるから、如何にしたら善からうかと、運動の時に相棒の強盗殺人犯先生に聞いて見た、先生の云ふには、それは殺すに限る、朝起きたら四方の壁を三十分位にらんで居るのだ、きツと一疋や二疋は這ツて居ると。それで今朝早くから小さくもない眼を見はツてゐると、果然のツそりのツそりとやツてゐる。直ぐ捕へてギロチンに掛けた。監獄で僕の血を吸ツた南京虫は之で退治した。而して夢の方は！　噫いつになつたら実現せらるのであらうか。

（『光』第一巻第一二号、一九〇六年五月五日）

市谷監獄より（宛先・日付不明）

一

噫々幸徳君は遂に殺されたのか。幸徳君若し死せりとせば、それは決して桑港《サンフランシスコ》の大地震がしたのではない。噫彼をして五ケ月の間牢獄に呻吟《しんぎん》せしめたる者は誰か。而して其結果、遠く病を抱いて米国に渡航するの余儀なきに至らしめたる者は誰か。噫日本のブールジヨアシーよ、汝は遂に我が幸徳君を殺したのか。

僕はモー軽罪もいや、重罪もいや、只望むのは無罪放免ばかりだ。而して我が幸徳君を殺したる日本のブールジヨアシーに対して、狂気の如くになツて復讐を計るのみだ。来月になれば保釈か無罪か、何れかで兎もかく出獄は出来るだらう。出獄しても僕の身体は休養を要しない。否々今まで既に十分に休養したのだ。モー直に戦闘にかかる。噫復讐の戦闘！　思ツてさへも腕がブルブルふるふ。

昨夜は遂に少しの睡眠も出来なかツた。米国から送つて来たバクニン全集を抱いて、一夜を泣き明した。噫バクニンの国家論と無神論、之れ幸徳君の終生宣伝に勉めようとせられたものではあるまいか。僕の腕は未だ幸徳君の万分の一にも到らぬ、然し只力のあらん限りに働く。

二

昨日から特待といふものになツた。と云ツてもわかるまい、説明をしやう。社会主義者が人類を別けて、紳士閥と平民との二に為すが如く、監獄では待遇上被告人を二ツの階級に別けてある。而して其の一は雑房に住み、他の一は独房に住むの差異がある。……即ち独房を以て監獄に於ける紳士閥として置かう。

平民の方は少しも様子を知らないが、此の紳士閥の方には亦二ツの階級がある。一は特待と云ふが、一は何と云ふのか多分名はないと思ふ。特待になると純粋の特権階級で、一枚の布団が二枚になり、朝一回の運動が午前と午後との二回になり、更に監房の中に机と筆と墨壺までが入る。此の上で原稿を書いて『*〔社会主義〕研究』や『光』に送る事が出来たら、被告人生活といふものも中々オツなものなんだけれど。

白熊*〔西川〕、孤剣*〔山口〕、起雲*〔吉川〕、世民*〔岡〕の徒は、来ると直ぐに此の特権階級に入ツたやうだ。他の者は皆平民の部に属して居る。少翁*〔深尾〕なども勉強が出来ぬと云ツて大にコボシてゐるさうだ。僕の所は机だけは始から入れて呉れた。多分特待候補者とでも云ふのであツたんだらう。

自分が特権階級に入ツて見れば、成程気持の悪い事もないが、其代りに特権褫奪《ちだつ》といふ、恐れが始終頭に浮ぶ。紳士閥が、軍隊だとか、警察だとか、法律だとかを、五百羅漢のやうに並べ立てて置くのも、要するに此の特権維持に苦心した結果に過ぎないのだ。

三

折々着物に就いての御注意有がたう。天にも地にも只《た》つた一枚の羽織と綿入だもの、大切に為《し》なくて如何《どう》しよう。只困るのは綻《ほころび》の切れる事だが、之は糸を結んで玉を作つて、穴の大きくならぬやうに為て置く。尤も看守さんに話をすれば針と糸とを貸して下さるのだけれど、食品口といふ四寸四方ばかりの小窓を開けて「看守殿御願します、御願します」と云はなければならぬのがいやさに、ツイ一度も所謂御願した事がない。

僕等の監房の窓の下は、女監へ往来する道になツてゐる。毎日十人位づつ五群も六群も入ツて来る。道がセメントで敷きつめられてゐるから、其度毎に、カランコロン、カランコロンと実に微妙な音楽を聞く事が出来る。

女監を見る度にいつも思ふが、僕等の事件に一人でも善い、二人でも善い、兎も角も婦人が入ツてゐたら如何なに趣味ある事だらう。家庭雑誌に載ツた秀湖のハイカラ女学生論も、決して日比谷公園で角帽と相引するを以て人生の全部と心得てゐるやうな者を指したのではあるまい。僕秀湖に問ふ。兇徒聚集の女学生！　是こそ真に「痛快なるハイカラ女学生」ぢやあるまいか。

四

昨日保子さんから猫の絵はがきを戴いた。何だか棒ツ切の先から煙の出てるのを持ツてゐるが、あれが物の本で見る煙草とか云ふものなのだらう。今迄は人間の食物だと聞いて居たが、ではなくて猫の玩弄品《おもちや》と見える。

今朝妹と堀内とが面会に来た。こんな善い所にゐるのを、何故悲しいのか、オイオイとばかり泣いてゐた。面会所で泣く事と怒る事だけは厳禁してもらひたい。そしてニコニコと笑つてゐてもらひたい。

入獄するチヨツト前からハヤシかけてゐた髭は、暇に任せてネジツたりヒツパツたり散々に虐待するものだから、只さへ薄い少ないのが可哀相に切れたり抜けたり少しも発達せぬ。能く見ると顔の彼《あ》地此地《ちこち》に薄い禿《はげ》が沢山出来た。之は南京虫に噛まれたのを引かいたあとだ。入獄の好個の紀念として永久に保存せしめたいものだと思ツてゐる。

五

今朝は暗い頃から火事の為めに目がさめて、其後ドウしても寝つかれない。そこで早速南京虫の征伐に出かけた。ゐるゐるウヂウヂゐる。遂に夜明頃までに十有三疋捕へた。大きいのが大豆の半分位、小さいのが米粒位、中位のが小豆位ある。これは出獄の時の唯一の御土産と思ツて、紙に包んで大切にしてしまツてある。そして其の包紙に下の如くいたづら書をした。

社会に於て吾人平民の膏血を吸取する者は、即ち彼の紳士閥也。監獄に於て吾人平民の膏血を吸取する者は、即ち此の南京虫也。後者は今幸に之を捕へて断頭台上の露と消えしむるを得たり。予は之を以て前者の運命の甚だ遠からざるをトせんと欲す。社会革命党万歳！　資本家制度寂滅！

（『社会主義研究』第三号、一九〇六年五月一五日）

【宛名・日付不明】

先々月の二十二日に此処に入れられたまま、一昨々日はじめて外へ出た。それは公判の下調とか云ふので遠く馬車を駆つて裁判所まで行ツたのだ。例の金網越しに路ゆく人を見ると、綿入は袷となツた、鼠や茶の中折帽はパナマや麦藁帽となツた。そしてチラホラと氷店の看板さへも見える。世はいつの間にか夏に近づいたのだね。

途で四谷見付のツツジを見た。桃散り桜散り、久しく花の色に餓ゑたりし僕は、只モー恍惚として酔ゑるが如きうちに、馬車は遠慮なくガタガタと馳せて行つた。

読書は此頃中々忙しい。先づ朝はフオイエルバハの『宗教論』を読む。次にアルベルト（仏国無政府主義者）の『自由恋愛論』を読む。午後はエスペラント語を専門にやる。先月は読む事ばかりでありたが、こんどはそれと書く事とを半々にやる。つまらない文法の練習問題を一々真面目にやつて行くなどは、監獄にでも入つて居なければ到底出来ぬ業だらうと思ふ。只一人では会話が出来ないで困る。夕食後就寝まで二時間余りある。其間はトルストイの小説集（英文）を読んでゐる。

（『光』第一巻第一三号、一九〇六年五月二〇日）

【宛名・日付不明】

此頃はノミと蚊と南京虫とが三位一体になつて攻め寄せるので大いに弱つて居る。
僕昨日剃髪した、〔*(髪を長くのばしてゐたのを短く刈つたのだ)〕これは旗などをかついで市中を駈けまはつた前非を悔いたのだ。

(『光』第一巻第一五号、一九〇六年六月二〇日)

〔同志諸君宛・一九〇六年六月二二日〕

昨夕六時頃、身受けのしろ百円づつで、兎も角も一と先づ自由の身となりました。
入獄中、同志諸君より寄せられた、温かき同情と、深き慰藉《いしや》と、強き激励とは、私共の終生忘る可らざる所であります。
裁判は、多分本月中に右か左かの決定がある事と思ひます。

(『社会主義研究』第四号、一九〇六年七月一日)

ベーベル伝

幸多きは独逸社会党なるかな。学理の人《セオリスト》としてはマルクス、エンゲルスの二大天才在り。運動の人《アジテーター》としてはラサール、リーブクネヒト、ベーベルの三大辣腕在り。其の万国社会党運動に覇《は》を称へて、横暴なる紳士閥に肉薄突撃するの勢ひを成せる、又偶然の事に非ざる也。

一八四九年五月、ライン諸州の一揆破れてより、マルクス、エンゲルス及び其友は、或は殺され、或は獄に投ぜられ、或は追放の刑に遇ひぬ。而して独逸平民の革命的運動は、一時全く地を掃へるが如き観を為せりき。されど猛火は死灰の裡よりして燃え上れり。即ち、革命の権化、フエルヂナンド・ラサールは、満身の血を躍して、平民の自覚を叫破すべく起てり。而して其の組織せる独逸労働同盟会は、実に我がベーベルをして、社会民主党に入らしむるの道を開きしもの也。

Ferdinand August Bebel《フェルディナンド・アウグスト・ベーベル》は、一八四〇年二月二十二日、コローンの地に始めて呱々《ここ》の声を挙げぬ。其父は、当時一下士官として陸軍に職を奉じたりき。ベーベル稍《やや》長ずるに及びて、コローンの付近なる小邑 Brauweiler《ブラウワイレル》の小学校に学び、更らに進んで Wetzlar《エッツラル》の高等学校に入りぬ。されど、事情は遂に彼れをして悠々専門の学術に従ふ事を許さず。去つて或る轆轤《ろくろ》細工師の家に年期奉公の身となりぬ。時に彼れの年十四歳なりき。居る事四年、其の業を終へ、更に其の技を磨くべく、旅職人（Journeyman）

となつて南独逸及び墺太利の地を巡回せり。一八六〇年、徴兵令の為めに呼び出されてLeipzig《ライプチッヒ》に帰り、小工場を設けて自ら同業組合の親方（Guild《ギルド》 master《マスター》）の地位に立つに至りぬ。後、其の友人と謀りて、Isleib《イスライブ》 und《ウント》 Bebel《ベーベル》 なる社名の下に、Dresden《ドレスデン》 より遠からざる一都市 Plauen《プラウエン》 に工場を作りぬ。彼れは、斯の如くにして徒弟より旅職人に、旅職人より親方に、極めて規則正しく其の地位を固め来たれり。されば他の多くの親方の如く、甚だ平穏なる、甚だ無事なる生活の下に、其の一生涯を終り得べかりし也。而して、一大政治運動の渦中に身を投じて、他日人道の歴史に記録せられんなどとは、彼れ自らと雖も猶夢想せざりし所ならん也。

一八六一年、彼れは独逸労働同盟会の一員となり、爾来着々として労働運動に深入りし来れり。然れども彼れは尚ほ社会主義に対する熱心なる反対者なりき。

もと此の同業組合なる一階級は、機械工業の発生する以前に於て、殆んど社会生産の全部を供給したるものなりき。然れども近世大工業の発達すると共に、此同業組合は漸々に其の姿をかくさざるを得ざるに至りぬ。而して其の組合員は、熟練せる腕を撫しつつ、住み馴れたる工場をたたみて、資本家の前に拝跪して職を求むるの運命に陥りぬ。漸くにして組合員は之れを自覚し始めたり。而して極力之れに反抗せんと試みたり。即ち彼等は大工業の勃興を防圧せんと欲して、資本家階級に戦を挑みぬ。或は製造場を焼毀《しょうき》し、或は機械を破壊し、飽迄も其の保守的頑闘を続けたり。現今に至りては、彼等は斯の如きの男性的意気を失ひたり。然れども其の保守的なる点に於ては、依然旧と異なる所なし。彼等は、資本家制度の勢力稍々薄弱なる所に巣を構へて、此処に旧態を保持するの策を講じつつあり。而して常に臀《しり》込みするを以て其の本領と為し、団結して其の共同の仇敵《きゅうてき》に当らんとする者の如き、絶えてある事なし。彼等は普通労働者の中に伍するを恐れたり。そは只に平民の困窮を恐るるが為めのみにあらず。其の解放を企図する経済的及政治的運動をも、又此の解放に必要なる改革を敢行せんとする社会主義をも、共に恐れて嫌忌する事殆んど甚だしきものあり。斯くの如くにして、普通労働者は生産分配の方法を社会的にするに非ざれば、其の解放を獲得する能はざるを知らず。而して同業組合の親方は、信用貸金或は流通資金を以て其の業を始め、勧工場《かんこうば》によりて其の生産品を直接に消費者に売渡すを以て満足せり。Proudhon《プルードン》は、即ち此の同業組合の親方を代表する、最も好個の人物なりき。彼れの骨髄は、既に保守的思想によりて染毒せられたりき。或は平民の政治的運動に反し、或は労働者の同盟罷工に反し、共産党の学理の如きは、一種の痙攣《けいれん》的恐怖を以て、之れを却《しりぞ》くるに汲々《きゆうきゆう》たりき。ベーベルが其の当初に於て社会主義に反対せるは、只彼れが同業組合の親方たるの地位よりして、斯くの如きの情勢まことに止むを得ざる者ありしに依る也。

然れどもベーベルの永く此の小工業の恩恵の下に止まらんには、其の情熱余りに激烈に、其の頭脳余りに明晰なりき。遂に一八六六年、リーブクネヒトの熱心なる奨誘によりて、断然其の保守的迷妄を放棄し、万国労働者同盟の独逸支部に加盟するに至りぬ。而して一八六八年、Nuremberg《ヌーレンベルヒ》の大会に於て、共産党宣言を以て其の同盟の綱領となすの提案を出したるは、実に此の新来の勇士アウグスト・ベーベルの手に依れるものなりき。一八六七年、其の同盟の代表者として、北独逸より国会に選出せられぬ。一八六九年、其の言論社会の秩序を壊乱するものなりとせられて、三週間の禁錮に処せられ、此に於て彼は始めて社会党の戦士たる可く、政府よりして牢獄の洗礼を受けぬ。爾来彼れの身辺には、迫害と追放と牢獄との雨、月を追ひ年を追ふて愈々激しくなれり。而して彼れの頭脳は、愈々革命的社会主義の思想もて練り鍛へられたり。

ビスマルクは、ナポレオン第三世に倣ふて、少しく労働者に款《よしみ》を通ぜんと謀れり。即ち労働者の力をかりて、近時漸く其の頭をもたげ来れる資本家を威圧し、以て其の勢力を殺がんものと試みたり。先づラサールに親近して、普通選挙権と国立工場の設立とを約し、稍其の目的を達せんとするの途に上りぬ。然れどもベーベルとリーブクネヒトとは、其の謀計を看破して容易に其の膝を屈して来らざるのみか、却つて其の政策の姦譎《かんけつ》なるに戦を挑んで起てり。ビスマルク之れを見て、到底、社会党の頤使《いし》し得べからざるものなるを知り、其の態度を一変して、急に社会党の頭上に得意の鉄血政策を奮ふに至りぬ。彼の有名なる社会党鎮圧令の如きは、即ち之れに結果して来れる者也。

然れどもベーベルとリーブクネヒトとは、斯の如きの迫害に屈服する者に非ず。又其の戦闘に倦怠する者に非ず。鉄鞭加はる毎に、益々其の鋭気を奮ふて之れが防御に勉めぬ。而してはしなくも普仏戦争の起るに及び、攻守其の地位を一転して、ビスマルクは内外の二強敵に当らざるを得ざるに至りぬ。先づベーベルとリーブクネヒトとは、ビスマルクが国会に請求したる内債案を却けたり。ナポレオン第三世セダンに包囲せられ、巴里に共和政府の設立せらるるを見るや、彼等は直に戦争の継続に反対せり。為めに彼等は反逆の罪名を負ふて、数ケ月間牢獄の裡に投ぜられぬ。而して其の出獄するに及び、アルサス、ローレン二州の獲得を非として、之れに反抗するの大旆《たいはい》を挙げたり。勝利と償金とに泥酔せる独逸紳士閥は、到る処にビスマルクの万歳を称へ、欧州諸国の紳士も亦、ビスマルクを称して近代の最も偉大なる政治家なりと阿諛《あゆ》するの時、ベーベルとリーブクネヒトとは国会に於て叫べり。吾人も亦、独逸軍隊の名誉の為めに建設せられたる、彼の Vendôme《ヴンドーム》 の紀念碑を破壊するに躊躇せずと。是れ巴里一揆の徒が、斯の如き野蛮なる建築物を存在せしむるの理由なしとして、遂に之れを破壊したりとの報、ベルリンに伝はれるより数日の後の事なりき。而して又、ベーベルは巴里一揆の挙を国会に称揚して曰く「是れ平民の当然の美挙也。而して之れを将来の大革命、即ち全人類をして資本家制度の毒手より遁れしめんとする大革命に比すれば、漸く前哨の小戦闘に過ぎざるのみ」と。

社会党の首領が斯の如きの暴言を放つに至りては、紳士閥も亦、全力を尽して之れが鎮圧に勉めざるべからず。即ち告訴して之れを反逆の大罪に問へり。一八七二年五月、Hepner《ヘプネル》、リーブクネヒト及びベーベルは、ライプチツヒの法院に於て、各禁錮二箇年の刑を宣告せられぬ。然れども猶ビスマルクは之れを以て満足する能はず、更に陰謀罪に陥れて、更に九箇月の禁錮に処せしめんとしたりき。ビスマルクは、之れを以てベーベルの代議士たるの資格を奪取せんと欲せる也。然れども斯の如き者、遂に何等の効果をも齎す事能はざりき。即ちベーベルは、大多数を以て再び国会に選出せられぬ。而して遂に裁判官は、彼れを罰するに反逆或は陰謀の罪を以てする能はず、僅に「秘密結社を為し、国家の安寧を害するものなり」として、之れを公判に付せり。然れども是れ亦其の効を見る能はざりき。於茲乎《ここにおいてか》、ビスマルクは止むを得ず、行政執行法によりて、都市より都市へと彼を追立て回りぬ。ベーベルはライプチツヒを追はれてベルリンに来りぬ。ベルリンに於ては、国会の閉ぢらるるまでベーベルを追ひ或は捕ふる事能はざりし也。而してビスマルクは、漸くにして一八八六年に至りて其の思を達しぬ。即ち Freiberg《フライベルヒ》 の事件に於て、ベーベルは遂に九箇月の刑を受くる事となりぬ。

牢獄は彼れの身体より健康を奪へり。されど彼れの思想は益々革命的に練られたり。牢獄は彼れの為めに多くの閑暇《かんか》を与へたり、彼れは之れに乗じて数箇国の外国語を学びぬ。而して又、幼時漸く其の村の小学校と、エッツラルの高等学校とに数ケ月の教育を受けたるに過ぎざりし彼れは、其の教育を完成し、其の頭脳を組織立たしむ可く、熱心に読書に耽けれり。出獄後ベーベルは多くの著述を為せり。而して其の何れも社会主義の発達に少なからざる貢献を与へたり。

其の著述の重なる者左の如し。

吾人の目的

中世紀に於ける独逸農民の革命的運動

ライヒスタハ国会と連邦議会

基督教と社会主義

婦人問題

東方諸国及び西班牙に於ける土耳古アラビア人の文明

ベーベルは中肉中背の体軀《たいく》にて、其の容貌は甚だ温厚篤実の風を示せり。其の人に対するや、栗色せる鬚髯《しゆぜん》の中より、諧謔《かいぎやく》の言葉をもらして、温顔之れを迎ふるを常とす。されば独逸の社会主義者は、皆ベーベルに親み昵《な》れ、其の靄々《あいあい》たる和気真に羨むべきものありと云ふ。

ベーベル今や八十一人の議員を率ゐて国会に在り。常にビユーロー大宰相と対陣して雄弁の火花を散せり。若し夫れ彼れが万国社会党運動に於いて、如何の地位を占むるかは、前二項の記事に依りて明瞭なるべし

（『社会主義研究』第五号、一九〇六年八月一日）

［ポール・ラファルグ］

エンゲルス逸話

訳者注。ポール・ラファルグはマルクスの女を妻として、エンゲルスとは甚だ親密なる交を結んでゐた人である。昨年八月六日、エンゲルスの十年忌に際して、彼れは独り其の友を追偲《ついし》するに堪へず、遂に書をノイエ・ツワイト（Neue Zeit）紙に送つて、其の思ひ出を友の故国の同志に分つた。当時僕は之れを仏訳したものを読んで、それまではエンゲルスをば、只七面倒臭い理屈ばかり並べ立てる、イヤナ先生だと思つてゐたのが、急に懐しい伯父さんのやうに感じた事であつた。そして今之れを反訳するに当つて、其の感じの愈々濃になるのを覚えるのである。

私が始めてエンゲルスと相識つたのは、一八六七年即ち資本論の第一巻が公にせられた年であつた。マルクスが私に対つて「君が愈々僕の女と結婚する事になれば、先づエンゲルスに君を紹介して置かなければならぬ」と云ふので、早速二人でマンチエスターへ出掛けた。

エンゲルスは、其の妻と、妻の姪の六七歳になる児と共に、町端れの小さな家に住んでゐた。当時エンゲルスは、父の管理してゐる一工場の中に、書記として働いてゐたのである。

始め革命が敗滅に帰した時、エンゲルスはマルクスと共に大陸から倫敦に遁げて来て、当分は此処で政治的活動と科学的研究とに、専心従事しやうと思つてゐたのであつた。然るに革命の騒擾の中に、マルクスは自分の財産は勿論、妻の財産までも無一物に失くして仕舞ふ。エンゲルスも亦、何等の資力をも有たず。そこで止むを得ず、父の招きに応じて、丁度一八四五年の時のやう、マンチエスターに帰つて、再び工場の一書記と成り下つたのである。其の間マルクスは、毎週ニユーヨルク評論に通信を送つて、漸くに其の家族の急場の欠乏だけは凌いでゐた。

爾来一八七〇年まで、エンゲルスは二重の生活を仕てゐた。一週の中六日は、朝十時から夕の四時迄、或は工場にゐて各国語の通信文を書いたり、或は商業取引所に往復する事を勉めてゐた。彼れは下町にも一つの家を構へてゐて、其処では実業界の友人に限つて会見する事に極めてゐた。そして先きの小さな家では、政治家や科学者などとのみ往来してゐた。彼の有名なる化学者Schorlemmer《シオールレンメル》や、資本論の第一巻を反訳したSamuel Moore《サムエル・ムーア》なども、よく此の家を訪れて来た。

エンゲルスの妻はもと愛蘭《アイルランド》人で、熱烈なる愛国者であつた。マンチエスターには多数の愛蘭独立党員がゐるので、其等の人と深く交つて、常に其の陰謀に加つてゐた。愛蘭人も亦、危急の場合に於てなどは、常にエンゲルスの家を以てよき蔭《かく》れ家と仕てゐた。或る時の如きは、死刑に宣告せられた独立党の志士が、絞首台に行く途中同志の人々に奪ひ取られたのを、彼れの家にかくまつて、遂に事なく遁げ終へしめたと云ふ話もある。エンゲルスも亦、愛蘭の独立運動に深い趣味を有つてゐて、英人が愛蘭を征服するに至つた歴史に就いて、いろいろと材料を蒐集してゐた。其の歴史の或る一部分は、今猶ほ手書したまま残つてゐることと思ふ。

夕方、工場の激務を遁れて、其の小さな家に帰つた時、彼れは漸く自由の身となるのであつた。然るに彼れは、只に工場の事務に忠実であつたのみでなく、又能く俗物等と其の快楽をも共に仕てゐた。宴会、舞踏会、狩猟、いつでも彼れは其の中に入り交つてゐた。狩猟と言へば、彼れは乗馬に甚だ巧みで、狐狩の為めに殊に一頭の狩馬《ハンター》さへ有つてゐた。地方の貴族富豪から狩猟の招待を受ける度に、必ず欠さず出て行つて、封建時代の遺風に従つて狐の巻狩などをやる。其の時の熱心は実に驚く可き程で、堀を飛び、垣を超え、あらゆる障害物を跳ね退けて、夢中になつて狐を追ひ立てる。マルクスは「いつか間違が起らなければいいが」とヒドク之れを気づかつてゐた。

斯くしてエンゲルスと交際を仕てゐた紳士連が、果して彼れの他の生涯を知つてゐたか、それは疑問だ。元来英国人は妙な気質を有つてゐて、自分に利害の関係の無い事には、殆んど好奇心さへも起さない。されば、毎日のやうに顔を見合せてゐたエンゲルスが、あれ程偉大なる知能を有つてゐやうなどとは、或ひは夢にも思はなかつたかも知れぬ。エンゲルスも亦、彼等の前で、其の才力を揮ふやうな事も仕なかつた。マルクスが評して、欧州の最も大なる学者とまで尊重した、彼れエンゲルスも、英国紳士連の眼には、只葡萄酒の善し悪しを評価し得る、チヨツト面白い奴だ位に映じてゐたのであらう。

或る婦人がマルクスの妻君に耳うちを仕て「エンゲルスつて本当に下らない方ですねえ」と云つた事があるさうだ。これは、当時マンチエスターに於ける紳商共のエンゲルスに対する態度を、最も明白に云ひ現したものと思はれる。

エンゲルスは其の生を終る迄、常に快活なる友人、愉快なる同志であつた。殊に青年は其の最も愛する所で、彼れの家の如きは常に少壮の英雄豪傑を以て充されてゐた。倫敦にゐる社会主義者、各国からの亡命客、旅行に来た同志、それ等は皆彼れの家の食卓に座して暖かき彼れの友愛を味つたのである。

エンゲルスを知るには、マルクスを知らなければならぬ。又マルクスを知るには、エンゲルスを知らなければならぬ。此の二人の生涯は、到底別箇のものとして見る事は出来ぬ程、極めて密接なる関係によつて結び付けられてゐる。然るに此の二人は、只に外貌に於てのみならず、其の性格、其の性情、総て皆異なつてゐたのである。

二人が始めて個人的交際を開いたのは、一八四二年の十二月の末、エンゲルスがライン新聞の編集局を訪問した時に始まつたのである。翌年、ライン新聞の廃刊と共に、マルクスは妻を娶つて仏蘭西に帰つた。一八四四年九月、エンゲルスは再びマルクスを巴里に訪づれた。爾来、独仏年報を起すに至る迄は、互に書信を以て其の思想を交換してゐた。即ち独仏年報は、此の二人が死に至る迄、同心となつて協力した嚆矢のものである。

一八四五年の始めに、マルクスは独逸政府の需《もと》めによつて、ギゾー内閣の為めに仏国を追はれて、白耳義ブラッセル市に奔つた。幾程もなくエンゲルスも其の後を追ふて白耳義に来り会した。一八四八年の革命は遂にライン新聞を再興せしめた。エンゲルスはマルクスの傍にあつて其編集を助けてゐた。そしてマルクスの他出した時などには、代つて主筆の役を勤めてゐた。

然しエンゲルスは、知力に於ては非常に発達してゐたけれど、他の編集員等に対してはマルクス程権威を振ふ事は出来なかつた。革命の熱情に燃えてゐる、才気汪溢《おういつ》の青年記者を率ゐて行くには、エンゲルスは余りに温順であつた。マルクスが維納《ウィーン》に旅行して帰つた時などには、編集局に内輪揉めが起きてゐて、到底エンゲルスの制御の及ぶ所でなかつた。そして之れを解決するには、モウ決闘の外に方法はない、とまで思はるる位の論争が激烈になつてゐた。

マルクスは、人を指導す可く生れて来た。彼れと交るものは、誰れでも先づ其の勢力に圧迫せられて仕舞ふ。エンゲルスの如きも、矢張り其の一人であつた。エンゲルスが嘗て私に云つた事がある。「あんな性格の明瞭《はつきり》とした、曖昧な所の露ほどもない人に対しては、どうしても万事を捧げて信任せねばならぬ」

資本論の第一巻を代書したWolff《ヲルフ》と云ふ人が、マンチエスターで病危篤に陥いつた。医者も匙を投げた。然しエンゲルスや其の友人等は、医士の恐る可き宣告を信じないで、更にマルクスの意見を聴く為めに、わざわざ電報を以て彼れを呼び寄せた。マルクスの信任は斯の如き点にまで及んでゐたのである。

エンゲルスは英国に住んでゐた為め、経済学、労働者の地位、大工業の実状、チヤチストの運動、之れ等に関しては深く造詣する所があつた。然るに其の頃までマルクスは、哲学、歴史、科学、法律、数学などをのみ研究してゐた。故に自然マルクスは知能の方面に於て、エンゲルスに負ふ処甚だ多かつたのである。後マルクスは経済学を専攻して、社会の歴史も思想の歴史も、総て皆其の秘鍵を経済学に握られてゐる事を覚つた。

エンゲルスが私に話したのによれば、マルクスが始めて其の物的史観説を彼れに示したのは、一八四八年の頃であつたさうだ。

エンゲルスとマルクスとは、終始協力して働くのを常と仕て為た。何事にも十把一束的の極めて粗雑なるマルクスと、何事も底の底まで探究せねば已まぬエンゲルスとが、永い間春風駘蕩《しゆんぷうたいとう》の中に調和して行けたのは、実に傍目《よそめ》からは不思議な位だ。

革命の敗北後、此の二人の友は分れて、一はマンチエスターに帰り、一は倫敦に留つた。然れども、彼等は猶其の思想の上に於て、依然共同の生活を続けて為たのである。十七年の間、毎日、殆んど毎日のやうに信書を送つて、時事問題に関する意見を闘はしてゐた。其の時の手紙は、今猶保存せられてゐる。

エンゲルスは、工場の軛《くびき》を脱するや否や、直にマンチエスターを去つて倫敦に赴いた。そしてマルクスの住んでゐるMaitland Park《メートランド　パーク》に程近い、Regent's Park《レゼンツ　パーク》街に居を定めた。毎日一時頃にマルクスを訪ふて、病床の彼れの顔色の美《うるわ》しい時、手を執つて共にHampstead Heath《ハンプステッド　ヘース》を散歩するを常とした。雨の日、風の日などには、室の中を横に縦に歩るきながら、一時間も二時間も話し続けるのであつた。或る時の如き、Albigeois《アルビジョア》に関して数日間議論の続いた事もあつた。当時マルクスは、猶太人と基督教徒との財政関係を研究してゐた。

二人は常に或る問題を捕へて、其れの研究と討議とを凝した。そして常に同一の結論を得た。其の思想や作物に関しては、誰れが何と云ふ批評を下しても、只二人の間の相互の批評を以て、最も正確なる、最も重味あるものと信じてゐた。マルクスはエンゲルスの該博なる知識を称揚し、エンゲルスはマルクスの非凡なる分析力と総合力とに敬服していた。

二人の間には、金銭も知識も、総てのものが共通であつた。マルクスがニユーヨルク評論に通信を仕てゐた時、まだ十分に英語に熟してゐなかつたので、エンゲルスは始終之れを英訳してやり、又時としては自分の書いたものを送つてやつた事もある。エンゲルスがAnti-Dühring《アンチズーリング》を書く時には、マルクスは自分の仕事を止めて、これが手助を仕てゐた。

エンゲルスは亦、マルクスに対する友情を、其の一家のものにまで拡張した。マルクスの児女は、エンゲルスを呼ぶに「第二の父」と云ふてゐた。最後に其の友情は墓場にまで及んだ。即ちマルクスが死んでからは、十年来研究し来つた哲学を放棄して仕舞つて、全力を尽して資本論の最後の二巻を公にす可く其の一身を捧げた。

エンゲルスは、研究の為めに研究を愛した。故に何事と雖も彼れの趣味に適せざるものはなかつた。嘗て青年の時に、地中海の沿岸を旅行した事があつた。そして此の機会を利用して、海に対する彼れの知識欲を満足せしめた。それは海岸日誌と云ふやうなものを作つて、日々太陽の位置の変り行く様や、風の方向や、海面の状態などを、事細かく記載するのであつた。其の日誌は今でも残つてゐるが、其の秩序の整然たる、其の観察の精密なる、実に驚く可き程である。

哲学と軍事学とは、彼れの最も愛する所のものであつた。そして其の研究にも甚だ忠実で、絶えず進歩し行く新学説などを、決して其の眼から見遁がすやうな事はなかつた。

極くつまらない微細な事でも、彼れの眼には余程貴重のものと見えたらしい。或る時、西班牙《スペイン》から来たロザと云ふ友人と、西班牙語のアクセントを稽古する為、わざわざローマンセローを大声で読んでゐるのを見た。

語学に関する彼れの知識、殊に欧州各国の地方語に関する知識は、殆んど信ず可らざる程であつた。

巴里一揆の敗北後に、私はマドリックに行つて、そこの万国労働者同盟の幹事に会つた。すると、其の人達の云ふには、アンゼルと云ふ人から通信があつて、私を西班牙派遣委員に任命すると云ふ通知が来てゐるとの事であつた。そして其の手紙の文体が、純然たるカスチラン語であつたので、彼等は余程不思議がつてゐた。此のアンゼルと云ふのは、即ちエンゲルスを西班牙読みにした名であつたのである。それから私はリスボンへ行つた。すると矢張り同盟の葡萄牙《ポルトガル》委員のフランシアと云ふ人の話に、エンゲルスから常に葡萄牙文の手紙が来て、それを見ると、到底外国人とは思はれない程巧みに書いてあると云ふ事であつた。

彼れが手紙を書くのに、常に其の相手の人の国語を以てするのが、彼れの最も得意とする所であつた。露西亜人には露語を以て、仏蘭西人には仏語を以て、独乙人には独語を以て、伊太利人には伊語を以て、ポーランド人にはポーランド語を以て、殆んど自由自在に書きなぐつてゐた。

或る時ラムスゲートの浜辺で、一人の香具師が、ブラジルの将官だと欺つて、鬚《ひげ》で埋つてゐるやうな一寸法師を、公衆の縦覧《じゆうらん》に供してゐた。エンゲルスは其の傍に行つて、始めにブラジル語、次ぎに葡萄牙語、終りに西班牙と云ふやうな調子に、いろいろと話を仕て見たけれど、将官先生何の答へもない。最後にエンゲルスは喝破して「此のブラジル人は、実は愛蘭人なのだ」と叫んだ。そして愛蘭の俗語で以て話を仕かけた。巴里一揆の残党の一人が、エンゲルスの少し激した時に軽く吃る《ども》のをからかつて「エンゲルスは二十ケ国の言葉で吃る」とひやかした事があつた。

エンゲルスは又、其の老後に至つて、産科学の書物などを繙いてゐた。それは丁度其の家に同居してゐた或る婦人が、医士の試験を受ける準備を仕てゐたのを其の本を借りては研究を重ねてゐたのである。

「斯の如きは、公衆の利益を顧みないで、只だ自分の娯楽の為めに精力を費すのだ」と云つて、マルクスがエンゲルスを詰問した事がある。すると、エンゲルスは直に之れに答へて「君は、只露西亜語を読めないばかりに、二年以来資本論を完結するに苦しんでゐるんぢやないか」と反対に詰《なじ》り返した。後マルクスは、ペテルスブールにゐた友人から、露国の農事に関する報告を送つてもらつて、それを読む為めに急に露西亜語を学び始めた。

エンゲルスは、只其の知識欲を満足せしむれば、以て足れりとしてゐたのである。而して其の知的好奇心は、ただに事物の上ツ皮を嘗めるのみでなく、底の底まで研究し終へなければ止まなかつたのである。

彼れの記憶力と理解力とは、測り知る可らざる程非凡なるものであつた。従つて極めて迅速に、且つ苦痛なく何事をも研究することが出来た。彼れの博学多識は、此の二大才能に負ふ事最も多かつたのである。彼れの書斎は、四方の壁を奇麗に並べ立てた書架で飾りつけて、紙一片落ちてゐた事がない。学者の書斎と云ふよりは、寧ろ客間と云ふ方が適当な位、常によく整頓せられてあつた。

彼れの体型も、矢張り其の書斎と同じやう、中々済し込んだものであつた。そして、丁度彼れが独逸の軍隊に下士官としてゐた時のやう、常に検閲に出る時の如き直立不動の姿勢を保つてゐた。其の衣服の如き、余程長い間同一のものを着てゐても、遂に皺の寄つてゐるのを見た事がない。彼れは、其の一身に就いては中々倹約家であつて、是非必要なものと認めなければ、容易に出費する事はなかつた。然し、同志が困つて金を借りに来たり、又党の費用のかさむ時などには、少しも惜しむ処なく、其の財布の底を払ふのを常とした。

普仏戦争に於て、彼れは軍略家として其の名声を挙げた。即ち彼れは日々両軍の運動を追ふて、其の作戦計画を机上に於て試みた。而して屢々《しばしば》Pall-Mall《ポールモール》の紙上に其の意見を発表した。セダンの役の時の如きも、其の二日前に於て、ナポレオン軍の必ず包囲せらる可きを予言してゐた。マルクスの長女のYenny《エンニー》は、エンゲルスの予言の甚だ英国の新聞界に重んぜらるるのを見て、遂にエンゲルスを呼ぶに将軍の綽名を以てした。而してエンゲルスは、独逸帝国の敗亡を希望して、共和国たる仏蘭西の勝利を祈つてゐた。彼れは、共産党宣言に示せるが如く、遂に其の本国なるものを有たなかつたのである。

（『社会主義研究』第五号、一九〇六年八月一日）

不幸の神

君、彼れを見たりしや。

痩せ衰へたる蒼白の面、見るからに怪しげの心地ぞする。灰色なせる頭髪は乱れて長く顳顬《こめかみ》に流れ、胸を掩《お》ふ鬚髯《しゅぜん》は半ば赤茶けて焦色を呈す。其の眼《まなこ》は、正に、黒き、深き、二つの窩《うつろ》。其の口、開かば、歯齦《はぐき》破れたる下、薄黒き歯の見ゆるあらん。

君、彼れを見たりしや。

其の容貌は、常に悲哀の色、さなり、癒《い》ゆ可らざるが如き悲哀の色に満てり。彼れや、産れたるを悲しみ生きつつあるを嘆き、而して又、死せざるを憂ふ。

君、彼れを見たりしや。

其の衢《ちまた》を過ぐるや、人群の中《うち》を、常に孤《ひと》り、目的《あてど》もなく、只歩のままに進む。傍目もふらず、耳立つる事もせず、只真直に行く。形高き、ツバ広の帽子を、無造作に頭の上に乗せ。使ひ古されて、垢に輝く上衣に其の長き、醜き体軀を包み。綻びたる靴には、水溜にあふ毎、泥を呑ませて。

彼れは抑《そ》も誰れ。

何人も之れに答ふるを得せじ。何となれば、何人も彼れを識らざれば也。彼れは、倶《とも》に笑ひ、倶に語らひ、倶に悲しむの友を有《も》たず。彼れは、其の沈思《おもい》を、深く鎖《とざ》して、只孤りを行く。彼れは、何人に出遭ふとも、立止まる事なく、只真直に進む。沈思と悲哀《かなしみ》とを懐いて只孤り行く。

噫、斯く不幸なる彼れ、彼れは抑も誰れ。

君は抑も誰れ。

斯く常に孤りにして、斯く常に悲哀に暮れて。君よ、道過ぎる人々は、驚き呆れて、君をしも凝視《みつ》むるに非ずや。されど君は、凝視めらるるをも知らざるが如く、又驚愕《おどろ》かるるをも見ざるが如し。

君は抑も誰れ。

我れ、君を識らまく思ふ。何人も知らざる、而して又、何人にも識られんと求めざる、君を、我れは識らまく思ふ。君の深く鎖せる沈思を、君のいたく悩める悲哀を、我れは知らまく思ふ。何人とも、倶に笑ふ事なかりし、何人とも、倶に語らふ事なかりし、君と、我れは倶に笑ひ、倶に語らはんと欲す。君よ、我れは君の友也。親しき、親しき友也。慰安《なぐさめ》の言葉も与ふ可く、又、憫憐《あわれみ》の言葉も与へん。語れ、語れ、友よ。君は抑も誰れ。

我れ斯く云へる時、彼れは、彼れの傍に、人、しかも既に彼れの友たる、人あるを感ぜるが如かりき。彼れは、ふりむきて我れを凝視めぬ。噫、其の凝視！　刺すが如き凝視！　黒き、深き、二つの窩なせる眼！　而して彼れは、我れに、既に彼れの同情ある友たる、我れに近づきぬ。されど、敢て手を握らんとは為《せ》ず、只答へて云ひけらく、

友よ、我れは不幸の神也。

彼れは語を続けぬ。

友よ、我れは不幸の神也。我れは、常に孤独なる者なり。過去にも、現在にも、将《は》た未来にも、常に我れは孤独なる者也。悲哀てふ悲哀は、総て皆、我が身に蓄積せらる。我れは、総ての悲哀を、我が身に蔵す。我れは又、常に不幸なる者也。我れは、癒ゆ可らざる不幸、窮め尽くる事なき不幸を有つ。

友よ、君は、我れを悲哀に満てると云へり。君は、我れを不幸なると呼べり。さなり、我れは不幸の神なり。始めなき、終りなき、不幸の神也。

彼れは、少時《しばし》声を休めて、再び云ひぬ。

友よ、斯くても猶、君は我れの友たらんとするか。斯くても猶、君は我れを随《したが》へんと云ふか。斯くても猶、君は我れを伴はんと云ふか。君は、強いて我が伴侶《みちづれ》たるを望めど、君は、君の生命《いのち》の如何に悲哀に陥るべきかを、未だ知らざるなる可し。君は、君の生命の如何に苦痛に終るべきかを、未だ知らざるなる可し。友よ、斯くても猶、君は我れの友たらんとするか。

彼れは、白き声にて、白き声にて、何人も未だ曾つて聞きし事なき声にて語りぬ。其の言ふ所、只悲哀に満てり。限りなき悲哀に満てり。

遂に、得堪へずして、我れは其の手を握りぬ。彼れの眼は、異様に輝きて、再び我れを凝視めぬ。

不思議！　不思議！　彼れの容貌は、今一変せる也。其の眼は、窩の底にて、微かなる光を放ち、頬には薔薇色の血の往来する見ゆ。彼れは、我れの手を取りて、確《し》かと握りぬ。

嗚呼、我れ遂に友を得たり。我れを恐れざる、我が友たるを恐れざる、友を、我れは得たり。嗚呼、友よ、今は我れ孤独ならず。来れ、友よ。来れ、来れ。

友よ、我れは不幸の神也。されど又、我れは反乱の神也。

友よ、我れは不幸の神也。されど又、我れは反乱の神也。総てのものに反す、現存の総てのものに反す、我れは反乱の神也。

友よ、今は我れ孤独ならず。働かざる可らず。此の世より、不幸てふ者を消えしめんが為めに、今は我れ働かざる可らず。

友よ、今は我れ友を得たり。闘はざる可らず。此の世より、不幸てふ者を消えしめんが為めに、今は我れ闘はざる可らず。我れ等の兄弟《けいてい》を惑はす、彼の迷信を打ち破らんが為めに。我れ等の兄弟をつなげる、彼の鉄鎖を打ち壊さんが為めに。

友よ、我が悲哀は消え去れり。友よ、視よ。我れを視よ。

彼れの容貌は一変せり。其の眼は、今や、幸福と反乱との二閃にて輝く。

（『家庭雑誌』第五巻第一号、一九〇六年一一月一日）

動物の恋愛

人間の両性関係を考察するには、先づ生物全体の両性関係を通覧して置かなければならぬ。と云ふので、嘗て堺君は其の「婦人新論」に於て、植物や動物の生殖作用を詳説せられた。僕も之れと同一の目的を以て少しく高等動物の恋愛を語つて見たい。

最下級の動物、即ち原始動物に在つては、其の生殖はただに機械的分裂に依る。而して其の細胞には、素より男女の別がない。従つて、其の間に性とか恋とか云ふ問題の起りやうがない。稍々《やや》発達したものになると、二つの細胞が接合して、一つの新個体をつくる。即ち茲に両性の現象を生ずる。然れどもこの接合には何らの意識があるのではない。ただ偶然に二個の細胞が相抱合したに過ぎない。

然るに高等動物に於ては、其の生殖方法の複雑すると共に、両性の関係は甚だ微妙なものとなる。即ち、男性は其の腕力、美色、美声、美香等によりて、女性の歓心を買はんとし、女性は又、其の好む所に従つて自由に男性を撰択する。

夕方になると、雄の蟋蟀《こおろぎ》は巣の入口に立つて、頻《しき》りに鳴きすだく。やがて雌の蟋蟀が、其の声に聞き惚れて遣つて来る。雄の音楽家先生は大得意になつて、其の長い鬚で雌を撫でまはしながら、云ふに云はれぬ妙《たえ》なる美音を発する。

トゲウヲと云へば冷血動物であるのだが、婿八人の間に、一人の嫁御寮を奪ひ合ふと云ふやうな事は、決して珍しくない。雄は又、いろいろ手管を尽して、雌を其の巣に引き入れやうと誘惑する。そして目的《めあて》の雌が巣の中に這入り込んだ時には、それはモー狂気のやうになつて踊り舞ふ。其の他、蛙の喧《かまび》すしく妻を恋ふのや、爬虫類が雄同士の間に、激しく嫉妬の争闘《あらそい》をする事などは、人の能く見聞する事実である。又、鳥類や哺乳類の社会に於ては、雌が雄を撰択する事の厳重なる、殆んど想《おもい》の外に出づるものがある。

蝦夷山鳥は交尾の時機になると、実に奇々怪々の歩き方をする、それは、雌の歓心を得んが為めに、道々舞踏を演じながら行くのである。又、折々雄の小集会を催して、雌連環視の下に、或者は舞ひ、或者は踊り、或る者は歌ひ、己れ雌殿の御撰びに預らうとあせり狂ふのである。そして其の度毎に、必ず雄同士の摑み合、啄合《かみあい》の喧嘩が始まる。然しながら、此の喧嘩の勝敗は、必ずしも雌の撰択と係るのではない。即ち勝利者と雖も、雌殿の御意にかなわぬ者は、其の撰に預り得ないのである。

鳥類は又、雄同士の闘争《あらそい》を、極めて平和的に行ふ。其の美はしき羽色も声音も、皆雌を誘惑するに供するのである。鶯が、寂しい森の木影に、春をつげまはるのも、矢張り雌呼ぶ狂ひ声なのである。

哺乳類では牛と犬とが能く例にひかるる。種牛が、老耄《おいぼ》れた牡牛を嫌つて、あちこちと遁げまはるさまなどは、常に牧場に於て見受けらるる図である。

ハルトマンと云ふ人の本に、こんな事がある。其の人の猟犬が、或る雌犬に恋して、夜な夜な、重い頸枷《くびかせ》をひきづりながら、恋犬の許に御百度詣をする。そして暁方になると、がつかり弱りこんで、少しも狩の用に立たない。そこで、身動きも出来ないやうに、鎖でもつて縛りつけて置いた。すると、吠える、わめく、喧《やかま》しくて仕方がない。とうとう鎖を切り放して、其の自由に任してやつた。此の猟犬は、常に其の恋犬の傍に侍つて、決して他の雌犬と戯むるる事はない。

昆虫類になると、両性が共棲をする。即ち、雌と雄とが、一の穴の中に這入り込んでゐる。虫にも悪い了簡の奴はあるもので、雄の留守を窺つて、他の雄が忍び込まうとする。そして、茲に貞操なる雌と、無頼なる悪漢《しれもの》との間に、激烈なる格闘を生ずる。

此の共棲には、ただに発情期間に限るもの、子を産み落すまでのもの、其の子の成長するに至るまでのもの等、いろいろある。鳥類の大部分、蝙蝠、狼、笹熊、鼬鼠《いたち》、土龍《もぐら》、海狸《かいり》、兎等は、皆此の第三種に属する。更に進んでは、雌雄が生涯の間共棲して、家族をさへ形づくるものがある。そして、其の貞操に関する話説も又、少なからずあるのである。鷹の如きは、雄が死ぬと、雌は一生涯独身を守つて、決して他の雄と交らないそうだ。

鵠《こうのとり》が夫婦して転棲をする途中、其の妻が翼を傷《きずつ》けて飛ぶ事が出来なくなつた。すると、其の夫は、三年の間其の傍に在つて、あつく看護をしたと云ふ話がある。

又、一夫一婦の動物の中では、其の何《いずれ》かが死ぬと、他の一方の方も、必ず数時間の中に死ぬると云ふ奇習がある。雉鳩《きじばと》の如き即ち之れである。

斯の如く、吾人は高等動物の恋愛に於て、既に人類の恋愛に於けると、同一の二要素を認めるのである。即ち、配偶者を撰ぶに綿密なる注意を払ふ事、及び此の撰択の時を期して、濃厚なる交情を結ぶ事、即ち之れである。


（『家庭雑誌』第五巻第一号、一九〇六年一一月一日）

["L'Anarchie"]

新兵諸君に与ふ

仏国の十月は、日本の十二月と同じく新兵入営の時也。而して此の入営期に際し、仏国の社会主義者及び無政府主義者は、其の非軍備主義の気焔を高むるを常とす。本月も亦、無政府主義の一機関、週刊ラナルシーの如きは、其の全紙面を挙げて非軍備主義の宣伝に勉めたりき。予の今茲に反訳せんとするは、即ち其の一檄文にして、殊に四号活字を以て其の一面を埋めたる者也。終りに一言す、予は敢て之れを以て、日本の新兵諸君に擬せんとするものに非ず。

新兵諸君！

国家中の最も有難き国家なりと称せらるる我が仏国は、数日の中に諸君を、諸君の父母兄弟及び愛人の暖かき手より奪ふて、二ケ年間彼の兵営と称する牢獄の裡に幽閉せんとす。

国家てふ観念は、既に家庭及び学校に於て、諸君の脳裏に深く刻みこまれたる也。国境と称する一仮定線の外に住居して、異なれる風俗と習慣と言語とを有する者は、即ち諸君の仇敵なりと諸君は常に教へられたる也。而して今や所謂国家保護の名の下に、尤も恥ずべき、人道の悪魔なる人ごろしを学が為に、諸君は血税に服せんとはする也。

されど思へ。若し軍隊なる者が、ただに我が仏国を防護せんが為めに設けられたるものならば、何故に軍隊は国境及び海岸に沿ふてのみ配置せられざるや。何の要ありてか、国内深くに軍隊を設置したるにや。

誠に軍隊は、常に国内の秩序を保持する為めに使用せられたりき。更に痛切に云へば、平民が其の正当の権利を要求して起こる時、権力階級の財布保護の為めに、之を鎮圧するに使用せられたる也。紳士閥の経済学者ジー・ビー・セーの曰く「軍隊は国家の独立を保護する者に非ずして、却て之れを破壊する者也」と。此の古き言は、今に至るも猶甚だ味ふ可きの言也。

諸君が彼の滑稽なる制服を着したる時諸君は何事を教へらるべき乎。

そはただに、諸君の理性と感情とを没却して、所謂階級的盲従心を強ひらるるに過ぎざる也。即ち、苟しくも上官の命とあらば、直に之れを決行して、一と言の呟きをも発す可らずと教へらるる也。

又、外国人に対する敵愾心の外に、諸君は更に、諸君と同一の土地に生れたる者と雖も、政府の法律及び命令に反対の思想を有する者は、皆国賊なりとの教を受けけん。

斯くの如くにして諸君は、批評と自由の念を奪はれ、遂に専制主義の爪牙《そうが》となつて、一個の殺人器と化了す。

而して諸君は臨時憲兵の役を帯びて、資本家保護の為に出掛ける也。同盟罷工の鎮圧に出掛ける也。市民大会の妨害にも出掛る也。時としては又、士官の無法なる命令の下に、諸君の父母兄弟姉妹及び友人に対つて発砲を敢てするに至る也。

戦争は総て罪悪也。常に専制者と相場師とを利するに過ぎざる者也。故に吾人は曰ふ。決して犠牲の羊となる勿れ。卑しむ可き奴隷たるを止めよ。虐殺者に絶縁の宣告を放て。而して諸君自身の生命を保護するに勉めよ。

国家は富者に甘くして、貧者に苦き者也。而して諸君が青春の美はしき二ケ年を犠牲にせんとするは、これ貴族と金持の財産を保護せんが為め也。

諸君よ、諸君にして若し同盟罷工の鎮圧に送られたる時は、諸君は即ち諸君の兄弟と相対するなるを忘るる勿れ。

諸君よ、諸君にして若し国境の外に送らるる事あらば、諸君は即ち貪婪飽くなき銀行屋及び投機師の犠牲たるを忘るる勿れ。而して諸君が病気或は負傷等の為に帰り来らん時、諸君の母国は諸君に対して何をか為す。誠に此の母は鬼婆の如き継母たる也。

是れ即ち吾人非軍備主義者が、総脱営以て開戦の宣告に応ぜんと決したる所以也。

奴隷よ、諸君の鉄鎖を破れ。而して人類同胞を愛するの人となれ。而して若し諸君の血を流すの要あらば、そは諸君の幸福と自由との為めにせよ。

（『光』第一巻第二八号、一九〇六年一一月二五日）

II

予の想望する自由恋愛

嘗《かつ》て家庭雑誌のチラシを拵《こしら》へた時、其の中に「我々は将来の自由なる男女関係を想望する」と云ふ、何だか漠然とした、併《しか》し甚だ希望《のぞみ》のあるやうな文字があつた。予は此の「将来の自由なる男女関係」即ち自由恋愛に就いて、真面目に且《か》つ大胆に予の想望する所を画《えが》いて、読者諸君と共に細心なる研究を試みたい。

現社会は、黄金の社会、掠奪の社会、貧窮の社会、競争の社会、虐遇の社会である。恋愛も亦《また》、幾多の障碍と故障と邪魔とに出遭つて、跡かたもなく蹂躙《ふみにじ》られてゐる。そして両性の結合は、必ずや、偶然に成立するか、或は貪婪の犠牲《いけにえ》に因るかに在る。此の破られたる恋愛の惨《さん》と、偶然的結合の愚と、犠牲的結合の暴《ぼう》を自覚して、男女の関係を総ての桎梏より脱出せしめんとする、是れ即ち自由恋愛論の本旨である。

然《しか》るに現社会と恋愛とは、氷炭相容れざる仇敵である。恋愛の繊手《せんしゅ》を縛《ばく》する鉄鎖は、「資本」てふ嫉妬深い現社会の主人に握られてゐる。恋愛が其の美しき頭をもたげて、自由の野に舞ひ出でんとするには、先《ま》づ此の鉄鎖を打ち破らねばならぬ。即ち先づ「資本」と云ふ現社会の経済組織を破壊せねばならぬ。自由恋愛の花は、共産制度の野に於て、始めて其の高き匂を放つのである。

チラシの中《うち》に「将来の」と云へるは、即ち共産制度の時代を指《ゆび》さしたのである。

然れども予は、此の新社会を以て、強《あなが》ちにエデンの園の如く思惟する者ではない。其処《そこ》にも矢張り、今日と同じく、試みの愛、盲探しの愛、迷ひの愛、偽りの愛、悩みの愛などと云ふ、種々の謬《あやま》れる愛の存在する事と思ふ。されど彼等は、男女共に、経済上独立の自由を有《も》つてゐる。迷ひの夢の醒めた時には、いつなりとも勝手に離婚するが善い。離婚は自然である。恥辱でも不貞でもない。結縁の数の多い事は、決して不道徳でない。寧《むし》ろ、心の親和の肉の親和に伴はざる結合を続けるのは、甚だしき不合理である。又、男も女も、若《も》し性格と傾向との真に一致せる配偶者に遭はざる時は、仮りに他の男或は他の女と一時の契を結びたりとて、敢《あえ》て不埒《ふらち》とは云へない。要はただ、真の結合者を得るに在る。一度にして得たる、二度にして得たる、三度にして得たる、総て善し、度重なればとて敢て問ふ所に非ず。於是乎《ここにおいてか》、未だ男子と接せざる乙女を、処女と称して甚だ珍重し来れるが如きは、全く無意義の事となる。されば、二人の女を撰ぶに、一人は品性も学問も遥かに劣つてゐるけれど、処女である、と云ふ理由の下に、其の女を採るやうな愚かなる男子はゐなくなる。

此の自由結合てふ言葉を聞いて、人はよく驚いて問ふ、然らば子供は如何するのかと。

予は此の疑問を二つに分けて答へる。

其の一。疑問者は子供の養育の為めに、食物、衣服等の費用を御心配なさると見える。されど世は既に共産制度の時代である。女は自ら生活する外に、猶其の子を養育する権利がある。今日に於ても、夫に捨てられたる女にして、能《よ》く其の子を養育しつつある者、甚だ多きを見るのである。

其の二、疑問者は又、子供が家庭の道徳を味《あじわ》い、其の周囲の暖かき空気に触れる事の出来ないのを、大さう気遣つてお出でのやうに見える。併しながら予は、父と母とが、出て行け、出て行くと、毎日相争つてゐる家庭が、若《し》かく惜《おし》まる可き道徳の家であると思はない。寧ろ、斯《かく》の如き不規律なる、虚偽なる家庭より、一刻も早く子供を連れ出すが善いと思ふ。

又、自由結合論に対して、反対の声を挙げるものがある。曰く、男女の結合は唯一にして永続的ならざる可らずと。

予は此の反対論に賛成する。恋愛の熱情は、昨日まで相識らなかつた男女の二人をも、深き暖き親和に導くものである。そして此の男女の永き共同生活は、御互の間に情愛の心と尊敬の念とを起さしめる。男女結合の意味は決して並置《ジャクタポジション》ではない、混合《メランジ》である。両性の一方は、他の一方と接触して、進化もし向上もする。

然れども此の理想の名の下に、離婚を非認するは甚だしき誤謬《ごびゅう》である。青春の男女は、必ずしも常に、当を得たる結合を為すものでない。前にも云へる如く、種々なる誤れる愛に陥るものである。此の場合に於て、若し離婚を拒絶するならば、如何にして結合の永久に幸福なるを望む事が出来やう。故に自由結合は、決して永久的結合を拒否するものでなく、寧ろ、之れが為めに欠く可らざる条件である。又、結合に完全なる自由を許さずして、愛を基礎とする結婚が出来るものであらうか。愛は必然に自由を要求するものである。

以上は、自由恋愛の芽が共産制度の初期に於て、如何に萌え出づるかを示したのである。而して其の第二期、第三期と発展し行くさまは、更に機会を得て、再び読者諸君と相語るの時があるであらう。

（『家庭雑誌』第五巻第二号、一九〇六年一二月一日）

社会主義者の座右銘

Pan destruction

（『光』第一巻第三一号、一九〇六年一二月二五日）

飼猫ナツメ

昨年の春、僕が富久町の別荘に閑居してゐた時、加藤病院から可愛らしい子猫を一疋貰つたと云ふて、保子君から猫の絵はがきを送つた来た。それは、高い襟《カラ》をつけて、巻煙草なぞ口に啣へた、なかなかハイカラな猫であつた。此の別荘では、厳しく喫煙を禁じてあるので、煙草好であつた僕は、半ばヤケ気味に、次のやうな負惜しみの返事を出した。

「あの猫は、何だか、棒ツ切の先から煙の出てゐるのを持つてゐるが、あれが物の本で見る煙草とか云ふものなのだらう。今迄は人間の食物だと聞いてゐたが、ではなくて猫の玩弄品《おもちや》と見える。」

其の後、ナツメ某《それがし》と云ふ人から、着物だの、書籍《ほん》だの、弁当だのと、時々に差入がある。住所は、麹町区元園町由分社内とあるけれど、由分社にそんな人がゐるとは嘗て聞いた事がない。「ナツメ君？ 誰れだらう。」とは、其の折々に僕の頭を悩ます問題であつた。けれども、兎も角も差入物だけは、有りがたく頂戴してゐた。

其の中《うち》に、僕も別荘からお暇が出たので、早速由分社を訪れてナツメ君に面会を求めた。すると驚いた。ナツメ君とは、加藤病院から貰つたと云ふ、彼の小猫の事であつた。会つて見ると、雉子《きじ》色の、円く肥つた善くジヤレる、元気な、併し、まだ爪を蔵《かく》す事も知らぬ程の、無邪気な、ホントーに可愛らしい小猫であつた。其の悪戯さ加減は中々はげしいので、程経ての事ではあるが、或る日、寒村君の癇癪玉を破裂さして、奇麗に鬚をはさみ切られて仕舞つて、ぼんやりと仕てゐた。

やがて、此のナツメと云ふのが、彼の有名なる『我が輩は猫である』の著者、夏目漱石君の名と発音を同じうすると云ふので、由分社に往来する人々の間に、大ぶん有名な猫となつたは善いが、それが為めに遂に一大事件を惹起《ひきおこ》した。昨年の夏、社会党の人達が電車賃値上反対のチラシを配る為めに、隊を組んで市内を歩るき回つた事があつた。其の日、之等の人達は中食《ちゆうじき》をする為めに、由分社に立ち寄つた。そしてナツメ君を見て「アア之れがあの有名なナツメさんですか」などと云つて、皆《みんな》してナツメ君を玩弄にしてゐた。すると、翌日の或る新聞紙に、どうこれを聞き違えて探訪が報じたものか、「漱石夫人社会党のチラシを配る」と、麗々しく書いてある。サア大変だ。それでなくとも、由分社では飼猫に漱石君の名を冒さしめてゐると、大ぶん非難の声が挙がりかかつてゐた矢先だもの。堺君は、直ぐに其の新聞に取消文を送つたけれど、之れでもまだ物足りぬものと見えて、更に本誌の第四巻第七号に於て、之れが弁解を試みた。

後、由分社が解散して、堺君は柏木の方へ行き、保子君は僕と同居する事となつた。そしてナツメ君は、保子君が連れ子として携へて来た。之れよりして、僕とナツメ君とは、甚だ親密なる間柄となつた。

僕等が、今の家に移転して来た時、家主はナツメ君のゐる事にはとんとお気が付かれず、ただ子供がないからと云ふので五十銭だけ家賃をまけて呉れた。所が悪戯盛りのナツメ君は、少しも遠慮をしない。障子は破る。襖は引裂く。畳は掻き切る。これでは、こんどの移転《ひつこし》の時に、家主に家の中を検分されて、前にまけただけの家賃をみんな返して呉れなどと云はれはしまいかと、些か心配してゐる。

ナツメ君は、斯くの如く、悪戯に於ては天下の猫に負《ひけ》を取らぬかも知れぬが、猫としての職分、即ち鼠を捕る事は甚だ不得手である。天井に鼠の騒ぐ音でもすれば、他の猫ならば先づ耳をそば立てて、奴《うぬ》ツと睨みつける所だけれど、ナツメ君は小さくなつて、家人の膝の間に顔をかくす。偶々《たまたま》二三寸位の小鼠でも捕へれば鬼の首でも獲つたかのやう、誇り顔に家中を跳ね回つて見せて歩るく。其の外によく捕つて来るのは、蠅、蟋蟀、芋虫、蛙、守宮《やもり》等である。先日は、何処からか小さな蟹を捕へて来たは善いが、足を剪《はさ》まれたものと見えて二日程跛《ちんば》をひいてゐた。

ナツメ君は又、食物の点に於て、甚だしく他の猫と異なつてゐる。猫に鰹節と云ふ言葉があるやうに、猫は鰹節を以て、其の最好物とする筈のものと聞いてゐた。然るにナツメ君は、余り之れを好まない。そして海苔を此上もなく好む。鮨を見せても、魚のついたものよりは、先づ海苔巻の方をとるのである。其の他、そば、うどん、芋類、胡蘿蔔《にんじん》、牛蒡、豆類、塩煎餅等は大好物である。面白いのは、牛肉などを食べる時、二片《ふたきれ》か三片目毎には、必ずカブラか大根の漬物を与《や》らなければ承知しない。

ナツメ君は、家人の誰れにも彼れにも、よく懐いてゐる。けれども、其の懐き方は、其の人によつて夫れ夫れ違う。空腹の時には、必ずお勝手掛りのお絹嬢の膝にシガミ付いて、ニアーニアーと甘えた声で何か強請《ねだ》る。そして、少し腹が脹れると、火鉢の傍に座つてゐる、僕の膝の上に来て、居眠をする。僕は、いつでも箕踞《あぐら》をかいてゐるから、一番寝心地が善いのであらう。今も僕は、膝の上に眠つてゐるナツメ君の耳を、左の手でソツと引張りながら、此の文を書いてゐるのである。併し、僕とても、さうさう永く座つてゐられるものでない。偶《たま》には小便にも行かねばならぬ。可哀相とは思ふけれど、止むを得ず、ナツメ君をソツと下におろす。するとナツメ君は大きな欠伸をしてウーンと伸《のび》をしながら、妹の春子君の編物してゐる手に、チヨツカイを出す。春子君は大の猫嫌いなので、アラーと大声を挙げて救を求める。ナツメ君は又、これが面白いものと見えて、益々チヨツカイを出す。夜は、必ず保子君の床の中へ這入《はい》つて、一所に寝る。

所が、此の頃は、暁方までナツメ君の姿を、保子君の床の中に見ない。いろいろ詮議《せんぎ》して見ると、ナツメ君は、今正に初恋の甘酒《うまざけ》に酔ひつつあるのである。相手の女は、お定りの近所の三毛である。一体、ナツメ君は頗る付の美男子であるのだが、此の三毛は又、頗る付の醜婦《しゆうふ》である。美男おとこにお多福女房とはよく云ふが、ナツメ君夫婦は即ち夫れである。人間と云ふ愚なる動物は、恋愛を以て恥辱ででもあるかのやうにして、こそこそと所謂人目を忍んでは楽しみ合ふ。猫は此の点に於て、遥かに人間より進歩してゐる。三毛さんは、日に幾度となく、台所へ来てはニアーニアーとナツメ君を呼ぶ。流石に女は女だけあつて、三毛さんも声だけは優しい。ナツメ君は、これを聞くや否や夢中になつて飛んで行く。そして、二疋して何処かへ遊びに行く。ナツメ君は又、何か家に御馳走のあるときには、必ず三毛さんを呼んで来て、二疋して一所に食べる。可愛いいぢやないか。

と、更に後を書き続けやうとすると、又三毛さんがお迎に来て、何処かへナツメ君を連れ出して仕舞つた。僕も、此の辺で筆を擱《お》かう。

(『家庭雑誌』第五巻第三号、一九〇七年一月一日)

大儒ダイオゼニス

古代の人物の中で、予の最も愛する簡易生活家は、彼の大儒《だいじゅ》ダイオゼニスである。

彼れは希臘《ギリシャ》の最も隆盛を極めた時代、即ち貴族と富豪とが奴隷の労働を掠めて、豪奢驕慢《ごうしゃきょうまん》至らざるなきの時に生れた。彼れは、所謂詭弁派《ソフィスト》と称する哲学者輩が虚栄と怠惰と美食とを以て、人生の最も名誉ある善事なりと称揚して、権力階級に阿諛諂言《あゆてんげん》日も猶足らざるの有様を見た、彼れの全身を漲る反抗の血は、沸くが如くに滾《たぎ》りたつた。彼れは遂に一世の反抗児として起ち上つた。

彼れは樽を以て其の住居とした。そして其の日用品の如きも、極度の最少限に迄切り縮めた。其の一例を挙ぐれば、小供が掌を窪めて水を飲んでゐるのを見て今迄使つてゐた水飲茶碗を打ち壊した、と云ふのを見ても、如何に彼れが其の生活の簡易を求めてゐたかが明《わか》る。

或る日、亜歴山《アレキサンドル》大王が彼れの住居の前を通りかかつて、懇《ねんご》ろに彼れの望む所のものを問ひ給ふた。すると彼れは樽の底から声を出して、ただ一言「其処を退《の》いて呉れ」と答へた。

又或る日、プラトーが其の弟子を集めて、人間は二足を有する羽なき動物である、と講義してゐるのを聞いて、毛を毟《むし》つた鶏を其の面前に投げやつて一喝した。「オイ、之れが貴様の人間か。」

或る日、彼れは演説をして、自ら善しと思ふ事は、其の家に於けるが如く、公衆の前に於ても為すの勇気が無ければならぬ、と云ひ終るや否や、直ちに袴の裾を××××××試みた。

彼れの行為は甚だ粗暴であるかも知れぬ、甚だ野卑であるかも知れぬ。然しながら予は、飽く迄も彼れの真率《しんそつ》を愛する。そして如何なる礼義、如何なる体裁を以て来るとも、偽善と虚栄と曲学とを以て生命とせる彼の詭弁派《ソフィスト》の輩《ともがら》を憎む。

（『簡易生活』第一巻第三号、一九〇七年一月一日）

［クロポトキン］
『ル・レヴオルテ』発刊の記
クロポトキン自叙伝の一節

暗殺の流行

一八七八年、革命の天使エラ・ザスーリッチの繊手一度振つて、警視総監トレポフ将軍を傷《きずつ》けて以来、暗殺は欧州の一流行事となつた。しかも其の同じ年に於て、続けさまに四度までも、革命の斧は王冠戴ける頭顱《とうろ》の上に落ちたのである。即ち労働者ヘーデルに次で医師ノビリンクは独乙皇帝を撃ち、更に数週を経ざるに西班牙の労働者オリヴア・モンカシは西班牙皇帝を害し、料理人パフサマンテは包丁を持して伊太利皇帝に迫つた。

欧州諸国の政府は、此の三皇帝遭難事件の裏に、必ず国際的の陰謀が伏在すると見て、そして其の中心はヂユラの無政府主義同盟であると認定した。

迫害来る

此の事ありてより今日まで既に二十余年を経た。そして予は、猶此の憶測の全然誤謬なるを断言し得るのである。けれども各国の政府は頻《しき》りに瑞西《スイス》を責め立てて、同国が斯の如き陰謀を企つる革命家に、常に避《かく》れ家を与へてゐる事を詰つた。斯《か》くして迫害は来た。

迫害の序幕は、先づラ・ヴァンガルド（前衛）の記者ポール・ブルッスの捕縛によりて開かれた。瑞西の裁判官は、調査の結果ブルッスもヂュラ同盟も少しも先きの三帝遭難事件と関係のない事を発見して、僅かに三ケ月の禁錮を以てブルッスの論文を罰した。けれども其の新聞は発行を禁止せられ、其の上に、瑞西全国の印刷所は、之れに類似する総ての出版物の印刷を、政府より禁ぜられて仕舞つた。そこでヂュラ同盟は全く沈黙の姿となつた。

之れに加ふるに、平素より無政府主義の運動を蛇蝎《だかつ》視してゐた政治家連は、其の地位と勢力とを利用して、同盟中の最も有力なる瑞西人に対して、其の職業を奪ふて飢餓に迫らしむるの姦策を取つた。之れが為にブルッスは国外に追放せられ、ヂユーム・ギユイヨームの如き八年の間万難を排して同盟の党報を発刊してゐた人も、遂に瑞西を去つて仏蘭西に赴き、其の他にもアデーマルシユウイツケーベルと云ふ時計屋は、家族の多いのにボーイコットを受けて遂に運動の表面より身を退け、スピシーゼーも亦之れと同じ境遇に在つたが、遂に逃亡して仕舞つた。

ル・レヴオルテの発刊

是に於て乎、外国人たる予は、是非とも同盟の為めに新聞を発刊せねばならぬ事となつた。勿論、最初には躊躇もした、けれども外にとる可き道もなかつたので、遂に一八七九年の二月ヂユヌルスリーとヘルチツヒと云ふ二人の友人と共に、ヂユネーヴに於て、ル・レヴオルテ（謀反人）と題する半月刊新聞を出す事となつた。

所が吾々は此の新聞を始めるのに、資本金としては僅かに二十五法《フラン》しか無かつた。そこで吾々は、先づ皆して前金を集める事に奔走をして、兎も角も第一号を出し得る事となつた。新聞は表面甚だ温和なものであつたけれど、其の底には又甚だ革命的なるものがあつた。そして予は、最も複雑なる歴史及び経済の問題を、知識ある労働者の間に充分に了解させるやうに、苦心に苦心を重ねて新聞を作つた。今迄吾々の新聞と云へば、其の発行部数は決して六百を超えなかつたのである。然るに此のル・レヴオルテは二千部の多きに達した。これは、やがて又発行を禁止させて仕舞つたけれど、其後身は今猶《なお》巴里に於てレ・タン・ヌーヴオー（新時代）と題して、吾々の成功を語つてゐるのである。

（訳者注　レ・タン・ヌーヴオーは今日猶其の発行を続けて居る）

二人の友

ヂユヌルスリーとヘルチツヒとは、全力を注いで此の事業を助けて呉れた。

ヂユヌルスリーはサヴオアの極《ご》く極《ごく》の貧しい農家から出たもので、其の教育の如きも僅かに小学校の一二年級の上には出なかつた。併しながら、彼れは予の識る者の中《うち》の、最も賢明なる者の一人である、彼れの時事及び人物に対する論評は、恰《あだ》かも彼れが予言者ででもあるかのやう、其の非凡の常識を以て正確を極める。彼れは亦、社会主義の新文学に対する最も巧妙なる批評家の一人であつた。

ヘルチツヒはヂユネーヴの著者で、あちこちの商店の書記などを仕てゐた。一寸話をするにも顔を赤らめる程の臆病な遠慮勝ちな人であつたが、予の捕縛せられた後で、新聞の発行を続けなければならぬ責任を受けたので、奮励して、能く文章をも書くやうになつた。後ヂユネーヴ市中の各商店からボーイコツトせられて、其の家族の者と共に非常なる困窮に陥ゐつてゐたが、新聞が巴里に移さるるまで、よく其の維持に勉めてゐた。

予は此の二人の友の言ふ事には、全然信用をおいてゐた、ヘルチツヒが眉を顰めて「左様、うまく行くかも知れませぬ」と呟く時には、必ずそれがうまく行かぬものと思つた。又、ヂユヌルスリーは走り書の原稿紙を見る毎に、いつも其の眼鏡の悪い事を嘆いて、予の論文の校正刷の方を自分にとるのであつたが、其の音読を止めて、「否や斯うは行くまい」と叫ぶときには、予は必ず何か善くないものがあると信じて、そして此の非難を生じた文句を捜す、此の時に「何処が悪いのだ」などと尋ねても駄目である。彼れは直に「それは僕の知つた事ぢやない。僕はただ、そうは行くまいと云つたきりだ」と云つて仕舞ふ。然し予は彼れの言を尤もだと感じて、或は文句を修正したり、或は植字架《ステッキ》をとつて、みづから其の新しい文句を組んだりする。

維持の困難

予は、吾々の新聞が甚だ維持に困難した事を白状せねばならぬ。頂度第五号を出したばかりの時であつた、活版所から、何処か他の印刷所で印刷をして呉れと云つて来た。労働者には、憲法に規定せられた言論の自由も、法律の明文以外の種々なる検束に遇ふのである。此の印刷所は吾々の新聞に対して少しも悪意をもつてゐたのではない、寧ろ好意をもつてゐた位だ。併しながら瑞西に於ては、国中の印刷所が皆政府の統計報告書や何かを印刷して、漸くに存立して行くのである。然るに吾々の印刷所は若し吾々の新聞を印刷すれば政府の印刷物は一枚と雖も注文をせぬと云ふ、頗る厳重な言渡を受けたのであつた。そこで予は仏語瑞西の到る処の印刷所を駈け回つて、印刷を頼んで歩いたけれど、何処へ行つても「私共は政府の御注文が無ければ到底生きてゐる事は出来ません。それに今ル・レヴオルテの印刷を受合へば、直ぐに此の御注文が無くなるので御座います」と判に押したやうに答へられるのであつた。

金よりも人

予は絶望してヂユネーヴに帰つて来た。然るにヂユヌルスリーは至つて平気な元気な顔をして云ふ「三ケ月の信用借で器械を買《かお》うぢゃないか。三月すれば金も払へるだらう。」僕は「併し金と云つても、今のところ僅かに二三百法《フラン》ばかりあるのみぢやないか」と気遣ふ。すると彼れは「金？　馬鹿な！　直に出来るよ。先づ字母だけを注文しやう、そして次の号を早く出さう、そうすれば金は直に来るよ」と云ふ。果してさうであつた。此のヂユラ印刷所からも始めて新聞が刷り出されて、吾々の困難を訴ふるや否や、金は来た、其の多くは銅貨や銀貨であつたけれども、兎も角も金は来た。

予は新主義の党派が常に金に困る困ると呟いてゐるのを耳にした。併しながら予は年と共に、真の困難は金の欠乏よりも人の欠乏であると感じて来た。真の困難は、確乎不抜の精神を以て目的に一直線に進んで行つて、そして人を導いて行く人の欠乏である、二十一年の間吾々の新聞は、一日も其の生存を絶たなかつた。或る一事業に其の全精力を尽す人があれば、即ちヘルチツヒとヂユヌルスリーとはヂユネーヴに於て之を為し、ジヤン・グラーヴは十六年以来巴里に於て之れをやつてゐた――

金は自然に来るものである、（訳者註、ジヤン・グラーヴは一九〇七年の今日猶、巴里のレ・タン・ヌーヴォーの主筆をしてゐる。）吾々の印刷費も、多くは労働者の寄付金によつて、兎も角も不足を告げずにやつてゐた。外の事業でも同じ事であらうが、新聞には、金よりも人が最も重要なるものである。

植字工ヂヤン

吾々は、或る狭い場所に印刷所を建てた。植字工は小露西亜《ロシア》の人で、僅か月六十法《フラン》許りの安い金で、吾々の新聞を組み上げて呉れた、彼れは極く粗末な夕飯でも食べて、偶《たま》には芝居でも見に行ければ、それ以上に欲はなかつたのである。或る日、何だか青い紙に包んだものを腋の下へ抱へて、ノツシリノツシリやつて来るのに道で出遭つたから、「お湯にでも行くのか」と尋ねたら、「ナーニ移転《ひつこし》をするのです」と、相変らず微笑を浮べて好い声で答へた。

彼れは、不幸にして仏蘭西《フランス》語を知らなかつた。そこで予は、出来るだけ奇麗に原稿を書いた。するとヂヤンは此の仏文の原稿を、奇々妙々の読み方をしながら組んで行く。併し能く行間や字間を見計ふものと見えて、行の長さなどは後で正さなくとも善い位であつた。文字は一行に十二三字も正せば結構で、先づ先づ上出来であつた、吾々は此のヂヤン君と甚だ親密にしてゐた、そしてヂヤン君を先生にして、少しばかり印刷の事を覚えた。

新聞はいつも定日までには出来た、先づ校正刷を署名編集人の瑞西の同志の許へ持つて行つて、綿密に其の検査をしてもらつて、それから吾々の誰れか一人が印刷所まで型を運ぶ。

小冊子の印刷

やがて此のヂユラ印刷所は、其の出版を以て、殊に其の小冊子の出版を以て、甚だ有名なものとなつた。此の小冊子と云ふのは、ヂユヌルスリーの配慮によつて、決して一銭から上の値をとらなかつた。予は此の小冊子の為めに、全く新機軸の文体をつくり出さねばならなかつた。ホントーに予は、僅か数頁の中に其の思想を書き込んで仕舞ふ、此等の著者に対して甚だ羨望に堪えなかつた。そして「予は抄文を作る暇をもたぬ」と云つた、彼有名なタレーランの遁辞《とんじ》を借りて、ひつこんでゐた事を白状せねばならぬ。数ケ月の研究の結果を、一銭本の中へコンデンスして仕舞ふには、より以上の月日と努力とを要するのである。

併し、吾々の小冊子が一部一銭づつにどしどし売れて行くのみならず、又各国文に反訳されて出版されるのを見ては、甚だ愉快に堪えなかつたのである。其の後予の論文は、予の入獄中に、エリゼ・レクルユスによりてパロール・ダン・レヴオルテ（謀反人の談話）と題して編纂された。

新聞の密輸出

仏国は、吾々の新聞の最も重要なる売捌国であつた。然《しか》るに、仏国に於ては厳重にル・レヴオルテの発売配布を禁止した。けれども密輸入商は、何の苦もなく吾々の新聞を瑞西から仏蘭西に入れて呉れた。予も一度彼等の中に入り交つて、仏蘭西の国境を通過した。予は彼等の中に、勇気ある確実なる人々のゐるのを見た。けれども、吾々の新聞の密輸出を彼等に委任する事は出来なかつた。そこで止むを得ず、仏国にゐる百人余りの人々には、封緘《ふうかん》をして新聞を送つた。そして其の郵税の如きは、読者の随意として、決して強いては要請しなかつた。けれども時々は吾々も気が注《つ》いたのである、若し仏蘭西の警察が、新聞を百部も注文をして、そして少しも払込の金を送らなければ直ぐに吾々の新聞は滅亡して仕舞つたのである。然るに仏蘭西の警察は、常に此の好機会を遁がしてゐた。

（日刊『平民新聞』第一号、一九〇七年一月一五日）

上司小剣への手紙

きのふは日曜であつたから、或はお出であるかと思つて、心まちに待つてゐた。夜になつて君のおくつてくれたコンクエート・デユ・パンと葉がきとが来た。人を見ないので半ば残念であつたが、本の顔を見たので、半ばうれしかつた。ナツメ君は此頃どうしたのかひどく弱り込んでゐて、到底本なぞ引きかく元気はない、御安心を乞ふ…………

七日

大杉栄

小剣君

（『簡易生活』第一巻第四号、一九〇七年二月一日）

四ツの道徳

小児《こども》が河の中に溺れてゐる。其処を四人の人が通り掛かる。

其の一人は思つた。自己は只自己の為めにすれば善い。彼れはそ知らぬ顔をして通り過ぎた。

もう一人は考へた。若しあの児を助けたら、神様はきつと何かの褒美を下さるに違《ちがい》ない。彼れは直ちに水の中に飛び込んだ。

もう一人も考へた。人の満足には、内的満足と外的満足との二種類ある。而して、人を助けるのは其の前者に属して、永久に続く所の快感を得る道である。救はざる可らず。彼れも亦、直ちに水の中に飛び込んだ。

もう一人は、幼少の頃より自己は人類の一分子であると教へられてゐる。従つて、人の苦痛は即ち我が苦痛である、人の幸福は即ち我が幸福であると感じてゐる。されば、其の小児の叫び声を聞くや否や、何等の考ふる所なく、殆んど無意識に水の中に踏《おど》り込んだ。

（『家庭雑誌』第五巻第四号、一九〇七年二月一日）

[ジュール・ルメートル／『家庭雑誌』版]

小説　釣鐘物語

一

年老いた牧師様の住んでゐる、蘭土古里《ランドフルーリ》と云ふ小さなお寺に、古ぼけた釣鐘があつた。此の釣鐘は、それはもう甚《ひど》く毀れてゐて、其の声は恰もお婆さんの嗄《しわが》れ咳にも似て、何となく聞く者の気を沈ませる。そして、野原の彼地此地《あちこち》に散らばつてゐる、農夫や牧夫どもを悲しませる。

牧師様の世良田翁は、七十五の老齢に達してゐるもの、中々の達者で、皺にも寄つたれ、薔薇色の小児《こども》のやうな顔をして、教会の女共の紕《よ》つてゐる麻屑の束に似た、白い長い頭髪《かみのけ》を房々させてゐる。

牧師様は、其の気立ての善いのと、寡欲なのとで、大層教会の人達に喜ばれてゐた。

二

世良田翁が教会の牧師となつてから、五十年目の金祝日が近づいた。そこで教会の人達は、何か価の高いものを翁に贈らうと決めた。

教会の三人の下男が、窃かに村の各戸を回り歩いて四百円ばかりの寄付金を集めた。そして、町へ行つて新しい釣鐘を購《あがな》ふやうにと、牧師様に其れを捧げた。

牧師様は、只もう感窮《きわ》まつて、「オー我が児よ」と云つたぎり、礼の言葉さへも出なかつた。

三

翌日、牧師様は釣鐘を買ひに出掛けた。露路《ろじ》村と云ふ所まで一里程も歩いて行けば、県庁の所在地の鷲津市まで郵便馬車が通つてゐるのである。

其の日は美《うるお》しい日であつた。鳥や木や草やが、道傍の日当りの善い所に、動めきながら私語《ささや》いてゐる。

牧師様は、新しい釣鐘の妙なる音色を予想《おも》ひながら、嬉しさうにして歩いてゐる。

露路村に程近くまで来た頃、牧師様は道傍に馬のはなれた見せ物師の馬車があるのを見た。そして、其の馬車の傍には、老年の馬が四足を伸したなり、倒れてゐる。肋骨や背骨は折れ砕けて、皮膚は赤禿になつて、鼻の穴から血を出して、頭顱《あたま》を脹らして、眼を白くして、死んでゐるのである。

奇妙な襤褸《ぼろ》の衣服を着て、補継《つぎはぎ》した赤い色の胸当をした男女の老人が、道傍に座つて此の死んだ馬を悲しみ泣いてゐる。

突然十四五歳の小娘が溝の底から飛び出て来て、牧師様の前に進み寄つた。

「どうぞ、牧師様！　何かお施しを願ひます。」

此の小娘は、新しく鞣《なめ》したての革のやうな皮膚をして、垢じみたシヤツと赤い色のズボンとを著《き》てゐる。彼女の眼は、天鵞絨《ビロード》ででも作つたやうな、真黒な、大きな瞳で一ぱいになつてゐる。彼女の黄色な小腕には、青い色の花が、奇麗に画《えが》かれてある。そしてエジプト人のやうな其の顔を縁どつてゐる、長い黒い頭髪を、銅《あかがね》の輪櫛で押へてゐる。

牧師様は其の歩を緩めて、衣嚢《かくし》から銅貨を出した。けれども、小娘が頻りに打ち眺めてゐるので、立ち止まつて、尋ねた。

「お前はまあ如何《どう》したのか。」

小娘の云ふには、

「兄さんが鶏を盗んだと云ふので、牢に入つてゐるので御座います。兄さんは家《うち》の稼手なのですから、其の日からもう三日も、私共は何にも食べないので御座います。」

牧師様は先きの銅貨をひつこませて、こんどは財布から銀貨を出した。

小娘は更に云ひ足した。

「私は手品を知つてゐます。そしてお母《つか》さんは占を致します。然し私共が余り貧乏なものですから、町の人も村の人も皆此の職業を許して呉れません。それに、今又、大切な馬が死んだのですもの。私共はまあ之れから如何なりまする事やら。」

牧師様はチヨツト遮《さえぎ》つて、

「然し、野良へ仕事をさがしに行つたら善いぢやないか。」

「村の人達は私共を嫌つて、見つけ次第石を投《ほう》りつけます。それに、私共は労働《しごと》に馴れませんし、手品の外には何にも出来ません。馬と衣服を買ふ少しのお金があれば、其の職 業《しょうばい》でどうかこうかして行けるのですけれど。今はもう、死ぬより外に仕方がありません。」

　牧師様は、又其の銀貨を財布の中へひつこませて仕舞つた。そして云つた。

「お前は神様を愛してゐるか。」

　小娘は答へた。

「エエ若し神様が私共を助けて下さるなら。」

　其の時牧師様は、其の腰に下げてゐた、例の四百円入りの財布の、甚だ重いのを感じた。

　小娘は、其の黒い瞳で一ぱいになつた目で、絶えず牧師様を見つめてゐる。

　牧師様は云つた。

「お前は平常《ふだん》品行が善いか。」

「品行？」

　と小娘は驚いて問ひただした。彼女《かのおんな》には此の言葉が解らないのである。

「私は神様を愛するとお云いなさい。」

　小娘は黙つて仕舞つた。そして其の眼は涙で満ちてゐる。牧師様は上衣のボタンを外して、金の一ぱい入つてゐる袋を取出した。

　小娘は猿のやうに其の袋を奪取《ひつたく》つて、

「牧師様！　私はあなたを愛します。」

　そして彼女は、先刻《さつき》からジツとして死んだ馬を歎《なげ》いてゐる、男女の老人の許に走つて行つた。

四

牧師様は、何故神様はこんなに多くの人を、貧窮に困らせるのだらうと考へながら、又あの宗教を信じない、洗礼も受けない小娘に、神様が光明を与へ下さるやうにと念じながら、猶も露路村の方へと急いだ。

併し又急に、もう釣鐘を買ふ金もないのだから、何にも鷲津まで行く必要もないと思いついて、もと来た路《みち》をひつかへした。

牧師様は、見ず知らずのあんな小娘に、如何《どう》して、自分のでもない彼《あ》の多額の金を与《や》つたのかと、今更に解らない。そこでもう一度あの小娘に会ひたいと思ひながら、歩を早めた。けれども道傍には、もう、例の死んだ馬と、馬のはなれた馬車とがあるのみであつた。

牧師様は、自分のした事を、深く考へて見た。疑もなく彼れは大罪を犯したのだ。教会員の信用を濫《みだ》りにして、預り物を着服したのだ。盗棒を仕たのだ。

そして牧師様は、其の罪の結果が如何なる事かと、そら恐ろしく思つた。如何したら蔭《かく》し終へるであらうか。如何したら償ふ事が出来るであらうか。如何したら又四百円の金を手に入れる事が出来るであらうか。又、それまでの間に、人々の疑ひを何と云つて弁解《いいわけ》したら善からうか。何と云つて其の行為《おこない》を説明したら善からうか。

やがて、空が暗くなつて来た。そして鉛色の地平線の上に、樹林が無遠慮に、嘲るやうに、緑色をなしてゐる。大きな雨がポツポツと落ちて来た。牧師様はもう堪らなく悲しくなつた。

牧師様は、窃《ひそ》かに、其の家に帰つた。

五

下婢のお須賀婆さんは、

「まあ、牧師様、大そうお早いお帰りで御座いますね。鷲津へは御出でにならなかつたのですか。」

牧師様は虚言《うそ》を云つた。

「ああ馬車に間に合はなかつたものだから……又何日か行く事にしやう……併しね、私《わし》が帰つた事を誰れにも云はぬやうにね。」

其の翌日、牧師様は御祈禱《おいのり》も仕ない。そして一室《ひとま》に閉ぢ籠つたきり、いつもの果物畑への散歩も仕ない。

併し其の次ぎの日に、黒須村から病人に聖油をかけて戴きたいと、頼みに来た。

お須賀婆さんは、命令《いいつけ》られた通りに、

「牧師様はまだお帰りになりませんが。」

「否や、私はここにゐる。」

と、牧師様は堪へられなくなつて、出て来た。

六

黒須村からの帰り路に、牧師様は、教会中で一番信心深いと云ふ人に出遭つた。

「これはまあ、牧師様、御旅行は如何で御座いました。」

牧師様は又虚言を云つた。

「エエ、御蔭で大そう面白い旅行を。」

「釣鐘《かね》は如何なさいました。」

牧師様は、又々虚言を云つた。

「善い釣鐘でな、銀ばかりで作つたやうぢや。そして其の音の善さは、爪先きで弾いて見ても、容易に鳴りが止まん位ぢや。」

「何日になりましたら、拝見が出来ませう。」

「ああもう直きぢや。併し今銘を彫つたり、聖書の文句なぞを刻んだり仕てゐるから、少しは時もかからう。」

七

牧師様は家へ帰つて、お須賀婆さんに尋ねた。

「私の室《しつ》にある椅子だの時計だの戸棚だのを売ったら、四百円ばかりの金は出来まいかな。」

「左様で御座います。斯う申しては失礼ですが、御室《おへや》の物を皆お払ひになりましても、やうやく三十円位のものでせうか。」

「ああ、婆さん！　私はもう今日から肉を食べない。どうも肉は私の身体に悪いやうだ。」

お須賀婆さんは怪しんで、

「まあ牧師様、可笑しいぢやありませんか。鷲津にいらしたあの日から、何か御心配事があるやうですが、如何かなすつたので御座いますか。」

婆さんは色々と問ひつめて、遂に牧師様にみんな白状させて仕舞つた。

「まあそんな事で御座いますか。それなら少しも御心配はいりません。あなた様が其の金を都合なさるまで、私が何とか弁解《いいわけ》を仕て置きませう程に。」

そしてお須賀婆さんは、会ふ人毎に次のやうに弁解を仕てゐた。

「運送の途中で釣鐘が毀れたものですから、今修繕にやつてあります。牧師様の仰有るには、出来上つたら、こんどは羅馬《ローマ》へ送つて、法王様に洗礼をして戴くのださうで御座います。」

牧師様は、お須賀婆さんの此の弁解を恕してゐたが、自分は益々苦悶に陥った。何となれば、牧師様は自分の虚言を恥づる外に、お須賀婆さんの虚言にも責任を持たねばならぬのだ。そして、之れに加ふるに、教会員からの預金を着服した大罪があるのだ。牧師様は此の大罪の重荷の下に在つて、赤い薔薇色の頬も土のやうな蒼白い色となつて、日に日に痩せ細つて行く。

八

牧師様の御祝と釣鐘の洗礼とに定められた日は、何の事もなしに過ぎ去つた。蘭土古里の村人等は、このやうな怠慢を不思議な事に思つた。そして、いろいろな風説が立つた。中には、露路村の近所で牧師様が見せ物師の娘を連れてゐたのを見たと云ふて、

「分明《わか》つてゐるぢやないか。釣鐘の金はあの小娘の為めに費《つか》つて仕舞つたのさ。」

などと評判する者もある。そして、そろそろと牧師様に対する敵があらはれて来た。牧師様が道を歩いてゐると、出遭ふ人々の中には帽子をとらない者もある。そして少し行き過ぎると、直に嘲弄《ちようろう》の声が聞える。

牧師様は、もう其の良心の呵責に堪えられなくなつた。彼れは其の罪の重大な事も能く知つてゐる。そして大に其の事を後悔してゐる。併しながら彼は又、其の心の奥底には、何となく後悔しかねる或る物がある。

勿論深く考へる時《ひま》もなかつたのだけれど、兎も角も自分のでもない大金をぼんやり人に与つて仕舞つたのは、いかにも軽率であつた、と後悔は仕てゐる。けれども又、牧師様は私《ひそか》に思つてゐる、あの施《ほどこし》は、小娘の荒々しい心の底に、きつと神様の存在を知らしめたに違いないと。そして牧師様の目には、今でもあの小娘の、涙で一ぱいになつた黒い優しい大きな眼が映るのである。

併しながら、其の良心の苦悶は、益々激しくなつて来る。長びけば長びく程、其の罪は重くなるのだ。遂に牧師様は、教会員の前で之れを懺悔して、此の苦痛から遁れ出やうと決心した。

九

次ぎの日曜日に、牧師様は説教台に上つて、胸中の苦闘を押へながら、告白室の信徒のやうに蒼くなつてそして硬くなつて語り出した。

「私が愛する兄弟諸君！　私は諸君の前に懺悔致します。」

俄然、其の時に、銀鈴のやうな、鐘の音が、鐘撞堂から高く響いて来た。人々の頭は、覚えず其の

方に向いた。そして椅子から椅子へ、声低う

「新しい鐘だ、新しい鐘だ。」

十

何と云ふ奇跡であらう。神様は、此の寡欲な童《しもべ》の名誉を救ふ為めに、其の天使《みつかい》をして、此の新しい釣鐘を持ち来らしめたのであらうか。

或は又、お須賀婆さんが、此の蘭土古里から二里ばかりの所に壮大な邸を構へてゐる、あの亜米利加人の女に、其の主人の苦悶を訴へて、そしてあの淑女達は、牧師様を驚かしてやらうと云ふので、わざとこんな事を仕たのであらうか。

予は、其の後の方が始めの方よりも真に近くと思ふ。

其れは兎も角として、蘭土古里の村人は、牧師様が何を懺悔するのであつたか、永久に知る者はなかつたのである。

（『家庭雑誌』第五巻第四号、一九〇七年二月一日）

欧州社会党運動の大勢

一　非軍備主義と労働組合主義

先年、万国社会党大会の将にアムステルダムに開かれんとするや、独仏伊の三大社会党は、各々其の内国大会を催して之れが準備を為せりき。而《しか》して其の三社会党大会に於て、等しく論戦の火花を散らしたりしは、社会党と政府との関係に対する、彼の硬軟二派の闘争なりき。もと、此の独仏伊の三社会党は、万国社会党運動の急先鋒として立てる者也。されば、此の三社会党の問題とする所は、勢ひ、ひいて万国社会党の問題とならざるを得ず。果然、アムステルダム万国大会に於ける討議の最も激烈を極めたりしは、同じく又、党の政策に対する硬軟二派の紛争なりき。

今や、第七回万国社会党大会の事報ぜられて、各国の社会党は皆其の準備に汲々たるの時也。此の時に於て予は、昨年の九月以来、独仏伊に於て開かれたる社会党内国大会の議事を記して、来らんとする万国大会の議事を予想し、併せて欧州に於ける社会党運動の大勢を知るの、甚だ徒爾《とじ》ならざるを信ず。

昨年の九月及び十月に開催せられたる、独仏伊の三社会党内国大会を見るに、何《いず》れも皆「軍国制度と国際戦争」及び、「社会主義と労働組合との関係」の二問題に関して全力を傾注して論議を重ねたるものの如し。而して、更に万国社会党本部の挙示して、第七回万国大会に於て論議の機正に熟せりと為せる者を見るに、其の第三項に「軍国制度と国際戦争」を挙げ、第四項に「社会主義と労働組合との関係」を示せり。予は此の二個の事実によりて、近時、欧州に於ける社会党運動の最も重大なる問題は、即ち此の非軍備主義《アンチミリタリズム》と労働組合主義《シンヂカリズム》との二つなる事を断ずるを得る也。

「軍国制度と国際戦争」の問題は、既に幾度か『直言』『光』『社会主義研究』等の紙上に紹介せられたりき。然れども「社会主義と労働組合との関係」に関しては、未だ多く語られたるを聞かず。故に予は、独仏伊の内国社会党大会の記事を掲ぐるに先《さき》だち、些か其の理論と歴史との大要を説かんと欲す。

労働組合を組織する労働運動に、全く性質を異にする二つの種類のものあり。

其の一は、全く革命的のものにして、其の周囲に総ての労働者を集め、みづから社会革命の機関とならんと欲する者也。社会党とは同一の理想と目的とを有するも、労働者の事は労働者みづから之れを為す可しと主張して、敢て社会党の議会政策に赴かず、別に総同盟罷工の旗幟を立てて、資本家階級に肉薄突撃せんとする者也。仏伊の労働組合は其の好模例也。

他の一は、前者と全く性質を異にするものにして、前者を Syndicat《センヂカ》 と称するに対し、Trade-Union《トレードユニオン》 と称する者也。革命或は謀反等の文字を甚だしく厭嫌して、常に中立主義を唱へ、政治的の旗色を帯びず、一定の主義方針を抱かず、只資本家と互譲して砂糖水の甘きに酔ひ、貯金箱を重くして老後及び災難に際する不安の念を除去するを以て、殆ど唯一の理想とする者也。独英の労働組合之れに属す。

此の二者は、共に社会党と相容れず、常に別箇の労働運動を試み、其の勢力も亦社会党に匹敵するの有様也。現に仏国は既に五十万の組合員を擁し、独逸《ドイツ》の組合員亦《また》百万を下らず。

然るに此の改良的労働組合は、近時稍々《やや》其の迷眼を開き来りて、漸く社会党に接近せんとするの意向を示せり。而して又、社会党の一部の者は、従来の議会政策に慊《あきた》らずして、漸く革命的労働組合に接近せんとするの意向を示せり。

斯《かく》して社会党対労働組合の問題は起れり。

（日刊『平民新聞』第一七号、一九〇七年二月六日）

二　仏国社会党大会（上）

仏国社会党大会は、昨年九月一日より一週日の間、嘗て軍隊が労働者を殺戮したる所として有名なる、彼のリモジユ市に於て開かれたり。其の議事の最も首要なりし者は、労働組合主義《シンヂカリズム》と非軍備主義《アンチミリタリズム》とに関する問題なりき。

仏国の社会主義者は、久しくゲスド派とジヨーレス派との二党に分立して相争ひ居たりしが、昨年四月、両派の合同成立して万国社会党仏国支部（即ち仏国社会党）なるものを組織したりき。其の際に、地方の或る州に於ては、政治《ポリチック》と労働組合《シンヂカ》と産業組合《コーポレーション》との三身一体を主張して、ただにゲスド派とジヨーレス派のみに止まらず更に労働組合をも併せて地方支部を形成したるものあり。是れやがて仏国大会の大問題たる、「社会主義と労働組合との関係」を惹起するの最近因たりしなり。

社会党は果して労働組合と提携すべきものなる乎、或は全く相敵視すべきものなる乎、議論沸騰して容易に決せず、遂に次の二案に投票する事となれり。

ヂユマ案の大要　経済界に労働組合を組織して活動するものも、政治界に社会党を組織して活動するものも、共に同一の階級に属する同一の平民也。此の同一の階級の有する組織と運動との二形式は、只同一の目的を逐ふ手段の差異に外ならず、此の二つの者が互に闘争するが如きは、決して平民解放の道を完《まつと》ふする所以に非ず。故に大会は宣言す。労働者の組合運動と社会党の政治運動とは、事情によりては一致連合するを得べきもの也。

ジヨーレス案の大要　労働階級は、総同盟罷工による組合運動と政権獲得による政治運動の一致団結を以てするに非ざれば、到底完全なる解放を得可らず。アミアンに於ける仏国労働組合大会の決議を見るに、労働組合は総ての政党に関係せずとあれど其の追究する目的は、社会党の夫《そ》れと些《さ》の異なる所なし。平民の政治的運動と経済的運動との目的が斯くの如く相符合するは、是れ此の二運動の間に、混乱と従属の関係なき自由なる協同ある事を証するもの也。故に大会は各党員に対し、労働組合と社会党との間に存する、種々なる誤解を消滅せしめんが為に、其全力を尽すべきを勧告す。

投票の結果は、ヂユマ案百三十に対するジヨーレス案百四十八票にて、仏国社会党は明かに労働組合と協同す可きものなるを決議せり。

ジヨーレス案中にある労働組合大会とはリモジユ大会に先つ事二週日、アミアン市に於て開かれたるもの也。此の大会に於ても「社会主義と労働組合との関係」は一問題となりしも、遂に三票に対する八百二十四票の多数を以て次ぎの如き決議を為せり。

我が労働組合は、総ての政派の外に立つて、賃銀と資本との絶滅の為めに闘争する自覚ある総ての労働者を集合する者也、此の闘争とは、労働階級に対する資本家階級の有形無形の掠奪と圧迫とに抗する階級闘争を意味するもの也。

（日刊『平民新聞』第一八号、一九〇七年二月七日）

三　仏国社会党大会（下）

「軍国制度と国際戦争」の問題も亦、異論百出して甚だ紛擾《ふんじょう》を極めたりしが、遂に次の三案に投票する事となれり。

ヘルヴエ案の大要　大会は、同一の国家内に住する者の間に殊別《とくべつ》に共通の利害ありと欺瞞する政府及び紳士閥の愛国令なるものを非認す。

各国の社会主義者の義務は、共産的制度を建設する為めに非ざれば、決して戦はざるに在り。

故に外交危機に迫りて平和を破らんとする時は、開戦の宣告が何処より来るとも、之れに応ずるに必ず軍事総同盟罷工及び一揆を以てす可し。

ゲスド案の大要　国際戦争と軍国制度とは、資本家制度の自然の且つ必然の産物也、而して此の制度の消滅せざる限り、決して消滅せざるもの也、故に資本家制度を破壊せんが為めに、全世界の労働者を団結する社会党は、唯一の平和の味方也。故に社会党が其の最後の時の来るまでの間に尽力す可き件々は、兵役の短縮、軍事費及び殖民費の拒絶、常備軍に代ふるに一般民兵を以てする事等也。

ジヨーレス案の大要　ジヨーレスは、此の問題を次の内国大会まで各支部の宿題となす可しと提議し、而してスツツガルド万国大会へは次の二案を提出す可しと提議せり。

（一）軍国主義と帝国主義とは、資本家階級の経済的及び政治的桎梏の下に労働階級を圧迫せんが為めに、国家によりて設けられたる一の武器に外ならざるもの也。

故に社会党の非軍備主義的政策は、先づ紳士閥の軍隊を解隊せしめて、労働階級の軍隊なる一般民兵を以て、之に代はらしむに在り。

（二）大会は、先きの万国大会の決議に従ひ、各国の労働者及社会主義者の万国的団結を以て、最も重大なる義務なりと思惟す。而して若し戦争の来らんとするが如き場合には、先づ当事国の労働者と社会主義者とは総ての方法を尽して之れが防止に勉め、次ぎに万国社会党本部及び万国議員協会の干渉を試み、猶労働者の示威運動を催し、最後に総同盟罷工及び一揆の法をとりて、飽迄も平和の維持に勉む可し。

投票の結果は、ジヨーレス案百五十三票、ゲスド案九十八票、ヘルヴエ案三十一票にて、ジヨーレス案は、来る八月のスツツガルド万国社会党大会の議案とし、仏国社会党より提出さるる事に決せり。

（日刊『平民新聞』第一九号、一九〇七年二月八日）

四　独逸社会党大会

昨年九月上旬、独逸社会民主党は、其の大会をマンハイムに催して、主として労働組合との関係を議せり。

労働組合も亦多数の代表員を送りて、両派合同の希望を演説せしめ、ベーベルは其の意を容れて労働組合の首領ロギエンと連名の決議案を提出せり、此の案はカウツキーの修正を経て、遂に六十二票に対する三百二十三票を以て通過せり。其決議文の大要左の如し。文中の（一）はベーベルロギエン案にして、（二）はカウツキーの修正案也。

（一）本大会は総同盟罷工に関するイエナ大会の決議を是認す。而してコロン労働組合大会の決議は、イエナ大会の夫れと少しも矛盾する所なきが故に、コロン大会の議事に関する討論は既に終了せるものと認む。

大会は猶、党の組織の拡張と、党の新聞の弘布と、党員の組合に加入し、組合員の党に加入する事を要求せる決議を、更に切に尊敬す可きを命ず。

党の評議員が総同盟罷工の必要あると認むる時は、直に之れを労働組合に通じ、其の挙をして有効ならしむ可き総ての手段を尽す可し。

（二）労働組合は労働階級の興起の為めに社会民主党と等しく絶対に必要なるもの也。社会民主党の逐究する目的は、各人の社会的平等に原《もと》づける生産及交換の方法を組織し、資本と賃銀とを絶滅して、総ての圧制と掠奪とより労働階級を解放するに在り。是れ自覚せる労働者の、必然に逐究す可き目的也。故に此の二団体は、互に一致団結して共通の敵と当る可き也。

然れども、此の一致をして、階級闘争場裏に於ける平民階級の勝利に、欠く可らざる状件たらしむるには、労働組合が社会民主の主義の下に服するを以て絶対の必要なりとす。

斯くして独乙《ドイツ》の社会民主党と労働組合とは、無事に合併を遂ぐる事になれり。而して、従来労働組合の中に在りて、労働者を革命的に教育しつつありし数十名の無政府主義者は、袖を連ねて組合を脱せり。

決議文中の始めの部分にある、イエナ大会とコロン大会とは、共に一九〇五年の五、六月の頃に開かれたるものにて、前者は社会党の大会にして後者は労働組合の大会なりし也。此の二大会の総同盟罷工に関する決議を見るに、イエナ大会は総同盟罷工を以て階級闘争の唯一の方法に非ず、只特別の武器也と断じ、コロン大会は是れ全く夢想のものなりとして、斯くの如き一定の政策を労働組合に結びつくるを拒非したりき。


（日刊『平民新聞』第二〇号、一九〇七年二月九日）

五　伊太利社会党大会

伊太利社会党大会は、去年十月、首府羅馬市に於て開かれたり、斯《こ》の大会も亦、社会党中の保守派と急進派との論争を以て其の幕を開らき、遂に保守党の勝利を以て終れり。保守派の代表者はエンリコ・フエリ氏にして急進派の代表者はラブリオラ氏也。

ラブリオラ氏は、其率ゆる労働者の自覚なりとして、「吾人は労働保護法を要せず、又労働時間の多少を争はず、吾人の欲するものは只闘争也。闘争は吾人の生命也。而して此の闘争の下に勝利あ

り」と叫んで、党の綱領改正案を提出せり。其の案の大要に曰く、

社会革命の目的は、一に資本家階級の収用《エキスプロプリエーション》に在り。故に大会は宣言す。

(一)社会党は純粋に平民の利益を代表するものたらざる可らず。

(二)社会党の義務は、労働者を教育して最も急進的なる階級的団結をつくらしむるに在り。

(三)党の議会運動は、労働階級の為めに其の権利の使用を防護し、労働者の合法的要求を貫徹せしむるに在り。

(四)党の革命的運動は、特別なる手段、即ち総同盟罷工による。

(五)伊国労働者は、非専制的、非軍備的、非宗教的運動に、多大の趣味を有す。

然るに此のラブリオラ案は五千二百七十八票を得たるのみにて、フエリ案の二万九千九百七十七票の多数の為めに、遂に大会より拒否せられたり。

フエリ案の大要に曰く。

社会党の一般方針は、生産の法を社会主義的にするを以て、其最後の目的となす。

此の目的を実現せしむる為めに、社会党はあらゆる合法的を用ひ、権力階級が此の合法的手段を阻害する時に於てのみ、暴力的手段を使用す。

故に平素は社会主義の一般理論を伝道して、労働者の経済的団結を発達せしめ、一方政府より労働保護法を獲得するに勉む可く、総同盟罷工は殊別に大なる要求を為す時にのみ使用す。

而して大会は、総同盟罷工の濫用と、直接行動《ダイレクトアクシヨン》の熱狂と、非国家的の前提を有する議論を拒む。

然れども大会は、党の勢力を強大にして労働者の生活状態を改善するを以て、目下の急務なりと思

惟するが故に、党の運動は常に一致と規律とを厳守せざる可らず。
故に大会は、甚だ少数者の意見を尊重し、党員の言論の絶対に自由なるを保証す。

（日刊『平民新聞』第二一号、一九〇七年二月一〇日）

六　平和的運動と革命的運動

予は、欧州に於ける三社会党の内国大会を見て、社会党運動が漸く平和的運動より革命的運動に進みつつある事を、甚だしく感ずる者也。ただに資本と労働との調和を謀るに汲々たりし、独乙の改良的労働組合は、歩一歩を進めて、兎も角も階級闘争を宣言する社会民主党と連合するに至れり。嘗ては無政府主義的なりとして、極力総同盟罷工と非軍備主義とを排斥したりし仏国社会党は、党員の動揺に堪ゆる能はずして、遂に此の革命的政策を採用するに至れり。伊国社会党も亦、急進派の勢力益々増大して多数者たる保守派をして、遂に急進的政策の一部を許容するの余儀なきに至らしめたり。是れ欧州に於ける三社会党の内国大会が、明かに吾人に示す所の事実也。

予は又、彼のジヨーレスの主幹する日刊リユーマニテ紙が、始めはジヨーレス一派の入閣主義者のみにて編集せられゐたるに、遂にはゲスド、ヴアイヤン、ラフアルグ等の非入閣主義者の論説を掲げ、更に一転して労働組合主義者《シンヂカリスト》の主なる人々の文章を載せたるを見て、是れ社会党運動が漸く平和的運動より革命的運動に進みつつある事を此の一新聞紙の上に、極めて明白に現はしたるものなりと観察したりき。

然るに一昨日の本紙に出でたる金子氏のシカゴ便りを見るに、此の現象はただに欧州に於てのみならず、米国に於ても亦、甚だ顕著なるものの如し。即ち社会民主党の中よりして、労働組合主義的、無政府主義的の不平者を、続出しつつありと云ふに非ずや。

更に予は之れを我が日本に見るに、嘗ては議会政策を以て唯一の革命運動なりとなし、何人も之れに対して些の疑問を挟まざりしが、遂に幸徳氏出でて議会政策の愚と陋《ろう》とを絶叫するに至れり。予も亦、予の革命的社会主義の立場より、議会政策は寧ろ社会革命の気勢を弱むるものなりとなし、而して、労働者の直接行動《ダイレクトアクション》によらざれば、到底社会革命を全うし得可らずと信ずるに至れり。予は、猶予等の外に、未だ之れを筆にし口にせざる、多くの同志の存在するを信じる者也。

斯くの如く、社会党運動が漸く政治的運動より革命的運動に進みつつあるは、欧州社会党運動の大勢にして、而して又、万国社会党運動の大勢也。

予は、欧州の社会党が漸次革命的政策を採用し来れりと雖も、未だ全く其の議会政策を放擲する能はざるを、甚だ遺憾とす。

然れども此の大勢より観て、遂に万国社会党を挙げて、革命的社会主義の旗幟の下に来るの期の、甚だ遠からざるを感ずる者也。

(日刊『平民新聞』第二二号、一九〇七年二月一二日)

[堺為子著]

「筒袖の葬式」前文

母上の病気危篤と云ふ報を得て、先日、堺夫人は故郷の金沢に帰省せられた。所が間もなく母上が亡くなられて、其の葬式の折りに、大勇猛心を奮つて平素の礼服廃正説を実行せられたさうで、其の実況を堺君の許に知らせて来た。次に掲ぐるのは其の一節である。

(『家庭雑誌』第五巻第五号、一九〇七年三月一日)

［クロポトキン］

露西亜の女学生

露西亜は、数年来焰々たる革命の猛火の中に包まれてゐる。併し、此の革命の口火が、嬋妍《せんけん》花の如き女学生によつて点ぜられた事を知る者は、世間甚だ尠ないのである。予は、此の革命の母たる露西亜の女学生の生活を、無政府主義の泰斗《たいと》クロポトキン翁の自叙伝の一節に見た。よつて今之れを摘訳して、私が日本の婦人諸君に、其の意気と熱誠とを伝へたいと思ふ。

予がサンペテルスブルグに於て発見した唯一の光明は、男女の青年の間に起りつつある諸種の運動であつた。予は今茲に、露国の婦人が高等教育を受けんとして、如何に激しき運動を試みたかを、殊に書き述べて見たい。

毎日午後になると、予の兄の若い妻が、女子教育学講習会から帰つて来て、いろいろと学校で起つた新しい出来事を話して聞かせる。此の学校の生徒は、女子の為めに医学校と大学校とを設立しやうと、今其の計画中なのである。授業が終ると、生徒が皆して学校の事や、又諸種の教授法に就いて討論をする。殊に熱心なる数百名の婦人は、特別の会合を開いて、種々なる方面よりして此等の問題を研究討議する。そして其の団体の中の極く貧しい会員の為めに、反訳社、出版社、印刷社、製本社などいふものを設立して、兎も角も生活の資を得させる。何となれば、当時露国の婦人は、高等教育を受けたいばかりに、如何なる苦辛をしてもと覚悟を極めて、此のサンペテルスブルグに集まつて来てゐたのである。

当時、政府は婦人が大学に入る事を許さなかつた。文部省では、女学校を卒業したばかりでは、大学の講義を聴く学力がないと云ふ。彼等は「善う御座います。それでは大学の予備門を開かして下さい。そしてあなた方のお好なやうに学科を課して下さい。私共は政府の援護などを籍りませんから、只其の許可さへして下されば善いのです。あとの事は万事私共が致しますから」と答へる。併し、勿論許可はせられなかつた。

そこで彼等は、ペテルスブルグの各区に私立講習会を設けた。そして此の新運動に趣味を有つ大学の教授連は、喜んで其の講座を受け持つ。のみならず、若し報酬などの話が出やうものなら、教授連は自分の貧乏も打ち忘れて、侮辱を受けたのだと云つて騒ぎ出す位である。其の他、毎年の夏、大学の教授の監督の下に、ペテルスブルグの近郊を修学旅行する。

産婆学校の生徒などは、いつも講師を攻め立てて、課程よりもずつと上の、補習科でも遣らぬやうな事を無理にも講義させる。そして機会さへあれば何処へでも進入する。先づ老ドクトルのグルーベル先生の解剖実験室に出入する事を許される。其の他、若し或る教授が、土曜の晩と日曜とには其の実験室を勝手に使はせる、などと云ふ事を耳にしたら最後、土曜は夜遅くまで、そして日曜は終日、其の実験室の中で勉強するのである。そして遂に、文部省の反対ありしにも係らず、彼等は今迄の教育学講習会の外に、別に大学予備門を設ける事となつた。

斯くして、婦人は其の権利の輪を、歩一歩づつ拡げて来た。然るに更に又彼等は、独逸の大学の一教授が、数名の婦人に其の講義を傍聴させたと云ふ事を聞くや否や、直ちに其の門を叩いて、そして其の仲間入をさせて貰ふ。彼等のハイデルベルヒに往く者は、法律や歴史を学び、ベルリンに往く者は数学を修める。ツーリツヒでは百名ばかりの女学生が、大学や工芸学校の門に通ふ。そして彼等は、随所に於て、医学博士の学位其物よりも、更に貴重なる或る物を得てゐる。教授連は皆、公に口には出さないけれど、彼等に対して多大の尊敬を払つてゐる。一八七二年に予はツーリツヒに行つて、数名の女学生と知己になつた。其の時予は、工芸学校に通つてゐるまだ年若い女学生が、永い年月の間数学を研究した者と同じやうに、熱学の理論の複雑した問題を、容易に解いて行くのを見て、実に驚嘆に堪えなかつた。ベルリンで、ワイエルストラッス教授の許に数学を研究してゐた、此等の露国女学生の一人の、ソフイー・コヴアレヴスキーの如きは、実に立派な数学者となつて、後にストックホルム大学の教授として迎へられた。婦人にして男子の大学の教授となつたのは、恐らくば之れが嚆矢であらう。所が瑞典《スウエーデン》では、ソフイアが余りに年若なので、皆ソフイア先生と云ふかはりに、ソニア（ソフイチヤンの意）と呼んでゐた。

亜歴山《アレキサンダー》二世は女学生を非常に嫌つて、若し散歩の途中にでも、眼鏡を掛けた、ガリバルジー帽を被つた女学生に遭はうものなら、あれが自《おれ》を狙撃しやうとする虚無党かと云つては戦慄してゐた。警察では、女学生は皆革命党だと思つて、盛んに迫害を加へる。御用記者カトコフは、毎日のやうに女学生に対して紙上に毒筆を揮ふ。然るに此の四面楚歌の声の中に、露国の婦人は数多の高等学校を設立し終へたのである。一八七二年には、外国から医学博士の学位を得て来た婦人連が、政府に迫つて、遂に医学校設立の許可を得た。後政府はツーリツヒにゐる女学生の亡命の士と相交るのを恐れて、其の女学生等を本国に呼び戻した。然るに此の婦人等は、此の機会に乗じて、千名近くを収容し得る、四ツの女子大学を、露国の国内に設置するの許可を得た。此等の女医学校は、非常なる迫害を受けて、一時は休校の止むを得ざるに至つたけれど、多数の卒業生を出して、今日に於ては六百六十名ばかりの女医者を、国内の各地に散らばらせてゐる。

彼等が、斯くの如きの成功をもたらしたのは、実に絶対の犠牲の精神によるのである。彼等は、或は慈善看護婦として、或は学校の設立者として、或は村の小学校教師として、到る処に、其のあらん限りの力を尽した。一八七八年の土耳古《トルコ》戦争の時などは、窒布斯《チブス》患者で満ち満ちた野戦病院に、或は看護婦として或は医員として入り込み陸軍の諸将や亜歴山二世までをして、実に嘆称《たんしょう》措く能はざらしめたのである。要するに彼等は、如何なる地位でも、如何なる艱難でも、又社会の如何なる下層にでも、若し平民を助け得る事ならば、何にでも喜んで従事したのである。然しながら彼等は、決して孤立の人として行動しない、常に数百人数千人の団体として行動をした。

此の運動のもう一ツの特色は、婦人の団体には有り勝ちの、年長者と年少者との二ツの派が、互に分裂して相争ふやうな醜態のなかつた事である。始めから此の運動を指導してゐた年長者等は、其の思想に於ては寧ろ更に進歩してゐた年少者等と、勉めて親密にするやうに謀つてゐた。彼等は総ての政治運動の外に立つてゐたけれども、彼等の主力は他日革命運動の渦の中に加はつた此の年少婦人の団体に在る事を、決して忘却し去らなかつた。此の運動の指導者は、改良主義を奉ずるものであつた。

けれども彼等は、極端なる虚無主義を奉じて頭髪を短く刈つて、一切の装飾品を捨てて、其の服装や態度に於てすら立派に民主的精神を表はしてゐた、彼の年少婦人等と、常に親密を保つてゐたのである。

彼等は年少の民主的婦人に対つて、次の如く云ふもののやうに見えた。「私共は相変らず天鵞絨《ビロード》の上衣も着ますし、頭髪も結ひます。天鵞絨の上衣を着たから、頭髪を結つたからとて、直ちに現時の政治に満足する者だとは云へません。併しあなた方お若い方が、あなた方の嗜好と傾向とに従ふのは、勿論自由であります。」

ツーリツヒにゐた露国女学生が、政府から帰国の命を受けた時、此の改良的婦人等は、之れに抵抗しやうとする年少婦人の行動には、決して反対の意を表はさなかつた。そして彼等は、政府者に対つて云つた。「そんな事をしても駄目です。それよりは露国の国内に女子大学をお建てなさい。然らざればあなた方の娘さん達は、ドシドシ外国に逃げて来ます。そして亡命者と交を結ぶのは勿論です」。又、若し人ありて、彼等の運動はただに革命的婦人をつくるに過ぎない、と批難をして、其の大学を閉づるが善いなどと云ふやうな事があれば、彼等は言下に答へて云ふ。「左様です。学生の多数は革命家になりませう。然し之れが大学を閉づる理由となるのでせうか。」

彼等が斯くの如くに美事に其の運動を成功せしめたのは、其の外にもう一つ偉大なる理由の存する事である。彼等は、ただに社会上政治上の特権的地位を得やうとする、所謂新婦人とは些か其の趣を異にしてゐる。彼等の多数の同情は、寧ろ貧民階級の中に注がれてゐたのである。予は、此の婦人運動の老将スタソバ嬢が其の日曜学校に於て、他の婦人等と共に製造工場の工女と相交つて、種々と彼等可憐の少女の為めに尽力してゐたのを記憶する。

彼等は、ただに高等教育を受けんとする個人の権利の為めに闘つたのではない。彼等は、貧民階級の為めに有益に働き得る権利を得る為めに、其の奮闘を重ねたのである。彼等の成功は、実に之れに帰因するのである。

（『家庭雑誌』第五巻第五号、一九〇七年三月一日）

青年に訴ふ

〔クロポトキン〕

一

予が本日茲《ここ》に語らんとするは、特に青年諸君に対してである、理性も情感も枯れ果てたやうな、若隠居輩は、斯くの如き小冊子に敢て眼を疲らすの愚をせぬが善い。此の小冊子は、彼等の為めに一言の謂ふ所もないのだ。

予は諸君を仮定して、十八歳より二十歳前後の者なりとなし、徒弟若しくは学業を終へて、今や将《まさ》に活社会に入らんとする者なりとする、諸君の教師が汲々乎として諸君に注入せんとする、彼の迷信を脱せる者なりとする。悪魔を恐怖せざる者なりとする。牧師宣教師の説教を聴かんが為めに、東奔西走する者に非ずとする。更に又、瀕死の社会の悲しむ可き産物たる彼の高襟《ハイカラ》の徒に非ずとする。噫々、彼の高襟の徒よ！　流行の短袴を穿つて、公園を徘徊する面貌《めんぼう》猿の如き徒よ！　齢既に成年に及びて猶、万事を賭して快楽の劣情を得んとするの外、何等の思想をも有せざるの徒よ！

予は確信する。諸君は此等の者と全く其の選を異にして、真摯なる心情を有する者なりと。是れ予の敢て諸君に一言せんとする所以である。

予は、諸君の眼前に横はる、第一の問題を知る。諸君は幾度か自ら疑問を発したであらう、「予は何んになれば善いのか」と。青年の時には誰も能く知つてゐる。数年の間——社会の出費で——或る技術或る科学を修めたのは、之れは決して他人を掠奪する器械になる為めではないと。此の時に当つて猶、其の知識と才能と技術とを適用して、貧窮と無知の中に蠢いてゐる者等の、解放の為めに尽すを以て理想とせぬやうな者は、余程の悪徳に腐蝕せられた者でなければならぬ。

諸君は固より、之れを理想とした者の一人であらう、然らば此の理想を実現させる為めに諸君は果して何を為さんと欲するか。

(日刊『平民新聞』第四三号、一九〇七年三月八日)

二

予は、諸君が如何なる家に生れたかを知らぬ。併し、多分は運命に寵愛《ちようあい》せられて、科学の研究をも為し得て、或は医者に、或は弁護士に、或は文士に、或は学者に、各々其の目指す所に進まんとする者であるとする。或は又、諸君は正直なる職人であつて、其の学校に於て学び得たる科学的知識は甚だ稀少なりとするも、今日の労働者が如何に困苦なる生活を為すかを、最も能く知るの便宜を有する者であるとする。

予は、最初に此の前者に一言して、次ぎに此の後者に及ぼす事としたい、即ち先づ予は、諸君を以て科学的教育を受けた者となし、而して医者にならんとする者であると仮定する。

諸君が医者となつた翌日の事である。薄ぎたない上衣を着た男が、病婦を診て呉れと云つて迎ひに来る。其の男は、両側の窓から手を出せば、通行人の頭の上で其の手が相触るる程の、とある狭い路次の中へ諸君を導いて行く。諸君は、臭のする腐つた空気の中を、小灯の揺めく光をたよりに二階三階四階五階と登つて行く。やがて薄暗い寒い室の中に、垢まみれの襤褸《ぼろ》蒲団に包まれて、寝床の上に横はつてゐる病婦を見る。其の傍には、蒼ざめた顔をした子児等が襤褸衣の中に顫へながら、大きな眼を開いて諸君を注視てゐる。

聞けば、此の病婦の夫は、是まで何んの仕事をしても毎日毎日十二時間十三時間づつ働いて来たのだ。然るに、此の三日ばかり前から仕事がない。此の仕事のないと云ふ事は彼等の職業には珍しくもないので、毎年毎年殆んど定期に遣つて来る。然し以前ならば、夫が失業をしても女房が日雇に出て、或は諸君等のシヤツを洗つたりなどして兎も角も日に三十銭位は取つて来たのであるが、今は其の肝心の女房が此の通りに、二ケ月も前から床に就いたままなのである。そして、貧窮は益々此の家族の上に遠慮なく蔽ひかぶさつて来るのである。

医者諸君、此の病気の原因が、貧血と営養の不良と空気の欠乏とである事を、一目見て知つた諸君は、諸君は此の病人に向つて何と云ふ乎。毎日甘いビフテキを食べろと云ふ乎。郊外に出て少し運動をしろと云ふ乎。もつと乾燥した、空気の流通の善い室に移り住へと云ふ乎。馬鹿な！　それが出来る位なら、諸君の注告を待たないでも、とうの昔に遣つてゐるのだ。

若し諸君が、善良なる心を持つてゐて、正直さうな顔付をしてゐて、そして親切に話をしかけるならば、此の家族の者は猶いろいろと諸君に物語るであらう。諸君の胸を張り裂くやうに、今壁の向う側に苦しい咳をしてゐるのは、火熨斗《ひのし》かけの女であるとか。一階低い室々では、子供が皆んな熱病を煩つてゐるとか。地下室にゐる洗濯婆さんは、生涯世の中の春を知らないで過ごすであらうとか。向う側の家は、もつともつとみじめな生活をしてゐるとか。

此等の病人に向つて諸君は何と云ふ乎。善き食物をとれと云ふ乎。転地をしろと云ふ乎。もつと静かな労働をしろと云ふ乎。諸君は斯く云ひたくとも、遂に之れを口から出す事が出来ないで、張り裂けるやうな胸を抱いて、唇は呪咀《じゆそ》を浮べて、そして其の家を立ち去るであらう。

其の翌日、諸君は猶きのふの、犬小屋のやうな中の病人に就いて考へてゐると、諸君の同僚が、きのふ使の者が馬車で迎ひに来て、或る立派な家へ貴婦人を診に行つたと話する、此の貴婦人と云ふのは、毎日毎日化粧と訪問と舞踏と夫婦喧嘩とに夜の目も寝ずに騒ぎまはつた為めに、遂に衰弱り込んだのだそうである。諸君の同僚は彼女に注意してもつと静かな生活をして、もつと冷やかな食物をとつて、新鮮なる空気の下に散歩をして、そして幾分かの生産的労働をするかはりに室内で少し体操をするが宜いと云つて来た。

一人は、生涯の間十分に食べる事も出来ず、十分に休息む事も出来なかつた為めに死ぬる。一人は、生涯の間労働の何たるかも知らなかつた為めに衰弱り込む。

若し諸君が、境遇次第どうにでもなると云ふやうな、そうして、到底見るに忍びない事実を見ても、ただ軽い溜息をもらして一杯のビールに気を紛らすと云ふやうな、懦弱《だじやく》極まる性質の者であつたなら、永い間には此等のコントラストに馴れて仕舞つて、其の上に、諸君の動物性は益々諸君を助けて遂にはもう、ただ自分が貧民の列に入らぬやう、どうかして自分だけ道楽者の間に身を置くやう、との此の一事にのみ思ひ慮《わずら》ふ者となつて仕舞ふであらう。

併しながら、若し諸君が「人間」であるならば、若し諸君の感情が諸君の体中に於て意志の活動となるならば、又、諸君の動物性が未だ全く諸君の霊能を殺了し尽してゐないならば、諸君は必ず家に帰つて次の如く云ふであらう。「否、斯の如きは確かに不正の事である、斯の如き状態は決して永く存続せしむべき者ではない。病気を治すばかりでは役に立たぬ、病気の予防するのが肝腎だ。生活状態が少しく上進して、人間の知識が少しく発達すれば、病人の数、病気の数の半分は、容易に統計表の中から取のぞかる可き者である、薬などは何うでも善い。新しい空気を吸ひ、善き食物を食ひ、そしてもつと静かなる労働をするのが一番の必要だ。之れが出来なければ、医者と云ふ職業は詐欺に過ぎないのだ、虚偽に過ぎないのだ」

此日に於て諸君は乃《すなわ》ち社会主義を了解するであらう、そして、更に詳細に之れを知りたくなるであらう。そして、若しも他愛主義と云ふ言葉が諸君の為めに全く無意味のもので無ければ、又、諸君が自然学者の厳重なる帰納法を社会問題の研究の上に応用して行くならば、諸君は遂に我党の人となつて、吾人と等しく社会革命の為めに働く人となるであらう。

（日刊『平民新聞』第四五号、一九〇七年三月一〇日）

三の上

併しながら諸君或は云ふかも知れぬ、「そんな実務なんぞ素より駄目だ。併し我々は天文学だの化学だの物理学だのと云ふ、純粋科学に此一身を献ずるのだ。これならば、少くとも未来の子孫の為めには、必ず其の効果を齎すであらう。」

然らば、諸君が科学に献身して、而して何物を求むるのか、先づそれを伺ひたい。自然の神秘を穿《せん》鑿《さく》したり、吾々の知能を働かせたりして、而して吾々の得る所のものは、単に快楽——勿論広大なるものではあらうが——に過ぎないのであるか。然らば予は諸君に尋ねる、其の生涯を愉快に送らんが為めに科学を研究する学者と、単に一時の快楽を得んが為めに酒をあほる酔漢と、抑《そもそ》も何の異なる所があるか。成程、学者は学者だけあつて、其の快楽の源泉を善い所に見つけたものだ。学者の快楽は酔漢の夫れよりも、遥かに深くて且つ永続的のものである。併し只だ之れだけの事ぢやないか。酔漢も学者も何れも只だ個人の快楽てふ、同一の利己的目的に従ふ者ぢやないか。

併しながら諸君は、決して斯くの如き利己的生活を望まぬであらう。科学の為めに働くのは、即ち人類の為めに働くのだと心得てゐるであらう。又、諸君が研究の目的として此の科学を選んだのも、矢張り此の考があつたからであらう。

噫々、美しき迷想よ。吾々が始めて科学に身を献ずる其の瞬間には、誰れも皆此の迷想を懐くのだ。併しながら諸君が真に人類を思ふて、飽くまでも之れを目的として諸君の研究を続けて行くならば、何時かは必ず諸君の前に一大障害が横はつて来るであらう。

何となれば、若し諸君にして少しでも批評の眼を持つてゐるなら、諸君は直ちに気がつかなければならぬ。現社会に於ては、科学は奢侈の付属物に過ぎない。科学は少数の人々の生活をして、甚だ愉快なるものたらしめる。併しながら、人類の大多数には、絶対に窺ひ知る可らざるものである。

科学が天地開闢説《コスモロジー》の概念を確立してより以来、既に一世紀余りにもなるのに、此の概念を得た者の数、或は之れによつて真に科学的の批評眼を得た者の数は、何れ程出来たであらうか。幾億万の人が猶、野蛮人にも相応しき偏見と迷信とを抱いて、甘んじて宗教的詐欺師の玩弄品たる間に於て、僅かに数千の人を数へ得るに過ぎないではないか。

又、人の身心の健康に関する、合理的基礎を建つる為めに、科学が果して何事を為したかを一瞥せよ。肉体の健康を保つ為めに吾人は如何にせねばならぬか。又、民衆の衛生を謀る為めに吾人は如何にせねばならぬか、科学は之れを吾人に教へる。然るに、此の二目的の為めに為されたる大事業は、只死文として吾人の書籍の中に存して居るではないか。是れ抑も何故であらう。他なし、今日に於ては科学はただに、特権階級の者の為めに存在するからである、社会的不平等は、社会を賃銀奴隷と資本家との二階級に別つて、人類の十分の九の者の為めには合理的生活に関する総ての教訓恰も嘲弄の如くなるからである。

予は猶幾らでも此種の例を引く事が出来る。けれども今は姑《しばら》く省略して置く。諸君は、ただ窓ガラスが塵で真黒になつて、纔《わず》かに白日の光線を書籍の上に通すやうな彼のファウストの室から出るが善い。其の時諸君は、諸君の周囲の到る処に於て、歩一歩毎に此の思想を確かむ可き新なる証拠を発見するであらう。

（日刊『平民新聞』第四六号、一九〇七年三月一二日）

三の下

今はもう、科学上の真理や発見を、ただ堆《うずたか》く積上げてゐる時ではない。それよりは先づ、科学によりて得たる真理を、人々の間に漏れなく播《ひろ》めて、日常の生活にも之れを適用して、万人共有のものとしなければならぬ。総ての人類が能く之れを熟知し且つ自由に之れを応用し得るやうにしなければならぬ。そして此の科学をして、もはや奢侈品《しやし》たる事を止めしめて、万人の生活の基礎たらしめなければならぬ。是れ実に正義の欲する所である。

又斯くする事は、科学其物にとりても利益である。科学は、其の新しき真理を受容る可き社会があつて、始めて真の進歩を為すものである。熱の機械的起原《メカニカオリジン》の理論は、今日ヒルンやクローシアスの云つてゐると殆んど同じ言葉を以て、前世紀に於ても唱へられてあつたのだけれど、化学の知識が十分に拡まつて之れを受容る可き社会の出来るまで、遂に学士会の記録の中に埋没せられてゐるのである。又、エラスムス・ダーヰンの種族変化の理論が、其の孫の口より出でて世に受容せられ、猶多少輿論の反対ありしにも係らず、遂に大学諸学士の承認を得たのも、其の間実に三世を経てゐるのである。学者は、詩人や美術家と同じく、自らが活動し教訓する、其の社会の産物である。

併しながら、若し諸君が斯の如き思想を得たならば、諸君は、学者のみが科学の真理を溢るる程に専有して、人類の殆んど全部の者は、五世紀も十世紀も前と同じやうに、些とも此等の真理を窺ひ知る事が出来ず、ただ機械か奴隷のやうになつてゐる、此の現状を根本的に改革せねばならぬと思惟するであらう。諸君が此の広い、深い、人道的の、科学的の思想を得た時、其の時に諸君は、純粋科学に対する諸君の趣味を全く失つて仕舞ふであらう。又諸君が此の改革の方法を講じ始めて、恰も諸君が科学の研究を為すが如くに公平無私を旨とするあらば、諸君は必ずや社会主義を採用するに至るであらう。そして諸君は全く僻説《へきせつ》より脱し去つて、遂に吾党の中に列するであらう。少数者に快楽を与ふる事に疲れて、遂に諸君は、被圧制者の為めに諸君の学問と熱情とを捧ぐるに至るであらう。

斯くて諸君は、義務を果したるの感、及び感情と行為を一致せしめたるの感によつて、必ずや諸君が曾《かつ》て夢想せざりし力を、自己の胸中に見出すであらう。

而して他年一日——今の博士達には甚だ御気の毒ながら、それは決して遠き事ではあるまいが——諸君の求めつつある改革の行はるる時、諸種の科学の結合より生ずる新しき力を得て、及び之れが為めに其の力を致す有力なる労働軍の助を得て、科学は茲に一大新発展を為し、今日学術の遅々たる進歩の如きは、之れに比すれば単に児戯の観を為すに至るであらう。

此に於て、諸君は始めて真に科学を楽しむ事が出来るであらう。而して其の楽みたるや実に人類全般の楽みであるであらう。

（日刊『平民新聞』第四七号、一九〇七年三月一三日）

四

諸君が法律学の研究を終へて、将に弁護士とならんとする時、諸君も亦同じく未来の活動に関して、或る迷夢を懐く事であらう。予は諸君を以て、愛他主義の何たるかを知る、甚だ気高き心の人であるとする。諸君は思ふであらう。総ての不義不正に抗する、間断なき且つ用捨なき戦闘に身を投じて、窮極の正義を社会的に表白する、法律の勝利の為めに才力を尽す、天下之れより美はしき天職あらんやと。而して諸君は、満身に希望を湛へて、此の実社会の中に進み入り諸君の選択したる其職業に就くであらう。

そこで先《ま》づ、判決録の中の数頁を開いて見やう。そして社会が何事を諸君に語るかを聴かう。

或る金持の地主が、地代を払はない小作人を、其の小作地から放逐することを要求して来た。法律の側から見れば、此の小作人は地代を払はないのだから、何等の躊躇をも要しない、直ちに其の小作地から放逐せねばならぬのである。併しながら、若し諸君が事実を分析して見るならば、諸君は必ず知るであらう。地主は此の地代を取立てて、ただ酒宴逸楽の為めに撒き散らして仕舞ふのだ。そして農夫は毎日毎日、刻苦して働いてゐるのだ。地主は其の土地を改善する為めに、些《すこし》の働きをもしないのだ。鉄道が引かれ、大道が出来、沼沢が埋立てられ、荒地が開かれて、土地の価は暴騰して五年の間に三倍にも上つた。そうして農夫は、此の土地の価格を増加する為めに多大の功を立てたるにも係らず、次第次第に零落して、高利貸の手に落ちて、借金で首もまはらなくなつて、遂に地主に地代を払ふ事も出来なくなつたのである。法律は、地主の側から云へば、常に甚だ明白なるものである。法律は地主に理ありとする。併しながら、正義の感情が未だ全く法律の虚偽の為めに殺されざる諸君は、果して如何に之を処せんとするか。諸君は此の小作人を路傍に放逐するやうに、弁論するであらうか。是れ実に法律の命ずる所である。或は又、土地の価格の増加は農夫の労働によるものなる故、其の増加の全部を地主より農夫に払戻すやうにと、諸君は弁論するであらうか。是れ実に正義の命ずる所である、諸君は此の二つの何れを採らんとするか。法律の為めにすれば正義に反し、正義の為めにすれば法律に反する。

又、労働者が其の工場主に対して同盟罷工を行ふ時、諸君は何れに与《くみ》して之れを処理せんとするか。法律に与せんとするか。詳言すれば恐慌の時を利用して、法外なる利益を得んとする工業主に与せんとするか。或は法律に反せんとするか、詳言すれば、此の間僅かに日に五十銭余りの賃金を得て、眼前に其の妻子の衰弱し行くを見る、労働者の側に与せんとするか、諸君は、契約の自由を主張して虚偽の平和を得んとするか。又は、食に飽きたる者と食に就かんが為めに労働する者との間に、即ち強者と弱者との間に結ばれたる契約は、真の契約に非ずとして正義を主張するに勉めんとするか。

更に一例を挙げよう。一人の男が、飲食店の前をさまよつてゐると思ふと、やがてビフテキの一片を搔さらつて逃げ出した。捕へて尋ねて見れば、仕事を失くして、彼れも家族の者も数日以来何んにも食はないのだと云ふ、人は、此の男を放してやるやうにと飲食店の主人に頼んだけれど、主人は裁判の勝利を望んで止まない。遂に其の男は起訴せられて、六ケ月の禁錮に処せられた。是れ実に裁判の神、盲女テミスの意に応ふものである。斯くの如き判決の日々行はるるを見て、諸君の良心は法律と社会に対して遂に反逆するに至らぬであらうか。

又、幼少の頃から只もう他人に虐遇せられて、嘗て同情と云ふ言葉を聞く事もなくして生長した男が、十銭の金銭を奪ふ為めに其の隣人を殺した。諸君は此の男に対して、如何に法律を適用せんとするか、彼れは罪人と云ふよりも寧ろ病人である。されば其の罪を負ふ者は、社会全体でなければならぬ。之れを知つて猶諸君は、此の男を死刑若しくば二十年の懲役に処せんとするか。又、酷遇に堪へ得ずして、遂に其工場に放火せし織物職工を、獄裡に投ぜんと欲するか。××××××××を射撃した者を、無期流刑に処せんと欲するか。防塞の上に未来の旗を樹てし者に対して、銃殺の刑を擬せんと欲するか。

否！　否！　否！

若し、諸君が、単に教へられたる事を、繰り返へすを為さずして、之れを推理し之れを分析し、其の真の起原を掩へる虚偽の雲を掃ひ去るならば、諸君は必ず法律に対する侮蔑を以て正義と為すに至るであらう。法律は強者の権利であつて、長い血の歴史を通して人類に加へし虐政を神聖化する為めに存在するものではないか。而して諸君は遂に了解するであらう、法律の従者たる上は、即ち日々良心の法律に反して堕落し行くものである。而して法律と良心との闘争は、決して永続するものではない。或は諸君の良心を沈黙せしめてみづから狡奴《こうと》と成り了るか、或は旧習慣を打破して、経済的、政治的、社会的の総ての不義不正を絶滅せしむる為めに、吾々と共に働くの外はない。

其の時に諸君は社会主義者となるであらう革命主義者となるであらう。

（日刊『平民新聞』第五〇号、一九〇七年三月一六日）

五

青年技術家諸君よ。諸君は科学の発明を工芸に適用して、以て労働者の地位を改善しやうと夢みる事であらう。噫々、斯くの如くにして諸君を待つ所のものは、ただ悲しき絶望と失敗とあるのみ。諸君は、諸君の若き知力を、或は断崖の縁を蛇行《うね》り、或は御影石の巨人の胸を貫く、鉄道の設計に専らにして、自然が隔離したる二個の国を結合せしむる事もあるであらう。併しながら其の工事を始むるや否や、諸君は直ちに、其薄暗きトンネルの中に、艱苦と疾病の為めに殲滅せられんとする労働軍を見《みる》であらう。又、僅に数銭の金銭と肺病の黴菌とを懐にして蒼然として其の家に帰り行く者をも見るであらう。而して又、線路の進行するに従ひ、卑しむ可き貪婪の結果たる人類の屍体が、累々として一米突毎に横はるのを見るであらう。而して遂には、此の鉄道が侵略者の大砲を運搬するの道となるのを見るであらう。

又諸君が、生産を容易ならしめんが為めに何等かの発明を為さんとして青春の身を之れに献じて、幾多の夜を徹して之れに努力し、遂に此の貴重なる発見を為し得たとする。処で、諸君は直ちに之れを実地に適用して、其の結果の甚だしく諸君の予期に背くを見て、一驚を喫するであらう。数万の労働者は之れが為めに其の業を失ひ、多数の小児が之れに代つて、一種の機械のやうなものとなつて仕舞ふ。そして僅々数人の資本家は之れが為めに大に其の富を得て、美酒を盃に湛へて飲む。噫々是れ果して諸君の予想したる事であらうか。

又、諸君は近世の工業の発達を研究して、織物器械の発明が機織女《はたおりめ》の為めに何等の利益をも与へざるを知るであらう。セント・ゴタ山のトンネルの中に働らいてゐる労働者が、金剛錐の発明あるにも係らず、続々として関節固着の為めに死に行くを見るであらう。左官や日傭取《ひようとり》が、ジフアートの昇降機の傍に依然として失業しつつあるを見るであらう。此の時に於て、若し諸君が機械の発明を為すが如くに、独立の精神を以て此の社会問題を研究するならば、諸君は必然に次の如き結論に到着するであらう。私有財産と賃銀制度との存する現社会の下に於ては、発明は労働者の幸福を増すものに非ずして、寧ろ益々其の圧迫を重からしめ、益々其の労働をして卑しからしめ、益々其の失業を頻繁ならしめ、益々其の恐慌を劇烈ならしむるものである、而して之れが為めに利益を得る者は、常にあらゆる快楽を其の一身に集むる彼の資本家である。

一度此の結論に達したる時、諸君は果して何を為さんと欲するか、諸君の良心を僻説の前に沈黙せしめて、終には青年時代の正しかりし予想をも棄去つて諸君みづから掠奪者の列中に入り、快楽の権利を得る事にのみ勉むるであらうか。或は又、諸君が其の柔しき心情よりして遂に次の如く云ふに至るであらうか。

否、今は発明をする時ではない。先づ生産の制度を改良しなければならぬ。私有財産が廃止せらるれば、此の時には総て工業の新しき進歩が人類全体の利益となるのだ。そして労働者も今は機械のやうなものであるけれど、其の時には物を考ふる人となり、研究によつて固められ、労働によつて練られたる其の知識を十分に善く応用するやうになり、工芸の進歩は一躍して、今日吾人が夢想だにせざる事をも、二十年の後に成し遂ぐるに至るであらう。

六

小学校教師諸君よ。諸君の或る者は、其の職業を以て甚だ厭ふ可きうるさきものとなすであらう。又或る者は、無邪気なる小児に囲繞せられて、其の活々した眼光と嬉々たる微笑とに満足を感じて、自らが嘗て幼少の時に感じた其人道的思想を、彼等の小さき頭の中に振ひ起さしめんと勉むるであらう。前者の如きは固より言ふに足らぬ。予は此の後者に対して一言したい。

往々予は、諸君が甚だ悲しめる顔色を為すを見る。又予は、諸君が何故にしかく眉を顰めるかの所以をも知る。今日諸君の最愛の生徒が、ウイリアム・テルの話を意気込んで物語つてゐる。彼は羅典語は余り善くも出来ないけれど、併し正直な善い心の生徒である。今彼の眼は光り輝いて、如何なる暴主をも即座に刺殺さんとする者の如く見える。彼はシルレルの情熱火の如き詩句を、熱心に口誦む。

「其の鉄鎖を破れる奴隷の前に
自由人の前に戦慄する勿れ」

然るに此の生徒が其の家に帰ると、父兄等は牧師や巡査に尊敬を欠いてはならぬと云ふて、厳しく叱り付ける。そして彼がシルレルを捨てて『自助論』を手にするまで、「官吏や長上に対して謹慎と尊敬と服従とを守れ」と云ふ一時間余りの説教をする。

きのふも亦人が来て諸君に話する。諸君の最良の生徒が皆んな悪い方面にばかり進んで行つて、或

（日刊『平民新聞』第五一号、一九〇七年三月一七日）

る者はサーベルのみを夢みてゐ、或る者は又資本家と共謀して、只さへ少ない労働者の賃銀を掠め取らうとのみ思つてゐると。此等の生徒に多大の望みを嘱《しよく》したる諸君は、茲に於て現実と理想との間に存する悲しむ可き矛盾に就いて、大に考ふる所あるであらう。

諸君は更に沈思に耽けるであらう。而して予は予言する。諸君は二年の後に於て、失望に失望を重ねて、遂に諸君の愛読の書を捨てて、次の如く叫ぶに至るであらう。成程テルは正直な人に違ひないが、要するに愚直であつたのだ。又、詩は炉辺のものとして、殊に終日重利の規則など教へた後などには、甚だ結構なものである。併し詩人などといふ者は雲の上にうろついてゐるもので、其思想は日常の生活の為めにも又視学官の次の巡回の時の為めにも、何の役にも立たぬものだ。

若し斯の如くならずんば、諸君の青年時代の理想は、遂に壮年の人の堅き自信となるであらう。諸君は学校の内外に於て、広大なる人道的の教育を施さねばならぬと思惟するであらう。而して其の事の到底現社会に行ふ可らざるを見て、遂に紳士閥社会の根本に攻撃を加ふるに至るであらう。其の時に諸君は、文部大臣より免職の命を拝して、学校を去つて吾党の中に来るであらう。而して諸君より年は長けたれども学識の浅き者等に対し、知識の如何に望ましきものあるかを説き人類のある可きやう、否寧ろ吾人の斯く斯くのものたるべきを説くであらう。而して諸君は世界に真の平等と真の友愛と無窮の自由とを齎さんが為めに、吾人社会主義者と共に手をとつて現社会の改革に尽すであらう。

（日刊『平民新聞』第五二号、一九〇七年三月一九日）

七

諸君、青年技芸家諸君、彫刻家諸君、画家諸君、詩人諸君、音楽家諸君、諸君は諸君の前人の霊感したる聖火が、今日の諸君には全く欠乏してゐて、技芸が只だ風俗庸劣に流れてゐる事を認めないか。それも其筈では無いか。再び古代の世界を発見して、更に自然の泉に浴するの歓喜に依つて作られた者であるが、そんな者は、文芸復興時代の諸傑作は、もう今の時代の文芸には存在しない、革命的思想は、今日迄甚だ冷淡に之れを看過して来た。そして理想のない今日の芸術は、写実の中に之れを見出し得たと信じてゐる。或は木葉の上の露の玉を色写真に撮つたり、或は牝牛の脚の筋肉を模写したり、或は息の根も止まるやうな臭い溝の中の汚泥や醜業婦の居室などを、韻文に散文に事細かに画いたりして、芸術の能事《のうじ》終れりとなしてゐる。

果して然らば、如何にすれば善いのかと諸君は云ふ。

諸君の自ら有つてゐると云ふ聖火は、単に煙の出てゐる灯心のやうなものだ。此の聖火を以て諸君が猶従前の如く続けて行くならば諸君の芸術はやがて、店商人の客間の装飾師か、新聞や劇場の小説脚本の御用達のやうな職業に堕落して仕舞であらう。諸君の大部分の者は、大速力を以て既に此の峻坂を下りつつあるのだ。

併しながら、若し諸君の心臓の鼓動が真に人類の夫れと同音に打つならば、又真の詩人の如くに諸君が生命を聴くの耳を有つならば、諸君の周囲に波うつ苦痛の海や、飢餓に死に行く人々や、坑穴《あな》の中に堆く積み重なつてゐる死屍や、築寨《ちくさい》の下に足なへ手なへて横たはつてゐる人の体や、シベリヤの雪の中や熱帯地の島の浜辺に葬むられんとする移民の一隊やを見て、又勇敢と卑怯と高尚なる決意と下劣なる狡猾と組打して、敗者は苦痛に叫び勝者は暢気《のんき》に喚ぶ無鉄砲の闘争を見て、諸君は到底手をこまねいて傍観する事も出来なくなるであらう。そして諸君は自ら被圧制者の列中に加はるであらう。何んとなれば美や雄大や生命は、光明と人道と正義の為めに闘ふ者の方に在る事を、諸君は能く知つてゐる。

八

諸君は遂に遮つて云ふ。

抽象科学が奢侈品で、医者の実務が虚偽で、法律が不正不義で、工芸の発明は掠奪器を造る事で、学校が実際家の知識と相容れずして必ず圧服せられるもので、革命の思想のない芸術は堕落するより外に道がないと云へば、他に為す可き事として残る者は何であらうか。

予は諸君に答へる。

諸君の為す可きは広大なる最も望ましき労働、行為と良心とが完全に一致する労働、自然をして、最も高尚なる、最も活気あるものとなさしむる労働である。

然らば如何なる労働を云ふか。予は次ぎに是を云はんと欲す。

（日刊『平民新聞』第五三号、一九〇七年三月二〇日）

九

諸君の前には次の如き二ツの道がひらかれてある。即ち絶えず其の良心を殺して行つて、遂には「総ての快楽を己の一身に集める事が出来て、そして己の為すままに放任して置く程人民が愚鈍であれば、己は益々此の快楽を利用し得るのだ。此の為めには人類なぞ如何なつても善い」と云ふやうになるか、或は社会主義者の中に入つて、彼等と共に社会改革の為めに働くやうになるか、是れ実に以上に試みたる分析研究の必然の結果である。而して是れ実に理解力ある人物が其の周囲の事物を公平に推理判断して、紳士閥教育の僻説を排し、利害を重んずる諸友人の俗説を斥けて後、必ず到達すべき論理的結論である。

一度此の結論を得れば、「然らば如何にすれば善いのか」と云ふ問題が自然に起つて来る。

其の答は甚だ容易である。

諸君が今ゐる社会、労働者の事を犬畜生の如くに云ふ其の社会を出でよ、而して此の平民の中に行け、さすれば此の答は自ら分つて来る。

諸君は到る処に於て、仏蘭西にも独乙にも、伊太利《イタリア》にも亜米利加にも、圧制者と被圧制者の存在する何れの処に於ても、資本家制度のつくつた奴隷制度を永久に毀《こぼ》つて、正義と自由の基礎の上に立つ新社会を建設するを以て目的とする一大運動が必ず労働階級の中に在る事を発見するであらう。十八世紀の農奴が歌つたやうな又今も猶スラヴの農民が歌つてゐるやうな、胸を張り裂くやうな曲の歌によつて其の不平を訴へる位では、今日の平民は満足しない。彼等は其の為す事に大なる自覚を以て、総ての障碍に抗して、其の解放の為めに働いてゐる。

彼等は常に此事を考へて居る。今は此の生命といふ者が、人類の四分の三の者の為めには呪詛であるが、之れを人類全体の祝福とするには、如何にすれば善いかと。彼等は社会学の最も難かしい問題にまで触れて、其の常識と観察力と苦き経験とに依つて之れを解決しやうと勉めて居る。彼等は彼等と同じやうな不幸者と相合せんが為めに、団隊を作り組合を作らうと勉めてゐる。そして僅かな醵金で以て幾多の会を設けてゐる。又国境の外にも其同輩との結合を求めて、所謂博愛家よりも更に巧みに、国民と国民との間に到底戦争の出来なくなるやうな日を準備してゐる。又同志の動静を熟知したり、其の間の親密を謀つたり、又其思想を普及伝播せしめたりする為に、辛苦艱難して労働新聞を支へてゐる。遂に時が来る。彼等は起つ。そして築寨の敷石を赤く血に染めて、富者や強者が専有して労働者を圧制するに悪用した其の自由の獲得に身を投ずる。

ああ此の連続せる努力よ！　此の絶えざる戦闘よ！　或は逃亡者によつてつくられた罅隙《かげき》を充たしたり、或は倦怠や腐敗や迫害に悩まされたり、或は銃弾や散弾によつて壊滅せられた隊列を補充したり、或は又虐殺の為めに突然中止した研究を回復したりする不断の労働よ！

新聞は知識の零砕《れいさい》を社会から奪つて来る為めに夜の目も寝ず食ふ物も食はずに働く人の手に依つて作られてゐる。運動は労働者が日用の必要品や、又日々のパンを買ふ数銭の金銭に依つて支へられてゐる。そして、若し工場主に、「あの職工、あの奴隷は社会主義をやつてゐる」と知られたが最後、其の家族は恐ろしき飢餓に陥いらねばならぬのである。

以上は、諸君が平民の中に行つて、実見する所のものである。

（日刊『平民新聞』第五五号、一九〇七年三月二二日）

十

此の不断の闘に於て、困難の重圧の下に倒れながら、労働者は幾度か叫んだ。

「吾々が出費して教育をしてやつた、あの青年は今何処にゐるのであらう。彼等が勉強をしてゐる間、吾々は彼等の衣食の世話をしてやつたが彼等の為めに、重い荷物の下に背を屈《ま》げ腹を窪めて、家や学校や博物館を造つてやつた、彼等の為めに顔を蒼白くして、吾々が読めもせぬあの立派な書籍を印刷してやつた、人道の学問を学んだと称して、人道を見る恰も毛虫の如き、彼の先生は今何処にゐるであらう、彼等は自由を口にしながら、日々蹂躙《ふみにじ》られてゐる吾々の自由を少しもかばつて呉れぬ。文士や詩人や画工や、一言に云へばあの偽善者等は、目に涙を浮べて平民の事を語るけれども、吾々の仕事を助ける為めに嘗て吾々の中に来た事がない」

之れを聞いた青年の或者は、卑怯にも冷淡に無関係の風を装ふ。而して多数の者は此「賤民」をさげすんで、若し其の特権にでも触れやうものなら、直ぐにも飛びかかつて来やうとする勢を示す。

此時に当つて、太鼓と築寨とを夢みて、人気取りの舞台を求むる青年が絶えず出て来る、けれども彼等は築寨までの路は遠くて、其の得んとする月桂冠には荊棘《いばらのとげ》がまじつてゐると知るや否や、直ちに平民の味方から逃げて仕舞ふ。

彼等は只だ野心深い冒険屋に過ぎないのだ、其の企が一度挫折するや、こんどは平民の投票を得やうと勉める、けれども若し平民が彼等の教へた主義を実際に行はうとすれば、彼等は真先に之を非認する。又指揮官たる彼等の命令のある前に、平民が少しでも動き出さうものなら、或は之に大砲をも向けかねないのである。

更に之に加ふるに一般多衆の頑愚なる軽蔑と卑劣なる讒誣《ざんぶ》とを以てせよ、それが即ち我々平民の猛烈なる社会進化に対し、彼の中等社会の青年が助力を与ふと称する所の全部である。

（日刊『平民新聞』第五六号、一九〇七年三月二三日）

十一

然るに猶諸君は尋ぬる。如何にすれば善いのか。もう総ての準備は出来た、青年軍は非常なる希望を以て、其の若き精力と知識と才能の全力を挙げて平民の為めに尽さうとしてゐる。

諸君、純粋科学好の諸君、諸君が社会主義を知り、又来らんとする革命の真の意味を解したならば、総ての科学が此の新主義と一致する為めに、全く其の根本から改造せられねばならぬ事に気がつくであらう。十八世紀に於ける科学の革命よりも更に重大なる革命を、此の科学の中に行はねばならぬと気がつくであらう。たとへば今日は王や英雄や議会に関する御伽噺話の如き歴史は、平民が人類の進歩の為めに尽した労働を記述する、全然平民的のものに改造せられねばならぬ。今日では資本家の掠奪を聖化するものに過ぎない経済学は、其の無数なる応用の方面に於ても、其の根本の原則に於ても、全く改造しなほさねばならぬ。人類学や社会学や倫理学も亦全く改造せられねばならぬ。又自然科学と雖も、自然現象に対する観念よりして、又其の説明の方法に関して、全く新しき見地から改造せられねばならぬ。

然らば為せ、此の目的の為めに諸君の才力を尽せ、殊に先づ、迷信を打破して更に善き組織の基礎を総合的に築立《きずきた》つる為めに諸君の明白なる論理を以て吾々を助けよ。又真の大胆なる科学的考究を吾々の日々の議論に応用する事を教へ、如何にして真理の勝利の為めに其の生涯を犠牲にす可きかを示せ。

苦き経験に依つて社会主義を学び得たる医者諸君、諸君は、人類が現在の有様に於ては益々衰弱し行くのみで、人類の多数が科学の要求と全く相反したる生活を為す以上は、薬剤は病人の為めに何等の効果をも為さぬ事や、之れよりは先づ其の病気の原因を排除するを以て急務としなければならぬ事を、今日も明日も毎日毎日怠る事なく語れ。

諸君の解剖刀を取つて、腐敗せる現社会を解剖せよ。そして合理的生活の如何なるものかを示せ。又真の外科医の如くに、全身が腐敗せんとする場合に於ては、先づ其手足を切断しなければならぬ事を主張せよ。

工芸に科学を応用せんとしたる技術家諸君。諸君の発明の結果が果して如何なりしやを最も明白に語れ。未来に向つて大胆に突進する事の出来ない者等に、吾人の得たる知識が如何に多くの新しき発明を孕むか、又工業が其の周囲の事情の改善せらるるに従ひ、如何に進歩す可きかを知らしめよ。而して又、生産に従事する人が真に自己の産物を増加するの観念を懐くならば、其の生産事業が如何に容易に行はる可きかを知らしめよ。

詩人諸君、画家諸君、彫刻家諸君、音楽家諸君、諸君が真に諸君の使命と芸術其の者の利害を了解するあらば、諸君のペンと画筆と鉋とを革命の用に供する為めに持ち来れ。諸君の雄弁なる言辞を以て、諸君の印象深き絵画を以て、平民が其の圧制者に抗して勇敢に奮闘する有様を画け、吾人の祖先の心を燃やせる名誉ある革命の情火を、青年の若き心の中に燃やせ。社会改革の大事業に其の生命を献じたる夫の活動が、如何に貴《とう》とく且つ美しきものなるかを其の妻子なる婦人に語れ。其の現在の生活の如何に醜きものなるかを平民に示して、現在の社会制度に在るが如き愚鈍と恥辱とを見出さざる社会が、如何に合理的なるべきかを知らしめよ。

終りに知識と才能とを有する総ての諸君に云ふ。若し諸君が些かにても同情の心を有するならば、諸君の友人と連立つて来て、其の知識と其の才能とを、最も必要とする者の為めに尽せ。而して記憶せよ、諸君は主人として来るに非ずして戦友として来る事を、支配する為めに来るに非ずして此の未来の征服に向つて進む新生命の中に自ら激励を得る為めに来る事を。又平民を教ふる為めに来るに非ずして、其の熱望せる所を推察し会得し組織立てて、そして日常の生活の中にそれを実現せしむ可く、青年の熱情を以て倦《う》まずたゆまず働かねばならぬ。其の時に、然り其の時に於てのみ、諸君は完全なる高貴なる合理なる生活を為すものである。而して諸君は、諸君の努力が着々として其の効果を齎らして来るを見、又行為と良心とが一致し調和したるの感に依つて、諸君が嘗て夢想だもせざりし力を得るであらう。

噫、平民の中に在つて真理と正義と平等との為に闘ふ。諸君はかく美しき、かく貴き生涯を他に見出し得るであらうか。

（日刊『平民新聞』第五九号、一九〇七年三月二七日）

十二

予は十一章の長きを費して、中等社会の青年に示した。若し彼等が勇気と誠実とを有するならば、必ず社会主義者の中に列して、社会革命の為めに熱中せざる可らざるヂレンマの上にある事を。此の真理は甚だ単純なるものである。併しながら紳士閥の勢力を受けて来た者には、幾多の偏見と迷信と障碍を打破らせなければ、容易に此の真理が分らぬのである。

青年労働者諸君には、甚だ簡単に云つても直ぐに分る。若し何事に対しても推理するの勇気と、其の推理の結果によりて活動する勇気とを有するならば、事情の勢は諸君を駆つて社会主義者とならしむるのである。近世社会主義は実に平民の深き心底より生れ出た者である。紳士閥出身の或る思想家が之れに科学や哲学の根拠を与へて呉れるけれども、彼等の言ふ思想の根底は矢張り労働者の集合したる心の産出物である。今日吾々の大勢力を為す所の万国労働者同盟の合理的社会主義は、労働階級の中に、平民の直接の勢力の下に生れ出た者である。之れに助を籍した数人の文士は、既に平民の中に顕はれてゐた希望を只だ組織立てて呉れた者に過ぎないのである。

平民の列を去つて、社会主義の勝利の為めに献身せざるが如きは、是れ平民自身の利益を非認し、平民自身の主義を否定し、平民自身の歴史的使命を擲棄する者に外ならぬのである。

十三

諸君は猶腕白小僧の時を記憶するであらう。或る冬の日に薄暗い路次へ遊びに出た。寒さは薄い着物を透して、肩を噛むやうに覚える。泥は破れた靴の中に一パイに入り込む。やがて遠くの方を福々と暖かさうな服装をした子供が、横柄な面がまへをして横目に諸君を睇《ね》めて行く。其の時に諸君は此の気障な子供等が、知識に於ても常識に於ても精力に於ても、到底諸君や諸君の学友の比に非ざるを知る。其の後、諸君は工場の中に閉ぢ込められる。毎日朝の五時六時頃から、喧擾しい機械の傍に十二三時間の長い間を立ち尽す。或は諸君自らが機械となつて立働く。毎年毎年幾年かの間、此のやうな激しい労働を続ける。其の間、例の気障な子供等は或は中学校に或は高等学校に或は大学校に、静かに其の教育を受けに行く。そして今は、諸君よりも賢くはないけれども、只諸君よりも余計に教育を受けた彼等が、諸君の主人となつて、人生の総ての快楽と文明の総ての利益とを享《う》けてゐる。然るに諸君は、噫、諸君を待つ所の運命は如何なる者か。

諸君は薄暗い湿々した長屋の一室の中に帰る。四畳か六畳の狭い室の中に五人六人の人が蠢いてゐる、寄る年よりも苦労に老けて、生活に疲れ切つたお母さんが、食事にとてパンとジヤガ芋と、茶とは名ばかりの何やら黒い汁を持つて来て呉れる、心をまぎらはすものとては、只だ明日はどうしてパン屋に払ひをしやうか、明後日はどうして家主に払ひをしやうかと、毎日毎日同じ問題を日課のやうに繰返すのみである。

噫、諸君の父母が三十年四十年の間続けて来たと同じ悲惨の境遇を、諸君も亦同じやうに続けて行かなければならぬのか。幸福と知識と芸術との総ての歓楽を、只だ人に得さする為めに、自らは生涯の間働いて、そして毎日パンの一片を得るにさへ苦悩せねばならぬのか。怠惰者に総ての贅沢を供給する事に献身して、自らは此の生涯を美しきものたらしむる総ての者を見棄てて仕舞はねばならぬのか。苦役の為に吾身体を毀ち尽して、其代りには、不景気の襲来する度毎には、心配苦労ばかりするのであるか。斯の如きものが果して諸君の生涯に於ける渇望であるか。

（日刊『平民新聞』第六〇号、一九〇七年三月二八日）

十四

諸君或は自棄するであらう、そして其の地位から外へ出る口を求めないで、自ら云ひ棄てて仕舞ふであらう。「先祖代々同じ運命を受けて来たのだ、別に取柄のない私も亦、同じやうに此の運命を受けねばならぬのだ、マア一生懸命に働いて、そして出来るだけ善く生活する事を勉めやう。」よろしい。併しこんどは社会自身が諸君を教ふるの任に当るであらう。

他日、恐慌が来る。此の恐慌は、今迄のやうな一時的のものでなく、総ての工業を即死せしめて、幾千万の労働者を窮乏に陥るれて、そして其の家族の者を殄滅《てんめつ》し尽さんとする大恐慌の一ツである。此時諸君も亦他の人と同じく必死になつて此の災難と打ち闘ふ。併しながらやがて諸君は見るであらう、諸君の妻、諸君の子、諸君の友は漸々此の艱難《かんなん》に疲れて、見る見る衰弱《よわ》り果てて、食物もなく医療も出来ず、遂に床の上に倒れて仕舞ふ。然るに一方に於ては、かくの如く飢餓に死ぬる者のあるにも係らず、富人の生活は大都の赫灼たる道路の中に歓喜の波を打つてゐるのである。此の時に諸君は、現社会が如何に背反の気に満てるかを知るであらう。そして此の恐慌の原因を想察して、怠惰者の飽くなき貪婪の為めに数十万の人類が犠牲となりつつある、此の不義不正の根本を穿鑿《せんさく》するに至るであらう。そして又、現社会は其の根底より改造せられねばならぬといふ、社会主義者の言の偽りでない事を知るであらう。

他日又、諸君の工場主が賃銀の節減を行つて、自らの財産を殖やす為めに幾銭かの金銭を諸君から窃取《せつしゆ》しやうとする。諸君は反対する。すると彼等は大風に答へて曰ふ。「此の値段で働くのが否なら、出て行つて草でも食ふが善い。」其の時に諸君は、彼等は羊の毛を剪るが如くに諸君を取扱ふのみならず、彼等は又諸君を一段劣つた階級の者のやうに認めてゐる事を知るであらう。彼等は賃銀の爪に依つて諸君を掴握して置くのみに満足せず猶諸君を総ての点に於て奴隷の如くにしやうと勉めてゐるのである。

是に於て諸君は、或は腰を折つて人たるの威厳を棄て、そして総ての屈辱を甘じて受る様になつて仕舞ふか、或は又、血が頭に上つて来て、諸君の下りつつある峻坂《しゆんぱん》に恐怖を懐いて、資本家に反抗を試みて、そして工場を放逐せられて、社会主義者が「反抗せよ、経済的奴隷制度に対して反抗せよ」と云ふのも、尤ともだと分るやうになるであらう。其の時に諸君は、社会主義者の列に入つて、経済的、政治的、社会的の総ての奴隷制度を廃止す可く彼等と共に働くであらう。

或る日又、諸君は諸君が嘗て其のすずしき眼と、すらりとした姿と、はつきりした言葉をいたく愛した若き乙女の話を聞くであらう。彼女は幾年かの間貧窮と闘つた後、遂に都会に行く可く其の村を去つた、其の都会に於て彼女は、生存競争の甚だ激烈なのを知つた。けれども彼女は、少なくとも正直な生活をして行かうと望んでゐた。けれども諸君は彼女の運命が何うなるかをよく知るであらう。或る紳士閥の若者にだまされて、遂に其の甘い言葉に乗って、青春の情を彼れに任して仕舞つて、そして一年の後に両児を抱いたまま、見棄てられて仕舞つた。其の後彼女は絶えず勇敢に闘つたけれども遂に彼女は寒さと飢とに対する此の不平等なる闘争に倒れて、或る病院にひきとられて其の命を終つたと云ふ。

之れを聞いて諸君は何うする。「それは初めでもなければ終りでもない」などと愚にもつかぬ事を云つて、此の話の記憶を遠ざけて仕舞つて、そして友人と一所にコーヒー店に這入つて、猥褻な言葉を吐いて此の乙女の記憶を凌辱するやうになるか。然らざれば此の乙女の話に依つて大に奮激して此の男をさがしあてて、其の罪悪を面罵してやつて、そして毎日毎日此のやうな事実の繰り返へさるるのを見て、社会が怠惰者と貧民との二つの階級に分れてゐる間は、到底此の事実の絶えない事を知つて、遂に社会主義者の中に走り来るやうになるであらう。

（日刊『平民新聞』第六二号、一九〇七年三月三〇日）

十五

平民婦人諸君、諸君は此の話を聞いて冷然として居られるか、諸君の傍に慄へてゐる其の児の可愛らしい頭を撫でながら、今の社会状態が此儘続くものとしたら、此の児の運命は何うなるものであらうかと考へる事はないか。又諸君の若き妹や幼き小供等の将来に就て考へる事はないか。諸君の子供等も亦諸君の父と同じやうにパンの心配の外に他の考もなく、居酒屋の楽みの外に他の楽みもなくて生長し行く事を諸君は望むのか。諸君の夫や子供等が永久に、掠奪の為めにとて其父より遺産の資本を相続した者等の犠牲となつてゐる事を諸君は望むのか。彼等が永久に資本家の奴隷となり強者の大砲の餌食となり、富者の畑を肥やす肥料となる事を諸君は望むのか。

否！　否‼　否!!!　諸君の夫が火のやうな熱心と石のやうな決心とを以て同盟罷工を初めて、遂に事利あらずして、肥え太つた紳士が勝ち誇つた傲慢な句調で命令する条件を恭しく帽子を脱いで承認せねばならぬやうになつたと聞いた時、諸君の血がたぎるやうに沸騰した事を予は能く知る。一揆の時に軍隊の銃剣の前に其の胸をさらして第一列に進んで行つた西班牙婦人を、諸君が甚だしく賞讃した事を予は知る。獄中で社会主義の被告人を虐遇した警察官の胸を、ピストルを打ち貫いたる一婦人の名を、多大の敬意を以て説口せられた事を予は知る、巴里一揆の時に弾雨の中を冒して如何に平民婦人が男子を励ましたかを読む時、諸君の胸が感激に鳴る事を予は知る。

予は之れを知る、是れ諸君も亦、遂には未来の征服の為めに働く人々の中に入る事を疑はない所以である。

十六

誠実なる青年諸君、男子諸君、女子諸君、農夫諸君、労働者諸君、小僧諸君、兵卒諸君。諸君はやがて諸君の権利を知つて吾々の中に来るであらう。諸君は、奴隷制度を廃し、総ての鎖を毀《こぼ》つて、旧習慣を破つて人類に新しい地平線を開いて、遂に此の人類の社会に真の平等と真の自由とを来らしめて、総ての人が労働して、総ての人が其労働の結果を亨有して、総ての人が其才能を十分に楽む事が出来て、そして総ての人が合理の人道的の幸福なる生活を為すやうになる、此の革命を準備する為めに諸君の兄弟と共に働くやうになるであらう。

吾々が望むやうな斯んな大きな目的は、到底吾々の弱い団体で達し得られるものでないなどと云ふことを止めよ。

圧制に苦しんでゐる者の数が何《ど》れ程あるか数へて見よ。

他人の為めに働いて、主人に小麦を食はす為に自らは燕麦を食てゐる吾々農夫は、吾々ばかりでも既に数百万の多数がある。

自らは襤褸を着る為めに絹とビロードとを織る吾々職工は、吾々だけでも亦甚だ多数である。工場の汽笛が吾々に一時の休息を許す時に、吾々は潮のやうに道にも公園にも漲《みなぎ》り溢るるのである。

命令に依つて自由に動かさるる吾々兵卒は、士官をして勲章や位階を得せしむる小銃弾を受取る所の吾々兵卒は、又（今迄吾々の兄弟を殺す事より知らなかつた）吾々愚なる兵卒は立派に着飾つた上官を戦慄さす為めに、只だ一度反抗の声を掲げねばならぬ。

日々苦しめられ虐められてゐる吾々は、何人も数ふ可らざる程の大多数である。吾々は何者をも容れ何者をも抱き得る大洋の如き者である。

吾々にして若し敢て之れを為すの意志があるならば、一瞬時に世界の圧制者を微塵に粉砕して正義を行ふ事が出来るのである。

（日刊『平民新聞』第六三号、一九〇七年三月二一日）

婦人諸君に与ふ

一

予は総ての婦人諸君に一言したい。けれども今日の社会に於ては、諸君は全く相異なつた二ツの階級に分れてゐて、或る者は野の百合にも似て紡がず織らず、或る者は又、其の腕を売り其の力を売り其の美を売つて、或は労働の機械となり或は逸楽の機械となつてゐる。従つて、前者の為めに言ふ所は後者の為めに適応せず、又後者の為めに言ふ所は前者の為めに適応しない。故に予は、此の二ツの階級に属する諸君に、夫れ夫れ別に予の蕪《ぶ》言《げん》を呈する事とする。

二

先づ幸福なる淑女諸君に言ふ。

諸君は、冬の風吹き荒んで霰まじりの雨の窓を打つ夜、僅かなる賃銀を得んが為めに或は野に走り或は町に急ぐ、憐れなる諸君の姉妹に思ひ及ぶ事はないか。

憐れなる姉妹？　諸君の或る者は、此の語の真意が分らぬかも知れぬ。次ぎに説明をする。

農夫や労働者の娘は、十三四歳になるかならぬ中に即ち漸《ようや》く読書を覚え初めた時に、其の父母の家を去つて、独り寄方《よるべ》なき賃銀の原に漂ひ出づるのである。

或る者は工場の中に行く。あばずれの年長者の間に入り交つて、悪い事ばかり覚える。十二三時間の激しい労働に、身も心も痩せ細る。監督とか取締とか云ふ兵隊上りの鬼のやうな魔者の手に、其の生命も貞操《みさお》も玩弄《もてあそ》ばれる。そして其の家に帰つて見れば、休息む所とては僅かに、親子七八人の重なり合つて寝ねる、四畳半か六畳の狭い一室のあるのみである。

又幸に其の農家に残つてゐる者も、顔は渋色に日に焼けて、手足は薑擦子《わさびおろし》のやうに皸《ひび》きれて、西洋の古い諺にもあるやうに、女と云ふよりは寧ろ牝と云ふ方が適当な程になる。

三

斯くして彼等は、其の胸の中に恋のささやきを覚える年頃になる。

何物をも売買に付する今日の社会に於ては、結婚をも亦市場に晒し出すのである。場に溢るるばかりの少女が、夫れ夫れ其の買手を求める。持参金付の品は、馬鹿でも不具でも醜婦でも、ドシドシ売れて行く。然らざる者は、永久に恋の花咲く時はないのである。

けれども彼等と雖《いえど》も亦、幸か不幸か結婚する事がある。其の時に彼等は、其の夫の貧と自らの貧とを併せて、二倍の貧窮に陥いる。かてて加へて、其の間に子が産れる、養ふ事が出来ない、死ぬる。統計表の示す所によると、労働階級は紳士階級よりも三倍多くの子を産むと同時に、紳士階級よりも二倍多くの産児を殺すと云ふ。之れに依て見るに、貧の人を殺す事は、戦争や流行病よりも更に更に甚しいのだ。

更に眼を転じて、夜毎夜毎に其の愛と肉とを切売する、憐れなる乙女を見よ。彼等の多数も亦、貧家の娘である。一時は雨の後の筍のやうに這ひ出た工場も、やがて恐慌の風の吹き来ると共に、将棋倒に倒れる。そして其処から吐出された幾万の工女は、夕の食を得る可く泣いて此の境遇に来るのである。

諸君は此等の不幸なる婦人を、只だ憐れむばかりでは駄目だ。正義の眼を以て、静かに諸君と彼等との間に存ずる社会的不平等を想察しなければならぬ。そして社会改革の事に思ひ至らねばならぬ。

四

社会改革は決して人の為めのみではない。諸君自らも亦、之れに直接の利害を有つ者である。

諸君と雖も、商業的結婚《コンマーシヤルマリエージ》や合法的淫売《レガルプロスチチユーシヨン》を以て満足する事が出来ないであらう。法律が許したとて、教会が何うとかしたとて、愛のない男女の結合が何んだ。却つて其の重い鎖に縛られて、永久の奴隷となり了るばかりではないか。法律は、女が自ら働いて得た財産をも、男の許可がなければ自由に消費する事を許さぬではないか。

諸君は男子の真の伴侶となつて、総ての点に於て平等の権利を得たいと望むであらう。婦人が品物か動物かのやうに、商品視せられないやうになつて、男女の結合がお互の美妙《びみよう》な引力に依つて定められるやうになる、未来の日を夢みる事であらう。

諸君は又、諸君の夫を奪ひ、兄弟を奪ひ、子を奪ふ、彼の戦争の為めに諸君の思ひを悩ます。そして僅かに負傷者の病を看、戦死者の遺族を慰めるを以て満足してゐる。けれども更に一歩を進めて、戦争其物を消滅せしむるやうに働く事は出来ないものか。

諸君が、人の事や己の事に、即ち諸君の憐れなる姉妹や、諸君の師弟や、諸君自らの事に其の同情深き思ひを及ぼす時、必ずや諸君は社会問題に対して甚だ趣味を有つ人となるであらう。そして遂には此の問題を解決する事に熱中してゐる人々の中に、諸君自らも亦其の身を投ずるに至るであらう。

五

次ぎに不幸なる婦人諸君に云ふ。

諸君の多数者は、其の不幸を以て運命だとあきらめてゐる。そして其の揺籃を出て墳墓に入るまで、総ての専制に服し、総ての習慣に従ふて、謹んで其の「微賤《びせん》」の位を守つてゐる。人も亦、謙遜と服従の美徳を教へて、総ての謀反的新思想から諸君を遠ざける。けれども予は、面前の不義に対しては沈黙の天使たるよりも権利の兵卒たる事を以て、更に徳あり勇ある者と信じる。

迷ひの夢より醒めよ。奴隷根性を棄てよ。そして諸君を蹂躙《ふみにじ》る者の手より遁れよ。

諸君の兄弟、諸君の夫、諸君の子を慰安し奨励して解放《エマンシペーション》の戦場に於ける彼等の希望と熱心とを倍加せしめよ。勝利は半ば諸君の手に依つて得られねばならぬ。

(『家庭雑誌』第五巻第六号、一九〇七年四月一日)

［ドクトル・ルドヴイコ・ザメンホーフ］

ザーメンホフ博士とエスペラント

ザーメンホフ博士よりボロヴコ氏に与へたる私書の一節

一

世界語を作ると云ふ思想が如何にして予に起つたか、又エスペラント語が生れてから今日に至るまでの歴史はどうか、と君は尋ねて来た。此の語の歴史は、即ち予が仮面を脱いで現はれた日からの事は、多少君も知つてゐる。併し其以前の事に就いては、今は未だ種々なる理由によつて容易に知り難いのである。故に予は此の語の誕生の歴史をザット御話する事としやう。

其の事を総て詳細に物語るのは、予に取つて甚だ困難である。何となれば予自身が既に大概は忘れて仕舞つた。予が予の全生涯を其の実現の為めに献げた此の思想は――斯く云へば可笑しいかも知れんが――予が未だ幼少の時に予に現はれたもので、其の後此の思想は一度も予を去つた事がないのみならず予は実に之れと共に生れ、之れと共に死ぬ者である。併し、何故に予があれ程の障碍と闘つて来たか、何故にあれ程の困難と辛苦とに抗して此の思想を保つて来たか、其の事情は別に語る事としやう。

予はグロドノー州のブエロストク市に生れた。予が生れた且つ予の幼年の時を過した此の土地は、予に将来の目的の方向を与へて呉れた。ブエロストク市では住民が露西亜人ポーランド人独乙人及びヘブルー人の四種の異人種に分れてゐる。此の異人種は各々其の異なつた言語を有して、其の間に何等の友誼的の関係もない。此の市に於ては他の何れに於けるよりも、市民は言語の異なるが為めに非常なる不幸を感じてゐる。そして市民が各派に分離して各々敵視してゐるのも、其の言語の異なる事が唯一の或は少なくとも主なる原因である。予は思想家として教育せられた。総ての人類が同胞兄弟であると教へられた。然るに予は到る処に於て人類は決して同胞ではない只だ露西亜人ポーランド人独乙人ヘブルー人である事を感じた。人は笑ふかも知れぬが予は小供心にもいたく此の「世界の憂」を悩みとしたのである。そして予は大人は万能の力を持つてゐるものと思つてゐたから、予が大人になつたら必ず此の害悪を排除しやうと決心をしてゐた。

予は漸々に、小供の思ふやうに万事が決して容易に出来るものでない事を知つて来た。そして予は幼年の時の種々なる空想を一ツ一ツ擲棄し去つたが只一ツ人類語と云ふ理想のみはどうしても棄て去る事が出来なかつた。勿論或る定まつた案はなかつたのだけれど、何だかボンヤリと心にかけてゐた。いつであつたか記憶はしてゐないけれど、世界語は現存の何れの国家にも属せない中立語でなければならぬと云ふ知覚が、可なり早く予の心の中にあつた。ブエロストクの学校（当時は未だ中学校であつた）からヴアルソヴイーの高等学校に移つて漸時、予は古語に熱中した。そして他日全世界を漫遊して、大雄弁を奮つて古語の中の一ツを人類の共通語として復活するやうに人々の間に宣伝したいものと夢みてゐた。

其の後どうしてかは忘れて仕舞つたが、それは到底不可能であると堅く信ずるやうになつた。そしてボンヤリと或る新しき人為の言語を作らんと夢み初めた。当時予は屢々其の試験をして見て数多の語尾の変化の法を案出した。けれども予は思つた、限りなく文法の規則があつて大きな字書に漸く入り切れる程の幾十万人の数限りのない文字があつたが、世界語と云ふものは人工の巨大な機械のやうなものだ。そして予は自ら叫んだ。「空想するを止めよそんな事は人力で出来るものでない。」併しながら予は常に復た此の空想に帰り来るのであつた。

二

予は独乙語と仏蘭西語とを幼年の時に学んだ。其の時には未だ此の二ツの者を比較したり、又何れを善しと断定する事も出来なかつた。けれど其の後に中学校の五年級に在つて英語を学び始めた時に、ラテン語とグリーキ語のむつかしい所から、殊に此の英語の文法の単純な事が眼に入つた。そして其の時に、文法の規則の多い事は、ただ歴史的の盲目の理由によるもので、言語其者には少しも必要でないと云ふ事に気が付いた。此の後は此の考の下に語学を研究し始めて、不必要な文法の規則を取り除く事とした。すると文法のむつかしいのがだんだんと予の手中に解けて来て、遂には言語に不必要なものを総て取り除いて仕舞ふと、僅か数頁の小さな文法書が出来るやうになつた。そこで予は益々真面目に予の理想に向つて進行し始めた。けれども言葉の無数に沢山ある事が、気にかかつて仕方がない。

或時、中学校の六年級か七年級に居た頃である、今迄も幾度も見たのだが、此の時にふとŜvejcarskaja（居酒屋）といふ看板とKonditorskajaと云ふ看板に目がとまつた。此のSkajaといふ文字がいたく予の興味をひいた。そして此の接尾語を用うれば、別々に学ばねばならぬ多くの語をも、一ツの語とする事が出来ると思つた。此の考が全く予のものとなるや、予は地球がすぐ予の足下にあるやうに感じて来た。そして無数の言葉が此の太陽の光線を投げかけられると共に、予の前に於てだんだんと消え失せて仕舞ふ。

其の時に予は叫んだ、「アア問題は解釈された。」そして此の接尾語てふ考を得てからは、多く此の方面に向つて仕事を進めた。此の接尾語の力は、今迄はただ部分的に盲目的に、そして不規則に不十分に其のはたらきを自然の言語の力に現はして来たのだが、之れを意識的に送られた新言語の中に十分に用ひるならば、如何に多大の意味を有する事となるであらうかと思つた。そして種々なる言葉を比較して、其の言葉と言葉との間に有する或る一定の関係を求めて、其の関係を意味する或る接尾語を造つて、此の一ツの接尾語のかはりに無数の言葉を字引の中から毎日毎日取り除いて行つた。其の時に「母」とか「狭い」とか「包丁」とか云ふ純粋に語根となつてゐる無数の言葉が、容易に「合成せられた」言葉に変化されて、そして字引の中から消滅して行くのを知つた。今は言葉の機械が予の掌の上にあるやうに覚えて、益々希望と愛とを以て此の仕事を進めた。やがて斯くの如くして書かれた文法書と字引とが出来た。

そこで言葉の材料に関する数千の語に就いて御話をして見やう。是れより先き、文法を研究して、不必要な規則を総て取除いて仕舞つた時、予は言葉の上にも経済学の原則を応用したいと思つた。若し或る一ツの言葉が与へられた或る思想を説明するものと人々が皆「同意」さへすれば、その言葉はたとへどんな形をしてゐてもよいではないか。予は言葉が出来るだけ短かくなるやうに、無益な文字のないやうにと勉めて、種々なる言葉を「案出」した。予は思つた。十一文字もある「interparoli」のかはりに、或る言葉たとへば二文字の「Pa」と云ふ言葉を以て同じ思想を現はすものとしたらよいではないか。かくして最も短くてそして容易に発音の出来るやうな文字の組合せを、数学的に作つて、其の一ツ一ツに或る一定の意味を付けた。(例令へば、a, ab, ac, ad,……ba, ca, da,……e, eb, ec,……be, ce,……aba, aca,……等)併しやがて此の考へも捨てて仕舞つた。何となれば予自身の経験によりても、此の如き新語は到底学び得べき又記憶し得らる可きものでないと覚つた。そして次の如く確信するに至つた。言葉は是非とも羅馬《ローマ》独逸の語を用ひて、ただ之れを少しく矯《た》め語学上の必要な条件に拠つて規則正しくさへすればよいのだ。此の考を得てから予は又気が付いた、今現存の言葉の中には既に各国の人々に知られてゐる、未来の国際語の宝となる可き国際語が既に無数にあるのである。かくして予は此宝を応用する事となつた。

三

当時の世界語と現今のエスペラントとの間に大なる相異はあるが兎にも角にも一千八百七十八年には既に大体出来上つたので、予は友人に之をしらせたが(その折予は高等学校の第八級生であつた)多くは予の意見に賛成し且つその非常に容易なるに感動されて之を学習するに至つた。

一千八百七十八年の十二月五日我々は一処に集つて厳粛に此語の誕生式を行つた、その式では新語で演説もあつたが、皆熱心に讃美歌を歌つた、その歌の初句は

Malamikete de las nacjes
Kadó, kadó, jam temp' está!
La tot' homoze in familje
Konunigare so debá.

(国民間の敵心を、去れ去れ時は来りたり、人類総て一族に、一致団結すべきなり)

といふのであつたが、テーブルの上には文法書と辞彙の外に此新語で翻訳したものも並べられた。

かくてこの語の第一期は終つた、が予は自己の研究を発表するには余り年少であつたから今五六年も待つてその間に注意に注意を加へてこの語を吟味し実験せんことに決心したが、十二月五日の式を挙げた後半歳にして高等学校を卒へてここを去るに至つては将来此語の使徒たるべき人々も漸く之を口にせず嘲笑に出遇ひつつここに離散して予は全く独り残さるることとなつたのである。予は嘲笑と迫害の到らんことを慮りその研究を秘密にするに如かずと決心し、大学に於ける五年半の間は之について一言も話すこともなかつたがこの時位予に取つて困難なことはなかつたので、第一隠してることが非常の苦痛なんでそのためには殆んど何処にも顔出しすることも出来ず何事にも携はる訳に行かず人生中最も美しい学生時代をば最も不愉快に経過したのである。予は幾たびもツイうつかり会などに入つたが丸で外国人同様の感じをなしては退会し、ただこの語で自ら詩歌を作り僅に煩悶を遣つたのであつた。後日予の初めて出版した小冊子に入れた「Mia penso」は実にその中の一である、併し如

何なる境遇で此詩が出来たといふことを知らない読者には多分不思議でまた分らぬものと思はれたであらう。

六年の間予は実にこの語を完全にして吟味をすることに浮身を窶《やつ》したが――一千八百七十八年既に一ト通り出来上つたと思つたけれど更に十分の研究を加へいろいろのものを翻訳しまた自ら著作をなして見た結果は理論上全く差支ないことも実行上不十分な点が出て来、屡々《しばしば》語を切つて見たり、置きかへて見たり、直しては見たり、そして語根まで取りかへて見たが、矢張り理論上各別にして考へ試みると全くよいと思はるることも語と語尾と、主意と要求が互に衝突し反対する、例へば一般的前置詞の「Je」、用法の広い動詞の「meti」又は中性的にして而かも限定的なる語尾「aŭ」など理論上間違の起らぬものが、どうも障碍が生じて来る、また使用法が豊富だと思はれた或る語尾も実行上不用に帰することが珍しくないのでその一例として或る不用なる接尾字を捨てねばならぬこととなつたのもある。それで一千八百七十八年に於て文法や語彙など已に十分だと考へただその艱渋《かんじゅう》なると温雅ならぬとに於て如何と思つたものが実行して愈々この語には生命とそして限定された形を有したる精神とを寄与するところの結合的原素なる捕捉すべからざる或るものを必要とするを確信するに至つたのである。

（この語の精神を知らないのはモツト経験あるエスペランチストは、よい書き方をし且つどの国民に属しやうが全く対等に書くことが出来るのにもかかはらず、エスペラントを余り読まない二三のエスペランチストはよし誤謬はないにしろ何故に艱渋な不快な書き方をなすかといふ所以である、無論此語の精神は多年の間には少しづつ分らぬ様な変違があるであらうが、国を異にしたる人々により成れる最初のエスペランチストが、十分限定された此語の基礎的精神に出遇はぬにしても各々その方面に之を散布しこの語は永劫――少くとも永い間温雅でない活動力のない語集としては残存するであらう）――予は当時この新語又は他の国語から辞句通りの翻訳を避くることとし更に中性的言語について思考せんことを力めたのであつた。その後予ははじめて従来の語が彼是の言語からして已にその基礎なき影となり終つて固有の精神固有の生命且は最早或る影響の下に立たぬ固有に且つ限定せられ分明に説明された相貌を得ることとなつたので、流暢にして屈曲力の多い、温雅で而かも自由なる、丁度現在活用されて居る国語同様なる談話を為し得るに至つた。

ここに猶ほ予をして永く之を発表するに躊躇した一の事情がある、即ち永い間中性語に対して大なる意義を有する問題が解決されなかつたことで、余は人々が「汝の語は全世界が之を採用せん時のみ余に要用ならん故に余は全世界が採用せん時まで採用すること能はず」といふならんことを知つて居つたのであるが、併し「世界」といふものは前に個々別々の「単位」なくては出来ないのであるから、この中性語はその已に世界に採用せらるるか否かに関係ない各個人に必要となる時までの将来を有することは出来ぬ。この問題について予は久しく考へて居つたが遂に此如き所謂秘密文字は世界が前以て之を採用せんことを必ずしも要求せぬ、そして若し汝がただ「鑰《かぎ》」を渡すならば汝が出した手紙を解し得ることが宛名の人でなくても出来ればよいのである。そこで語彙全部のみならず、個々別々の全く独立せるアルフアベート順の要素によれる形を取つた全文法を載せて居る「鑰」を作つたらどんな国民でも人を指さずに汝の手紙を十分理解し得ることを信じこの語を整理せんとの考を起した。

予は大学を卒業して医者となつたが今やはじめて予の研究を発表せんことに思をめぐらし、予の最初の小冊子「D-ro Esperanto. Lingvo internacia. Antaŭparolo kaj plena lernolibro」の原稿を準備しその出版者を捜索するに至つたがここにはじめて予は人生のまづい実験即ち其後も戦ひまた戦はざるべからざる経済上の要求に遭遇した、二年の間予は出版者を探したがだめであつた。そしてやつと一人発見した時彼は半年の間出版のために予の小冊子を準備せしめて遂に――拒絶したのである。遂に永い計画をやつた後に予は一千八百八十七年七月に予の最初の小冊子を自ら出版することに決心した予はその前に非常に激動された。予はルビコン河の前岸に立つて居るので予の小冊子が世に著はれん日からは最早帰り行くことが出来ない様に感じたのである。また予は公衆が予を狂人として道楽事業に身を入るる人として見るならば公衆によつてやつて行く医者の運命がどんなになるかといふことも知つて居つた、予は全く未来の平和と予及び予の家族の存在とを身体の上に置けるを感じたのである、併し予は予の頭脳と血液の中に浸潤せる思想を放棄することは出来なかつたのであつた、そして……予はルビコン河を渡つたのである。

ドクトル・ルドヴイコ・ザメンホーフ

（『日本エスペラント』第二巻第一・二・四号、一九〇七年四・五・七月五日）

僕は医者だ

僕は医者だ。去年学校を出たばかりの、まだほやほやの医者だ。つい数日前、病院とは名ばかりの小さな家を、此処柏木の里に借りて、始めて何々医院の看板を掛けたのだ。

すると、昨日の事である。薄汚ない印絆天を着た男が、病人を診に来て呉れと云ふて、迎ひに来た。僕は、直ぐに其の男に従いて行つた。そして、窓から手を出せば、其処を通る人の頭をなで得る程の、細い細い路次を通つて、病家なる九尺二間の長屋の中に入つた。

家の中は、薄暗くて寒くて、腐つた空気がいやな臭をさせてゐる。灯火は今にも消えさうに、焰がゆらゆらしてゐる。病婦は、薄い煎餅布団に包まれて、横になつたまま呻吟つてゐる。子供等は、痩せ細つた蒼白い顔をして、襤褸の間から膝頭を出して、大きな眼を開ひて、僕の顔を見つめてゐる。

聞けば、此の男は日雇取なので、毎日毎日十五六時間の激しい労働に服してゐたのだ。所が、三四日前から仕事がない。此の仕事のないと云ふ事は、折々あるのだ。そこで常ならば女房が仕事に出て、洗濯をしたり、縫物をしたりして、兎も角も日に二三十銭の金を貰つて来るのだ。然るに此の通り女房は、床に就いたまま身動きもとれぬのだ。斯くして、貧窮は遠慮会釈もなく、此の家を襲ふのだ。

そこで、僕は迷つた。僕は、何と云つて、此の病人に注意をしたら善いのだらうか。僕の診る所によれば確かに彼女は肺病である。そして、其の原因の貧血と営養不良と空気の不十分とにあるは、今更に云はずもがなの事である。毎日牛乳と卵とを飲めと云はうか。郊外に出て散歩をしろと云はうか。もつと空気の流通の善い家に住めと云はうか。馬鹿な。若し其れが出来る位なら、何も僕が注意しなくとも、とうの昔しにやつてる筈なのだ。僕は、張り裂けるやうな胸を抱いて、唇に呪詛を浮べて、逃げるやうにして其家を出た。

帰って見ると、学友の、今はさる大きな病院の代診をやつてゐる、某君が遊びに来てゐる、僕は大に憤慨して、今の話をして聞かせる。すると此の学友の云ふには、彼れも昨日、或る富豪の家へ行つて、御化粧と訪問と、舞踏と、御亭主との痴話喧嘩とに夜の目も眠らず、遂に神経衰弱にかかつた貴婦人を見て来たそうだ。そして彼れは、もつと静かな生活をして、もつと粗末な食物をとつて、そして心の平安を保つやうにと注意して来たそうだ。

僕の病人は、食ふものも食はずに、余りに労働し過ぎた為めに、死にかかつてゐる。そして僕の学友の病人は余りに食ひ過ぎて、少しも労働をしなかつた為めに弱つてゐる。

僕は、開業早々此の二つの相反した事実を見て、何だか世の中の事が分らなくなつて来た。そして僕は、「僕は医者だ」なぞと人前で云ふのが、何だか恥しくなつて来た。

（『簡易生活』第一巻第五号、一九〇七年四月一日）

［ジュール・ルメートル／『読書の栞』版］

小説　釣鐘物語

一

むかしむかし仏蘭西の蘭土古里《ランドフルーリ》と云ふ村の小さなお寺に、古ぼけた釣鐘《つりがね》がありました。此釣鐘は、それはもう甚《ひど》く毀《こ》はれてゐて、まるでお婆さんの嗄《しわが》れ咳のやうな音がして、これを聞くと誰でも妙に気が沈みます。青々した野原の彼地此地《あちこち》に楽しい歌を唱つて働いて居る農夫や牧夫なども、この鐘の音には、手を止め首を垂れて、浮世の悲しみに打たれるのです。

又此お寺には、世良田翁と云つて、七十五歳の老牧師が居りますが、中々達者なもので、皺こそ寄つたれ、いつも小児のやうな薔薇色の顔をして、麻屑の束に似た、白い長い頭髪を房々させてゐます。牧師様は、気立の善いのと、寡欲なのとで、大層教会の人達に喜ばれてゐました。

二

世良田翁が此教会の牧師となつてから、丁度五十年になります。其紀念の御祝ひ日が近づいたものですから、教会の人達は、何か金目のかかつた、貴重なものを牧師様に贈らうと決めました。教会の三人の下男が、村の各戸を巡り歩いて四百円ばかりの寄付金を集めまして、これで新らしい釣鐘《かね》を買つて下さいと、牧師様に捧げました。牧師様は、只もう感極まつて、「オー我児よ」と言つたぎり、礼の言葉さへ出なかつた位です。

三

翌日牧師様は釣鐘を買ひに出掛けました。露路《ろじ》村といふ所まで一里程も歩いて行けば、県庁のある鷲津市までは郵便馬車が通つてゐます。

其日は実にうららかな日でした。鳥や木や草やが道傍の日当りの善い所に、動めきながら私語《ささや》いてゐます。牧師様は、新らしい釣鐘の妙なる音色を予想ひながら、嬉しさうにして歩いてゐます。

露路村に程近く来た頃、牧師様は道傍に馬のはなれた見せ物師の馬車のあるのを見ました。其傍には、年老いた馬が四足を伸したなり、倒れてゐます。肋骨や背骨は折れ砕けて、皮膚は赤禿になつて、鼻の穴から血を出して、頭顱を脹らして、眼を白くして死んで居るのです。奇妙な襤褸の衣服を着た、補綴した赤い色の胸当をした男女の老人が、其傍に座つて泣いてゐます。

突然十四五歳の小娘が溝の底から飛び出て来て、牧師様の前に進み寄りました。

「どうぞ牧師様！　何かお施しを願ひます。」

此小娘は、鞣したての革のやうな皮膚をして、垢じみたシヤツと赤い色のズボンとを着てゐます。眼は天鵞絨《ビロード》ででも作つたやうな、真黒な、大きな瞳で一ぱいになつて、黄色な小腕には青い色の花が、奇麗に画かれて居ます。其エジプト人のやうな顔は、銅の輪櫛で押へた長い黒髪を頂いてゐます。

牧師様は其歩を緩めて、衣嚢《かくし》から銅貨を出しました。けれども小娘が頻りに打ち眺めてゐるので、立止まつて尋ねました。

「お前はまあ如何したのか。」

「兄さんが鶏を盗んだといふんで、再昨日牢に入れられてしまひました。後にはお母さんと私だけで、三日も何にも食べないので御座います。兄さん一人で稼いで居たんですもの。」

牧師様は銅貨をひつこませて、こんどは財布から銀貨を出しました。

小娘は語を継いで、

「私は手品を知つてゐます。そしてお母さんは占を致します。併し私共が余り貧乏なものですから、町の人も村の人も相手にして呉れません。それに今又、大切な馬が死んだんですもの。私共は之からまあ如何なるんでせう。」

牧師様はチヨツト遮ぎつて、

「然し、野良へ仕事をさがしに行つたら善いじやないか。」

「村の人達は私共を嫌つて、見つけ次第石を投りつけます。それに私共は労働に馴れませんし、手品の外には何も出来ません。馬と衣服を買ふお金が少しあれば、それでどうかこうかして行けるんですけれど……。」

牧師様は又其銀貨を財布の中へひつこませて仕舞ひました。そして云ひました。

「お前は神様を愛してゐるか。」

「エエ、神様が私共を助けて下さるなら。」

其時牧師様は腰に下げてゐた、例の四百円入りの財布が大層重く感じました。小娘は其黒い瞳で一ぱいになつた目で、絶えず牧師様を見つめてゐます。牧師様は直ぐにもこの財布をやつてしまはうかと思ひました。が待てしばし、牧師は人の霊魂を救ふのが本分であります。

「お前は平常品行が善いか。」

「品行？」

と小娘は驚いて問ひただしました。彼女には此言葉が解らないのです。「オオ可憐の者よ」と牧師様は心の中で泣きました。そして、

「私は神様を愛するとお云ひなさい。」

小娘は黙つて仕舞ひました。愛らしい眼には涙が溢れてゐます。牧師様はもう堪らなくなつて、

「神様どうぞこの可憐なる小娘を救ひたまへ」と祈りつつ、上衣のボタンを外して、金の一ぱい入つてゐる袋を取出しました。

すると小娘は猿のやうに其袋を奪取つて、

「牧師様！　私はあなたを愛します。」

と云ひ捨てて、先刻からジツとして、徒らに馬の死を歎いてゐる、男女の老人の許に走つて行きました。

四

牧師様は、何故神様はこんなに多くの人を、貧窮に困らせるのだろうと考へながら、又あの宗教を信じない、洗礼も受けない小娘に、神様が光明を与へて下さるやうにと念じながら、猶も露路村の方へと急ぎました。併し又急に、もう釣鐘を買ふ金もないのだから、何も鷲津まで行く必要もないと思ひ付いて、もと来た路をひつかへしました。

牧師様は、見ず知らずのあんな小娘に、どうして自分のでもない彼の大金を与つたのか、今更解りません。そこでもう一度あの小娘に会ひたいと思ひながら、歩を早めましたが、道傍にはもう例の死んだ馬と、馬のはなれた馬車とがあるのみでした。

牧師様は、自分のした事を深く考へて見ました。疑もなく大罪を犯したのです。教会員の信用を濫にして、預物を着服したのです。一言でいへば泥棒をしたのです。そして牧師様は、其罪の結果が如何なる事かとそら恐ろしく思ひました。どうしたら隠し終へるであらうか。どうしたら償ふ事が出来るであらうか。どうしたら又四百円の金を手に入れる事が出来るであらうか。又それまでの間に、人々の疑を何といつて弁解したら善からうか。

やがて、空が暗くなつて来ました。行手の鉛色なす地平線の上には、緑の林がぼんやりと嘲ける如くに控へて居ます。と、大きな雨がポツポツと落ちて来ました。牧師様はもう堪らなく悲しくなつて、急いで、そつと家にかへりました。

五

下婢のお須賀婆さんは、

「まあ、牧師様、大そうお早いお帰りで御座いますね。鶯津へは御出でにならなかつたのですか。」

「ああ、馬車の間に合はなかつたものだから、……又何日か行く事にしやう……併しね、私が帰つた事を誰れにも云はんようにな。」

　其翌日牧師様は御祈禱も仕ません。一室に閉ぢ籠つたきり、いつもの果物畑への散歩も仕ません。併し其次の日に、黒須村から病人に聖油をかけて戴きたいと頼に来ました時、お須賀婆さんが命令《いいつけ》られた通りに、

「牧師様はまだお帰りになりませんが。」

と辞つて居ましたら、

「否や、私はここにゐる。」

と、牧師様は堪へられなくなつて出て参りました。

六

　黒須村からの帰り路に、牧師様は教会中で一番信心深いといふ人に出遭ひました。

「これはまあ牧師様、御旅行は如何で御座いました。」

　牧師様は又虚言《うそ》を云ひました。

「エエ、御蔭で大そう面白い旅行を。」

「釣鐘はどうなさいました。」

牧師様は又々虚言を云ひました。

「善い釣鐘でな、銀ばかりで作つたやうじや。そして其音の善さは、爪先で弾いて見ても容易に鳴りが止まん位じや。」

「何日になりましたら拝見が出来ませう。」

「あもう直きじや。併し今銘を彫つたり、聖書の文句なぞを刻んだり仕てゐるから、少しは時もかからう。」

七

牧師様は家に帰つてお須賀婆さんに尋ねました。

「私の室にある椅子だの時計だの戸棚だのを売ったら、四百円ばかりの金は出来まいかな。」

「左様でございます。かう申しましては失礼ですが、御室の物を皆御払ひになりましても、やうやく三十円位のものでせうか。」

「ああ、婆さん！　私はもう今日から肉を食べない。どうも肉は私の身体に悪いやうだ。」

お須賀婆さんは怪しんで、

「まあ牧師様、可笑しいじやありませんか。鷲津に入らしつたあの日から、何か御心配事がおあんなさるやうですが、どうなすつたのでございます?」

婆さんは色々と問ひつめて、遂に牧師様にみんな白状させて仕まひました。

「まあそんな事でございますか。それなら少しも御心配はいりません。あなたさまが其お金を御都合なさるまで、私が何とか弁解をして置きませう程に。」

それからお須賀婆さんは会ふ人毎に次のやうな弁解をしてゐました。

「運送の途中で釣鐘が毀れたものですから、今修繕にやつてあります。牧師様の仰有るには、出来上つたら、こんどは羅馬へ送つて、法王様に洗礼をして戴くのだそうでございます。」

牧師様は、お須賀婆さんの此弁解を恕してゐましたが、自分は益々煩悶に陥りました。何故なれば、牧師様は自分の虚言を恥づる外に、お須賀婆さんの虚言にも責任を持たねばなりませんし、おまけに教会員からの預金を着服した大罪があるのですもの。牧師様は此大罪の重荷に圧され、赤い薔薇色の頬も土のやうな蒼白い色となつて、日に日に痩せ細つて行くばかりでした。

八

牧師様の御祝と釣鐘の洗礼とに定められた日は、何の事もなしに過ぎ去つてしまひました。そうすると、こんな時にはよくあり勝の、村ではいろいろな風説が立ちまして、中には露路村の近所で牧師様が見せ物師の娘を連れてゐたのを見たといふて、

「分明《わか》つてるじやないか、釣鐘の金はあの小娘のために費つて仕まつたのさ。」

などと評判する者もあります。そして、そろそろと牧師様に対する敵があらはれて来て、牧師様が道を歩いてゐると、出遭ふ人々の中には帽子を取らない者もあり、少し行き過ぎると、直ぐに嘲弄の

声を放つ者もあります。

牧師様は、もう其良心の呵責に堪えられなくなりました。彼は其罪の重大な事も能く知つてゐます。そして大に其事を後悔してゐます。併しながら彼は又、其心の奥底には何となく後悔しかねる或物があるのです。勿論深く考へる暇もなかつたのですけれど、兎も角も自分のでもない大金をぼんやり人に与つてしまつたのはいかにも軽率であつたと後悔はしてゐます。けれども又牧師様は私に思つてゐる、あの施しは小娘の荒々しい心の底に、きつと神様の存在を知らしめたに違ひない、神様が常に彼女を愛して下さつて、限りしれぬ御恩寵を賜はるものだといふ事が分明つたに違ひない。牧師様の眼には、今でもあの小娘の、涙で一ぱいになつた黒い優しい大きな眼が映るのです。

併しながら其良心の苦悶は益々激しくなつてくる。長びけば長びく程其罪は重くなるのだ。いつその事、教会員の前で之を懺悔して、此苦痛から遁れ出やうと牧師様は決心しました。

九

次の日曜日に、牧師様は説教台に上つて、胸中の苦悶を抑へながら、告白室の信徒のやうに蒼くなつて、硬くなつて語り出しました。

「わが愛する同胞諸君！　私は諸君の前に懺悔いたします。」

俄然、其時、銀鈴のやうな鐘の音が、あたりの静寂を破つて、高く響いて来ました。人々の頭は、覚えず鐘撞堂の方に向きました。そして椅子から椅子へ声低う。

「新しい鐘だ、新しい鐘だ。」

何といふ奇跡でせう。神様は此寡欲な童僕の名誉を救ふために、其天使をして、此新しい釣鐘を持ち来らしめたのでせうか。

それとも又、此御寺から二里ばかりの所に壮大な邸を構へて、亜米利加の婦人が住んでゐますが、お須賀婆さんが其処へ行つて、主人の苦悶を訴へたものだから、あの淑女達が一つ牧師様を驚かしてやらうといふので、わざとこんな事をしたのでせうか。

蘭土古里の村人は、牧師様が何を懺悔するのであつたか、遂に知る者はありませんでした。年経た今は勿論の事です。（をはり）

（『読書の栞』臨時増刊第四号、一九〇七年四月二八日）

米国婦人運動小史

婦人運動の先鋒者

米国婦人は、世界に於ける婦人運動の先鋒者であつて、既に独立戦争（一七七六年―八三年）の頃から盛んに其の運動を始めてゐる。或は婦人運動《ウーメンスムーブメント》といひ、或は婦人権利運動《ウーメンスライツムーブメント》といひ、或は婦《ウー》人選挙運動《メンスサフレージムーブメント》といふもの、皆即ちこれである。

一七八七年、始めてフィラデルフィアの大会に、婦人の選挙権を要求した。大会は之れを拒否した。元来此の選挙の事は、各州が其の思ふが儘に規定してゐたので、此の大会に参列した十三州の中にも、九州だけは既に婦人に選挙権を与へてゐ、僅かに四州だけが女性を排斥してゐたのである。

此の政治運動は、一八四〇年頃から奴隷廃止運動の影響を受けて、殊に強烈を極むるやうになつた。奴隷廃止運動と云へば、全世界の人士が米国の黒人に深厚な同情を寄せるに至つたのは、全く一婦人の書即ちハーリエット・ビーチァー・ストーのアンクル・トムス・キアビンの力である事は、今更に言葉を費す要もあるまいと思ふ。猶此のビーチァー・ストーと前後して奴隷廃止運動に従事した有力な婦人数名を挙げれば、クェーカー宗徒のルユクレチア・モツトや、代議士ヱンデル・フィリップの夫人エリザベス・ピースや、又彼の有名なエリザベス・ケデー・スタントンなどがゐる。

倫敦奴隷廃止万国大会

一八四〇年、倫敦に奴隷廃止万国大会が開かれて、前述の婦人等は米国婦人奴隷廃止協会の代表者として英国に渡航した。然るに奴隷廃止万国大会は、婦人は政治的能力を有せざるものである、法律上の未成年者であると云つて、遂に其の代表者たる事を拒んで、僅かに傍聴人として回廊の中に其の席を与へた。

或る日、会場から宿屋に帰つて来て、エリザベス・ケデー・スタントンはルユクレチア・モツトに向つて、大に奮慨して云つた。「亜米利加に帰つたら、黒人奴隷の事よりも、婦人奴隷の事を論ずる集会を開かねばならぬ」

かくして二人は、帰国後直ちに其の運動にとりかかつた。やがて、しばしば演説会は開かれる。聴衆は其の度毎に堂に溢れるやうになる。新聞紙も盛んにこれを書き立てる。遂に、黒人奴隷の解放と共に白人婦人の解放と云ふ事が、甚だ趣味ある輿論となつた。

これと同時に、一六に多数の新婦人運動者を輩出せしめたるルユシー・ストンの如きは、其の中にも最も重要な人物であつた。

ルユシー・ストン

ルユシー・ストンは一八一八年に一農夫の家に生れて、田舎の難渋な生活の下に人となつて、他日の活動の資たる強健の体力を此処に養つた。

幼年の時であるが、突然「なぜ女は男に服従せねばならぬのか」と質問して、其の母を驚かした。母は基督教徒であつたので、聖書の言葉を引いては之れに答へてゐた。

其の後、彼女は創世記をひもといて、夫は妻の主人たるべきものであると云ふに至つて、此の聖書の反訳は必ず誤つてゐるのだと信じて、聖書の原書を研究するために、ヘブルー語とギリシヤ語とを学ばうと思つた。そして其の事を父に語つて、大学にやつて呉れと願つた。すると父は、気でも違つたのかと云つて、少しも取りあはない。そこで彼女は、或は野菜を売り或は果物を売つて、自ら大学に入る学費を得やうと決心して、遂に一八四三年、年二十五の時に此の望を達する事を得た。

一八四七年、大学の課程を終えて、文学士《バチラーオヴアート》の称号を得て、直ちに奴隷廃止協会の会員となつて、演壇に立つて黒人と婦人との二解放を絶叫する、人道の戦士となつた。

米国婦人選挙協会

此等の婦人の勇敢な忍耐深い尽力によつて、新婦人協会《フエミニストアソシエーション》は到る処に設立せられて、遂に一八四一年にはセニカラオールに於て第一回新婦人大会《フエミニストコングレス》を催し、一八五〇年にはヲールセスタールに第二回大会を開くに至つた。此の二大会に於ては主として、婦人も男子と等しく政治の権力を得ねばならぬ事を論議した。

一八六二年から一八六五年に至る間は、南北戦争のために婦人運動も暫く中止の姿であつた。然るに一八六六年に奴隷廃止が実行せられて、黒人は自由人となつたけれども、此の奴隷廃止のために心血をしぼつた白人婦人は、依然として奴隷の境遇を免れない。是に於て米国婦人は再び猛然として其の頭をもたげた。

一八六九年に、婦人の選挙運動を目的とする協会が二ツまで現はれて、更に此の二ツのものを合せて米国婦人選挙協会なるものを組織した。猶進んで一八七〇年には、婦人新聞と称する週刊新聞を発行した。

やがて此の米国婦人選挙協会は、米国に於て一大勢力となつて、ケデー・スタントンを名誉会長に、ライト・セラルを会長に戴いて、本部をワシントンに置いて、毎年其の大会を開いた。彼等は常に「吾人の政治的自由は、決して天から降つて来るものでない、之れを得るためには先づ闘はねばならぬ」、と叫んで、熱心に其の伝道と運動とに勉めた。

斯くの如くにして米国の婦人は、爾後数十年の間に村会議員、市会議員、州会議員の選挙に、或は選挙人たり、或は被選挙人たるの権を、各州に於て獲得した。けれども国会の上院下院の議員及び大統領の選挙には未だ一指を染むる事も出来ない。

（『家庭雑誌』第五巻第七号、一九〇七年五月一日）

石川、山口両君の入獄

本誌の旧い寄書家の石川旭山君と新らしい寄書家の山口孤剣君とは、共に主義の犠牲となり、平民新聞紙上「父母を蹴れ」てふ論文が、秩序壊乱の罪に問はれ、石川君は発行兼編集人として六ケ月、山口君は筆者として三ケ月の軽禁錮に処せられ、去年二十五日、東京監獄へ入られました。尚両君は監獄に於て大なる未来を持つて居られます。両君はなほ数組の事件を背負ふて居られるのです。これらを皆通算して見ますと、石川君は実に十三ケ月、山口君も亦八ケ月の永い間鉄窓の下に淋しき朝夕を送らねばならぬのです。私共は今両君に対していふべき語を持ちません。獄裡では何よりも外からの音信が楽しみです。どうぞ皆さんも時々手紙をあげて下さい。

宛名は東京市牛込区市ケ谷、東京監獄在監人

石川三四郎、山口義三

（『家庭雑誌』第五巻第七号、一九〇七年五月一日）

［『家庭雑誌』版］

お別れ

読者諸君の中で、平民新聞をお読みなさらなかつた方は、多分御存じもありますまいが、私、つまらん筆の禍の為めに、当分諸君とお別れをして、そして監獄に行かねばならぬのであります。それは、嘗て平民新聞に記載したクロポトキン翁の「青年に訴ふ」といふのが政府の忌諱に触れたので、先月の末に東京地方裁判所で、秩序壊乱の廉とかによつて軽禁錮一ケ月半の宣告を下されたのであります。

けれども、其の当時少しく遣りかかつてゐた仕事があつたものですから、せめてこれを終るまで入獄の日延をして戴かうと思ひまして、早速控訴の届出をして置きました。

所が二三日前にやうやく其の仕事も終りましたので、又早速裁判所へ出掛けまして、先きの控訴を取り下げて参りました。すると、今日端書が来まして、二十九日の午後二時に刑の執行をするから出頭しろといふのであります。致方がありませんせん参りませう。

そして一ケ月半を経る間に、もう一つの今大審院で審議中の「新兵諸君に与ふ」事件の方も何とか片がついて、そして其の刑期が又之に加つて、早くとも八月の上旬までは其処に勤めてゐねばならぬ事と思ひます。之れも亦致し方がありません、神妙に勤めませう。

けれども一つ私の胸をいためますのは、此の二つの新聞の編集兼発行人であつた、石川三四郎君と山口義三君とが、僕と連座して、しかも僕の刑期を二倍されて、同じく獄につながれねばならぬ事であります。

僕の不在中は、家庭雑誌の編集を堺兄に御頼みしました。之れは御安心を乞ひます。

終りに臨んで、諸君の健康を祈ります。

（『家庭雑誌』第五巻第八号、一九〇七年六月一日）

お別れ

［週刊『社会新聞』版］

先月の末に、例の「青年に訴ふ」事件で軽禁錮一ケ月半の宣告を受けた時直ぐに行かうと思つたのだけれども、少しやりかけて居た仕事があつたものですから、せめて之れを終るまで入獄の日延をしておかうと思ひ返して早速控訴の届出をして置きました。

所が、三日前になつてやうやく其仕事を終つたし、それに入獄好時節にもなつたのだから又早速裁判所へ出掛けて、さきの控訴をとり下げて仕舞ました。

するとけふ端書《はがき》が来て、刑の執行の為め二十六日午前十時出頭しろと云ふのです已むを得ません、明日は神妙に参りませう。

かくして一ケ月を経る間に、先きの「新兵諸君に与ふ」の方もうまく大審院で片がつき、そうして其の刑期が又之に加はつて、多分八月の初め頃まで居なければならぬ事と思ひます。

ただ一つ胸をいためるは、編集人兼発行人であつた石川山口の二兄が僕と連座してしかも僕の刑期二倍されて、同じく獄につながれねばならぬ事であります。

最後に諸君の健康を祈ります。

——五月二十五日——

（週刊『社会新聞』第三号、一九〇七年六月一六日）

巣鴨から（上）　獄中消息（二）

【大杉保子宛・一九〇七年六月一一日】

一昨日と昨日と今日と、これで三たび筆をとる。その理由は、余り起居の事を詳しく書いては、却つて宅《たく》で心配するからといふ、典獄様の有りがたい思召《おぼしめし》で、書いては書き直し、書いては書き直ししたからである。

二度目でもあるせいか、僕も大ぶん獄中生活に馴れて来た。日の暮れるのも毎日のやうに短くなるやうだ。本月の末にでもなつたら全く身体がアダプトして仕舞ふ事と思ふ。

朝起きてから夜寝るまで、仕事は只読書に耽るにある。午前中は……………とイタリー語との研究をやる。……………イタリー語は文法を三十五頁ばかり読んだ。全部で四百頁余あるのだから、まだ前途遼遠《りようえん》だ。午後はドヰツチの『神愁鬼哭《しんしゆうきこく》』と久米の『日本古代史』とを読んで居る。

八日に新兵事件の判決文が来て、些か驚かされた。他の諸君には甚だ気の毒であるが、之れも致方《いたしかた》ない。

山川の獄通から頻《しき》りに桐の花がどうの、ジヤガ芋の花がどうのと云つて来るが、桐は入獄した時に既に葉ばかりになつて居た。ジヤガ芋の花は白く真盛りに咲いてゐる、臭いいやな花だ。
同志諸君から手紙が平均毎日二通は来る。
同志諸君及近所の諸君に宜しく。

（週刊『社会新聞』第四号、一九〇七年六月二三日）

【家庭雑誌読者諸君宛・日付不明】

小生の「旅行」は最初二ケ月位の筈の処、意外にも六ケ月ばかりに長引く事と相成り、斯くては到底本誌経営の務を果す事も出来ませぬので、平民書房主人熊谷千代三郎君と相談の上、本号以下、同君の手に引継ぐ事に致しました。事情宜しく御推察を乞ふ。最後に諸君多年の厚意と同情とを謝す。

（『家庭雑誌』第五巻第九号、一九〇七年七月一日）

【堺利彦宛・一九〇七年七月七日】

〔*其後病気はどうか。前々の面会の時のやうに、話を半ばにして倒れるのを見たり、又前の面会の時のやうに、蒼白い弱りこんだ顔色をしてゐるのを見たりすると、いろいろ気にかかつて堪らぬ。片瀬行の事はどうなつたか。だんだん暑くもなる事だから、若し都合がいいやうなら、なるべく早く行くがいい。そして少し気を呑気にしつかり持つて、ゆつくり養つてくれ。〕
（前略）僕は相変らず頑健、読書に耽つて居る。然し例の「新兵」で思つたより刑期も延びて、別に急がぬ旅になつた事だから、其後は大いに牛歩をきめて、精読又精読してゐる。伊太利語も、後に差入れて貰つた文法の方が、余程いいやうに思はれるから、前のは止して又始からやり直して居る。毎日一章づつコツコツやつて行つて、来月の末に一と通り卒業する予定だ。

（中略）ジヤガ芋の花を悪く云つて、大に山川兄から叱られたが、あれもモウ大がい散つて仕舞つたやうだ。今はネヂリとかネヂリ花とかいふ小さい可愛らしい草花が、中庭一面の芝生の中に入りまじつて、そこにもここにも、到る処に其の紅白の頭をうちもたげて居る。面会や入浴の時には、いつも此の中庭の真中を通りぬけて行く。眼をあげて向ふを見ると、此の芝生のつまる所には、一二間づつ間を置いて、奇麗な檜が幾本となく立並んで居る。そして其の直ぐ後に、例の赤煉瓦の厳《いか》めしい建物が聳《そび》えて居る、此の檜の木の影の、芝生の厚い処で、思ふ存分手足を伸して、一二時間ひるねして見たい。

手紙は一日に平均三通づつ来る東京監獄では、監房の中に保存して置く事が出来たので、毎日のやうに、退屈になるとひろげ出して見て居たけれど、ここでは読み終るのを待つてゐて、直ぐに又持つて行つて仕舞ふ、あまり善い気持でもない。

同志諸君によろしく、さよなら。

（週刊『社会新聞』第八号、一九〇七年七月二一日）

【堺利彦宛・一九〇七年八月一一日】

暑くなつたね。それでも僕等のゐる十一監といふ所は、獄中で一番涼しい所なのだそうだ。煉瓦の壁、鉄板の扉、三尺の窓の他の監房とは違つて、丁度室の東西の壁の所がすべて三寸角の柱の格子になつて居て、其の上両面とも直接に外界に接して居るのだから、風さへあれば兎も角も涼しいわけだ。それに十二畳敷ばかりの広い室を独占して、夜になれば八畳ツリ位の蚊帳《かや》の中で、起きて見つ寝て見つなどと古く洒落れて居るのだもの、平民の子としては寧ろ贅沢な住居《すまい》さ、着物も特に新らしいのを二枚もらつて、其一枚を寝衣にして居る、時に洗濯もしてもらう。

老子の最後から二章目の章の終りに甘其食、美其衣、安其所、楽其浴、隣国相望、鶏犬之声相聞、民至老死不相往来といふ、其理想の消極的無政府の社会が画かれてある。最初の一字の「甘しとし」だけが些か覚束ないやうに思ふけれど、先づ僕等の今の生活といへば、正にこんなものだらうか。妙なもので、此頃は監獄にゐるのだといふ意識が或る特別の場合の外は殆んど無くなつたやうに思ふ。

嘗て露西亜の同志の、獄中で猫を抱いてゐる写真を何かの雑誌で見て、日本もこんなだといいがなあなどといつて、皆んなで大にうらやましかつた事があつた。所が此巣鴨の監獄にも白だの黒だの斑《ぶち》だの三毛だのと、いろいろな猫がそこ、ここにうろついてゐる。写真は撮れないけれど一所に遊ぶ事位は出来るだらうと思つて試みに小さい声で呼んで見るが恐ろしい眼を円ろくして、一寸ねめつける位が関の山で、立ち止まつてみやうともしない。聞くに全く野生のものばかりだそうだ。僕の徳果して之を懐かしむるに至るかどうか……（ナツメ*（飼猫）は大怪我したさうだが、其後の経過はいかが。）

保子からやれ胃腸が悪いの、やれ気管が悪いの、やれ何処が悪いのと手紙のたんびにいろんな事を云つて来るが、要するにいよいよ肺に来たのぢやあるまいか。医者はよく肺の初期をつかまへて、胃腸だの気管支だのと云ふものだ。面会の時なぞも勢のないひどく苦しさうな呼吸をしてゐるのを感ずる。出来もすまいけれど、まあ出来るだけ養生するやうよく兄よりお伝へを乞ふ。猶留守宅の

万事、よろしく頼む。〕

社会党大会事件又々検事殿より上告になつたよし、「貧富」や「新兵」の先例から推すと、近の中に深尾君も亦やつて来なければならぬのか。同君によろしく。猶小剣、秀湖、西川、山川、守田の諸君によろしく。真《まあ》さんにもよろしく。さよなら。

（週刊『社会新聞』第一三号、一九〇七年八月二五日）

【幸徳秋水宛・一九〇七年九月一六日】

暑つかつた夏もすぎた。朝夕は涼しすぎる程になつた。そして僕は「少し肥えたやうだね」などと看守君にからかはれてゐる。

此頃読書をするのに、甚だ面白い事がある。本を読む。バクニン、クロポトキン、ルクリコム、マラテスタ、其他どのアナキストでも、先づ巻頭には天文を述べてゐる。次に動植物を説いてゐる。そして最後に人生社会の事を論じてゐる。やがて読書にあきる。顔をあげて空をながめる。先づ目に入るものは日月星辰《せいしん》、雲のゆきき、桐の青葉、雀、鳶、烏、更に下つて向うの監舎の屋根。丁度今読んだばかりの所を其のまま実地に復習するやうなのです。そして僕は、僕の自然に対する知識の甚だ薄いのに、毎度毎度恥ぢ入る。これからは大に此の自然を研究して見やうと思ふ。

読めば読むほど考へれば考へるほど、どうしても、此の自然は論理だ、論理は自然の中に完全に実現せられてゐる。そして此の論理は、自然の発展たる人生社会の中にも、同じく又完全に実現せられねばならぬ。などと今更ながらひどく自然に感服してゐる。但し僕のココにいふ自然は、普通に人のいふミスチツクな、パンテイスチツクな、サブスタンシヱルな意味の夫れとは全く違ふ。兄に対して此の弁解をするのは失礼だから止す。

僕は又、此の自然に対する研究心と共に、人類学に甚だ趣味をもつて来た。そして此の人類学は又、人生の歴史に強く僕の心をひきつけて来た。こんな風に、一方にはそれからそれと泉の如く、学究心が湧いて来ると同時に、他方には又火の如くにレヴオルトの精神が燃えて来る。僕は此のスタデーとレヴオルトの二つの野心を、夫れ夫れ監獄と社会とで果し得たいものだと希望してゐる。

兄の健康は如何に。『パンの略取』の進行は如何に、僕が出獄したら直ぐに多年宿望の『クロの自伝』をやりたいと思つてゐる。今其の熟読中だ。

枯川に伊太利語のハガキの意味はわからんといつて呉れ。保子に判決謄本とアナルシーと授業料とを忘れないやうに、殊に授業料は早くと伝へて呉れ、留守宅の事よろしく頼む。マダムによろしく、同志諸君、殊に深尾、横田の二兄によろしく、さよなら。

（週刊『社会新聞』第一七号、一九〇七年九月二二日）

【山川均宛・一九〇七年一〇月一三日】

きのふ東京監獄から帰つて来た。先づ監房に入つて机の前に腰を下ろす。ホントに「うち」に帰つたやうな気がする。

僕は法廷に出るのが大嫌いだ。殊に裁判官と問答するのがいやでいやで堪らぬ。いつその事、露西亜のやうに裁判しないで直ぐに西伯利《シベリア》へ逐ひやるといふやうなのが、却て赤裸々で面白いやうにも思ふ。貴婦人よりは淫売婦の方がいい。

裁判がすめば先づ東京監獄へ送られる。門を入るや否やいつも僕は南京虫の事を思ふて戦慄する。一夜のうちに少くとも二三十ケ所はかまれるだもの、痛いやらかゆいやら、寸時も眠れるものぢやない。加ふるに書物はなし、昼夜時の過ごしやうがない、僅か二三日して巣鴨に帰ると、獄友諸君から切りに痩せた痩せたといふ御見舞を受ける。

ただ東京監獄で面白いのは鳩だ。丁度飯頃になると、窓の外でバタバタと羽ばたきをさせながら、妙な声をして呼び立てる。試みに飯を一かたまり投つてやる、すると何処からとも知らず十数羽の鳩があはただしく下りて来て、瞬くうちに平らげて仕舞ふ。又投つてやる。面白さにまぎれて、幾度も幾度も続けさまに投げてやる。或る時などは、飯を皆投げてやつて仕舞つて汁ばかりで朝飯をすましたこともある。あとで腹がへつて困つたけれど、あんな面白い事は又とない。

巣鴨に帰る。「大そう早かつたね、裁判はどうだつた」などと看守君はいろいろ心配して尋ねて呉れる。何だか気も落ち付く。ホントーに「うち」に帰つたやうな気がする。

併し此「うち」にゐるのも、もう僅かの間となつた。僕も亦、久しくイナクチーヴの生活にあきた。早く出たい。そして大に活動したい。此活動に就ては大分考た事もある。決心した事もある。出たらゆつくり諸君と語らう。同志諸君によろしく……。

（『日本平民新聞』第一一号、一九〇七年一一月五日）

〔クロポトキン〕

自由合意

現社会の無政府的現象

訳者序。此の「自由合意」の一文は、クロポトキンの名著『パンの略取』の一章、Free agreement を反訳したものである。クロポトキンは又、此の書の前章に於て、「共産と無政府」と題する一章を書いてゐる。これは、其の理想する無政府共産制が決して科学者や哲学者の高遠幽玄なる理想に原づいて、徒らに現在の社会と全くかけ離れた、夢幻の理想郷の模型として案出せられたものでなく、却つて過去及び現在の人類の日常生活の裡に、既に明かに現はれてゐる或る事実を見て、此の事実が益々拡がり行き、益々強まり行く傾向を察して、そして此の事実、此の傾向の究竟する所、即ち社会進化の自然の理法として、必然社会の到達せねばならぬ道途を想望したるもの、之れを経済界に見ては共産であり、之れを政治界に見ては無政府である、といふ事を反覆丁寧に説明したものである。予は先日の金曜講演会に於て、「近世社会の二大傾向」と題して、此の「共産と無政府」の一章を紹介した。然るにクロポトキンは、猶此の一章に物足らず感じてか、殊に俗耳に入り難き此の無政府の部を、更に独立させて、後章「自由合意」の中に詳説してゐるのである。予も亦、読者諸君の研究の資料に供する為めに、ここに之れを全訳するの光栄を得たい。

一　序

吾々は、遺伝的偏見や、又全く虚偽なる教育に依つて、何処に向つても政府だとか、立法だとか、司法だとか、いふ者の外を見ない僻《くせ》になつてゐるので、若し警察官が吾々を看視してゐなかつたら、吾々人類は直ちに猛獣の如くに相食み合ふであらうとか、又、若し政府が或る激変の下に滅くなつたら、世は直ちに渾沌《こんとん》乱雑の裡に陥つて仕舞ふだらう、などと信ずるのである。そして吾々は、幾千といふ人類の団体が何等の法律の干渉もなくして、自ら自由に生長して、しかも政府の後見の下に成し得る事よりも更に無限に優れたる事を成し遂げてゐるのを、眼に止むる事もなくして、徒らに其の傍を過り去るのである。

日刊新聞を開け。其の紙面は、全く政府の行動と政治の紛紜《ふんうん》とに献げられてゐる。若し支那人が之れを読んだら欧羅巴《ヨーロッパ》では主人の命令がなければ何事も出来ぬのだ、などと思ふかも知れぬ。之れに反して官省の命令に依らずして自ら生長し、自ら発育したる諸制度に関して、何等かの記事をここに求めて見よ。何にもない、殆んど何にもない。三面の中に大標題の記事がある、然し之れとても只だ警察に関係があるからなのである。家庭の悲劇も、反逆の行為も、若しそこに警官が現はれなかつたら、決して記載さるる事のないのである。

三億万の欧羅巴人は、相愛し或は相憎み、労働し或は利子で食ひ、苦しみ或は楽しんでゐる。然し彼等の生活、彼等の行為は、文学や演劇や遊技を除いては、若し政府が何等かの方法を以て之れに干渉しなければ、総て新聞紙に知らるる事のないのである。

歴史も之れに同じ事だ。吾々は、王や議会の出来事に就いては、事詳細に知つてゐる。討論会でやつた善悪の総ての演説は、或る老議員の云つたやうに、一人の投票の上にも其の勢力を及ぼさなかつたものまでも、総て皆保存せられてゐる。王の訪問、政治家の機嫌の善し悪し、其の地口、其の陰謀、総て此等の事は注意して後世の人に伝へられてゐる。然し中世の都市の生活や、商業同盟市の間に結ばれた大貿易の機関や、又如何にしてルーアン市が其の大聖堂を建立したか、などの事を知るには、実に大なる困難を感ずるのである。或る学者は生涯を此の研究に過した。然し其の著書は遂に世に知られない。そして「国会の歴史」、詳言すれば社会の生活の半面のみを画いたる虚偽の歴史が、蓄積せられ、伝播せられて、そして又学校で教授せられてゐるのである。

而して吾々は、人類の任意の団体が日々に成しつつある、現社会の一大事業たる壮挙を、目にも止めないでゐるのである。

是れ予が、其の最も著しき現象の三四を挙げて、そして人類は、其の利害の絶対に相反せざる限りは、甚だ複雑なる問題の上にも、立派に協力する事に合意するものである、といふ事を示す所以のものである。

私有財産制の上に、詳言すれば掠奪の上に、又限られたる、馬鹿馬鹿しき個人主義の上に立つ現社会に於て、此の種の事実の当然に制限せられてゐるのは、素より明かなる事である。現社会に於ては、合意は常に全き自由でない、そして屢々卑しむべき、又悪むべき目的の為めに行はれてゐる。

然し吾々の必要とするのは、盲目的に模倣すべき実例を見出す事でない。而して是れ現社会の到底吾人に供給し得ざる所のものである。

吾々の必要とするのは権力的個人主義が吾々を窒息さす程の勢なるにも係らず、吾々の生活の総体の中には、常に自由合意に依つてのみ活動する、甚だ広大なる部分のある事と、及び、政府が無くとも済むといふのは思つたよりも甚だ容易すきものであるといふ事とを示すのに在る。

(訳者註)

(一) 商業同盟市とは英語の Hanse towns にて、ハンスとは中世に於て独逸及び北欧羅巴の多数の都市の間に結ばれたる、大商業同盟である。千二百四十七年、独逸の六十余の都市の間に、始めて此のハンスが出来た。其の目的は、商業を保護して之れを更に遠隔の地にまで拡張する事であつた。

(二) ルーアン市は仏国の北部、ノルマンヂーの旧都である。本文にある大聖堂、及び其の他の大建築物を以て、有名なる旧市である。

(『日本平民新聞』第一五号、一九〇八年一月一日)

二　欧州の鉄道

此の理論を確める為めに吾々は先きに（共産と無政府の章の中で）鉄道の例を挙げた。此処でも再び其の話に帰らう。

　欧州には二十八万キロ米突《メートル》の鉄路の網がある。そして今此の網の上を若し急行列車で行くならば、北から南へ、西から東へ、マドリッドからサン・ペテルスブルグまで、カレーからコンスタンチノープルまで、停留する事もなく、乗換する事すらもなく、自由に乗り回はす事が出来る。是れ人の能く知る所である。更に便利なのは、停車場に荷物を預ける、すると其の荷物は、土耳古《トルコ》でも中央亜細亜でも何処でも関はない、直ぐに届先に着く。そして其の手続は、差出人が一寸紙片の上に送先の場所を書きつければ善いのである。

　斯くの如き結果は、二つの方法に依つて得られる。一は、或はナポレオンだとか、或はビスマルクだとかいふやうな、ある英雄が欧州を征服して、或は巴里から、或は伯林から、或は又羅馬から、鉄道の方向を地図の上に画して、そして列車の進行を整へる事である。戴冠阿呆ナポレオン第一世は、実に之れを夢みてゐたのである。或人がモスコー―サン・ペテルスブルグ間の鉄道の設計を提出した時、彼れは定規をとつて、そして「サア之れが設計図だ」と云ひながら、地図の上の此の両都の間に、一本の直線を引いて了つた。此の鉄道は、或は深い谷を埋立てたり、或は、数年の後には放棄し去らねばならぬ事となつたけれど、兎も角瞑眩《めまい》する程の高い橋を架けたりして、平均一キロ米突に二三百万法《フラン》を費して、そして一直線に出来上つた。

　以上が其の方法の一つである、併し通常人は他の方法をとつてゐる。即ち鉄道は一線づつ別個に布設せられる、そして各線は互に連続する。そして次に此の各線の属する数百の異なれる会社は、或は其の発車と着車とをうまく結び合せる事の出来るやうに、或は一線より他線に通過する商品を一々荷卸する事なくして、各地の車輌を全線に運転させる事の出来るやうに、互に種々協商に勉めてゐる。

之れは皆自由合意に依つて、書信や提案の交換に依つて、又会議に依つて出来た。そして此の会議には、各会社の代表者が或る特別の問題を論議する為めに来るのであつて、決して立法する為めに来たのではない。会議が終れば、彼等は各々の其の会社に帰る。而して其の齎す所の者は、単に賛否を決す可き契約の案であつて、決して法律ではない。

勿論、そこには紛紜《ごたごた》もある。勿論、そこには承服を肯んぜない頑固者もゐる。しかし共通の利益といふ事が、遂に総ての人を一致させる。そして別に剛情張な者に対して、軍隊をさし向けるといふやうな必要も生じない。

諸会社の間に結付けられてゐる此の広大なる鉄道の網と、又其の預れる偉大なる交通運輸とは、実に現世紀に於ける最も感嘆す可き事蹟である。そして共に自由合意に基づくものである。若し五十年以前に於て、斯くの如き事を予見し、又予言する者があつたら、吾々の祖父等は其の人を狂人か痴漢かと思つたであらう。そして彼等は叫んだであらう。「百余の株式会社に合意をさせるなどとは、到底出来ぬ業だ。それは空想か、大魔術物語だ。それは中央政府の手厳しい長官などが、独り無理強にやり得る事だ」

そして此の組織の中の最も面白いのは何等鉄道の欧州中央政府といふやうな者のない事である。然り、何もないのである。鉄道大臣もない、独裁官もない、大陸議会すらもない、又管理委員すらもない。万事皆契約に依つて為し遂げらるるのである。

そこで吾々は、ただ交通運輸を整へる為めばかりで、是非共中央政府がなければならぬと主張する、国家主義者に問ふ。

「然らば欧州の鉄道は、どうして政府がなくて済んでゐるのか。どうして幾百万の旅人と、山の如き商品とを、全欧州を通じて旅させるやうになつてゐるのか。若し此の鉄道を所有する諸会社が、互に合意する事が出来るならば、何故に此の鉄路の占有を得んとする労働者が、同じやうにして合意する事が出来ぬのか。又ペテルスブルグーワルソー線会社と、パリーーベルフホール線会社とが、共に支配者などといふ奢侈品を設けないで、そして一所に仕事をする事が出来るならば、何故に吾々の社会の裡に、自由なる労働者の団体に依つて組織さるる社会の裡に、何故に政府の必要があるのであらうか。」

（『日本平民新聞』第一六号、一九〇八年一月二〇日）

Letero de Japanlando (Februaro 1908)

Karaj Kamaradoj,

Ricevu ĉi tiun leteron de japana juna anarkiisto, kiu ĵus eliris el malliberejo.

Estis en marto de l' jaro pasinta, kamarado de "Kakumeihjoron" (Revolucia Revuo) alportis al mi vian leteron kaj petis min skribi respondon. Depost unu semajno, mi trovis vian "Socia Revuo" n en la oficejo de l' "Japana Esperantista Asocio." Kiel granda estis mia ĝojo! Mi decidis tuj skribi ion kaj deziris havi honoron kunlaborantiĝi.

Sed, kamaradoj, tiam mi havis tri aferojn procesajn kaj la tago de l' kondamno estis proksimiĝanta post kelkaj semajnoj. Mi estis tre okupata kaj mi ne povis trovi la tempon preni plumon.

Fine, en la monato de Majo, mi estis enĵetita en malliberejon, kie mi devis pasigi kvin kaj duono monatojn. La kaŭzo de l' procesoj estis tre simpla : mi tradukis "Aux jeunes gens" de Kropotkin, kaj "Aux conscrits" de "l' Anarchie," de 1' 27-a de oktobro 1906, sur la "Heimin-ŝimbun" (Ĵurnalo de Popolo), ĉiutaga organo de l' Japanaj socialistoj kaj anarkiistoj. La tria afero estas eĉ hodiaŭ ne finita.

Kamaradoj, jen mi revenis en la mondo libera! Jen en la mondo tre libera kompare kun la malliberejo! De nun mi certe sendos al vi ĉiumonate ian artikolon pri la movado revolucia en Japanujo, en Koreujo, en Ĥinujo, en Anamujo kaj en Hindujo. Mi estas en tre oportuna situacio por sciigi al vi la agadojn revoluciajn en ĉi tiuj landoj. La Azio estas nun en la ĝermo de l' granda revolucio. Ĉie la fajro de l' ribelo estas ekbrulanta.

Atendu, mi petas, kelkajn tagojn, kaj vi ricevos mian unuan artikolon.

Revolucian saluton.

Ei Osugi

Tokio, la 12-an de Januaro.

Noto: En Tokio estas kelkaj kamaradoj, kiuj volas lerni Esperanton. Ni estas organizontaj la "Grupo Libertaria Esperantista" n.

("Internacia Socia Revuo" 一九〇八年一一月号)

非軍備主義運動

一　敵の急所

「新兵諸君を送る」がやられたそうだね。僕等も「新兵諸君に与ふ」で十六ケ月間幽し込められた上に、罰金まで二百円も取られたよ。僕と大脇直寿君とは兎も角も去年の末に出て来たが、山口孤剣君は余罪で未だ巣鴨に入つてゐる。日本の非軍備主義運動も、初陣からして中々多事だね。

然しまあ仕方がない。無政府主義だの、暗殺主義だの、総同盟罷工主義だのと、政府者や資本家にとつては此の上もない物騒な議論が、公然言論の自由を有つてゐる欧州の諸国でさへ、言一度此の非軍備主義に至れば、遽々然として迫害是れ勉むる有様なのである。欧州から来る、社会主義や無政府主義の新聞雑誌を見給へ。非軍備主義者は殆ど毎日のやうに、到る処にたい捕、監禁せられつつあるぢやないか。先日の外国電報にもあつた。エルヴエが其の機関雑誌の「社会的戦闘」の記事の為めに、一ケ年の禁錮を云渡されて、他の署名人が五ケ年の禁錮の宣告を受けたとか。尤も此の五ケ年といふのは、或は五ケ月の誤訳ではなからうかとも思ふが。

何故に政府は、斯くも此の非軍備主義の声に戦慄するのか、恐怖するのか。之れは云ふ迄もなく、其の最も急所とする所を刺されるからなのである。政府は迫害をして、そして其の最も痛手とする所を白状するのである。君ツ、敵の急所は此処だよ、敵の痛手は此処だよ。

二 非軍備主義

初期の社会主義者、或は無政府主義者は、其の理想の実現手段として暴動、或は築塞《ちくさい》に拠るの革命を夢みてゐた。即ち仏蘭西革命の当時、革命党が政府の軍隊に対抗する為めに、巴里の市街に家屋を破壊して、即座に城塞を造つて闘つた、其の方法を再び襲用する積りでゐた。然るに其の後、都市の狭隘な街衢《がいく》は広められた、曲折した道路は改正せられた。もはや突嗟の間に街路に要塞を築く事は、全く不可能となつた。加ふるに政府の軍隊、武器は大に整頓、完備して、革命党が如何なる勇気を以てするも、到底之に敵する事は出来なくなつた。

其の上、労働者と資本家との間に闘争が起る。政府は、其の道理の何れにあるに関せず、直ちに軍隊を送つて資本家なる掠奪者を保護する。そして労働者が少しでも反抗の挙動をすれば、兵士は恰も犬を殺すが如くに之を射殺する。

於是乎、欧州の、殊に仏蘭西の社会主義者、無政府主義者は考へた。軍隊は、平民をして奴隷の地位に置かしむる、最良の機関である。軍隊の存在する間、平民の完全なる自由は獲得せられない。そして彼等は決心した。革命の最良方法は、先づ此の軍隊を破壊し去るに在る。軍隊を組成する兵士は、同じく是れ平民の子である。平民の間に、兵士の間に、此の一大事実を教示する為めに、吾々は活潑なる伝道を始めねばならぬ。

斯くして非軍備主義、非軍備主義運動は起つたのである。

三　エルヴエ

非軍備主義運動といへば、今では欧州で一大運動となつてゐるが、あれで漸く数年前からの運動と聞へては、実に驚くぢやないか。非軍備主義、一名エルヴエイズムと云ふ。先きに云つたエルヴエは実に此の主義、此の運動の急先鋒者である。素よりエルヴエ以前にも、非軍備主義は唱へられてゐた、非軍備主義運動は行はれてゐた。然し此の運動の漸く本物になつたのは、実に此のエルヴエの熱心なる尽力に依るのである。

エルヴエは大学教授の資格を有つてゐる学者で、或る学校で歴史の教授をしてゐた。然るに其の教授の余りに非愛国的なるの故を以て、遂に免職を食つた。是よりして彼れは、其の一身を非軍備主義運動に捧げる事となつた。彼れは先づ、其の所属の仏国社会党イオンヌ県支部の機関、週刊『労働者』の紙上で同志の寄付金を募集した。そして毎年二回非軍備主義の小冊子を発刊して、之を壮丁《そうてい》抽《ちゆう》籤《せん》の時と、新兵入営の時とに、県の総ての壮丁、総ての新兵に無代配付する事を企てた。其の第一号は一九〇一年に始めて出た。其の発刊数は、始めは五千部位であつたけれど、〇四年には一万五千部から二万部までも印刷した。そして其の間の総配付数は、実に十二万七千部にも上つた。

其の外に彼れは又、別に同志の醵金を求めて、県の隅々の僻村にまで遊説を試みた。毎土曜、毎日曜、時としては毎週三四回も彼地此地と出掛けて、遂に県の全村四百八十有余を殆んど回はりつくして仕舞つた。そして行く所として演説会場の満員を告げざるはなく、或る数ケ村の如きは、聴衆の半ば以上が婦人であつたとも云ふ。

エルヴエは斯くの如くにして四ケ年間東奔西走して、其の主義の伝播に勉めた。そして其の結果としてイオンヌ県の壮丁の半ば、殆んど皆非軍備主義者になつて仕舞つた。

四　二千人の署名

久しくジヨーレス派とゲスド派とに分立してゐた仏国社会党も、先年のアムステルダム万国大会の一国一党の決議に従つて、遂に両派合同するに決した。そして、五年四月、両派合同の大祝賀会を巴里はチヴオリ・ヴオー・ホールの大会堂に於て開いた。

然るに其の席上に於けるエルヴエの非軍備主義的演説が、端なくも仏国社会党の大物議となり、更に万国社会党の大問題となつた。

政府は是れ迄も数回、エルヴエの小冊子の頒布を禁じた。然るに問題の大きくなると共に、其の迫害の手は遂にエルヴエの一身に迄及んだ。

○六年一月、巴里裁判所に於て、エルヴエを筆頭として二十八名の非軍備主義被告事件が現はれた。其の事件の原因は、次ぎの如き檄文に、此の二十八名の同志が署名したのにある。其の檄文の一句に

曰く、

兵士諸君、若し諸君の士官が諸君の兄弟に対つて発砲を命じたる時、諸君は之れに応ずるに躊躇する事勿れ、されど注意せよ、諸君の銃口は決して諸君の兄弟たる労働者に向くる事勿れ、諸君の撃つ可き的は、即ち此の如き命令を発したる士官なる事を忘るる勿れ。

又曰く、

労働者、予備兵諸君、諸君の同胞たる他国労働者を殺戮す可く、国境の外に送られんとする時、諸君は決して之れに応ずる勿れ。戦争は全く罪悪也。動員の命下らば、諸君は直ちに総同盟罷工又は軍隊一揆を以て之れに応ぜよ。

裁判は終結した。エルヴエは四ケ年の禁錮に処せられた。他の二十五名の同志は、総計三十六ケ年の禁錮と、二千五百法の罰金とを科せられた。残りの二名は無罪を言渡された。

然るに無罪になつた二名の中のアミカレ・シプリアニといふ青年は、更に先きと同一の檄文を作つて、単独の署名をして随所に配付した。然るに政府は、先きの事件が新聞紙に依つて喧伝せられて、却つて政府自らが非軍備主義の大伝道をしたやうなハメに陥つたので、こんどは大に遠慮をして此の青年の檄文は無事に通つた。

所が更に数ケ月を経て、又先きと同じ檄文に二千人の署名をして、そして之れを配付し始めた。政府は到底二千人の多数者を一時に拘引する訳に行かぬので、兎も角其の中の数名だけを拘禁した。すると他の千数百名の者は、毎日のやうに裁判所に出掛けて行つて、捕縛請求の大示威運動をやる。遂に政府は持て余して、いつまで経ても裁判を始めない。

其の後、又三千人の署名をした檄文が出来た。そして別に、これも二千人とかの婦人ばかりが署名した檄文も出来たそうだ。其の結果のどうなつたかは、僕はまだ知らない。

五　機運と迫害

思はず随分長いものを書いて了つた。然し此の長いものも、僅かにエルヴエ一個の非軍備主義運動、しかも其の最初の一部分を加へたのに過ぎぬ。仏蘭西には猶労働組合の非軍備主義運動がある。無政府主義の非軍備主義運動がある。又単に仏蘭西のみでない、独乙にもある、和蘭《オランダ》にもある、白耳義《ベルギー》にもある、瑞西にもある、伊太利にもある、西班牙にもある、更に東洋に来て、支那にもある、日本にもある。之を尽《ことごと》く書き立てれば、一冊の大きな書物が出来るだらう。

此の世界に亘る大運動も、先きに云つた如く、僅かに数ケ年の間に生長発達したものに過ぎぬ。以て此の非軍備主義運動が、如何に機運に乗じて起つたかを知るに足るぢやないか。そして此の機運は政府の迫害に依つて益々助成せられつつあるのだ。

君ツ、安心し給へ。

（『熊本評論』第一五号、一九〇八年一月二〇日）

〔ツルゲネフ〕

ツルゲネフとゾラ

ツルゲネフよりゾラに送れる書簡集

序

ゾラの言に拠れば、ゾラとツルゲネフとが始めて出会つたのは、一八七二年の初め、巴里はモンソー公園の傍ら、ギユスタヴ・フローベルの家であつたといふ。同じ頃同じ処にツルゲネフは又ドーデとも相識つた。此の四人に、更にこれも仏国新進自然派文豪の一人なる、ゴンクールを加へて、七四年頃から毎月所謂五人晩餐会なるものが開かれた。ツルゲネフとゾラとは、漸く此の時よりして、其の濃やかなる友情を結んだのである。

其の当時、ゾラは未だ其の文名を為さず、文壇初舞台の誠に苦しき時代であつた。ゾラは、後に至つて近世文学に一大時期を画した、あのルゴン・マカール叢書の第一篇、『ルゴンの運命』を公にしたばかりの時であつた。ツルゲネフは直ちにゾラ作物の感服家となり、又伝播者となつた。そしてゾラは仏国に於て名を得るの以前に、先づツルゲネフの紹介に依つて露西亜に於て其の名を得たのである。

後ゾラは自ら語つてゐる。「私の文学的生涯の最も困難な時に、私を露西亜に紹介して呉れたのは、実にかのツルゲネフであつた。私の執筆してゐた雑誌『海賊《ルユルセール》』は、私の論文の為めに発行を止められる、何処の新聞に行つても私の文章は載せて呉れない、私はもう餓死に迫る、そして私は四方八方から攻撃の泥土を投げつけられる。此の時に、彼れは此の大露西亜の中に、私の作物を入れて呉れたのであつた。」猶ゾラの『牧師ムーレの過失《あやまち》』の如きは、仏文で現はれる前に、先づ露文で出たのだといふ。そしてツルゲネフは又、ゾラの小説を反訳する毎に、其の原稿料は常に折半して必ず之れを貧しきゾラに送つた。

斯くしてツルゲネフとゾラは、生涯の親友となつた。予は、此の二大文豪の私交と性情と、又併せて当時の欧州文壇の事情とを知る為めに、ここにツルゲネフからゾラに送つた手紙の反訳を試みてみた。ただ惜しいのは、反対にゾラからツルゲネフに送つた手紙の、少しも集められてない事である。

此の書簡集は、ハルペリン・カミンスキーといふ人が蒐集した、ツルゲネフ書簡集の一部分である。配列は年代の順になつてゐる、（一）は日付がはつきり分かつてゐないけれど、多分一八七四年の始め頃のものだらうといふ。

一

無駄足をさせて済まなかつた。僕は二時まで家にゐると云つたやうに思つてゐた。僕の記憶の悪いのは許して呉れ。明日か、日曜か、或は月曜かに、二時前にやつて来ないか。又火曜日の四時から六時まででも善い。こんどはキット待つてゐる。来る日と時間とを知らして呉れ。

（木曜日夕、巴里ヅーエ町四十八番にて）

二

若し地図をもつてゐるなら、露西亜のところを披いて、モスコーから黒海の方に指を滑べらして見給へ。オレル市から少し北の方に、ムトマンスク町といふのがあるだらう。僕の村は、此の名もない町から二里半ばかりの処にあるのだ。緑色の、静かな、悲しげな、そして単純な僻地だ。若し此処で働らけたら、少し此処にゐやうかと思ふ。しからざればカルスバツドに六週間ばかり滞在して、すぐ巴里に帰へる積りだ。そして君にも会へるだらう。

サアこれからが用事だ。

君の『プラサンの略取』は、未だ売れない。しかし例の雑誌の出版者は、是非君の作物を雑誌で公にしたいといつてゐる。そして君が原稿で送つて来るものを、すべて印刷した紙一枚三十留《ルーブル》の割で、僕の手を経て払はうといふ事だ。訳者にも矢張り同じ位出さなければならぬのだから、先づ相当な値だらう、君も承諾して善いと思ふ。次の処に宛てて其の返事を呉れ。

サンペテルスブルヒ、エキユリー街、デムスホテル

僕は遅くとも今から二十日後には其処に行つてゐる。

例の雑誌の出版者といふのは、君の『略取』を読んで、非常に感心してゐる。

君が今書きかけてゐる小説は、（訳者註、『牧師ムーレの過失』をいふ）僕大いに望を嘱してゐる。キツト立派なものが出来るだらう。其の事柄が甚だシンプルであると同時に、又甚だオリジナルだ。

一八七四年六月十七日　オレル県スパスコイエにて

三

何者か僕に悪運を投じたに違いない。もう三ケ月も倒れてゐる。故郷で瀕死の苦しみをして、今はここカルスバッドに横臥《おうが》してゐる。もういやになつた。少しでも運動が出来るやうになつたら、すぐ巴里に帰つて、これから又ブージバルドにでも行かう。

僕は、君の利益の事も僕の約束の事も忘れてはゐない。例の雑誌の出版者の、スタシユレヴイチとも会つた。彼れの提案を詳しく君に報知しても善いが、彼れも九月の十四五日頃に巴里に行く筈だから、其の時に君が会つて能く決めたら善からうと思ふ。君も其の頃には巴里にゐるだらう。ブーヂバルのハルガン屋に就いて、一言知らして呉れ。若し身体がよかつたら、一週間の中には行かうと思ふ。

検閲官にひどく削られて了つた『ラ・キユレー』の反訳を持つて行かう。『プラサンの略取』は、一新聞で抄訳をして、又一新聞で全訳をした。

一八七四年八月十一日　カルスバッドにて

四

ここに来てから三週間になる、相変らず痛風で苦しんでゐる。しかし今は少し善いやうだ。

僕はスタシユレヴイチの到着するのを、君に知らせやうと思つて待つてゐた。ところが手紙が来て、其の雑誌が発行を止められやうとしてゐるので、それを救ふ為めに大至急にペテルスブルヒに帰らねばならぬと云つて来た。もう其処に着いてゐるが、十二月にならなければ巴里に来る事は出来まい。そこで彼れは、それまでに僕が君に相談をして事をきめるやうに望んでゐる、そして其の状件を僕の所まで書き送つて来た。それで急に二人は会はなければならぬが、宿所簿を失くして了つて、君の住所がわからない。止むを得ずシヤルパンチエ（訳者註、本屋の名也）に宛てて、此の手紙を書いた。明日僕は巴里に行く、しかし多分君はまた僕の此の手紙を受取つてゐまい。それから、まだ丸で跛のやうなのだけれど、土曜日にはシャトーダンの近所の妹の家に行く、そして其処に火曜日までゐる。

此の天気の悪るいのに、君をブーヂバルまで来さすのは甚だ気の毒だ。そこで斯うしやうぢやないか、若しシヤルパンチエが明朝此の手紙を君の所に送り届けたら、二時にヅーエ町へ来ないか、或は水曜日の十一時にカフエー・リツシユで待ち合せて其処で一所に夕飯を食はうぢやないか。如何だ明日が水曜日か。

『ラ・キユレー』の反訳を一部持つて来た。『プラサンの略取』は、全訳が二ツと、抄訳が二ツと、梗概が三ツ四ツと、それからいろいろ批評した論文が沢山ある。露西亜では、君のものの外は人が読まないよ。

一八七四年九月二十三日　ブーヂバル町ハルガン屋にて

五

一昨日シヤトーダンの遠足から帰つて来た、昨日の会合に是非きたかつたのだけれど、前夜になつて急に又痛風の再発に襲はれて了つた。そこで朝からシヤルパンチエに宛てて君にやる手紙を書いた。其の手紙は、ヴイアルド夫人の長女の夫の、シヤメル君が巴里まで持つて行つて呉れた。然るにシヤメル君がシヤルパンチエで君の所を聞いて、そして其の手紙を使に持たしてやつた。けれど使の者が君の町の二十一番地といふのを見つけ得なかつたそうだ。そんな事で、とうとう君に無駄足をさした上に、カフエーで待ちぼうけまでさせて了まつた。ほんとに済まなかつた。

昨日は一日床の中で暮した、猶三四日は出られまい。しかし是非君に会つて、例の話をきめたい。若し出来るなら、明日昼飯と夕飯の間に、此処に来て呉れないか。サンラザルの停車場から来れば善い。汽車は毎時間三十五分に出る。ルイユ駅に着いたら、ブーヂバル行の乗合馬車に乗り給へ。五分も経てば、教会の後ろの此のハルガン屋に着く。

待つてゐるよ。

一八七四年十月一日　ブーヂバル町ハルガン屋にて

六

シヤルパンチエに会ふのも勿論善い、しかし斯うしたら如何だらう。僕も少しいいやうだから、月曜日に巴里に行く。そして先の水曜日にする筈であつた相談を、其の月曜日にしやうぢやないか、十一時にシヤルパンチエと一所にカフエー・リツシユに来ないか。若し又急に病気でも起つたら、電報を打たう。こんどは君の所もわかつてゐる。

一八七四年十月三日土曜日　ブーヂバル町ハルガン屋にて

七

アレキサンドル・ヂユマに関する論文の御送付、誠に有りがたう。（訳者註、小ヂユマが新たに翰林院に入りたるを批評したる文章也）あれは僕と彼れとの間柄も、猶少し悪るくするだらう。しかしこんな事はどうでもいい。

君とフローベルとサルチコフ（訳者註、スチエドリンの仮名の下に有名な露国諷刺作家也）とに夕飯を御馳走したい。いつかの雑魚煮《ブィヤベッス》は非常に甘味かつた。金曜日に又彼処でやらう。如何だ、返事を呉れ。フローベルには僕が今日話する。

一八七五年二月、火曜日　ヅーエ町五十番にて

八

君の郵便物は、僕がそれを受取つた其の日にすぐ出して置いた。猶此後は遅れずに送つて呉れ、頼む。

土曜日には、露西亜の文芸音楽会がある。もう頭がひつくり返へる程、いろいろ用がある。

日曜日には、出てフローベルの家に行く。君も来給へ。

一八七五年二月二十五日木曜日　ヅーエ町五十番にて

九

よろしい、では金曜日に。（訳者註、フローベルとドーデとゴンクールとの、例の五人晩餐会の事也）
『牧師ムーレの過失』ありがたう、僕ももうやり始めた。タンに書いた僕のつまらぬものを送る。

一八七五年二月二十七日　ヅーエ町五十番にて

十

今日是非スタシユレヴイチに、二十日に原稿を送ると云つてやつて呉れ。此後は、書くとか或は書かないとか、毎月十三日までに知らして呉れとの事だ。明後日の朝、金を渡しに君の所へ行かう。明日は馬鹿に忙しい。

一八七五年五月十三日　ヅーエ町五十番にて

十一

僕の肖像を見たければ、明後木曜日の正午に、フオンテン町のハルマロフの所に来給へ。肖像も殆んど出来上つて、其の日は最後のセアンスだ。僕は金曜日にカルスバツドへ出発するから、これが君と会ふ最後の時となるだらう。

一八七五年五月二十五日　ヅーエ町五十番にて

十二

君の八日の手紙が、漸く二十日に着いた。郵便局がぐづぐづして、長い間僕等を弄てあそんだのだ。僕は僕の手紙が矢張りサン・オーベンの君の許に届く事と思つて書いたのだ。海の空気は細君に非常によかつたらう。僕は、君がよく働いて、そして書物を書き上げたのを見て、大に喜んでゐる。フローベルは、精神上最も哀れむべき状態にゐる。若し彼れが巴里に来たら、君のいふやうに此の冬はみんなで彼れの周囲に集まつて慰めてやらう。其の労働に依つて生活する事の、最も不可能な彼れが如き優男を、あのやうな打撃にあはせたのは、実に悪むべき運命の虐待だ。スタシユレヴイチとは、其の短かい巴里滞在中に、幾度も会つた。彼れも君と知己になる事の出来なかつたのを、大に悲しんでゐた。彼れはシヤルパンチエと『ウージエーヌ・ルーゴン閣下』の相談を決めて行つた。

僕は猶一ケ月ばかり此処にゐる。しかし折々は巴里にも行くから、其の時に会はう。

一八七五年九月二十六日　ブーヂバル町レ・フレーヌにて

（『新声』第一八巻第三号、一九〇八年二月一日）

十三

今スタシユレヴイチから手紙が来た。君の毎月の送稿は、今度だけ、遅くとも本月の五日迄にしてくれと頼んで来た。魯歴の十二月二十三日からは、ペテルスブールの印刷職工が、クリスマスでぐでんぐでんになつて、到底頼みにならんからだ。

それから君の小説（編者註、『ウージエーヌ・ルーゴン閣下』なり）の原稿はすつかり受取つた、シヤルパンチエへ第二回の分四百フランを送つた、一月の始めには、第三回の分と最終のとを送ると書いてある。

一八七五年十二月一日月曜　ヅーエ街五十番にて

十四

今、スタシユレヴイチから、君の婚姻に関する読み物（編者註、「仏蘭西に於ける結婚」也一八七六年一月発行の『欧州報知』に載つた）を、すてきに賞めた手紙が来た。あれは露西亜で非常な成功を贏《か》ち得た。君を此方面に導いたのは、僕の眼が高かつたのだ。

僕はこれで十五日間、痛風に艱《なや》んで居る。それが為めに、今日の晩餐会もお流れになつてしまつた。おまけに、レ・ダニシエフ（編者註、ニコースキー作、三幕の喜劇也）を観に行く事も出来ない。少しよくなつたら、足の延ばせる様に、桟敷を取うと思ふ。其時は一処に来給へ。

君は別に変りがないだろう？

一八七六年一月二十四日、月曜巴里　ヅーエ街五十番にて

十五

あれは故意の様で気の毒だつた。昨日始めて僕が取出した処へ、君がやつて来たのだ。併し、明日

は是非、フローベルの宅で会はう、そして、レ・ダニシエフやなんかの事を話さう。（編者註、此劇は此年の一月八日に「大洋座」で始めて演ぜられた。）

一八七六年二月土曜正午　ヅーエ街五十番にて

十六

此四日以内に、君の所へバイマコフと云ふ人から手紙が行く筈だ（若し未だ行かなかつたら）。此人は、セン・ペテルスブール新聞の持主で、君に、何か書いて新聞を助けてくれと頼んで行く筈だ。相談や返答をする前には僕に断つてくれ給へ。

明日二時前に僕の所へやつて来ないか。

そして僕の肖像を見給へ。明後日博覧会に出品されるのだ。（編者註、此肖像は魯国の大画家ハルラモフ氏の描いたものだ。同氏より編者へ来た手紙の一つに、一八七六年にツルゲーネフとゾラとが、其画室を訪れた事を想ひ出すと書いてあつた。）

一八七六年三月或は四月水曜日　ヅーエ街五十番にて

十七

君に返事をしやうと思つて今迄待つた。

電報か手紙が著いたらと思つたが未だ来ない。「屠殺棒」の条件がどうもうまくいかなかつたらしい。

『欧州報知』へ出す毎月の通信の代りに、あれの梗概に抜萃《ばつすい》を添へて出さうといふ、君の意見には大に賛成だ。殊に、其抜萃は始めの方からやらないで、それが為め新作の趣味をあらはすなら、猶更の事である。スタシユレヴイチは、屹度喜んで承諾する。予め其意見を問ふ必要なんかありやしない。敢て翻訳を付けることもいるまいと思ふから、明日からでも仕事に取りかかつていいよ。若し何か来たら直ぐ電報で知らせる。兎に角日曜に会はう。

尚、ゴンクールに聞けば、フローベルは、帯状羅斯といふ病気に罹つてるそうだ。危険なことはないが、随分苦しいもんだそうだ。

一八七六年四月七日金曜　ヅーエ街五十番にて

十八

此に来てから三日になる。今日やうやく返事を書く事が出来る。不幸にして良い返事ではない。スーヴオリーヌは（編者註、『新時代』の持主）ある一日考へて、「屠殺棒」を続載する事が出来ない、金もやる事が出来ないと云ふて来た。其訳は、君が『欧州報知』に書いた最後の奴が、彼の方の利益を侵害したといふのである。これが実際の理由か、或はまだ外にあるのか、僕には解らぬが、兎に角金は送つてよこさない。

『ヂエロ』の方も手を焼いてしまつた。此新聞は（一ケ月一回だから寧ろ雑誌だ）小説の梗概しきや載せなかつた。現状も甚だ憐れなもので、是亦如何ともなし難い。

「屠殺棒」は遂に屠《ほふ》られた。僕の苦痛は察してくれ。スタシユレヴイチに至つては、何時も君の物には、人の及ばぬ程満足して居る。どうして非常な熱心だ。原稿料の値上も出来るだろうと思ふ。併しバードで会つたサルチコフは、明后日でなければ此へ来ない。此処と彼地ではどうしやうもない。サルチコフが其主人（編者註、『国家年代記』の社長クライエヴスキー）と話をきめたら直に知らせる。要するに総てがあまり面白くない。御願ひだからあまり僕をいぢめないでくれ。セン・ペテルスブールを去る前、且はサルチコフと相談の出来次第手紙を送る。

僕は達者だ。独逸のドクトルに依て、君の病の癒されん事を望む。フローベル及び其他の諸兄に宜しく。

一八七六年六月二十八日木曜　セン・ペテルスブール、ヅムース・ホテルにて

十九

昨日から此に来て居る。明日田舎へ行く。（若し手紙をよこすなら、次の所へ宛ててくれ。魯西亜、オレル政庁、ムトサンスク市）。

サルチコフは僕の出発の前日、バードからペテルスブールへ来た。（編者註、当時同氏は『国家年代記』の主筆だつた）。二度まで会つて話をした。彼は君に手紙をやつて、年に四回原稿を送つて貰うやうに頼む積で居る。原稿料に印刷した紙で、一枚百ルーブル（三百フラン）。君には一回二枚半は大丈夫書けるから、八百フランになる。一ケ年にすると三千二百フランだ。僕はスタシユレヴイチの方はあの儘にして、即ち年に十二回の通信を送る事は止めないで、此方も引き受けたらよかろうと思ふ。君はこれが為に、さしたる苦しみを感じまい。スタシユレヴイチは離せない、いい顧客だ。殊

に可憐な「屠殺棒」が魯国で敗北した後だもの。

サルチコフが、君にやつて貰ひ度い事は、此方から注文する、十月になつてから初めてくれればいい、と僕にいふた。

君はどうするか、知らしてくれ。

サン夫人の死は実に悼しい。フローベルも嘸《さぞ》悲しんでる事だらう。僕は彼に手紙をやる。

君は夫人に就いて。立派な通信が書けるだらう。（編者註、ゾラは一八七六年七月の『欧州報知』にジヨルジユ・サンに関する一文を草した。）

一八七六年六月十五日　モスクーにて

二十

君の手紙は今此僻地で受取つた。急いで返事を書く。僕は、独逸の医師を勧めて、間接に君を悩ました事を後悔してる。独逸のものは何でも仏人には向かんね。君のいい方だといふことを聞いて安心して。海気の君に及ぼす好果を疑はぬ。

通信の件は至極明瞭だ。サルチコフは今、モスクー近くの、或る林に居るが、昨日僕に手紙をよこした。条件といふのは、君も知つての通り一回に二枚から三枚づつ、年に四回の通信――一月、四月、七月、十月――で、印刷した一枚が三百フラン。今年の十月から初めて貰ひたい。何を書くとも君の勝手。これだけだ。雑誌の毛色は前に話したね。（編者註、此『国家年代記』といふ雑誌は当時の刊行物中最も自由であつた）

僕は七月の二十八日か三十日に、巴里への帰途に着く。八月の末に、予め日取を定めて。すべての事を取りきめやう。サルチコフは、九月十五日頃ペテルスブールへ帰る。雑誌は魯暦の十月一日、即ち十三日に出る。それまで時日の余裕はあるだろうと思ふが、間に合はなければ、一月一日のにするさ。スタシユレヴイチは巧く云つてやろう。

彼からも手紙が来た。既に、君のジヨルジユ・サンに関する文を受取つて、それに感心してる様子だ。僕も君の文に対して、遠からず論評を試み得ることと思ふ。何しろ早く読みたいよ。

僕は此処で、狂気になつて稼いで居る。二時に床に入り、三時に眠つて、九時に起きる。そして日中はいろんな用事で目が回る程だ。幸なことには今迄痛風が起らない。ニツテルシヤウゼン君は、君に於けるよりも僕に於て成功して居る。

此手紙は、君がまだ巴里に居る中に着くだろう。海岸の宿処はヅーエ街へ言ひ置いてくれ。

尚、二百フランの小通信員とは頗る心細い。二三軒訪問したが何れも迎へなかつた。

今度の雑誌は、『オテチヤストヴエンニヤ・ツアピスキー』といふ、恐しい長い、六ケ敷《むつかし》い名だ。「国家年代記」といふ意味だ。随分馬鹿げた名だ。彼の、新しい新聞雑誌の発刊を禁じた、ニコラ皇帝の代に付けたのだ。

一八七六年七月三日月曜　スパツスユイエ、オレル政庁、ムトサンスク市にて

二十一

此書簡箋は素的にハイカラだ。偶然に得たのである。

魯西亜の端れへ八日間の旅行をして、昨日帰つて来た。君の手紙が一本と、スタシユレヴイチからのが二本と来て居た。ああきまつたのは非常に満足だ。君も幽霊の為に餌を捨てまいと随分骨を折つたな。しかしそう云つたもんでもないね、も一つの雑誌は幽霊じやあないから、ハハハハ。処でいい事があれば悪るい事もある。こんなに仕事が殖えては君も嘸《さぞ》難儀だらう。しかし収入の増加はすべてを償ひ得るよ。安心して居給へ、僕が、サルチコフへ、君との間を害はないやうにして、すつかり打あけて書いてやるから。

僕は田舎で小説を作り上げた。これから浄写に取りかかる。六週間は此を動くまい。フローベルをクロアッセに訪問する二三日間を除いては此儘で居る。

君が全く健康に復して、気分の良くなつた事を祝する。今度こそ、「屠殺棒」を仕上げたまへ！ 劇曲は非常にいい、そして面白い。「屠殺棒」を、新聞で断行的に、しかも僅かしきや読まないにも拘はらず、非常に高い観念を得た。

それでは遠からず！　巴里へ帰つたら、どうか知らしてくれたまへ。

一八七六年八月七日月曜　ブージウアル・レ・フレーヌにて

（『新声』第一八巻第六号、一九〇八年五月一日）

巣鴨から（下）　獄中消息（三）

【大杉保子宛・一九〇八年一月二三日】

出てまだ二た月とも経たぬうちに、又御わかれにならうとは、ほんとに思ひも寄らなかつた。革命家たる吾々の一生には、斯んな事が何れ幾度もあるのだらうと思ふが、情ないうちにも又何となく趣きのある生涯ぢやないか。どうぞ「又無責任な事をして」なぞと叱つておくれでない。それよりか龍馬（今大逆事件で秋田に終身ではひつてゐる坂本清馬の事）が口ぐせのやうに歌つてゐた「行かしやんせ行かしやんせ」でも大声《たいせい》に歌つてくれ。

とは云ふものの、困る事は困るだらう。堺の細君に頼んで、隆文館に事情を話して、少なくとも、もうテン位は貰つてもよからう。安成（貞雄君）から新声の原稿料をよこすだらう。それから此の次の面会の時に洋服を宅下する。飯倉（質屋）へでも持つて行け。それで兎も角も本月はすませるだらう。来月は例の保釈金（電車事件の際）のでも当にしてゐるがいい。（下略）

（『獄中記』一九一九年八月一日）

【宛名不明・一九〇八年一月二八日】

又やられたよ。併《しか》し此度はまだろくに監獄ツ気の抜けない中に来たのだから、万事に馴れて居て甚だ好都合だ。ただ寒いのには閉口するが、これとても火の気が無いと云ふだけで、着物は充分に着て居るのだから巣鴨の同志の事を思へばさう弱音もはけない訳さ。窓外の梅の花はもう二三分ほど綻びて居る。寒いと云つてもここ少しの辛棒だ。

今クロポトキンの『謀反人の言葉』と云ふ本を読んで居る、クロが仏蘭西のクレボーの獄に入つて二年半あまりを経て、其同志にして親友なるエリゼ・ルクルエスが「クレボーの囚人は其監房の奥から其友人と語るの自由を有《も》たない。併し少なくとも彼れの友人は、彼を思出し、又彼の嘗て物語つた言葉を集める事は出来る。そして又、之は彼れの友人の義務である。」と云つて、クロが一八七九年から一八八二年の間、無政府主義新聞『謀反人《ル・レボルテ》』に載せた論文を蒐集したものである。『パンの略取』は理想の社会を想望したものとして、『謀反人の言葉』は現実の社会を批評したるものとして、共にクロの名著として並び称せらるるものだ。

クロは所謂「科学的」社会主義の祖述者の如くに、殊更に難かしい文字と文章とを用ゐて、そして何だかわけの分らない弁証法などと云ふ論理法に依つて、数千頁の大冊の中に其の矛盾背理の理論をごまかし去るの技倆を有たない。併し彼は、如何なる難解甚深《じんしん》の議論と雖も、極めて平易なる文章と通俗なる説明とを用ゐて、僅かに十数頁の中に之を収むるの才能を有つて居る。世界の労働者の中に、『資本論』を読んだものは幾人も居ない。併し『パンの略取』と『謀反人の言葉』は、少くともラテン種の労働者の間に愛読されて居る。

クロは常に科学的研究法に忠実である。其の『謀反人の言葉』は、先づ近世社会の一般の形勢に起して、国家と資本と宗教との老耄《ろうもう》衰弱し行くさまと、又其荒廃の趾に自由と労働と科学の新生命との萌へ出づるさまを並び画いて、そして近世史の進化の道行が明かに無政府共産主義にあることを説明して、最後に略収《エキスプロプリエーション》の一章に於て其の大思想を略説結論して居る。其中の主なる、青年に訴ふ、巴里一揆、法律と権威、略収の数章は、既に小冊子として英訳が出て居る。

此の露国の『謀反人の言葉』は、今東京監獄の一監房の隅に於て、其友と語るの自由なき日本の一謀反人によつて反覆愛読されつつある。


（『日本平民新聞』第一八号、一九〇八年二月二〇日）

【大杉保子宛・一九〇八年一月三一日】


手紙が隔日に二通づつしか書けないのみならず、此の隔日にも亦折々いろんな障碍があるので、不便で困る。二十五日に書かうと思つたら、監獄に書信用紙がないと云ふ。次ぎの二十八日には、大阪へ出す手紙を書いてゐるうちに時間が来て筆記所から監房へ連れ帰される。昨日はと思つたら、何んとか天皇祭で休みだと云ふ。そんな事で今日漸く第二信を書く。

あちこちから「未だ健康も回復しないうちに又々入獄とは」と云ふので切りに見舞が来る。

ところが入獄の時に体量《たいりよう》が十四貫五十目あつた。巣鴨を出る時に較べれば一貫三十目増えてゐる。又先きに巣鴨に入つた時に較べれば百目ばかりしか不足してゐない。そして此の百目はたしかに本郷警察の二日と警視庁の一日とで減つたのだと思ふ。すると僕の健康はもう十分に回復してゐたのだ。幸ひに御安心を乞ふ。

却つてまだ碌《ろく》に監獄つ気の抜けないうちに来たのだから、万事に馴れてゐて、甚だ居心地がいい。飯も始めから十分に食へる。ただ寒いのには閉口するが、これとても火の気がないと云ふだけで、着物は十分に着てゐれるのだから、巣鴨の同志の事を思へば、さうぜい沢も云へない訳だ。しかし寒い事は寒いね。六時半から六時まで寝るのだが、其間に幾度目をさますか知れない。それでも日に日に馴れて来るやうだ。

此の寒い中に二つ楽しみがある。一つは毎日午後三時頃になると、丁度僕の坐つてゐる処へ三尺四方ばかりの日がさして来る。ほんの僅かの間の日向ボツコだが非常にいい気持だ。もう一つは三日目毎の入浴だ。これが獄中で体温をとる唯一のものだ。僕のやうな大の湯嫌ひの男が、「入浴用意」の声を聞くや否や、急いで足袋とシヤツとズボン下とを脱いで、浴場へ行つたら直ぐ第一番に湯桶の中に飛びこむ用意をしてゐる。

あなたは此の寒さに別にさはりはないか。又巣鴨の時のやうに。留守中を床の中で暮らすやうでは困るから、出来るだけ養生してくれ。面会なども此の寒さを冒してわざわざ三日目毎に来るにも及ばない。

もう転宅《ひつこし》はしたか。あんな処ではいろいろ不自由な事もいやな事もあらうけれど、まあ当分の間だ、辛抱してゐてくれ。そして職業なぞの事はどうでもいいから余り心配をしないで、もう少しの間形勢を見てゐてくれ。

留守中、嘗つて幽月（故管野須賀子）の行つてゐたところへ英語をやりに行かないか。勉強にもなるし、又少しは気のまぎれにもなるだらう。

寒いので手がかぢけてよく書けない。御判読を乞ふ。

（『獄中記』一九一九年八月一日）

【大杉保子宛・一九〇八年二月五日】

一昨日手紙を書かうと思たら、又用紙がないと云ふ。そして今日も又ないと云ふ。いやになつて了ふ。已むを得ずハガキにした。

又さびしいさびしいと云つて泣言を書き立ててゐるね。検閲をするお役人に笑はれるよ。

手紙は出来るだけ隔日に書く事とする。あなたの方ももう少し勉強なさい。二十三日のハガキと二十七日の封書とが着いたばかりだ。（下略）

（『獄中記』一九一九年八月一日）

【大杉保子宛・一九〇八年二月一五日】

昨日は何だか雪でも降りさうな、曇つた、寒い、いやな日だつた。こんな日にはさすがにいろいろな事を思ひ出される。夜もおちおちと眠れなかつた。窓のそとには、十二三日頃の寒月《かんげつ》が、淋しさうに、澄みきつた空に冴えてゐた。

僕の今ゐるところは八監の十九室。一昨年は此の隣りの十八室で、長い長い三ケ月を暮らしたのであつた。出て間もなく足下と結婚した。然るに其の年のうちに、例の「新兵諸君に与ふ」で又裁判事件が起る。そして年が明けて漸く春になつたかと思ふと、又々「青年に訴ふ」が起訴される。其間に雑誌は益々売れなくなる。計画した事は皆な行き違ふ。遂に始めての家の市ケ谷を落ちて柏木の郊外に引つこむ。思へば、甘いなかにも随分辛い、そして苦い新婚の夢であつた。

其の夢も僅か九ケ月ばかりで破れて了ふ。僕は巣鴨に囚はれる。そして暫くするうちに、余罪で、思ひの外に刑期が延びる。雑誌は人手に渡して了ふ。足下は病む。斯くして悲しかつた六ケ月は過ぎた。出獄する。自分も疲れたからだを休め、足下にも少しは楽な生活をさせやうと思つて、かれこれしてゐるうちに、又こんどのやうな事件が起つて、別れ別れにされて了つた。

これが僅に一年半ばかりの間の変化だ。足下と僕との二人の生活の第一頁だ。そして此の歴史は、二頁三頁と進むに従つて、益々其の悲惨の度を増して行く事と思ふ。

僕は風にも堪へぬ弱いからだの足下が、果して此の激しい戦ひに忍び得るや否やを疑ふ。しかし僕は、此際敢てやさしい言葉を以て、云ひ換へれば偽りの言葉を以て、足下を慰めるやうな事はしたくない。

僕は此の数日間、ゴルキイの『同志』を殆んど手から離す間もなく読んだ。足下も新声で其の梗概を見たと思ふ。パベルのお母さんが、其の子の入獄と共に、其の老い行く身を革命運動の中に投じて、或は秘密文書の配付に、或は同志の破獄の助力に、粉骨砕身して奔走するあたり、僕は幾度か巻を掩ふて感涙にむせんだ。新声のは短くてよく分らんかも知れんが、もう一度読み返して御覧。そして彼れが老いたるマザアにして、自らが若きワイフなる事を考へて御覧。(下略)

（『獄中記』一九一九年八月一日）

【大杉保子宛・一九〇八年三月二二日】

少しも手紙が来ないので、どうしたのかと思つて心配してゐたが、果して又病気ださうだね。一体何処が悪いのか。雪の日に市ケ谷へ行つたからだと云ふが（二三人の仲間の出獄を迎ひに）重い風邪にでもかかつたのか。それとも又他の病気でも出たのか。少しも様子が分らないのでいろいろと気にかかる。そして其後はどうなのか。若し不相変悪いのなら、六日にはわざわざ迎ひに来なくともいいから、それよりは大事にして養生してゐてくれ。

僕も十日ばかり前に湯の中で脳貧血を起して、其後兎角に気分が勝《すぐ》れない。多分栄養と運動との不足な所へ、余り読み過ぎたり書き過ぎたりしたせゐだらうと思ふ。書物を読み出すと直ぐに眼が眩《くら》んで来る。頭が痛くなる。暫く何んにもしないでぼんやりしてゐる。するとこんどは退屈で堪らなくなる。不得已《やむをえず》又書物を手に取る。毎日こんな事を幾度も幾度も繰返して暮らしてゐる。しかし別に大した程ではないのだから、出てから少しの間静かに休養すればよからうと思ふ。しもやけも一時は大ぶひどかつたが、暖かくなるに従つてだんだん治つて来た。

其後セーニヨボーの話はどうなつたか。○○は何処の本屋へ相談したのだらう。若し其の話がうまく行つたら、当分何処かの田舎に引つこみたいね。温泉でもよし、又海岸でもいい、平民科学の原稿はただ写し直しさへすればいいやうになつてゐる。

もうあとが三日、四日目には会へる。

（『獄中記』一九一九年八月一日）

大杉栄君より

仏蘭西などでは同盟脱営のあると同時に幾十名の者の連署したチラシを作つて、其行為を是認し奨励する意味の事を書いて、或は配布し或ははり紙にして大に尽力した。そして皆六七年の懲役にやられた。労働者が何事をか仕出かして非常な犠牲を出した時は、労働問題を口にして居る人々は必ず何等かの方法で之に酬《むく》ゆる覚悟がなければならぬ。西洋の人達は始終之をやつて居る。彼等は決して労働者を犬死させない。其事件は必ず公にする。其行為は必ず是認する。そして其為には如何なる犠牲を払ふ事をも敢て辞せぬ。

（『日本平民新聞』第二二号、一九〇八年四月二〇日）

Letero de Japanlando (Majo 1908)

Kara Kamarado,

Ankoraŭ duafoje malliberigo min malhelpis preni plumon.

Post unu semajno ol mi skribis al vi, t.e., la 17-an de januaro mi estis arestita kun kvin kamaradoj pro nia malobeo je l' Aŭtoritato.

Tiun ĉi tagon, ni havis kiel ordinare ĉiuvendredo vespere mitingon 〔(kunveno)〕* ĉe unu el niaj kamaradoj. Estis ĉirkaŭ kvardek aŭdantoj krom polica komisaro kaj kalkaj policanoj uniforme aŭ civile vestitaj.

Unue, K-do B. Morita, konata socialisto, parolis pri "Utopio," de Thomas More. "Tagon," ekparolis li, "alvenis Utopion ambasadoro fremdlanda. Li portis sur la brusto multe da medaloj oraj, arĝentaj kaj ŝtonaj. Ĉiuj popoloj tion vidantaj ridegis, ĉar en Utopio oni malestimas multe tiajn malutilajn metalojn."

Subite leviĝis la policestro, kiu sidiĝis grave apud la parolanto, kaj ektondris furioze: ĉesu la parolon. Kelkaj kamaradoj ridegis kiel la Utopilandanoj pro tia komikaĵo. Tiam ektondris denove la policestro aroganta: dissolvu la mitingon. Ĉiuj ĉeestantoj kontraŭparolis kaj rifuzis tiun ĉi maljustegan ordonon. Ĉu oni povus trovi en la parolo kaj la ridego "kontraŭagon je l' Socia Ordo kaj Paco?" Eniris pli ol dek policanoi, kiuj estis ĝis tiu tempo ekster la domo.

Kaj la policanoj provis nin elirigi perforte unu post unu. Tiel ekkomencis malpaco inter ni kaj la policanoj.

Aŭdinte la bruegon, loĝantaro samstrata kaj pasantoj sin amasigis antaŭ la domo. Okaze finiĝis labortago de l' Armilejo, kiu sin trovas najbare de la mitingejo. Milo da laboristoj alvenis por multigi la amason.

Niaj kamaradoj ne forlasis tian bonan okazon. K-do T. Sakai, tre konata socialisto, supreniris sur tegmenton heligitan de la lunlumo, kaj donis vibron per varmega parolado al la strata aero, kaj sekvis lin K-do H. Jamakaŭa kaj mi, ambaŭ kunlaborantoj de Nihon-Heimin-Ŝimbun (ĵurnalo japana proletaria), duonmonata organo socialista kaj anarkiista. Ni parolis pri Socialismo (plivole Anarkiismo), Antimilitarismo kaj Ĝeneralstrikismo. Neniam ni publikdiris tiel klare kaj brave pri tiuj ideoj. Fine ni anoncis dissolvon de l' mitingo.

En la komenco ni havis nur kvardek aŭdantojn, kaj fine pli ol mil. En la komenco ni parolis nur pri "Utopio" de More, kaj fine pri la Socia Revolucio. Pro tio ni dankis multe la policestron kaj volonte akceptis areston. Samtempe la policanoj kaptis kelkajn aliajn kamaradojn, sed plimulta el ili reprenite de l' Amaso nur restis en manoj policanaj K-doj Z. Takenouĉi, E. Morioka kaj S. Sakamoto.

El la kamaradoj reprenitaj estis unu konata ĥina anarkiisto K-do Ĉi-Ĉan. La policanoj multe bedaŭrintaj tion, decidis lin dome aresti kaj doni lin al la Ĥina Aŭtoritato. De longatempe la Ĥina Aŭtoritato estis publike promesinta premion da 100,000 frankoj al tiu ajn, kiu alportis la "Kapon" de K-do Ĉan. Sed, ne maltrankviliĝu, li estas nun en alia lando.

La rezultato estis jena: Post 23 tagoj da ekzamena reteno K-doj Sakai, Jamakaŭa kaj mi estis kondamnitaj je unu monato kaj duono da malliberigo, kaj K-doj Takenouĉi, Morioka kaj Sakamoto je unu monato.

Tio estas la kialo de mia manko je l' promeso. Sed mi eliris el malliberejo en la fino de l' pasinta monato, kaj revenis hieraŭ vespere de unu semajna propagandvojaĝo en provico. De nun mi certe plenumos la promeson. Unue mi volas verki pri la historio de 1' movado socialisma en nia lando, ĉar se oni ne scius ĝin, oni ne komprenus bone ĉiujn detalojn, kiujn mi sciigos poste.

Osugi.

(“Internacia Socia Revuo” 一九〇八年五月号)

新聞旧聞

世界の新聞といふやうな題で、欧米の最近の社会運動を紹介して見やうと思つたが、忙しいのと材料の足りないのとで、遂に之れを思ひ止まつて、表題のやうな者を書く事となつた。去年以来の西洋の古新聞を漁つて、今迄日本の諸新聞に現はれなかつた、面白ろさうな記事を取り集めた者だ。旧聞といつても、之れを知ない人には、矢張り新聞となるだらう。

青天上の大会

先々月、即ち三月の末であつた。僕等数名の出獄者を迎へるといふので、在京の同志が集会を催さうとした。所が何処の貸席も席を貸して呉れない。勿論警察が邪魔をしたのだ。そこで止むを得ず郊外の戸山の原といふ、陸軍の練兵場で集会をした。之れと似たやうな事が西洋にもある。

去年の夏、独乙の無政府主義者がマンハイムで其の大会を開かうとした。之れを聞いた同市の紳士閥は、まるで悪魔でも乗り込んで来るかのやうに、驚き愕《おそ》れて、遂に警察に迫つて大会禁止の命令を発せしめた。けれども悪魔はどんどん乗り込んで来る。警察官は其の一人一人に尾行して、警戒おさおさ怠りなしといふ有様であつた。

一日、此の無政府主義者等は窃《ひそ》かに警察官の目を忍んで、市外の一小村に赴いた。そして野原の青天上の下に大会を開いた。愚かなる警察官は少しも之れを知らず、いたずらに悪魔等の行衛を尋ねあぐんで居た。すると無政府主義者の一人が、警官を冷かして遣らうといふので、警察へ次ぎのやうな電話をかけた。「お蔭さまで大会は無事に済んだ。有り難う。」

警官は直ぐさま馳せて来て、漸く其の議事を終つたか終らぬ大会の場所に闖入して、居合はす二十九名の無政府主義者を捕縛し去つた。其の中には彼のフリードベルヒも入つて居た。此の日フリードベルヒは、総同盟罷工に関する大気焔を吐いたのだそうだ。

裁判の結果、被告人等は皆無罪の宣告を受けて、裁判費用は国家が払ふ事となつた。国家が払ふといへば何うやら人聞きはいいが、一体其の金は誰れの懐から出るのだらう。

解雇と暗殺

本月上旬の二六新聞の内地電報欄に、川崎の造船所で四千名の職工を解雇するといふ記事があつた。此の頃のやうな経済界の不景気な時には、敢て珍しからぬ事で、猶此の外にも大ぶん彼地此地に同様の事があつたらしい。

之れとは少し訳が違うけれど、去年の春夏にかけて、露西亜の資本家の間に、盛んに此のロックアウトが流行した。労働者が賃銀の値上げを要求する、労働時間の短縮を請求する。すると資本家は直ちに之れに応ずるにロックアウトを以てする、即ち工場を閉鎖して了う。数千、数万といふ労働者は、其の日から失業して飢渇に攻められる。斯くして一時労働者の自由運動は、此の解雇資本家同盟の為めに、随所に粉砕し尽されて了つた。

併し流石に露国だ。解雇された労働者の多数は、男は乞食に、女は淫売に、夫れ夫れ其の食を求めに行つた。けれども其の中の少数の者は、或は強盗に、或は殺人に、或は略収に、夫れ夫れ其の自由を求めに行つた。

ロッズ市では、同一の工場の支配人が暫くの間に続いて四人まで殺られる。遂に後へ代りに来る奴が無くなる。資本家は皆何処かへ逃げて了う。エカテリノスラブ市でも、或る鉄道製造所の支配人が殺られる。オデッサ市では、或る砂糖製造所の支配人が爆裂弾で殺られる。其の他、エナキエフ市、サンペテルスブルヒ市、ナデユヂンスキー鉱山、モスクー市、ザゾンスカヤヲーリア市、ウオズネセンスク鉱山、ソルスザワ市、カリシコ市等に於ても、頻々として同様の殺人事件が起つた。単に工場主や支配人を殺すばかりではない。中には工場に火を放げるのもある。倉庫を毀して商品を取り出すのもある。そして之れを実行するのは、大概無政府主義の労働者で、一般の平民は非常に此の乱暴な行為に同情を表した。のみならず彼等の多くは、自ら走つて此の暴行に加はつた。

ただ茲に妙なのは、平民の味方にして労働者の政党たる社会民主党が、紳士閥と一緒になつて、切りに此の新運動の妨害をした事だ。

同盟脱営

三月の始め、東京の歩兵が三十二名同盟脱営をやつた。すると僅か数日の間に相期せずして又二つの同盟脱営事件が起つた。即ち横須賀の砲兵十六名と、大坂の歩兵十三名とが、何れも歩武堂々と同盟脱営をやつた。

兵士の反逆！　紳士閥は戦慄した。己が飼犬の狂ひ出したのを見た主人の如く、紳士閥は周章《しゆうしよう》狼狽した。四月中催された師団長会議の如きも、殆んど此の問題で持ち切つた。

之れと同じやうな事件が、去年の夏仏蘭西に起つて居る。日本の同盟脱営は、単に上官の虐待に対する小反抗に過ぎなかつた。併し仏国の夫れは更に進んで、階級的自覚の上に立つた、明白なる反逆的行為であつた。

去年の六月、仏国南部の約一百万人の葡萄栽培者が、納税を拒絶するやら、電線を切断するやら、鉄道を破壊するやら県庁役場を焼打するやらして、大暴動、大擾乱を起した事は、当時の新聞に依つて諸君のよく知る処だらうと思ふ。其の時、政府は之れが鎮圧の為めに、多数の警察官と軍隊とを派遣した。そして此の軍隊は群衆に発砲して、少なからざる死傷者を出さしめた。

無知なる兵卒は、資本家の番犬となつて、其の同胞を虐殺した。けれども一方には又、自覚せる兵卒の反逆が起つた。

「吾々は国を守る為めと称せられて、いやいやながらも法律の鞭の下に兵営に来た。然るに今、資本家と労働者との間に闘争の起るや、吾々は此の資本家を掩護す可く、労働軍の鎮圧を命ぜられる。国の為めとは真赤な偽である。加ふるに吾々はもと此の労働階級に属する者である。吾々の生命は、吾々の階級の為めに捧げられねばならぬ。」といふので彼地此地《あちこち》の兵営に頻々として脱営者が出た。或は個人的のもあり、或は集合的のもあつたが、兎も角脱営は一時の大流行となつた。

　其の中で最も著名なのが、アグドといふ土地の歩兵第十七連隊の兵士の、六百名の同盟脱営事件であつた。彼等は先づ火薬庫に入つて、しこたま弾薬を取り出して、そして一伍長の指揮の下に、隊伍堂々として兵営の門を出た。此の六百名の中には二人の下士官が混つて居たが、二人とも肩章と袖章とをもぎ取つて了つて、普通の兵卒と同じやうにして居た。斯くして彼等は其の郷里に帰つて、狂乱せる軍隊の虐殺より、其の同階級の兄弟を救はんとしたのである。

　一将官は三百名の兵士を率ゐて、直ちに其の後を逐ふて走つた。そして遂に逐ひついた。脱走兵士は構銃をして、戦闘の気勢を見せる。将官は止むを得ず又引きかへして了う。脱走兵士は自由に其の郷里に帰り着いた。

　政府はほとほと当惑して了つて、殆んど為す可き術を知らない。其処へ例の社会民主党とか急進社会党とかいふ政治屋が、かしこまつて御用を勤めに出る。政治屋は先づ脱走兵士に向つて其の不心得を説き、決して刑罰には処さないといふのを条件として、武器を引渡して直ちに帰営する事を強いた。正直な脱走兵士は云はるる儘におとなしく連隊に帰つた。そして政治屋の保証のあつたにも係らず翌日亜弗利加のビリビーといふ蛮地に流されて了つた。

　非軍備主義者は直ちに数万枚のチラシを作つた。そして各兵営に之れを配付して、総ての軍隊が此のアグドの反逆兵士に見倣《みなら》う可きを勧告した。此のチラシには十名の青年が署名をしてあつたので、其の中の三人は三ケ年の禁錮に、一名は二ケ年の禁錮に、三名は十五ケ月の禁錮に処せられ、二名の未丁年《みていねん》者は丁年に達するまで懲治監に止まる可き判決を受けた。此の二人の未丁年の青年は、丁年に達するまで未だ四ケ年間あるのだそうだ。残りの一名は婦人であつたが、之れは無罪放免となつた。

本月五日の読売新聞の論説に、仏国の前陸軍大臣が王党の新聞に一論文を掲げて、其の中に「仏国の陸軍は非軍備主義者の為めに殆んど蜘蛛の巣がかりになり」云々といふたと書いてある。成程こんな同盟脱営が起るやうになれば、軍隊は精鋭なだけ夫れだけ強く政府の害となる訳だ。困つた世の中になつたものだ。

（『熊本評論』第二三号、一九〇八年五月二〇日）

防御虚無主義　瑞典に於ける新非軍備主義運動

一　二種の非軍備主義

非軍備主義に二種ある。其の一は兎も角も祖国の防御といふ事を考ふるもので、其の運動も単に常備軍に代ふる民兵を以てせんとするに過ぎない。換言すれば愛国的非軍備主義ともいふ可きものである。他の一は些も祖国てふ観念を有せず、総ての形式の軍制、即ち常備軍をも又民兵をも、何れをも絶滅せしめんとする者である。換言すれば非愛国的非軍備主義ともいふ可き者である。之れは丁度社会主義に二種あつて、一は現在の資本家政府を倒して、新たに平民政府を建設せんとし、他の一は総ての形式の政府、即ち資本家政府をも又平民政府をも、何れをも絶滅せしめんとするに、甚だよく相似て居る。そして此の前の社会主義は多く前の非軍備主義を主張し、後の社会主義は多く後の非軍備主義を唱道して居る。今日普通非軍備主義といふて、政府や資本家の甚しく恐怖して居る者は、此の後の非軍備主義である。瑞典《スウェーデン》では此の後の非軍備主義を称して、防御虚無主義といふて居る。即ち如何なる軍制を以てしても其の祖国を防御せざるの謂である。

二 青年社会党の活動

瑞典には社会民主党と青年社会党との二大社会党がある。そして此の両党は常に政策と、宗教と、兵制との三問題に就いて、互に激烈なる論戦を闘はして居る。即ち青年社会党は社会民主党の議会政策と、宗教私事論と、民兵論とを斥けて、総同盟罷工と、非宗教論と、防御虚無論とを唱へて居る。一九〇一年の内国大会に於て、瑞典青年社会党は其の綱領の一項として、始めて「防御虚無伝道」の文字を加へた。そして一九〇三年の大会には、更に此の防御虚無の意味を明確にする為めに、次ぎの如く決議文を通過せしめた。

「本大会は思惟す。平民は防護す可く何等の祖国をも、又何等の財産をも有せず。又、一国の住民が命令に依つて其の国を出で、而して他国の住民を殺害するが如きは、是れ小蛮時代の遺風に過ぎず。

故に本大会は宣言す。我が青年社会党は防御虚無党也。されば我党の最も重大なる任務の一は、有らゆる方法と手段とを講じて、総ての形式の軍制に反抗するに在り。」

猶一九〇五年の大会には、其の運動方針を具体的に決めて、兵役拒絶を以て其の最良方法なりと為し、其の実行者を救助する為めに毎三ケ月一人五オエルの醵金をする事に定めた。

青年社会党の此の伝道は、時としては団体的に、又時としては個人的に行はれて居る。新聞、小冊子、チラシ、公開演説、兵士との密会座談、示威行列、及び実行伝道即ち兵役拒絶、之等は其の主とする伝道の方法である。

チラシや小冊子は党の中央本部でも発行するが、地方支部では更に盛んにやつて居る。最初のチラシは一九〇二年の選挙権獲得の大同盟罷工の時に、中央本部で印刷した。其のチラシは青年鑪工のウイルヘルム・イエンセンといふ人の手に依つて出来たのである。然るに其の中の労働者に向つて発砲する勿れといふ文章の為めに氏は遂に六ケ月の禁錮を宣告せられた。

一九〇五年、諾威と瑞典との間に戦ひの雲行の甚だ急迫を告げた時、一青年社会党支部は、動員の令に応ずる勿れといふチラシを出した。此のチラシの編集者は先きのウイルヘルム・イエンセンの兄弟ア・オ・イエンセンといふ人であつたが、之れ亦六ケ月の禁錮に処せられた。氏は又殆んど之れと同時に、同会で非軍備主義の演説をした為めに、同じく六ケ月禁錮の命を受けた。又社会民主党の方でも此の両国の危機に際して、労働者の間に檄文を配付したが、其の著作者ズエースホーグルントは矢張り同じやうに六ケ月の禁錮に処せられた。後政府は此の二人に大赦令を出したが、イエンセンは堅く此の恩典に与る事を拒んだので、遂に二人とも定められた刑を受くる事となつた。

翌年春、政府は非軍備主義鎮圧の苛酷なる法律を作つた。其の夏、青年社会党は非軍備主義のチラシを秘密印刷に付した。政府は今日に至るに猶其の犯人を探し得ない。然るに社会民主党の新聞が此のチラシに「吠え」ついて来たので、青年社会党の新聞も之れに応戦をした。すると政府は待構へて居たといふ風で、直ちに其の発行人のツエデルホルムといふ人を捕へて、一ケ年の苦役に処した。尤も此の刑期は後で半ケ年に短縮せられたさうだ。

三 兵役拒絶

瑞典には以前から折々兵役を拒絶する者があつた。併し其の何れも皆トルストイズムか、或はヅーカボアの教義から出た、宗教的信仰に由来した者であつた。

けれども遂に時は来た。

一九〇三年、ストツクホルム青年社会党支部の一員たる、大鉄工ヨセフアンデルソンは、非軍備主義の見地から行つた最初の兵役拒絶者となつて現はれた。彼れは直ちに捕縛せられた。そして若し飽くまでも其の拒絶を続けるならば、数ケ年の苦役に処せらる可しと威嚇した。年少たる彼の鉄工は之れに欺かれて、遂に其の所信を枉げて了つた。

之れと同時に又、同じ支部の一員のカルル・オーグスト・シユンギストといふパン製造職工が、同じく非軍備主義の見地よりして兵役を拒絶した。彼れは直ちに一ケ月の禁錮に処せられた。此の勇敢なるパン職工は、翌年再び兵役に就く事を拒絶した。そして此度は二ケ月の禁錮に処せられた。翌々年、三度彼れは兵役を拒絶した。

一九〇五年、第三人目の兵役拒絶者が現はれた。鉄工で名はフリチオフ・ラルソンといふ。彼れは先づ二ケ月の禁錮に処せられた。数日を経て彼れは再び裁判官の詰問を受けた。「猶前の意志を翻さざるや。」「然り。」斯くして彼れは更に二ケ月の禁錮を加へられた。後此の二名の兵役拒絶者は、軍法会議に於て再び三ケ月の苦役を付加せられた。一九〇六年にも亦数名の兵役拒絶者が現はれた。そして遂に一九〇七年、即ち昨年は三十五名といふ多数の兵役拒絶者を生じた。

四　示威行列

瑞典青年社会党は又、折々軍隊絶滅とか、殺す勿れとか、いろいろな非軍備主義的の文字を大書した、旗を掲げて、示威行列を催ふす。素より是れ政府の喜ぶ所の者でない。政府は直ちに此の種の示威運動を禁止する。けれども、もともと彼等は政府に喜ばれる為めに之れを遣るのではない。政府が喜ばうと厭がらうとそれは彼等の係る所でない。そこで彼等と警官との間に屢々騒擾が起こる。

或る時、ヘルシングブルヒ市で示威行列があつた。直ちに警官が馳せて来て、有つて居る旗を奪つて、行列を解散させた。非軍備主義者は此の警察の行為に反抗する為めに公会を開いて盛んなる警察攻撃をやる。弁士の一人のテデルホルムといふ人は、其の為めに四ケ月と十三日の禁錮に処せられた。けれども非軍備主義者は猶其の示威行列を止めない。一九〇六年の秋、再び同市に於て警官と行列者との大衝突があつて、六名の青年は反逆罪の名の下に十二ケ年四ケ月の苦役を申渡された。併し此の残虐なる裁判は、同じ紳士閥の中にさへ苦情を生じて、遂に三年九ケ月の苦役に短縮せられた。

又同じ年の秋、同じ市に於て、フオルスといふ兵士が軍服を着たまま、旗を携へて、行列の真先に立つた事がある。彼れは直ちに軍法会議に回はされる所であつたが、幸に遁走して其の行衛を知る事が出来なくなつた。

其の他彼地此地の都市で、此の非軍備主義行列が行はれた。そして此の防御虚無党員は到る処に厳罰に処せられた。

五　伝道の結果

斯くて此の防御虚無の伝道は、歩一歩其の功を奏して来た。労働者も漸々《だんだん》此の運動に近づいて来る。社会民主党の中の青年も亦、其の民兵の思想を捨てて、防御虚無党の仲間入りをして来る。一九〇五年の瑞典社会民主党大会には、党の綱領から民兵制の一項を除りて、純然たる防御虚無のものとする の議案さへ出た。此の提案は僅々の少数を以て敗れた。けれども、近き将来には此の社会民主党も亦、防御虚無党となるに違いない。

ストックホルム市には、殊に「兵営伝道」といふ一団体が設けられてあるや其の会員には青年社会党員も居れば、又社会民主党員も居る。此の頃になつては、労働組合からも多額の伝道費を寄付して来る。

陸軍では兵卒を召集する事の、年々困難になつて行くのを、切りに苦やんで来た。

始めの間紳士閥は激怒して居た。併し其の激怒はやがて驚愕に代はつた。そして議会は遂に防御虚無党鎮圧の法律を通過せしめた。次でにいふ、此の法律を通過せしむるのに、与つて甚だ力多かつたのは、社会民主党首領ヒヤーマル・ブランチングであつた。

併し瑞典の防御虚無党が、其の目的たる軍隊罷工、或は軍隊一揆に達するのは程遠き事ではない。

（『熊本評論』第二四号、一九〇八年六月五日）

敵は平穏

今日仙台で重禁錮一ケ年半といふ有りがたい宣告を受けた。どうせ戦争を遣つて居るのだから、どんな創をつけられやうが、又殺されやうが仕方がないけれども、いつも味方ばかりやられて、敵は無事平穏に居やがるのだからシヤクに障る。入獄の時を遅らす為めに、兎に角上告はして置いた。

（『熊本評論』第二五号、一九〇八年六月二〇日）

III

千葉から　獄中消息（四）

【大杉保子宛・一九〇八年九月二五日】

此の監獄はさすがに千葉町民の誇りとするだけあつて実に立派な建築だ。僕等のゐる室《へや》は丁度四畳半敷位のなかなか小ざつぱりしたものだ。巣鴨に較べて、窓の大きくて下にあるのと、扉の鉄板でないのとが、甚だ有難い。七人のものは或は相隣りし或は相向ひあつてゐる。

来てから三四日して仕事をあてがはれた。何と云ふものか知らんが、下駄の緒の心《しん》にはひる麻縄をよるのだ。百足二銭四厘といふ大した工銭だ。百日たつと其の十分の二を貰へるのださうだ。今のところ一日に七八十足しか出来ない。

先日の面会の時、前へオイとか左向けオイとかいふ大きな声の号令を聞きやしなかつたか。あれが此の監獄の運動だ。僕等は七人だけ一緒になつて毎日あれをやつてゐる。堺が将に半白ならんとする其の大頭をふり立てて、先頭になつて、一二、一二と歩調をとつて行くさまは、それや随分見ものだ。

（下略）

（『獄中記』一九一九年八月一日）

【大杉保子宛・一九〇八年一二月一九日】

モウ此処の生活も全く慣れて了《しま》つた。実を白状すれば来た始めには、多少の懸念のないでもなかつた。ああ此の食物、ああ此の労働、ああ此の規則。これで果して二年半の長日月《ちょうじつげつ》を堪え得るであらうかなどと秋雨落日の夕、私かに長大息をもらしたこともあつた。*〔面会の度毎に「痩せましたね」と眉をひそめられるまでもなく、細りに細つて行く頬のさびしさは感じてゐた。しかし月を経つに従つてこれらの憂慮も薄らいで来た。そして遂に、今日ではそれが殆んどゼロに帰して了つたのみならず更に余計な余裕さへ出来て来るやうになつた。〕

それに刑期の長いといふことが妙に趣を添へる、今迄のやうに二三ケ月の刑の時には、入獄の始めの日から、只だモウ満期のことばかり考へて居る。怠屈になると石盤を出して、放免までの日を数へる。裏を通ふる上り下りの汽車の響きまでが、いやに帰思《きし》を催させる、従つて始終気も忙《せ》はしく、又日の経つのも非《ひ》どく遅く感ぜられた。

併《しか》しこんどはそんなことは夢にも思はず、只如何にして此の間を過ごす可き乎とのみ思ひ煩ふ。そしてこれこれの本を読んで、これこれの研究をしてなどと計画を立てて見ると、どうしても、モウ半年か一年か*〔余計に〕居なければ、迚《と》ても満足な調べの出来ぬ勘定になる。さあ、こうなると落付いたものだ。光陰もホントに矢の如く瞬き去りて行く、長いと思つた二年半も瞬く中にモウ二年の中に入つて了つた。序にいふ僕の満期は四十三年十一月二十七日だそうだ。

*〔先日の面会の時に話した通り（若宮卯之助君）に次ぎのやうに云つてくれ。此の二ケ年間に生物学

と人類学と社会学との大体を研究して、更に其の相互の関係を調べて見たい。就いては通信教授でもするつもりで、組織を立てて書物を選択して借してくれないか。毎月二冊平均として総計五十冊は読めやう。と。

猶《なお》、其《そ》の傍ら、元来好きでそして怠つてゐた文学、殊に日本及び支那の文学書を猟《あさ》りたい。〕此の監獄は社会主義的の物は、厳しく禁制してゐるけれども、文学書に対しては、頗《すこぶ》る寛大の態度をとつてゐるやうだ。*〔先づ古いものから順次新しいものに進んで、殊に日本では徳川時代の俗文学に意を注いで見たい。これは別に書物を指定しないから、兄（女房の、堀柴山）や守田（有秋君）などに相談して毎月二三冊の割で何か送つてくれ。

独乙《ドイツ》語も漸《ようや》く二三日前にあのスケッチブック（アアビングの、独訳）を読み終わった。〕独乙語は、例へて見ると丁度科斗《おたまじやくし》に足が二本生へかかつた位の程度だらう乎。来年の夏頃には、尾をつけたまま、陸をピョンピョン跳びあるくやうになりたい。そして此の尾がとれたら今度は露西亜《ロシア》語を始めたいと思ふ。

少し欲張り過ぎるやうだけれど、語学の二つ三つも覚えて帰らなければ、迚ても此の腹イセが出来ぬ。これと伊太利《イタリー》語とは、二ケ月に各一冊位宛、読む予定だから、先日話したものを至急に送つてくれ。敢てエンゲルスを気取る訳でもないが。年、三十に到るまでには、必らず十ケ国の語を以てドモりたい希望だ。それ迄には又一二度勉強の機会があるだらう。

*〔仙境なればこそ、こんな太平楽もならべて居れるが、世の中は師走ももう二十日まで迫つて来たのだね。諸君の歳晩苦貧のさま目に見えるやうだ。僕等はこれから苦寒《くかん》にはひつて行く。〕

（『平民評論』第一号、一九〇九年三月一〇日）

【大杉保子宛・一九〇九年二月一六日】

*〔可なりの恐怖を以て待ち構へてゐた冬も、案外に難なく先づ先づ通過した。尤も此の間には、一月十日過ぎの三四日の雪の間の如き、終日終夜慄《ふる》え通しに慄えてゐたやうな事もあつたが、やがて綿入を一枚増して貰つたのと、天候の恢復したのとで、漸く人心地に帰つて、〕遂に風一つ引く事なくして兎も角も今日迄漕ぎつけて来た、監獄で冬を送るのも之れで二度目だが此処は東京や巣鴨から見ると余程暖かい様だ。

*〔それに僕等の監房は丁度南向きに窓がついてゐるので、日さへ照れば正午前二三時間余りの間は、背を円くして日向ぼつこの快をとる事が出来る。この為めに向ふ側の監房に較べて四五度温度が高いのださうだ。されば寒いと云つても大がい四十度内外のところを昇降してゐる位のもので、零度以下に降つたのは只の一度、例の慄え通しに慄えてゐた時のみだと思ふ。

しかし此の温度も、いつかの手紙にあつたやうに「ああ炬燵《こたつ》の火も消えた、これで筆を擱《お》かう」などと云ふ、ぜい沢な目から見るのと少しわけが違ふ。足下等の国では火と云ふもので寒さを凌ぐのかは知らんが、ここでは反対に水で暖をとつてゐる。先づ朝夕の二度、汲置《くみお》きの冷たい奴で、からだがポカポカするまでふく。そして三十分間柔軟体操をやる。其の気持のよさは到底足下輩の想像し得るところでない。折々鉄管が凍つて一日水の出ない事がある。そんな時には、従つて此の冷水摩擦が出来ねば、手足が冷たくて朝起きても容易に仕事にとりかかれず、又夜床にはひつても容易に眠られない。

しかし寒いのももう此処十日か二十日の間だ。やがて「噫、窓外は春なり」の時が来る。〕

先月の中旬に体重を測つて見た、例の如く大分減つて居る、試みに従来の夫と比べて見るに去年の六月入監の時には十四貫五百五十匁あつたのが九月に此処に移つて十三貫六百匁に下り、更に今度は十二貫七百匁に落ちた、尤も此後の部には二日の減食で二百匁、四日の減食で六百匁といふやうな少し念入りの減り方もあつたけれど之は一ケ月ばかり後に全く恢復して居た筈だ、併し此下り坂ももう大概ここら辺りでお止りだと思ふ。

(『自由思想』第一号、一九〇九年五月二五日)

【大杉保子宛・一九〇九年四月二六日】

いい陽気になつた、運動に出て二三十分間、ポカポカと照る春の日に全身を浴せかけて居ると、身も魂もホロホロに蕩《とろ》けてしまいさうな気持になる、一週間前の事であつた、此の運動を終つて房に帰つて見ると、何処からとも知らず、吹く風に誘はれて桜の花弁が只一片舞込んで来て居る、赤煉瓦の塀を越へて遥か向ふに僅かに霞のうちに其梢を見せてゐる松の一とむらと空飛ぶ鳥の外に何等生の面影を見ない囚はれ人の身にとつては、之れがなんだか慰さめのやうな、又からかいのやうな、一種妙な混り気の感じとなつた、ああ窓外は春也のあの絵、あれを見て僕等の此頃の生活を察してくれ、併し暖かくなつて、肉体の苦しみのなくなつたは何より有難い、其せいか体重も大分ふへた、一月から見ると丁度四百目増して十三貫八十目になつた。〔十五日から*着物も昼の仕事着だけ袷《あわせ》になつた。

雑誌は不許になつたが、姿だけは見た。

よくあれだけ広告がとれたね。大に感心してゐる。ながが年のお手並だ。それだけでも経済の立つて行かぬ事はあるまい。以前のやうに日に一二度ちよいと歩き廻はる位のやり方はよして、一生懸命に走り廻るがいい、売捌の方の景気はどうだ。

（下略）〕

（『自由思想』第二号、一九〇九年六月一〇日）

【大杉保子宛・一九〇九年六月一七日】


丁度一年になる。早いと云へば随分早くもあるが、又遅いと思へば随分遅くもある。妙なものだ。

窓ガラスに映る瘦せこけた土色の異形の姿を見ては、自分ながら多少驚かれもするが、さりとて何処と云つてからだに異状があるのでもない。一食一合七勺の飯を一粒も残さず平らげて、もう一杯欲しいなあと思つてゐる位だ。要するに少しは衰弱もしたらうけれど、先づ依然たる頑《がん》健児と云つてよからう。

ただ月日の経つに従つて省々吃りの激しくなるのには閉口してゐる。此頃では殆んど半啞で、云ひたい事も云へないから何事も大がいは黙つて通す。これは入獄のたびに感ずるのだが、こんどは其の間の長いだけそれだけ其度もひどいやうだ。不愉快不自由此上《このうえ》もない。

斯くして一方では話す言葉は奪はれたが、一方では又読む言葉を獲た。独逸語もいつか譬《たと》へて云つたやうな、蛙が尾をはやしたまま飛んで歩く程度になつた。シベリア（ジヨルジ・ケナンのシベリアに於ける政治犯人の独訳）位のものなら字引なしで兎も角も読める。伊太利語は本がなかつたので碌に勉強もしなかつたけれど、元来が仏蘭西語と極く近い親類筋なので、一向骨も折れない。さて、こんどはいよいよ露西亜語を始めるのだが、これは大ぶ語脈も違ふので少しは困難だらうと思ふが、来年の今頃までにキット物にして見せる。

いつかの手紙に近所に英語を教へるところが出来たから行かうと思ふとあつた。又先月の手紙にも又〇〇へ行かうと思ふとあつた。思ふのもいい、しかし本当に始めれば猶結構だ。幸い若宮が近くに住むやうになつたから、頼んで先生になつて貰うといい。語学の先生としても又他の学問の先生としても、〇〇よりはどれ程いいか知れない。ただ兎《と》かく女は語学を茶の湯活花《いけばな》視するので困る。若しやるなら真面目に一生懸命にやるがいい。そして僕の出獄の頃には一とかどのものにして置いてくれ。

先月の手紙で大体の様子はわかつた。さすがに世の中は春だつたのだね。しかも春風吹き荒むと云ふ気味だつたのだね。（幽月と秋水との情事を指す）おうらやましいわけだ。しかし困つた事になつたものだ。と云つても今更何とも仕方があるまい。善悪の議論はいろいろある事だらうが、なるべく非難する事は止めてくれ。汝等のうち罪なきもの之れを打て、僕などは到底何人に向つても石を投ずるの権利はない。

そんな事情から足下は一人の後見人を失ひ、又殆んど唯一の同性の友人を失つて了つた。今後は宇田（有秋君）とか若宮とかのよく世話をしてくれる人達に何事も相談して、周到な注意の下に行動するがいい。その上での出来事なら、たとへ僕の「将来の運動に関係」しても、又僕の「面目に係は」つても、僕は甘んじて其の責任を分ける。

幽月は告発されてゐるよし、こんどはとても遁《のが》れる事は出来まいと思ふが、平生の私情はともかくとして、出来るだけの同情を尽してくれ。

雑誌の売れ行きに就ては多少悲観もしてゐたが、先日の話によれば思つた程悪くもなささうなので大に安心した。あんな小さい雑誌でともかくも一家が食つて行けるとは有り難い事だ。しかし之れは皆な編集者を始め大勢の寄書家諸君のお蔭だ。その積りで、足下は一方に広告や売捌に勉強してそれ等の人々の労に報ゆると共に、一方には出来るだけ其の雑誌の上で他の人々の便宜をはかる心掛を持つてくれ。

ウオドの社会学とヘツケルの人間の進化は不許になつた。こんどはウオドの社会生理学とヘツケルの人類学とを入れてくれ。

(監獄では、とかく社会学とか進化論とか云ふ名を嫌ふので、此の二冊の本は不許可になつた。が、斯うして同じ本を名を変へて入れて貰つたら、無事に通過した。千葉の役人は英語も碌に読めないので、本の表題を和訳して差入れたが、同じ本を幾度も幾度も名を変へては差入れして、結局は大がい無事に通過した。)

(『獄中記』一九一九年八月一日)

【大杉保子宛・一九〇九年八月七日】

ことしは急に激しい暑さになつたので、社会では病人死人甚だ多いよし、殊に弱いからだの足下及び病を抱く諸友人の身の上心痛に堪えない。

まだ市ケ谷にゐた時、一日堺と相語る機会を得て、数名の友人の名を挙げて、再び相見る時のなからん事を恐れた。果して坂口は死んだ。そして今又横田（兵馬、当時第一高等学校在学中）が死になんなんとしてゐる。横田には折々見舞の手紙をやつてくれ。彼は僕の最も懐しい友人の一人だ。否、唯一の懐しい友人だ。

　八月と云へば例の月だ。足下と僕とが始めて霊肉の交りを遂げた思出多い月だ。足下の所謂「冷静なる」僕と雖亦感慨深からざるを得ない。数ふれば早三年、しかも其の最初の夏は巣鴨、二度目の夏は市ケ谷、そして三度目の夏はここ千葉と云ふやうに、いつも離れ離れになつてゐて、まだ一度も此の月の其の日を相抱いて祝つた事がない。胸にあふれる感慨を語り合つた事すらない。

　そして此の悲惨な生活は、直ちに足下の容貌に現はれて、年のほかに色あせ顔しはみ行くのを見る。しかし、これが果して僕等にとつてなげく可き不幸事であらうか、僕に愛誦《あいしょう》の詩がある。ポオランドの詩人クラシンスキイの作、題して婦人に寄すと云ふ。

水晶の眼もて人の心を誘ひ、
徒らの情《つれ》なさによりて人の心を悩ます。
君はまだ生の理想に遠い、
君はまだ婦人美を具へない。

紅の唇、無知のつつしみ、

今や其の価いと低い。
君よ、処女《おとめ》たるを求めず、
ただ此の処女より生ひ立て、
世の有らゆる悲哀を嘗めて。

息の喘《あえ》ぎ、病苦、あふるる涙、
其の聖なる神性によりて後光を放ち
蒼白のおもて永遠に輝く。

斯くして君が大理石の額の上に、
悲哀の生涯の、
力の冠が織り出された時、
其時！　ああ君は美だ、理想だ！

雑誌の禁止は困つた事になつたものだね。しかしこれもお上の御方針とあれば致し方がない。斯《か》くして生活の方法を奪はれた事であれば、先づ何よりも生活を出来るだけ縮める事が必要だらう。家もたたんで了ふがいい。そして室借生活をやるがいい。
何か新しい計画もあるやうだが、之れはよく守田や兄などにも相談して見るがいい。社会の事情の少しも分らん僕には、なんともお指図は出来ないが、要するに仕事の品《ひん》のよしあしさへ選ばなければ、何かする事はあらうと思ふ。日に十一二時間づつ額にあぶらして下駄の鼻緒の心を造つて、そして月に七八銭づつの賞与金と云ふのを貰つてゐる人間の女房だ。何をしたつて分不相応と云ふ事があるものか。

（中略）

やがて二人出る。村木はさうでもないやうだが、百瀬は大ぶ瘦せた。一度位大いに御馳走してやつてくれ。来月末には巌穴《がんけつ》（赤羽）が出る。其の次ぎは来年の正月の兇徒連。人の事ではあるがうれしい。

暑くるしいので筆をとるのが大儀至極だ。これで止す。さようなら。

（『獄中記』一九一九年八月一日）

【大杉保子宛・一九〇九年一〇月九日】

先月はずゐぶん手紙の来るのを待つた。二十日過ぎにもなる。まだ来ない。不許にもなつたのだらう。とも思つても見たが、しかし来ないのは僕のところばかりでもないやうだ。堺のところなぞもまだ来た様子がない。少し変だ。きつとこれは社会に何か異変があつたのに違ひない。（或は愚童、大逆事件の一人、其の事件の起る少し前に不敬事件で収監された）の事件からでも、飛んでもない嫌疑を蒙つて、一同拘引と云ふやうな事になつてゐるのぢやあるまいか。さあ、かう考へると、それからそれへといろいろな心配が湧いて来る。監獄にゐるものの頭は、恰かも原始の未開人が天地自然の諸現象に対するが如く、又は暗中を物色しつつ行くものの夫れに似てゐる。何にか少しでも異常があれば、直ぐに非常な恐怖を以てそれに対する。あとで考へると可笑しいやうでもあるが、本当にどれ程心配したか知れない。

一日の面会で無事な足下の顔を見て始めて胸を撫で下ろした。こんどは成るべく注意して不許になるやうな事は書かないやうにしてくれ。何にもさう無暗に長いものを書くにも及ばない。僕はただ足下がどんなにして毎日の日を暮らしてゐるか、それが分りさへすりや満足なのだ。

しかし足下も前の巣鴨の時と違つて、こんどはいつも肥え太つたそしてあざやかな笑顔ばかり見せるので、僕は大に安心してゐる。あの頃から見ると足下も大ぶえらくなつた。ただ人の助けを待つ、と云ふ事のかはりに、細いながらも自分の腕を働かせて行く。随分困つてもゐるのだらうが、さうピイピイ泣言も云はない。一軒の家に一人ぼつちで住んでゐる。これらはとても昔しの足下には出来なかつた事だ。僕は本当に感心してゐる。もうざつと一年ばかりの辛抱だ。まあ、しつかりやつてくれ。

此の手紙の着く頃は丁度『議論』の出る予定の頃だと思ふが、広告のとれ具合はどうか。雑誌の種類も前のとは大ぶ違ふし、それには余り広告に向くものでもなし、余程困難な事と察せられる。ただ今迄の御得意にせびりつくのだね。十二月の面会の時には是非雑誌を一部持つて来て、せめては足下の働きぶりだけでも見せてくれ。

英語はやはり続けてやつてゐるのか。先生をかへたのは惜しい事をした。足下なぞは自分で勉強する方法を知らんのだから、余程先生がしつかりしてゐないと駄目だ。ともかくも僕の露西亜語と競争にしつかりやらうぢやないか。僕もあの文典だけは終つた。来週から先日差入の本にとりかかる。

幽月はいよいよ〇〇と断《た》つて、公然秋水と一緒になつたよし。僕はあの〇〇の事だから煩悶をしなければいいがと心配してゐたが、案外平静なやうなので先づ先づ安心してゐる。いつかも慰め顔にいろいろと問ひ尋ねる看守に、却つてフリイ・ラブ・シオリイなぞを説いて、かうなるのが当り前でせうよと云つてカラカラと笑つてゐた。しかし例の爪は見てもゾツとする程ひどく嚙みへらされて了つた。（〇〇は爪を嚙む癖があつた）さていよいよ公然となれば、謂はゆる旧思想（秋水等は斯《こ》う呼んでゐたさうだ）とかの人達はだまつてゐる訳にも行くまい。いづれいろいろ喧《やかま》しい事と思ふ。しかし足下なぞはいつかも云つた通り余り立ち入らんやうにするがいい。

横田は本当に可哀相な事をした。僕はあの男が遂に其の奇才を現はす事なくして世を去つて了つたのがいかにも残念で堪らぬ。それに僕を最もよく知つてゐたのは実に彼れだつた。僕は彼れの訃《ふ》を聞いて、恰《あたか》も他の僕の訃に接したやうな気がする。

次ぎの書籍差入を乞ふ。

日本文、金井延著社会経済学、福田徳三著経済学研究、文芸全書（早稲田から近刊の筈）

英文、言語学、生理学（いづれも理化学叢書の）、科学と革命（平民科学叢書の）ワイニフンド・ステイブン著仏蘭西小説家。

仏文、ラブリオラ著唯物史観、ルボン著群集心理学。

独文、ゾンバルト著労働問題、菜食主義（ドクトル加藤所有、これは長々の実行で実は少々心細くなつたから、せめては其の理論だけでも聞いて満足してゐたい、ドクトルにさう云つて借りてくれ。）

露文、トルストイ作民話（英訳と合本して）

（『獄中記』一九一九年八月一日）

【大杉伸宛・一九〇九年一一月二四日】

父の死、事の余りに突然なので、僕は悲しみの感よりは寧ろ驚きの感に先だたれた。従つて涙にくれると云ふよりも寧ろただ茫然自失してゐた。

すると此の知らせのあつた翌日、君が面会に来た。そして家のあと始末を万事任せるとの委任状をくれと云ふ。僕は承知した。

しかしあれは取消す。そして次のやうに考を変へた。先づ保子に或る条件を委任して、三保に行つて貰ひ、調べる事は調べ、処理すべき事は皆んなと相談して処理する事、又其後の話によれば訴訟事件（父と父の関係してゐた或る会社との）もあるとの事だから、別に僕の知人の弁護士にも或る条件を委任して保子と一緒に三保へ行つて貰ふ事。猶《なお》其の外には種々なる法律上の問題もあらう。それ等に就いては万事此の弁護士を顧問とするがいい。此の人は従来しばしば僕等が世話になつた人で、こんども多忙の所を友誼上いろいろと引受けてくれる事となつたのだ。其のつもりで相応の尊敬を払つて相談するがいい。

保子は兎も角僕の妻だ。僕の意見は大体話してもあり、又手紙で書き送つてもある。従つて其の云ふ事は大体僕の言葉と承知して貰ひたい。君はまだ親しくもない間柄ではあるが、僕よりは年上の事でもあり世路《せろ》の種々の艱難も経て来てゐ、或点では却つて僕よりもたしかな所がある。保子とはいろいろよく打ちあけて話し合ふがいい。

要するに、家の整理は此の二人を僕と見て、そして猪《いのこ》伯父（多分今三保にゐるのだらうと思ふ、若しゐなければ除く）、母（其の二三年前に来た継母）及君の五人で相談してきめる事にしたい。

僕は元来全く家を棄てた者だ。嘗つて最初入獄の時、東京監獄から其の事を父に書き送つた事がある。父は君にもそれを見せたと思ふ。しかし僕が家を棄てたのは、それで長男たる責任を全く抛《なげう》つたのではない。父の生きてゐる間は、父に相応の収入もあり、又其他の総ての点に於ても、僕が居なくとも事がすむと思つたからだ。用のない家庭の累から全く僕の身を解放して、そして他に大に有用な義務を尽さうと思つたからだ。されば家を出てからは、殆んど全く弟妹をも顧みず、又父にも僕の廃《はい》嫡《ちやく》を願つて置いた。僕は之れに対して父や弟妹等がどんなに悲しく情なく思つてゐたか、それはよく知つてゐる。しかし時には自ら泣きながらも猶敢て此の行為を続けてゐた。

しかし父が死んで見れば、僕はさうしてはゐられない。僕の責任を尽さねばならぬ。今は僕がやらなければやる人がない。素より僕の思想は棄てる事は出来ぬ。僕は依然として矢張り社会主義者だ。寧ろ獄中の生活は僕の思想を益々激しくする傾きがある。ただもとの僕は殆んど一人身のからだであつたが、今からの僕は大勢の兄弟を後ろに控へたからだだ。従つて其間に僕の行動に多少の差がなければならぬ。僕は勿論此の覚悟をしてゐる。此点はよく察して貰ひたい。

僕はまだ母とは親子として対面した事がない。又手紙での交通もした事がない。そしてお互の間にはいろいろ誤解がわだかまつてゐるやうだ。しかし僕は母は母として尊敬する。殊に父の死後は猶更に謹みを深くする。君もこんどは保子が仲にはひる事でもあり、十分お互の融和を謀るがいい。

それから君が今勉めなければならぬ最大の任務は、幼弟幼妹等に対して十分の慰めと励みとを与へる事だ。父は死ぬ。頼みとする僕は牢屋にゐる。みんなは殆んど絶望の淵にゐるに違ひない。君以下の弟妹等の今後の方針に就いては保子に詳しく書き送つてある。猶君の希望も十分保子に話してくれ。此の手紙は伯父が三保にゐるなら見せてくれ。又母にも、若し君に差支がないなら、見せてくれ。

(『獄中記』一九一九年八月一日)

【大杉保子宛・一九一〇年二月二四日】

僕等の室の窓の南向きな事、及びそれが為めに毎日二時間ばかり日向ぼつこが出来る事などは、いつか話したやうに思ふ。

斯うして日向ぼつこをしながら仕事をしてゐると、何だか黒いものが天井から落ちて来る。見ると蠅だ。老の身をやうやうに天井の梁裏《はりうら》に支へてゐたのが、遂に手足が利かなくなつて、此の始末になつたのだ。落ちて来たまま仰向きになつて、羽ばたきも出来ずに、ただ僅かに手足を慄《ふる》はしてゐる。指先きでそつとつまんで日向の暖かいところへ出してやると、一二分して漸く歩き出すやうになるが、遂に飛ぶ事は出来ない。よろばひながら壁を昇つては落ち、昇つては落ちしてゐる。

これは十二月から一月にかけて毎日のやうに見る悲劇だ。毎朝の室の掃除には必ず二三疋の屍骸を掃き出す。

横田が茅ケ崎あたりにゴロゴロしてゐたのも、又金子(喜一君)がわざわざ日本まで帰つて箱根あたりをぶらついてゐたのも、要するに此の日向へつまみ出して貰つてゐたのだなどと思ふ。若宮もとうとう此の日向ぼつこ連にはひつたのか。十年の苦学を遂ひに何等為す事なくして、肺病の魔の手にささげて了ふのか。こんど出たら彼れの指導の下に大にソシオロジイの研究をしやうと思つてゐたが、或は其時にはもう此の良師友に接する事も出来ぬかも知れんのか。先づ何よりも養生を願ふ。足下も出来るだけの手を尽して看護なり何なりに勉めてやつてくれ。

寒村は目今失意の境にある。よく慰めてやつてくれ。（下略）

（『獄中記』一九一九年八月一日）

【大杉保子宛・一九一〇年四月一三日】

戸籍法違犯とか云ふので、此の八日に裁判所へ喚《よ》び出された。丁度一年半目に人間の住む社会なるものを例の金網越しにのぞき見した。僕等の住んでゐる国に較べると、妙に野蛮と文明とのごつちゃまぜになつたところのやうに感じた。いてふ返しがひどく珍らしかつた。桜も四五本目についた。事は相続の手続が遅れたとか云ふのではほんの一寸した調べではあつたが、口の不自由になつてゐるのには自分ながらほとほとあきれた。それに最初の答から海東郡だの神守村《かもりむら》だのと云ふ云ひにくい言葉ばかりなんだから。僕はこんど出たら、何処か加行や多行の字のないところに転籍する。其の後其の決定が来た。科料金弐拾銭。

ことしは四月に入つてから毎日のやうに降つたり曇つたりばかりしてゐて、従つて寒いので、少しも春らしい気持をしなかつたが、けふは暫く目のいい天気だ。何だかぽかぽかする。此のぽかぽかが一番社会を思出させる。社会と云つても別に恋しい所もないが、ただ広々とした野原の、萌え出づる新緑の空気を吸つて見たい。小僧（飼犬の名）でも連れて、戸山の原を思ふままに駈け回つて見たい。

足下と手を携へて、と云ひたいが、しかし久しい幽囚の身にとつてそんな静かな散歩よりも激しい活動が望ましい。寒村などはどうしてゐるか。

僕等の室の建物に沿ふて、二三間の間を置いて桐の苗木が植はつてゐる。三四尺から六七尺の丈《たけ》ではあるが、まだ枝と云ふ程のものはない。何の事はない、ただ棒つ切れが突立つてゐるやうなものだ。それに一寸した枝のあるものがあつても、子供の時によく絵草紙で見た清正の三本槍の一本折れたのを思ひ出される位の枝だ。こんなのが冬、雪の中に、しかもほかに何んにもない監獄の庭に突立つてゐるさまは、随分さびしい景色だ。しかし此の冬枯れのさびしい景色が僕等の胸には妙に暖かい感じを抱かせた。棒つ切れがそろそろ芽を出して来る。やがては僅かに二三尺の苗木にすら、十数本の、あの大きな葉の冠がつけられる。其頃には西川が出やう。

うちの事に就いていろいろ書かなければならん事もあると思ふが、足下からの便りがないので、何がどうなつてゐるのか少しも事情が分らない。足下からの手紙はたしか十一月の父の死の知らせが最後だ。一月には松枝（妹）と勇（三弟）からのが来た。三月には足下のと思つて楽しんでゐたら伸（次弟）の、しかも一月に出した、用事としては既に時の遅れた、内容の無意味極まる、実に下らないものを見せられた。面会はいつもあんな風にいい加減のところで時間だ時間だと云つては戸を閉められて了ふのだし、用の足りぬ事も亦おびただしいかなだ。今うちに誰れと誰れが何うしてゐるのやら、又どんな経済の事情やら、其他万端の事を本月の面会の時によく話の準備をして来て、簡単にそして詳細によく分るやうに話してくれ。

足下は始めて子供等の世話をするのだが、どうだい、随分うるさい厄介なものだらう。（継母は父のいくらもない財産の大部分を持つて去つた。そして既に嫁入つてゐる二人の妹の外の六人の弟妹が保子の許に引き取られた。）僕は別に難しい注文はしない。ただみんなを活発な元気な子供に育ててくれ。ナツメ（飼猫）は急にいたづらをされる仲間が出来て困つてゐやしないか。

去年の十月から殆んど毎月の手紙のたびに独逸文の本の注文をしてゐるのだが、どうしたのだらう、更に送つてくれないぢやないか。折角出来あがりかけた大事なところを半年も休みにされては又もとのもくあみに帰つて了ふ。大至急何か送つてくれ。

目録の中から安い本を書き抜かう。

フンボルト著アンヂヒテン・デル・ナトウル。

ヤコブセン著ゼツクス・ノベルレン。

ヰツセンシヤフトリへ・ビブリオテク6-8・17・73

ベルタ・フオン・ズツトネル著デイ・ワツヘン・ニイデル。

暫く独逸語を休んだかはりに、露西亜語に全力を注いだので、こつちは案外に早く進歩した。生立の記（トルストイ）のやうなものなら何の苦もなく読める。本月中に又何か送つてくれ。

先月の末からの差入のものは大がい不許になつた。近日中に送り返す。猶次ぎのものを至急送つてくれ。（これは、実は一旦不許になつたものを、又別な名で差入れる指図をしたものだ）

伊文。プロプリエタ（経済学）、フォンヂユアリヤ（哲学の基礎）、ロヂカ（倫理学）、以上――の著。

英文。ルクリユス著プリミチフ（原人の話）、ドラマチスト（文学論）、スカンヂネビアン（北欧文学）、フレンチ・ノベリスト（仏国文学）。仏文。ラポポルト著歴史哲学、ノビコオ著人種論。猶ほかに英文で、ウオドのピユア・ソシオロジイとサイキカル・フアクタアス、ギディングスのプリンシプル・オブ・ソシオロジイ。

ここまで書いたら、体量をとるので呼び出された。十三貫四百目。去年の末からとるたびに百目二百目づつ増える。からだの丈夫なのはこれで察してくれ。

（『獄中記』一九一九年八月一日）

【大杉保子宛・一九一〇年六月一五日】

不許とあきらめてゐた四月上旬出の手紙を五月の半ばに見せられた。多分三月の半ばに一月出の伸のを見たから、それから満二ケ月目（懲役囚は二ケ月に一回づつしか発信受信を許されてゐない）の今日まで延ばされたのだと思ふ。お上の掟と云ふものは誠に森厳なものだ。しかし四月下旬出のあの手紙は即刻見る事が出来た。これは又多分臨時にと云ふお恵みに与かつたのだと思ふ。お上の掟には又此の寛容がある。ともかく此の二通の手紙で万事の詳しい事が分かつたので甚だ有がたかつた。

花壇を作つたと云ふ事だが、思へば僕等が家を成してから既に六年に近く、此の間自ら花壇を作る事の出来たのが僅かに二回、しかも一回だに自分の家の花壇の花を賞した事がない。

此の監獄では僕等の運動場の向ふに、肺病患者などのゐる隔離監と云ふのがあつて、其の周囲の花壇がいつも僕等の目を喜ばしてくれる。本年も四月の始めに、何んの花だか遠目でよくは分らなかつたが、赤い色の大きなのが咲きそめて、今はもう、石竹《せきちく》、なでしこの類が千紫万紅を競ふてゐる。そして此の花間の蒼面痩軀《そうめんそうく》の人達が首うなだれて徐ろに逍遥してゐる。僕は折々自分のからだの甚だ頑健なのを嘆ずる事がある。色も香もない冷酷な石壁の間に欠伸してゐるよりは、寧ろ病んで蝶舞ひ虫飛ぶの花間に息喘ぐ方が、などと思ふことがある。帰る頃にはコスモスが盛んだらうと云ふ事だが、ここにもコスモスは年の終りの花王として花壇に時めく。お互にこのコスモスの咲く頃を鶴首して待たう。

去年の春は春風吹き荒んで、楊花雪落覆白蘋、青鳥飛去銜赤巾と云ふやうな景色だつたが、ことしの春の世の中はどうだつたらう。何れ面白い話がいろいろある事と想像してゐる。

兄が近所に来てくれたので家の事は先づ先づ安心した。こんどの兄の子は男か女か、兄の細君にもいろいろ世話になるだらう。よろしく。進（三弟）の腕白には大ぶ困らせられたやうだね。人間の子を育てるのはお雛様や人形を弄ぶのとは少し訳が違ふ。若し足下等の女の手に自由自在になるやうな男の子なら、僕は其の子の将来を見かぎる。教育の要は角をためる事でなくして、ただ其の出る方向を指導するにある。進は嘗《か》つて其の容貌最も僕に似ると云はれてゐたが、或は其の腕白もさうなのだらう。それにあの子は少し吃りやしないか。よくもいい所ばかり似るものだ。其後学校の方はどうなつたか。勇は何かしでかして家に来《こ》れないやうになつてゐるとの事だつたが、まさか今猶そんな事情が続いてゐるのではあるまいね。彼れは今少年期から青年期に移る、肉体上及び精神上に一大激変のある最も危険な年頃にある。そして出づれば工場の荒い空気の中、帰れば下宿屋の冷い室の中、と云ふ甚だ情けないそして又甚だ危険な所に在る。休日などには成るべく家へ来て、一日なり半日なりの暖かい歓を尽させてやつてくれ。伸の徴兵検査はどうなつたか。弟妹等一同に留守中の心得と云ふやうなものを書きたいと思つたが、許されないので致方がない。五ケ月の後相共に語るまでおとなしく待つやうに伝へてくれ。

（中略）

若宮守田の病気如何に。社会にゐるものはなぜさうからだが弱いのだらうね。此の雨がやんだら急に激暑が来るだらう。足下のお弱いおからだもお大事に。

（『獄中記』一九一九年八月一日）

【大杉保子宛・一九一〇年九月一六日】

夏になれば少し位からだのだるくなるのは当り前の事だ。しかし僕は、去年だつて一昨年だつて、特にからだが弱るとか、食欲が減るとか云ふやうな事は少しもなかつた。そして心中私かに世間の奴等や従来の自分を罵つて、夏になつて何とか彼とか愚図つくはきつとふだん遊んで寝て暮らしてゐる怠けものに限る、などと傲語《ごうご》してゐたものだ。

それだのに本年はどうしたのだらう。満期の近い弱味からでもあらうか、ひどく弱り込まされた。先づ七月早々あの不順な気候にあてられて恐ろしい下痢をやつた。食べるものは少しも食べないで日に九回も十回も下るのだもの、病気には極く弱い僕の事だ。本当にほとほと弱り込まされた。其後二ケ月余りになつて、まだ通じもかたまらず、食欲も進まない。雨でも降つて少し冷えると、三四回も便所へ通ふ。そして夜なぞはひどく腹が痛む。医者もまん性だらうと云ふし、僕も或は幸徳か横田

（二人とも腸結核だつた）のやうになるのぢやないかとひどく心配してゐた。尤も此の四五日は便も大ぶ具合がよし、おとといの雨にも別に変りはなかつたが、うまくこれで続いてくれればいいがと祈つてゐる。

山川等の出た日だつた。左程強い風でもなかつたが、もう野分《のわけ》と云ふのだらう、一陣の風がさらさらと音するかと思ふうちに、此の夏中さしわたし二尺あまりもある大きな葉の面に思ふままに日光を吸ふてゐた窓さきの桐の葉がばさばさと半分ばかり落ちて了つた。そして其の残つてゐるのも、或は破れ或は裂けて、ただ次ぎの風を待つてゐるだけのやうだ。秋になつたのだ。

病監の前のコスモスも随分生え茂つてもう四五尺のたけに延びた。さびしい秋の唯一の飾りで、且つやがては僕等を送り出す喜びの花になるだらうと、ひたすらに其の咲き香ふのを待つてゐた。するとと本月の二日、突然ここに移されて来た。何の為めだかは知らないが、千葉には些の名残もない。塵を蹴立ててやつて来た。ここでは八畳敷の部屋に一人住ひしてゐる。仕事はきやう木あみ。前には二枚づつを三本にして編むのだつたが、こんどは五本に進歩した。又まづいの少ないのと叱られないやうにと思つて、一生懸命にやつてゐるが、日に十六丈何尺と云ふきまりのを漸く三丈ばかりしか出来ない。夜業がなくて、暗くなると直ぐ床につけるのと、日曜が丸つきり休みなのとが、甚だ有難い。

六日に例の課長さん（今の監獄局長、当時の監獄課長谷田三郎君）が来て、「けふ君の細君が本を持つて来たから、差支のないものだけ名を書いて置いた」と云ふ仰せだつた。其の本は受取つた。これからは司法省の検閲を経る必要はない。直接ここへ持つて来てくれ。至急送つて貰ひたい本は、英文。ダアヰン航海記。ディツケンの哲学。シヨオのイブセン主義神髄。クロの露西亜文学。モルガンの古代社会。個人進化と社会進化。産業進化論。
独文。科学叢書。
露文。文学評論。
伊文。………
本は五冊づつ月に三度下げて貰へる。

（『獄中記』一九一九年八月一日）

【大杉保子宛・一九一〇年一〇月一四日】

八月に書いた手紙は不許になつたが、九月に出したのは着いてゐるのだらうね。足下の方から更にたよりがないので少しも様子が分らない。此の手紙の着く頃は足下が面会に来れる時に当るのだが、今はただそれのみを待つてゐる。

前の手紙に胃腸をわるくしてゐるなぞと書いて置いたから、定めて心配してゐる事と思ふが、其時にもちよつと云つて置いたやうに其後は甚だ経過がいい。まだ一週に一度位は下るが、大した下りかたではない。痛みは全くなくなつた。此位の下痢なら、丁度ここで毎週一度大掃除をやるやうに腹の中の大掃除をするやうな気持がして、却つて小気味がいい。出るまでには是非治したいと思つて切りに運動して養生してゐる。

ことしは初夏以来雨ばかり降り続く妙な気候なので、内外にゐる日向ぼつこ連の健康が甚だ気づかはれる。あとの二度とも本が郵便でばかり来るので、或は足下も寝てゐるのぢやあるまいかと心配してゐる。八月の千葉での面会の時に、読んで了つた本を持つて帰れと云つた時も、眼に涙を一ぱいためて何の彼のと云ひわけする情なささうな顔つきは、どうしても半病人としか受取れなかつた。

手紙もこれで最後となつた。これからは指折つて日数を数へてもよからう。僕の方では毎十の日に本が下《さが》るのでそれを暦の一期にしてゐる。先づ本が来ると、それを十日分の日課に割つて読み始めるのだが、いつもいつも予定の方が早すぎるので、とかくに日数の方が足らぬ勝ちになる。従つて日にちの経つのが驚く程早い。そして妙なのは、此の五六月以来堪へられぬ程そとの恋しかつたのが、ここに来てからは跡かたもなく忘れて、理屈の上でこそもう幾日たてば出られるのだとは知つてゐるものの、どうしても感情の上のそんな気が浮んで来ない。何だか今ここに斯《こ》うしてゐるのが自分の本来の生活ででもあるやうな気持すらする。しかし何と云つても定めの日が来れば出なければなるまい。

森岡の神様（獄中で少し気が変になつて自分は神様だと云ひ出した一同志）はどうした。一と思ひに腐縁を切つて了はなくつちやと云ふので、誰にも会はずに直ぐ船で大連へ行くと云つてゐたが。成程ああ云ふ男も出来るのだから、お上で吾々を監獄にぶちこむのも多少はご尤もとも思はれる。僕もすつかり角を折つて了つた。こんどこそは大におとなしくならう。もう喧しい難しい事は一切よしにして罪とがもない文芸でも弄んで暮らすとしやうか。それとも伸（弟）のやうに三井あたりで番頭にでも雇はうと云ふなら、金次第で何処へでも行かう。ほかに何んにも芸はないが、六ケ国ばかりの欧州語なら堅いものでも柔かいものでも何んでも御意のままに翻訳する、と云ふやうな触れで売り物にでも出やうか。しかし折角斯うしておとなしくならうと思つてゐても、お上で依然として執念深くつ

きまとうやうな事があつては、何も彼もおヂヤンだ。（下略）

（『獄中記』一九一九年八月一日）

［ジヨゼフ・ワスニエフスキー］

涙の湖

テーブ王朝の頃、埃及《エジプト》に或る年若い旅の苦行僧が来て、国人の為めに歓楽の催しを為た。ユーフラートの谷々よりもつともつと美しい或る谷中に、魔法を使つて、窮民や囚徒の涙、老人や小供の涙、寡婦や孤児の涙で満ち満ちた湖を造つた。そして苦行僧は此の湖を岸辺まで漲らせて、学者の驚きに任せて置いた。

此の湖の上を、月の輝き、立琴の響き、雑色の火の光の中に、宴毎に王様の船は白鳥のやうに泳ぎ回つた……鶯《うぐいす》の合唱は愛くるしい歌を四方にさざめかして、其の小音は薫りと暖さとに充ちた大気に通り渡る……華やかな夜の魔術に浮された埃及の人達の頭は美や、詩や、幸福や、将た快楽やの天上の国の幻夢《まぼろし》に耽り傾く。

驕奢《きようしや》の船は玻璃《ガラス》板の上を——窮民の溜息のやう、人の幸福の墳墓のやう、声低く、そよめき呟く水晶の波の上を——静かに厳しく泳ぎ回る。悪戯な小供の手は、そこここに奇麗な薔薇の花を投げ散らす。花は直ぐさま色蒼ざめる……誰れ誤つて其の高価な着物の裾を、湖にでも浸さうものなら、其の着物の上に永久の斑点が残る……抱擁の麻酔に燃えた女は、湖の流れで其の炎のやうな口の渇きを医さうとするが、併し駄目……

遂に王様は憤然として、快楽を望む人々を叱りつける。そして他の苦行の老僧を招いて、此の魔法の湖を涸《か》らせやうとする。

「只一つ不確ながら方法が御座りまする。」恭々しく頭を垂れて老僧の云ふ。「此の湖を乾かすのは、只々黄金に依りまする。」

大金持共がやつて来て、皆んな湖の中へ黄金の貨を投《ほ》うる。

湖は依然！

そこへ又、それよりは貧しい人々がやつて来て、其の中の二三の人が一枚の小判を拾ふ。

そこで全埃及中の国民を呼び集めて、出来るものは皆んな其の黄金を湖の中へ投うる。

併し此の広い湖は涸れない。

反対に、其の中へ黄金を投うれば投うる程、愈々水面が高まつて来て、遂には水が岸の上に溢れ出て、埃及中の谷々に流れ注ぐ。

之れを遠くから、あの石の、冷たい不動のスフインクスが視てゐた。そして此の千古の沈黙を守つて、謎に充ち充ちたスフインクスが、今し口を切つた。「流れ出た涙は、何者も決して拭へない。」

此の噺を現代の人々は各々其の国語に反訳して、そして——奇妙にも——皆んな一様にそれに「慈善」と云ふ表題《みだし》をつけてゐる。

不思議な事だ。


（『無我の愛』第二八号、一九一一年三月五日）

〔寄せ書〕

春三月…

春三月縊り残され花に舞ふ

（一九一二年三月二四日）

無政府主義の手段は果して非科学的乎

「社会主義及び無政府主義に対する憲法上の疑義其二」を読む

一

法学博士浮田和民先生足下。

名も無き一介の貧書生たる僕は、此の文を草するに先つて先づ僕自身を自ら先生に紹介するの必要を感ずる。僕は、所謂彼の大逆事件の発生当時、此の事件を惹起した一大動機と称せられてゐる彼《か》の赤旗事件に依つて千葉の牢獄に投ぜられてゐ、為めに遂に絞り殺さるるの運命を拾ひ得た日本無政府主義者の一人である。そして此の無政府主義者の一人と言ふ肩書が、先生の太陽五月号所載「社会主義及び無政府主義に対する憲法上の疑義」に対して、敢《あえ》て一言を云ふの非礼を犯さしめる。

大逆事件の発生以来、三宅博士の言つた如く無政府主義運動を「外国の事と思ひ」、又は「堕落書生の悪戯か」と見てゐた呑気至極なる日本の新聞雑誌紙上に、社会主義や無政府主義に関する議論が丁度此の頃の筍のやう弥《いや》が上にも出た。然《しか》るに其以前から日本の社会主義者や無政府主義者は一切の言論の自由を奪はれてゐた。従つて議論は反対論者の一人舞台であつた。其の上忠君愛国なる日本国民の多数は、社会主義者や無政府主義者の所謂大逆無道に驚愕と憤怒とを重ねてゐた。もう何を言はうと勝手だ。悲憤慷慨《ひふんこうがい》一点張りの感情論、社会主義や無政府主義に関して何等の知識のない愚論僻見《へきけん》、卑しくも口あり筆ある者は猫も杓子も、有象無象寄つて集《たか》つてほざきにほざいた。其の結果現代の理知の人に取つては、其れが却つて社会主義や無政府主義に多少の同情を催させ、倒《さか》さまに其の反対論の狂暴と痴愚とを嘲り笑ふの種となつた。心ある国家論者は定めて之れに眉を顰《ひそ》めた事と思ふ。僕等社会主義者或は無政府主義者は、私に之れに微笑んでゐた。

先生は恐らくは此の心ある国家論者の一人と拝察する。先きに先生は、官民を挙げて無政府主義者を絶滅す可しと叫喚する間に立つて、冷かに無政府主義者を解剖して、之れを理論的と犯罪的の二つに分類し、其の理論的の者に対しては自由なる言論を許すべきを詳論せられた。思想は天から降つて来る者でない。必ずや何等かの自然現象或は殊に社会現象に因縁して起る。そしてその現象の消滅せざる限り、其処から起きた思想は絶えず何等かの行為となつて出現せねば止まぬ。言論は此の行為の出現する最初の最も平和なる口である。そして此の平和なる出口の自由たる事に依つて、社会は其の文明への進化を進む。若しこれに反して此の出口が圧迫せらるれば、思想は他の口、平和ならざる他の口を求めて其の出道を見出さねばならぬ。そして此の平和なる出口の絶えず圧迫せらるる事に依つて、社会は其の野蛮への退化を進む。

今日の国家の立場から見れば、犯罪的の無政府主義者に対して国法の定めた刑罰を与ふるのは、其の自衛上至当の事であらう。けれども其の理論的の者に対して飽く迄も圧迫を加へるのは、却つて国家及び其の住民の自滅を計ることとなる。僕等無政府主義者は素より国家の自滅して呉れるのは構はない。しかし住民までが其の連累《れんるい》を食つて自滅させられて了ふのは忍びぬ。

二

欧羅巴《ヨーロッパ》の学者の多数は、もう余程古くから社会主義の理論だけは可なり正直に理解してゐる。けれども無政府主義に関しては未だまだ多くは全くの盲で、僅かに少数の学者が漸く数年前から少しく眼を開らきかけて来た有様である。日本の学者も漸く此の頃になつて、少数の人が曲りなりにも社会主義だけは分つて来たようだが、無政府主義に関しては万人とも丸つきり盲で聾《つんぼ》で、只口だけが四五人前にきく。そして此の口をきいた結果、先きに言つたやうに心ある国家主義者の眉を顰めしめ、又僕等社会主義者及び無政府主義者を私に微笑せしむる事となつた。

先生は此の心ある国家主義者の一人である。今回の論文は恐らくは先生が此等の無学なる万人の学者に教へんとして草せられたものと相察する。（一）と（二）の個人主義と社会主義との消長、（三）の社会主義と無政府主義との消長、（四）の社会主義と無政府主義との根本的差異、読み去り来つて、観察の甚だ該当を得、且つ叙述の甚だ明瞭を得、略其の委曲を尽して書き現はされてゐるのは、流石に先生のお手際と感服の外はない。

社会主義は個人主義の弊害に依つて起つた。そして無政府主義者は又此の社会主義の欠点に依つて、個人主義の魂と社会主義の才とを化合して、最も新しく起つた大調和主義である。人は無政府主義の表面だけを見て余りに極端なる思想だと言ふ。けれども実は余りに極端にまで進んだ個人本位と、余りに極端にまで進んだ社会本位との一大調和思想である。無政府主義を研究し或は評論せんとする者は、先づ此の主義が最近思想界の一大傾向たる調和の潮流に棹さす者たる事に注意せねばならぬ。

僕は此処まで先生の議論の殆んど総てに賛成して来た。けれども遂に（五）の所論に至つて、先生に一言を呈せざるを得ない不幸に立ち到つた。先生は言ふ、社会主義の方法は科学的であり又立憲的であるが、無政府主義の手段は非科学的であり又非立憲的であると。社会主義が科学的であるか又立憲的であるか否かについては、僕は今敢てこれを言はない。又無政府主義が非立憲的であるか否かに就いては、論ずるさへ余りに馬鹿馬鹿しいから止す。僕の此の文章の主題は、「無政府主義の手段は果して非科学的か」である。

先生は言ふ、無政府主義者は進化の理法を認識せず、進化の程順を経ず、急激なる革命手段に依り、現在の国家及び政府を破壊さへすれば、自然に其の跡から完全なる無政府社会、超国家的社会が出来ると言ふことを予想してゐる。彼等は一足飛びに完全なる理想境に達することが出来ると思つてゐると。之れに依つて見れば、先生が無政府主義を非科学的であると言つたのは、無政府主義の理論其物の立て方が非科学的だと言ふのでなく、無政府主義者が其の理想を実現させやうとする手段が非科学的だと言ふに止まる。そして此の非科学的と言ふのは、進化の理法を認識しないと言ふにある。

果して無政府主義者の手段は進化の理法と合一せざるものであるか、非科学的なものであるか。

三

先生の所謂進化の現法とは、ダーキン之れを生物学に唱へ、スペンサー之れを社会学に応じたる、生物及び社会の歴史は一般に進歩的であると言ふ外に、此の進歩は適者生存の法に依つて時々刻々に、漸次《ぜんじ》に、眼に見る事の出来ぬ度合で、間断なく進んで行くものであると云ふ、狭義に云ふ彼のダーヰニズムである。丁度人類社会の歴史を仮定して、予め定められた溝の中を、不断に、一様に、単調に、いつも緩かに、規則正しく流れて行く平凡な小川のやうに見て、其の間を旅する人々には何等の変化にも会ふ事の出来ぬやうに見た進化論である。ダーヰン当時の幼稚なる生物学者と社会学者とは、万物は進化するてふダーヰンの原則に眩惑《げんわく》せられて、それに付属する一切の理論にまで盲従して了つた。否、盲従ばかりではない。更に之れが付会と誇張とを以て其の任とした。遺伝論もそうだ。生物競争論もそうだ。又先きに言つた平凡なる進化の程順論もさうだ。然るに人類の歴史を見れば、進化の大河は彼地此地《あちこち》と長い間漂ひながら、屈折迂回して、或は広く緩かに流れ、或は狭く急に流れ、到る処に多様の絶景を出現して、亜細亜の緑滴る平野から大西洋の白波打つ岸辺に流れ下つてゐる。是に於て少数の活眼ある社会学者間に、進化の大法は認めながらも、猶生物と社会との進歩に夫れ夫れ特種の方法があるやうに論ぜられた。

けれども生物学の進歩と共に、遂に有機界の進化論は改造せられかかつて来た。進化論にも矢張り進化があつた。もうダーヰンやヘツケル一流の進化論は、其の大半を改造しなければ今日の最新の科学とは合致しなくなつて来た。

先づワイズマンの旧来の遺伝説破壊論が出た。即ち或る生物が其の生存中に得た特性は、その子孫に影響するものでないと云ふことになつた。そしてこの遺伝に依つて新しき変種が出来ると言つた説は主として原始原生物のジヤームプラズムに対する周囲の影響、胎内に在るジヤームプラズムに対する周囲の刺戟、及び授胎の際のジヤームプラズムの結合に依つて新しき変種が出来ると云ふ説に変つた。

次ぎにデ・フリースの平凡なる進化の程順論を破壊するの説が出た。生物は漸次に不断の進化をするものでない、突如として変化するものである。デ・フリースはラマルキアナと称する月見草に依つて此の新発見を得た。そして更に地質学上から見て、生物存在の時間が決してダーヰニズムの極めて緩慢なる不断の進化と云ふ如き概念を許すものでないと結論した。

そして最後にクロポトキン等の狭義なる生存競争論を打破するの説が出た。或は愛の説が出た。或は他人の為めの生存競争説が出た。或は相互扶助説が出た。

以上三個の新学説は、素より今日とても全然真理だと認められたものではない。けれども少壮の学者間に漸次其の勢力を占めて、今日では多数の生物学者が多少之れに傾きつつあることは、既に争ふべからざる事実である。

四

然《しか》らば此の三新学説を社会科学の上に応用したらどうなる。僕は先づ之れを無政府主義の上に当てはめて見る。

第三の相互扶助説は実に無政府主義の理論の根本科学である。根本哲学である。之れに依つて無政府主義は、先生の言ふが如く「自由契約の下に地方的自治団体を組織し、各団体間の共通利益は一種の自由連合制を以て処理せんとする」ものである。

そして第二のデ・フリース説と第一のワイズマン説とは、実に無政府主義の手段の根本科学ともなり、又根本哲学ともなる。第二の説に依つて無政府主義者は、先生の言ふが如く、「急激なる革命」のあり得るを知る。又第一の説に依つて無政府主義者は、此の革命の前及び際に於ける社会のジヤームプラズムと其の周囲との如何に依つて、其の理想の新社会を実現し得るを知る。

既に人類の原始ジヤームプラズムは相互扶助の大感情を持つてゐる。余す所は只社会革命の前及び際に於けるジヤームプラズムと其の周囲の如何に在る。そして此のジヤームプラズムと其の周囲の如何とは、其の社会の最大の傾向を観破して、此の傾向の増進に努力するを示す。太古の個人意識なき自由政治が専制政治となり、次いで此の専制政治が立憲政治となり、而して更に此の立憲政治が漸次個人意識ある自由政治に進みつつあることは、正に人類社会に於ける政治上の一大傾向である。又太古の個人意識なき共産制が私産制となり、次いで此の私産制が集産制となり、而して更に此の集産制が漸次個人意識ある共産制に進みつつある事は、正に人類社会に於ける経済上の一大傾向である。そして無政府主義者は此の二大傾向の増進に努力する者に過ぎない。

噫《ああ》、無政府主義者の手段は果して進化の理法を認識しないか。進化の程順を経ないか。非科学的か。又現制度を破壊さへすれば、自然にその跡に完全なる理想境が出来ると予想するか。

僕は敢て先生の再考を乞ふ。

五

けれども更に僕は繰り返へして言ふ。此の三科学説は未だ全く真理と認められたものでない。従つてこれを無政府主義の手段の根本科学、根本哲学であると言ふのは、甚だ危険なる事である。欧州の無政府主義者も其処までは大胆に言つてゐない。併し僕は思ふ、此の三新学説は決して全く新しきものでなくダーヰン自身も朧《おぼろげ》気ながら之れを記るし、又此等学説の創始者も皆其の説が全くダーヰニズムと一致するものであると云ふのを見れば、ダーヰニズムの言ひ残したる、或は言ひ誤りたる宇宙の真理の少なくとも半面以上が茲に含まれてゐると言つても、敢て過言とはなるまい。そこで僕は之れが応用を無政府主義の手段の理論の上に試みて見た。若し此等の新科学説が全然誤りだと云ひ、或は僕の応用が間違つてゐると云ふなら、僕は更にダーヰニズムに帰つて次の如く言ふ。

由来人類社会の所謂急激なる革命を物々しく重大過視するのは、万物皆人類の為めに生存し、そして此の人類の住む地球が宇宙の中心であると僻見してゐた、野蛮時代の蒙昧《もうまい》思想の遺物である。

進化とは生存する一切の物の限りなき運動の謂である。宇宙の、及び其の一切の小部分の、無始の始めより無終の終りに至る、不断の変遷の謂である。大にしては窮りなき空間に現出して或る幾千の世紀の間に凝結し解体する銀河、発生し合体し死滅する諸恒星及び諸遊星、太陽や諸遊星や月と共に回転する我が地球、小にしては此の地球の上に憤起し、消滅する小岳、漲溢《ちょういつ》し枯乾する海洋、夕に谷間を流れて朝に露の如く消え去る川河、植物や動物や人類の相次ぐ子孫、是れ皆其の限りなき渦の中に万物を引き入れて行く、大進化の現象に外ならぬ。

斯くの如き宇宙の生命と進化との根本的事実に対する時、天文上の、地文上の、将た人文上の所謂革命と称せらるる如き件は、果して何の観か之れある。殆んど感覚する事も出来ぬ小顫動《せんどう》、小現象にすぎぬ。革命の宇宙進化の中に相次ぐは、幾億又幾億の数と算へる。けれども此の革命が如何に微小なものとは言へ、限りなき進化の大運動の部分を為すものである事は、素より言ふまでもない。

斯くて科学は進化と革命と云ふ二字の間に何等の対立をも認めない。社会の進化は人事の一切を含む。従つて革命も亦其の中に含まれる。進化論者は又革命論者であらねばならぬ。歴史は準備の連続に次ぐ完成の連続である。進化と革命とは同一現象の相次ぐ二ケの行為である。進化は革命に先ち、革命は又新進化に先つ。そして此の新進化は更に次の革命の母となる。要するに進化と革命とは、只其の出現の時機を異にするものにすぎぬ。頽土が川を堰止める。水は漸次に其の障害物の下に溜まる。そして此の緩慢なる進化に依つて湖が出来る。次に其の堤に水が滲透する。石塊が壊れる。氾濫が起る。堤は突如として流失し、湖は空になつて、再び川となる。斯くして地上の小革命が成立する。

又革命が常に進化に遅れて来るのは、主として周囲の抵抗あるに因る。流れは岸に囁《ささや》く。岸が其の進行を止めるからである。雷は天に鳴る。大気が雷の発射を碍げるからである。物質の変遷も理想の実現も、何《いず》れも其の変化の際に周囲の惰性に障害される。そして新現象の現出するのは必ず其の抵抗の度の大なるに従つて、それだけ強き精力、それだけ荒き努力に依つて完成せられる。ヘルデルは仏国大革命に就いて言つてゐる。「種が地に落ちて、久しい間死んだやうに見えてゐたが、やがて突如として其の冠毛を出し、自らを蔽《おお》ふ堅き土を押し遣つて、其の敵の粘土に暴行を加へた。見よ、種は芽を出し、花を開き、実を結んだ。」小供は如何にして生れるか。九ケ月の間母胎の暗黒の中に縮くまつてゐたのが、突如として其の壁を破つて出て来る。そして時として其の母を残す事すらある。斯くの如きもの、是れ革命である。之れに先つ進化の必然の結果たる革命である。

リネアスは言つた。Non facit saltus natura と。素より自然は一足飛びをするものでない。けれども自然の進化は、必ず或る新しき点に其の精力を転じて成就する。植物は決して旧来の学者の言つたやうに、モノポテアルに生長しない。シンポテイアルに生長しない。一つの幹枝が其の始めの方向にのみ永久に生長して行くものではない。始めの枝や幹は枯れて、新しき他の幹や枝に依つて生長して行く。花は葉の延長でない。雌蕊《めしべ》は雄蕊の延長でない。子房は其処から生み出す器官と違ふ。子供は父と母との相続ではない、一新生である。進歩と云ふことは、常に異なれる各個人に出発点の断えざる変化あるに依つて起る。生物の系統樹は、樹自身と同じく、種々たる大枝小枝の寄り集りであるが、各枝は其の生の力を各の親枝に求めてはゐない。各々其の根原の水液の中に之れを見出してゐる。歴史の大進化も亦之れに異ならぬ。有機体の余りに制限せられた旧形が不十分となる時、生命は自己発現の為めに他の新形に移る。是れ革命である。

噫、無政府主義の手段は果して進化の理法を認識しないか。進化の程順を経ないか。非科学的か。又一足飛びに完全なる理想境に達することが出来ると思つてゐるか。

僕は敢て先生の再考を乞ふ。

六

法学博士浮田和民先生足下。

最後に僕は失礼ながら先生にお勧めする。クロポトキンと共に我無政府主義を始めて近代科学の基礎の上に置いた、地理学者エリゼ・ルクリユスの著『進化と革命と無政府主義の理想』を一読せられん事を。ルクリユスは一八八〇年頃ジエネヴで此の題の講演を為し、次いで其の要領は欧州の各国語に小冊子となつて公刊され、更に一九〇二年に其の大増補が巴里のストツク社から出てゐる。書名は L'Évolution, la Révolution et l' Idéal Anarchique と云ふ。僕の此の文の（五）は主として此の書の最初の第一章を抄記したものに過ぎぬ。

僕が先生の文章を読んで、云はんと欲する所大略斯《か》くの如し。請ふ、文辞にならはざる僕の非礼を許せ。そして若し更に先生の教を垂れらるるの栄を得ば、何物の幸之れに過ぎん。（一九一一年五月四日稿）

（浮田和民『思想善導の唯一手段は何か？』一九三一年四月二〇日）

新穢多村

由来君は計画好きな男だ。其の公にするものだけでも、毎年大小取りまぜ五ツ六ツは必ずある。しかし其の中ホンの発表だけで止むのが四ツ五ツで、残りの一ツだけはチヨツと遣りかけて止めるか、或は半年か一年か遣つて見る。そして一旦遣りかけると随分真剣に遣るが、止めるとなると如何にも無造作にフイと止めると云ふよりも寧ろ打壊して了ふ。斯んな具合で、要するに今日迄何に一ツ永続きのした、成功したものはない。

尤も永続きや成功は始めから君が強いての望みでもないので、何にか仕事を作つて、君及び君の周囲のもののせめてもの一時の細い烟《けむり》を立てる事が、君のいつもの計画の目的になつてゐる。時としては此の周囲のものを霑《うるお》す事の方が、却つて君一身の計の方よりも重さうに見える事すらある。若し君が始めから君一身の謀さへして計画を立てて行つたら、或は時として成功もしかねなかつたかも知れぬ。ここが君の感心な処だ。とチヨツトここで君に過褒《かほう》と諛辞《ゆじ》とを呈して置く。

こんどの売文社だつて矢張りさうだ。例の赤旗事件に引続いての所謂大逆事件以来、君及び君の周囲のものは殆んど世間から取除者にされて、云はば穢多村の部落のやうなものにされて了つた。此の穢多村には屑買ひもゐる、車夫もゐる、飴売りもゐる、其の他穢多村相応の雑多な職業のものがゐる。

しかし其等のものは苦しいながらも兎も角其の職業を続けて行ける。只最も困つたのは生じつか中等社会に生れて、多少の書物も読め、多少の文字も書け、そして怠け放題に暮して来た、所謂高等遊民の輩だ。於是乎《ここにおいてか》穢多村の長者たる君も、仏蘭西の非愛国主義者 Hervé《エルヴエ》 の所謂「彼奴等《きやつら》の国」（Leur《ルール》 Patrie《パトリー》）の長者等と同じやうに、大ぶん君自ら及び君の周囲の此の高等遊民の始末に悩まされた。そして其の結果、出来上つたのが即ち売文社だ。

今の処、売文社は珍しくも大繁昌だ。少なくとも君の今迄の計画の中で最も繁昌したものだ。と云つて之れもいつまで続くものやら。よし猶之れが半年一年続いたとて、或は二年三年続いたとて、其の間には世の中も変つて行く。そしてやがては君も、人の思想を代書するやうな暇がなくなつて、××××××××××××××。売文社の繁昌も結構だ。だが×××××××××。

新穢多村は旧穢多村ぢやない。新平民などと云ふ有難い名の、下されものの底にがい砂糖水に舌鼓打つて、「彼奴等の国」の地図の中から、其の暗黒色の彩りを取消して了つた、彼の旧穢多村とは違ふ。新穢多村には××の素質がある、元気がある、実力がある。今でこそ杜撰なる、「彼奴等の国」の地図の何処にも見えない此の新穢多村も、やがて君が売文社を例の如くフイと××しにかかる頃は、既に其の××××が、知らぬ間に『×××××』×××××××××××××。アア待たれるのは其の時だ。

（『売文集』一九一二年五月五日）

妖婦ヘレネ

一

詩人ハイネによりて世界の希望と歌はれ、幾万の独乙労働者によりて我が父と讃へられ、而して鉄血宰相ビスマルクをして我が恐怖する天下の第一人と叫ばしめた、彼のフエルヂナンド・ラサルレの死が、現代社会の最もローマンチツクなる一ヒロイン、艶麗ならびなき大妖婦、ヘレネ・フオン・デンニゲスの為めの決闘にあつた事は、今更に云ふまでもなき程に誰れ知らぬもののない、世界情史中の花の如き一悲劇である。

然るに此の前《さき》の名ヘレネ・フオン・デンニゲス、後《のち》の名ヘレネ・フオン・ラコウイツア公爵夫人は、二年ばかり前に其有りのままの生涯の自伝を公にして、従来或は誤まり伝へられ或は世に知られなかつた、此の事件の真相と詳細とを明にした。

今僕は、彼女の自伝によりて、彼女の告白したるままに、彼女と若き巨人ラサルレとの秘史を物語つて見たいと思ふ。

二

ヘレネの父はパワリヤ出身の外交官で、当時は瑞西駐在の大使の役を勤めてゐた。母は英語でヴアイキングと云ふ八世紀から十世紀にかけて欧羅巴の西海岸を荒らし回つた海賊の血統を引いた、しかし伯林《ベルリン》では名高い或る猶太《ユダヤ》種の家に生れた。此のフオン・デンニゲス大使は余程の風流人で、其の娘の幼時の教育にも、殆んど道徳や宗教などの事を眼中に置かなかつたらしい。ヘレネ自身もさう思つてゐる。「私の家では、無作法な事をしたり、始めての人に荒い言葉遣をしたり、其の他何んでも美感を害うやうな事をしたりする外に、何んだつて不埒だと云はれた事を少しも覚えてゐない。」

十二の時、彼女の母は或る道楽者の伊太利人に、無理強ひにヘレネを婚約させやうとした。然るにヘレネは之れを拒んで、そして其の後間もなく或る露西亜の青年士官と初恋に陥つた。けれども両親は素より其の結婚に同意してくれない。そこで彼女は其の祖母と一緒に家を出て、伯林に其の冬を送る事となつた。そして其処で其の初恋の恋人と相引をしてゐた。此の恋人こそは、後にラサルレを殺してヘレネを娶つた、彼のヤンコ・フオン・ラコウイツア其の人であつたのである。

三

一日ヘレネはヤンコに約束をして云つた。「若し私があなたよりももつと愛す可き人を見出さず、そして又私が舞台に上らない時には、必ずあなたと結婚します」。けれども其の時既に彼女は其友人の客間で、始めてフエルヂナンド・ラサルレと相見たのであつた。

「折戸が開いた。そして二人の紳士が、火《あかり》のついた其の客間の中に、主人と一緒に入つて来た。何故だか知らないが、尤もラサルレの心意気や物知りな事は始終聞いてゐたが、私は彼れをひどく猶太型の目立つた小さな男だと想像してゐた。従つて其の風采の事などは、もう分り切つたものとして、余り考へてもゐなかつた。そして其の二人の中の一人は、正しく私が描いてゐた通りだつた。其の人と一緒に、丈の高い、カイゼルのやうな容貌の人が入つて来た、けれども私は此の人がラサルレだらうなどとはちつとも思はず、きつとあの小さな猶太人がそれに違いないとばかり思つてゐた」。

四

利口な男は醜いものだ。それに今此の丈の高い、堂々とした男の方が、何にか喋舌《しやべ》り出した。そして私はもう外の事は何にも彼も忘れて了つた。私はもう只聞いてゐる事だけが出来た。そして遂に私は、不意にこれが彼れに違いない、あの方ぢやないと感じた。室の中の皆んなは、暴風のやうな、恐ろしい、今迄私が万世不易の神聖なものだと思つてゐたものを何にも彼も一掃し去る、彼れの会話に恍惚として聞いてゐる。私も有頂天になつて聞いてゐた。けれども私は彼れの云ふ事に一々賛成が出来ない。不意に私は起ち上つた。そして始めて此の人と会つたんだと云ふ事も忘れて了つて、彼れを遮つて叫んだ。「否や！　私はそれに同意が出来ません」。暫《しば》く彼れは話を止めた。其の凛《りん》とした青い眼の鷲のやうな視線が、〔以下、欠落〕

（『人物』第四号、一九一二年九月一五日）

IV

クレンクビユ

［アナトル・フランス］

訳者云ふ。原作には猶此の（一）の前と、及び（二）と（三）との間に、各々一章づつあるのだが、紙数の都合とそれにお上への御遠慮の為めに、訳者自分も身を切る程の思ひをしながら削つて了つた。尤も作者の一短篇集 Opinions Sociales の中には始めから此の二章を省いてある。要するに此の二章は裁判に対する批評を書いたもので、之れがなくとも別に此の小説の筋には何んの障りもない。

（一）*

裁判の尊厳は、裁判官が主権国民の名に於て与へる、其の一々の宣告の中に含まれてゐる。ふりうり商人のジエロオム・クレンクビユは、警察官侮辱の罪に問はれて軽罪裁判所に引出された時、法律が何れ程尊厳なものであるかと云ふ事を知つた。彼れは、立派な薄暗い法廷の被告席に坐つて、裁判官や、書記や、法服の弁護士や、鎖を手にしてゐる廷丁や、憲兵や、又仕切の後ろに静かにしてゐる傍聴人の裸頭を見た。そして裁判官の前に現はれる事が、被告自身に取つて悲しむ可き名誉ででもあるかのやう、一段と高まつた腰掛の上に坐つてゐる自らを見た。法廷の奥の方に、二人の陪席判事の間に、裁判長のブウリシユ閣下が腰かけてゐた。其の胸にはオフイシエ・ダカデミイの月桂樹の枝が結びつけられてゐた。そして共和の女神の半身像と、十字架の基督の像とが、恰《あたか》も一切の神の法律と人の法律とが今クレンクビユの頭上に掛かつてゐるかのやう、法官席の上に臨んでゐた。クレンクビユはこれに依つて当然の恐怖を懐いた。彼れは少しも哲学的知識を持つてゐないので、此の半身像や十字架が何にを意味するかと云ふ事を疑ひもせず、又基督とマリアヌ（註、共和の女神の俗名）とが、果して法廷で一致するものであるか否かと云ふ事も尋ねもしなかつた。しかしこれは考へねばならぬ事であつた。何故かと云ふに、要するに法王の教義と聖会法とは、多くの点に於て、共和国の憲法と民法とに反対してゐる。教令は猶《なお》少しも廃止されてゐない。依然として基督の教会は、其の任命した権力者のみが正当のものであると教へてゐる。然《しか》るに仏蘭西《フランス》共和国は、法王の権力に隷属しないと云ふ事を今猶主張してゐる。さればクレンクビユは多少の理屈を以て斯う云ふ事が出来たのだ。

「裁判官諸公！　ルウベ大統領は聖油を戴いてゐないのですから、諸公の頭の上に掛つてゐる此の基督は、法王や教法議会の機関によつて諸公を忌避するものであります。此の基督が此処に立合はれるのは、諸公の権利を非認する教会の権利を、諸公に思出させる為めではないでせうか。さうでなければ其の立合は何んの道理ある意味も無い事になります。」

そして裁判長のブウリシユはこれに対して、恐らくは斯う答へたに違ひない。

「被告クレンクビユ！　仏蘭西代々の諸王はいつも法王と不和であつた。ギヨオム・ド・ノガレは破門された。しかし彼れは少しも其の職務を廃するやうな事は無かつた。法廷の基督はグレゴワル七世やボニフワス八世の基督ではない。聖会法の一語をも知らない、又不可侵とされた教令に就いて何等の聞く所もなかつた、云はば福音書の基督である。」

けれどもクレンクビユも亦《また》、更にこれに答へる事が出来た。

「福音書の基督は煽動者であります。且《か》つ彼れは死刑を受けました。しかも千九百年来、あらゆる基督教民族はこれを裁判上の重大なる誤判として認めてゐます。裁判長閣下！　されば私は、僅かに四十八時間の禁錮でも、閣下が基督の名によつて私に宣告する権能を拒むものであります。」

しかしクレンクビユは何等の歴史的、政治的、或は社会的の考察もしなかつた。彼れは只だ驚き愕《おそ》れてゐた。彼れの周囲の立派さは、彼れをして裁判と云ふ或るけだかい観念を懐かしめた。厳めしさと恐ろしさとが心の底まで浸みこんで、自分の罪に就いては只だもう裁判官に委して了はうと思つた。其の良心に於ては、自分が犯罪人だとは信じてゐなかつた。けれども彼れは、野菜商人の良心が、法律の表象や社会的復讐の役人に対して、誠に瑣細《ささい》なものであると云ふ事を感じた。既に其の弁護士も、彼れに罪が無かつたのではないと、半ば彼れをして信ぜしめた。

簡単なそして迅速な取調は、彼れの上に負はされた嫌疑を高めた。」

一

野菜物のふり売商人なるジエローム・クレンクビユは、其の小さい車を押して、玉菜《きやべつ》！　蕪！　人参！　と叫びながら、毎日町を歩いてゐた。そして韮《にら》を持つてゐる時には、殊に独活《うど》束！　と呼はつてゐた。韮は貧乏人の独活だからである。時は十月二十日の正午、彼れがモンマルトル町を下りて来た時、靴屋のお神さんのマダム・バイヤルが其の店から出て来て、此の野菜車の側へ来た。そして馬鹿にしたやうな顔付をして其の韮束を取上げた。

「あまり善い韮ぢやないわね。これで一束いくら？」

「へイ十五スーでございます。お神さん。こんな上等なのは滅多にございませんよ。」

「十五スー？　こんないやな韮が三つで？」

お神さんはいまいましさうな風をして、車の中へ其の束を投げ込んだ。

其処へ不意に六十四号の巡査がやつて来て、クレンクビユに云つた。

「オイ、立止つてゐちやいかん。回つて歩け！」

クレンクビユは五十年来朝から晩まで回つて歩いてゐるのである。されば此のやうな命令は、彼れに取つて当前の事とも思はれ、又自然の事とも思はれた。そこで彼れは直ぐにも此の命令に従ふつもりで、お気に召すのを取るやうにとお神さんに急いた。

「もつと品物を選ばなきや。」

と靴屋のお神さんはきびきびしく答へて、そして再びありたけの韮束を調べて見て、其の中の一番善いと思つたのを取つて、教会の額にある聖女が勝利の月桂樹を胸に押し当ててゐるやうに、其の乳房の処に之れを抱きかかへた。

「十四スー上げるよ。それで結構だあね。けども今此処に持つて来てないから、店へ行つて取つて来るわ。」

お神さんは其の韮束をかかへたまま靴店へ帰つた。店には赤坊を抱いた女の客が一と足先きに入つた。

此の時六十四号の巡査は再びクレンクビユに云つた。

「回つて歩け！」

「お金を戴くのを待つてゐるのでございますが。」クレンクビユは答へた。

「金を待つてゐろと云ひやしない。回つて歩けと云ふんだ。」巡査は断乎として云ひ返した。

けれども靴屋のお神さんは猶其の店にゐて、ひどく急きこんでゐる。其のお客の一年半ばかりになる赤坊に、青い短靴を穿かして見せてゐた。そして韮の緑色の頭は帳場の机の上に置かれてあつた。

クレンクビユは其の車を町に押し歩いて以来半世紀の間、お上の役人に服従する事に馴れてゐた。けれども此度は義務と権利との間の、特殊の場合に陥つた。彼れは法律上の知識を持つてゐなかつた。彼れは個人的権利を行ふのだからと云つて、それが為に社会的義務が免除せられるものでないと云ふ事を知らなかつた。彼れは十四スーの金を受取ると云ふ其の権利を余りに重く見て、そして其の車を絶えず前へ前へと押して行かねばならぬと云ふ其の義務をば、余り深く考へなかつた。彼れは依然として待つてゐた。

六十四号の巡査は、三度、穏かに、そして怒りもせずに、彼れに回つて歩くやうにと命じた。一体此の六十四号の巡査は、絶えず嚇《おど》しはするが決して処分をする事のない彼の警官モントーシエル（註。出所は知らないが、何れ何にか喜劇中の人物だらうと思ふ。）の癖とは反対に、説諭をする事に吝《やぶさか》で、そして告訴をする事に些かの惜しみもない。之れが此の巡査の性格であつた。彼れは多少意地悪くもあつたが、しかし忠実な兵士で、且つ立派な小役人であつた。彼れは自分の命ぜられた任務の外は何事をも顧なかつた。

「回つて歩けと云ふのに聞かんのか。」

けれどもクレンクビユの目には、其処に立ち止まる可《べ》き十分に重大な理由があつた。彼れは此の理由を不十分と信ずる事が出来なかつた。そこで彼れは飾り気もなく、簡単に之れを説明した。

「とんでもない事を！　先刻も申上げました通り、私は只お金を戴くのを待つてゐるのでございます。」

しかし六十四号の巡査は、只次ぎのやうに答へただけで満足してゐた。

「お前は告訴をして貰ひたいんだな。それならさう云ふが善いよ。」

クレンクビユは此の言葉を聞いて、徐《おもむろ》に其の両肩を昂げた。そして此の巡査の上に悲しさうな視線を向けて、更に其の視線を空に向つて上げた。此の目つきは云ふ。

「神様も御照覧あれ！　私が法律を軽しめまするとか？　私共のふり売商売を取締つて下さる掟を、此の私が馬鹿にしまするとか？　毎朝五時に私はハール（註。市場の名）の敷石の上へ出掛けます。そして七時から私は、玉菜！　蕪！　人参！　とふれ歩きながら、梶棒で手を腐らして居ります。私はもう六十歳になりました。私はもう疲れ果てて居ります。それに貴官は私が謀反の黒旗を挙げやしないかとお疑ひなさる。御串戯《じょうだん》を仰やいますな。あんまり残酷な御串戯でございます。」

しかし巡査は此の目つきの表情が分らなかつたのか、それとも猶之れを十分な云訳だと思はなかつたのか、荒々しい短かい声で、「分つたか」と尋ねた。

丁度此の時、モンマルトル町は非常な車の混雑であつた。辻馬車や、二輪車や、荷馬車や、又は乗合馬車などが互に急ぎ合つて、どれもこれも動く事の出来ないやうに皆んな一緒に寄集つて了つた。そして此等の車が動きも取れずに騒《どよ》めいてゐる上に、あちこちから罵声が起つた、叫声が起つた。辻馬車の御者は遠くから肉屋の丁稚とすさまじい悪口を交換してゐた。そして遂に乗合馬車の御者は、クレンクビユが此の混雑の原因である事を認めて、彼れを「糞韮糞韮《くそにら》」と罵り叫んだ。

人道には野次馬連が喧嘩の起るのを待つて押し合ひへし合ひしてゐる。巡査は自分が人目を引いたのを見て、もはや其の権威を示す事の外を考へなかつた。

「よろしい！」と彼れは云つた。

そして其のポケットから垢じみた手帳と、ごく短い鉛筆とを取出した。

クレンクビユは其の前《さ》きの考へを逐ふて、或る内心の力に従つてゐた。しかし其れでなくとも彼れは今進む事も退く事も出来なかつたのだ。其の車の輪が不幸にも牛乳屋の車の輪の中に挟まつてゐた。

彼れは其の帽子の下の髪の毛を掻きむしりながら叫びだした。

「けれども私はお金を戴くのを待つてるんだと申し上げたぢやございませんか。それや余んまり情なうございます！　余んまり酷うございます！　余んまり惨うございます！」

六十四号の巡査は、此の反抗と云ふよりは寧ろ絶望を現はした言葉を聞いて、自分が侮辱せられたやうに信じた。そして彼れはあらゆる侮辱に「モール・オー・ヴーシユー」と云ふ伝来《ありきたり》の、おきまりの、云はば儀式的の言葉が必然に付くもののやうに思つてゐた。そこで自然彼れは、此の犯人の言葉の中に此の言葉を聞き留めた。

「コラ！　貴様はモール・オー・ヴーシユーと云つたな。よろしい。俺れに従ひて来い。」

クレンクビユは驚きと悲しみとの余りに、日に焼けた大きな眼をして、六十四号の巡査を見つめた。そして其の青い上衣の上に腕を組合せて、時として頭の上から、時として踵《かかと》の下から出て来るかと思はれる嗄《しわがれ》声を出して叫んだ。

「私がモール・オー・ヴーシユーと申しましたつて？　私が？　ああ！」

あちこちの丁稚小僧共は、大声に笑つて、此の拘引を喜んだ。

此の拘引はあらゆる群集がひどい乱暴な観物を見て覚える、其の一種の嗜好を満足させた。其の時黒い着物を着て、山高帽を被つた、ごく陰鬱らしい老人が、群集の間に道を分けて来て、そして巡査の側へ寄つて、極めて温和に、しかし断然と云つた。

「君は誤解をしたんぢや。此の男は君を侮辱したんぢやない。」

「あなたがそんなお世話にや及びません。」巡査は相応の身形の人に物を云ふのだから、別に嚇し文句も云はずに答へた。

老人はごく静かに、しかしごく断然と前の言葉を云ひ続けた。巡査は署長の処で云開きをするやうにと老人に命じた。

クレンクビユは猶も叫んだ。

「私がモール・オー・ヴーシユーと申しましたつて？　私が？　ああ！」

彼れが此の驚きの言葉を放つた時、靴屋のお神さんのマダム・バイヤルは、十四スーを手にして其の側へ来た。けれども既に六十四号の巡査は、其の襟頸《えりくび》を捕まへてゐた。マダム・バイヤルは警察へ連れて行かれるやうなものに何んの負ふ処もないと思つて、其の十四スーの金を前掛のかくしの中へ入れて了つた。

やがてクレンクビユは、其の車が獣類繋留場の中に入れられ、其の自由が失はれ、其の足許に地獄があり、そして日の暮れて了つてゐるのを見て呟いた。

「ひどい事をしやがるなあ！」

先きの老人は署長の前で、自分が車の混雑の為めに道を止められて、其の場所を目撃した事、及び巡査が侮辱せられたのでなく全く誤解したんだと云ふ事を申し立てた。そして其の名と身分とを云つた。彼れはアンブロワズ・パレ病院長オフイシエ・ド・ラ・レジオン・ドヌール、医士ダギツド・マテイウと云ふ。外の時代であつたら、此のやうな証人は十分に署長を信服せしめたに違ひない。けれども当時仏蘭西では、学者と云へば兎角に胡乱《うろん》がられてゐた。

クレンクビユは其の拘引を認められて、其の夜を拘留場で明かした。そして翌朝四人馬車に乗せられて、監獄へ移された。

監獄は彼れに取つて悲しいとも又恥かしいとも思はれなかつた。寧《むし》ろ結構な処だと思はれた。先づ入つて見て驚かされたのは、壁や板瓦などの清潔な事であつた。彼れは云つた。

「清潔なとこだ。ほんとに清潔なとこだ。地べたで飯を食つても善い。」

彼れは一人きりになつたので、其の腰掛を引き寄せやうと思つた。しかし其の腰掛が壁に付着《ひつつ》いてゐることに気が注《つ》いた。そして驚いて大きな声を出して云つた。

「妙な事を考へたもんだ。これや確に俺等の考へた事のねえもんだ。」

彼れは坐つて、其の拇指《おやゆび》の腹を出して、ビツクリしてゐた。やがて彼れは静なのと寂しいのとで堪らなくなつた。とうとう彼れは退屈で遣り切れなくなつて、獣類繫留場にある其の車の、まだ玉菜だの、人参だの、芹だの、萵苣《ちさ》だの、藤菜だのを一杯に乗せたままのを案じ出した。そして彼れは心配し出した。

「何処へ俺れの車を隠しちやつたんだらう?」

三日目に彼れは、其の弁護人の、「仏蘭西愛国同盟」の一支会長、巴里弁護士会の最年少者の一人、ルメルル氏の訪問を受けた。

クレンクビユは其の事件の始末を此の弁護士に物語らうと思つた。しかし之れは彼れに取つて容易な事でなかつた。従来彼れは物語りをする習慣を持つてゐなかつた。けれども少し言葉助けをさへして貰へば、彼れにだつて之れも出来たのに違ひない。しかし其の弁護士は彼れの云ふ事を一切信じないと云ふやうな風をして、始終首をふつて聞いてゐた。そして書類をめくりながら呟いた。

「オイ!　オイ!　そんな事はちつとも記録にありやしないぜ。」

そして彼れは少々疲れ気味になつて、其の茶色の口髯を縮らしながら云つた。

「お前の利益としては、どうも自白をして了つた方が善いやうだね。私としてもだ、お前のやうにさう絶対に非認するやうな方法は、甚だ拙《せつ》な遣方《やりかた》だと思ふ。」

其れ以来クレンクビユは、若《も》し其の自白しなければならぬ事実があると分つたら、本当に自白をして了ひたくなつた。

二

裁判長ブーリシユはクレンクビユの尋問にまる六分間を献げた。此の尋問は、若し被告自身が其の与へられた問ひに答へさへすれば、もつと明白になつたのに違ひない。けれどもクレンクビユは議論をする習慣を持つてゐなかつた。こんな風で彼れは只黙つてゐた。且《か》つ恐しさと尊さとが一緒に込み上つて、其の口は閉ぢふさがれて了つた。こんな風で彼れは只黙つてゐた。そして裁判長は自ら其の答をしてやつた。処が此の答へは頗る被告に取つて不利益なものであつた。遂に裁判長は結論を下した。

「それでは最後に云ふが、其方はモール・オー・ヴーシユ！ と云つた事を認めるんだな。」

「私モール・オー・ヴーシユーと申しました。それはお回りさんがモール・オー・ヴーシユーと云はれたもんですから。それで私モール・オー・ヴーシユーと申しました。」

彼れは此の少しも思掛けない罪に擬せられたのに驚いて、素より彼れが少しも云つた事のない、そして其の無実に負はされた此の奇妙な言葉を、夢中になつて繰返した。実は「私が！ まあ私がそんな悪口《あくこう》をつくなどと貴官はお思ひなさるのですか」と云ふ意味で、彼れは此のモール・オー・ヴーシユ！ と云ふ言葉を繰返して云つたのだ。けれどもブーリシユ裁判長は此の言葉をさう取らなかつた。

「では巡査が最初にさう云つたと云ふんだね。」

クレンクビユは答へをするのを差控へた。それは余りに難しい事であつた。

「異論はないね。尤もだ。」と裁判長は云つて、そして証人を呼ばせた。

バステイアン・マトラと云ふ名の、彼の六十四号の巡査は、真実を語り、真実ならざる何事をも語らざるの宣誓をした。そして次のやうな陳述をした。

「十月二十日の正午、私が勤務をして居りました処、モンマルトル町で、ふり売商人とも見える一人の男が、三百二十八番の高地に用もないのに車を止めて居りまして、其の為めに甚だしく諸車の混雑を来させて居るのを見ました。私は三度までも回つて歩くやうに命じたのですが、其の男は少しも云ふ事をききません。そこで私が告訴をすると云つて告げました処、私に向つてモール・オー・ヴーシユ！ と叫んだのです。これが私に取りましての侮辱であります。」

裁判長は此の注意深いシツカリした陳述を、明かに嘉納《かのう》して聞いてゐた。次ぎに弁護人は靴屋のお神さんのマダム・バイヤルと、アンブロワズ・パレ病院長オフイシエ・ド・ラ・レジオン・ドヌール、医士ダギツド・マテイウ氏とを呼んだ。マダム・バイヤルは何んにも見もせず、又聞きもしなかつた。けれどもマテイウ医士は、此のふり売商人に回つて歩くやうにと命じた、彼の巡査の周囲に集つた群集の中にゐたのである。そして其の陳述は一と悶着を惹起《ひきおこ》さしめた。

「私は其の現物を目撃して居りました。そして巡査が誤解をしたので、決して侮辱を受けたのでない事を認めました。それで私は巡査の側へ行つて、其の注意をしてやりました。然るに巡査は此の商人を拘引しまして、そして私には署長の所へ従いて来るやうにと勧めました。私は参りました。そして署長の前で猶此の事を主張致しました。」

「あなたは腰を掛けても善ろしい。」裁判長は云つた。

「廷丁！　証人のマトラを呼んで来い。」

「マトラ！　其方が被告を拘引しかけた時に、此のマテイウ医士は其方が誤解をしたんだと云つて注意しやしなかつたか。」

「裁判長閣下、猶詳しく申しますれば、私を侮辱しましたので。」

「其方に何んとか云はれたのか。」

「エエ、モール・オー・ヴーシユ！　と云つて怒鳴りつけました。」

傍聴席にはがやがやと云ふ話声と笑声とが起つた。

「退場を命じますぞ。」裁判長はあはただしく云つた。

そして裁判長は、若しこんな騒ぎが二度と起つたら、法廷を退去して了ふと云つて公衆に告げた。

弁護人はもう勝ち誇りげに法服の袖を振つてゐる。そして此の時に人々は、もうクレンクビユが無罪になるのだと思つてゐた。

再び静寂になつた。ルメルル弁護士は立つた。彼れは先づ警視庁の役人、即ち「情ない程の賃銀を貰つて、絶えず疲労に堪へ危険に面して、そして其の日々のヒロイズムを実行してゐる、此等の微身なる社会の忠僕」を称讃する事に依つて、其の弁論を始めた。「彼等は皆旧兵士である。或は今猶兵士である。兵士！　此の言葉は既に総てを説明する……」

そしてルメルル弁護士は大いに軍人精神を讃《ほ》めちぎつて、事もなげに誇り傲《たかぶ》つて見せた。彼れの云ふ所に拠れば、彼れは「此の軍隊、しかも彼れ自身が其れに隷属する事を以て誇りとする此の軍隊に、何人の手を触れる事をも許さない」主義の一人であつた。

裁判長は首を頷かせた。

ルメルル弁護士は実に予備中尉であつた。そして又、ギエユ・ホードリエト区の国民党候補者であつた。

彼れは更に語を続けて云つた。

「然り、私は巡査が此の剛勇なる巴里《パリ》の市民に日々尽してゐる、其の賤しいしかしながら貴い勤務を認めないものではありません。且つ裁判官諸公、私が若しクレンクビユを此の一旧兵士の侮辱者であると認めたならば、私は諸公の前に敢て其の弁護する事に同意するものでありません。クレンクビユはモール・オー・ヴーシユ！　と叫んだと云つて告訴されて居ります。此の言葉の意味には素より不審もありません。若し諸公が隠語辞典を御覧になれば直ぐ分ります。Vachard《ヴシヤール》なまけ者、仕事嫌ひ、働かずに牡牛のやうに手足を投げ出してゐるもの。Vache《ヴーシユ》警察に身を売つたもの、探偵。そして此のMort《モール》 aux《オー》 vaches《ヴーシユ》!（註。モールはやつつけて了への意）と云ふ言葉は、現に或る社会で行はれて居ります。けれども今此処に問題とする処は、何《ど》うしてクレンクビユが斯《こ》んな事を云つたか、又果して彼れが斯う云つたか否かにあるのです。裁判官諸公、乞ふ私をして之れを疑ふ事を許せ。

素《もと》より私は、マトラ巡査に何等の悪意があるとは思ひません。けれども先きにも申上げた通り、彼れは甚だ困難なる勤務に従つてゐるものであります。そして時としては或は堪へられぬまでに疲れ切つて居ります。そこで此のやうな状態の下にありまして、彼れは一種の聴官幻想の犠牲になつてゐたかも知れません。現に、裁判官諸公、先程彼れが諸公に申立てて、科学の花なる一紳士、アンブロワズ・パレ病院長、オフイシエ・ド・ラ・レジオン・ドヌール、ダギツド・マテイウ医士が、モール・

オー・ヴーシユ！　と叫んだなどと云ひました時、吾々は此のマトラが魔襲病、或は若し此の言葉が余り強くないとすれば、迫害妄想狂に罹《かか》つてゐたものとしか認める事が出来ませんでした。

又、よしクレンクビユが果してモール・オー・ヴーシユ！　と叫んだとしても、此の言葉は果して彼れの口に於て犯罪の性質を帯びてゐるか否かを知る事が、猶問題として残ります。クレンクビユは飲酒と不品行とに依つて其の身を失つた一ふり売女の私生児でありまます。従つて彼れは生れながらのアルコール中毒者であります。諸公が今此処に御覧になるが如く、彼れは貧窮の六十年を重ねて、まるで馬鹿のやうになつて居ります。裁判官諸公、私は彼れが其の行為に就いての責任のないものである事を、諸公が認められん事を希望致します。」

ルメルル弁護士は腰を下した。そしてブーリシユ裁判長閣下は、ジエローム・クレンクビユを十五日の禁錮及び五十法の罰金に処する旨の判決を、口の中でモゴモゴと朗読した。裁判長はマトラ巡査の言葉を其の証拠としたのであつた。

クレンクビユは裁判所の薄暗い長い廊下を連れて行かれながら、無量の同情の欲望を感じた。彼れは自分を連れて行く巡査の方に向ひて、そして其の巡査を三度まで呼びかけた。

「旦那！　……旦那！　……モシ旦那！……」

彼れは溜息をついて云つた。

「俺れが斯んなになるなんて、本当に思ひがけもねえ。」

そして彼れは考へた。

「あの人達は余んまり早く饒舌《しやべ》る。うまく饒舌るが、余んまり早く饒舌る。あの人達とはとても話しも出来やしない……。ねえ旦那！　あの人達は余んまり早く饒舌るぢやござんせんか。」

けれども其の巡査は返事もせず、又見むきもせずに、黙つて歩いてゐた。

「何故御返事をして下さらんのですか。」

けれども其の巡査は矢張り黙つて歩いてゐた。そしてクレンクビユは苦々しさうに云つた。

「犬にだつて善く人は話をしまさあ。何故旦那はお話をなさらんのです。ちつともお口を開きなさいませんなあ。お口から臭い息でも出るのを御心配なんですか。」


〔*弥次馬や二三の弁護士等は、判決文の朗読がすむと、傍聴席を出た。書記はもう他の事件の被告を呼んでゐた。出て行つた人々は、余り面白ろくなかつた此のクレンクビユの事件に就いて、少しも考へず、又思ひ出してみもしなかつた。ただ偶然此の裁判所に来てゐた銅版師のジヤン・レルミツトのみは、其の今見聞きしたばかりの事に就いて、深く思ひに沈んだ。

彼れはジオゼフ・オーバレ弁護士の肩に其の手を掛けながら云つた。

「ブウリシユ裁判長のえらいのは、無益な好奇心を避けて、一切を知らうとする知識的傲慢を謹む所に在る。マトラ巡査とダギツド・マテイウ医士との矛盾した陳述を対立させれば、裁判長は疑惑と不審との外はない道に入つて了はなければならぬ。批評法の規則に従つて事実を調査すると云ふ方法は、うまく裁判をすると云ふ事と一致するものでない。若し裁判官が此の方法に拠るやうな不謹慎をすれば、その判定は、多くは区々たる其の個人的聡明と、及び人情の常なる弱点との上に係つて来る。こんなものに何んの権威があるだらう。歴史法などと云ふものが、其の必要とする確実を得る為めに全く不適当である事は、争ふ事が出来ない。これはワルタア・ロオレエの事を思つても直ぐに分る。倫敦塔《ロンドンタワ》に幽囚《ゆうしゆう》されてゐたワルタア・ロオレエが、いつものやうに其の世界史の第二編を書いてゐた或る日の事、其の窓の下で喧嘩が起つた。彼れは喧嘩をしてゐる其人々を見に行つた。そして再び其の仕事に取りかかつた時、彼れは随分善く其の人々を観察して来たと思つてゐた。然るに其の翌日、其の喧嘩の場所に臨み且つ其の仲間入りまでした友人の一人に、此の事件を話した所が、彼れはあらゆる点に於て此の友人に反対された。そこで彼れは、其の眼前に在つた事すら間違ふやうでは、とても遠い出来事の真実を知る事の困難なのを思つて、其の歴史の原稿を火に投じて了つた。

若し裁判官等がサア・ワルタア・ロオレエと同じやうな細心な気を持つてゐたら、彼等は其の一切の記録を火中に投じて了ふに違ひない。しかし彼等には此の権利がない。これは彼等に取つて裁判の拒絶、即ち犯罪である。知る事は断念しなければならぬが、審く事は断念する事が出来ない。裁判所の判決が事実の組織的探究の上に拠る事を望むものは、危険なるソフイストである、普通裁判と軍事裁判との不屈千万なる敵である。ブウリシユ裁判長は、道理や科学の如き其の結論が永遠の討論に付せられるやうなものに、其の判決を拠らしむべく余りに裁判官的精神を持つてゐる。彼れは其の判決が教会の命令と権威を等しうするやうに、それを独断の上に基かしめ、又伝説の上に築かしめる。其の判決は聖会法的である。それは神聖侵す可らざる聖会法の或物の中から、其の判決を抜き出して来ると云ふ意味だ。例へば彼れは証言の甲乙を決めるのに、真実か仮実かと云ふやうな不確な欺し易い性質に拠らないで、内容的な、不変な、そして明白な性質に拠る。彼れは証言を武器の重さとかけ較べる。これよりも単純な、そして同時にこれよりも賢明な方法が他にあるだらうか。彼れは一巡査の証言を疑ひのないものとして採用した。しかも其の巡査たる、人間性を除き去られて、只だ一番号として、且つ理想的警察官の範疇に従つて、形而上的に想像されたものである。コルシカのチントモンテに生れたバスチエン・マトラには過失のある可きものでないと彼れに見えたのではない。彼れは、バスチエン・マトラが大なる観察力を持つてゐるものとも、又事実を調査するのに厳密なそして正確な方法を施したものとも、決して思つてゐなかつた。実を云へば彼れはバスチエン・マトラを見てゐたのではなく、ただ六十四号を見てゐたのである。彼れは人間には誤りのあるものだと思つてゐた。ピエールやポオルには間違があり得る。デカルトや、ガセンデイや、ライプニツツや、ニユウトンや、ビシヤや、又はクロオド・ベルナアルも、間違はあり得た。吾々は、皆んな、そしていつでも、間違ふ。吾々が間違をする理由は数限りなくある。先づ感官の感覚や脳髄の判定は、迷想の源泉である、不確実の原因である。されば一人間の証言は信用する事が出来ぬ。Testis unus, testis nullus である。しかし一番号には信用を置く事が出来る。チントモンテのバスチエン・マトラは間違をする。しかし其の人間性を除き去つた六十四号の巡査は、間違をする事がない。これは一本体である。本体は、彼の人間の中に在つて其の人間を攪乱せしめ、腐敗せしめ、又瞞着せしめるやうなものを、其の中に持つてゐない。本体は純粋である、不変である、混気がない。斯くして裁判所は、一人間に過ぎないダギツド・マテイウ医士の証言を退けて、六十四号の巡査の証言、即ち神の光りが法廷に降つて来たやうな純粋の観念を採用する事に些かの躊躇する所もなかつたのである。

ブウリシユ裁判長は、此の方法を以て、裁判官の望み得可き唯一の、一種の無錯誤を確める事が出来た。証言をする人が剣を帯びてゐる時には、其の人に聞かずして其の剣に聞かなければならぬ。人間は卑しむ可きものである。間違のあり得るものである。けれども剣は卑しむ可きものでない、常に道理を持つてゐるものである。ブウリシユ裁判長は深く法律の精神を究めてゐた。社会は力の上に立つてゐる。力は社会の貴むべき基礎として尊敬されなければならぬ。裁判は力の実施である。ブウリシユ裁判長は、六十四号の巡査が元首の一分身である事を知つてゐた。元首は其の役人の各々の中に在す。六十四号の巡査の権威を破壊するのは、即ち国家を弱める事になる。ボツシユエが其の崇高なる言葉を以て云つた如く、薊《あざみ》の葉の一枚を食ふのは、其の薊を食ふのである。(Politique tirée de l'Ecriture sainte, passim.)

一国家のあらゆる剣は、皆んな同じ方向に向けられてゐる。これを互ひに打つかり合はせれば、共和国は破壊されて了ふ。これ被告クレンクビユが、六十四号の巡査の証言によつて、今十五日の禁錮と五十法の罰金とに処せられた所以である。私は、此の判決を授けた美はしい大いなる道理を、ブウリシユ裁判長自ら説明したのを聞いたやうに思ふ。私は彼れが斯う云つたのを聞いたやうに思ふ。

「私は六十四号の巡査に遵つて此の男を裁判した。それは此の六十四号の巡査が国家の分身であるからである。私の此の聡明を認める為めには、其がこれと反対に行動した時を想像すれば十分である。諸君は其の不条理な事が直ぐに分るであらう。何んとなれば若し私が力に反対して裁判をすれば、其の判決は実行されないに違ひない。諸君、裁判官は其の背後に力を持つてゐなければ、服従されるものでない事に、注意をして戴きたい。若し憲兵が無ければ、裁判官は憐れむべき夢みる人に過ぎない。若し私が一憲兵を害すれば、私は自らを害する事となる。蓋し法律の神がそれを許さないのである。強者の武装を解いて弱者を武装させるのは、是れ私が其の保存を任務としてゐる此の社会組織を変更する事となる。裁判とは既得の不正不義の裁可である。裁判が嘗つて征服者に反対し、又掠奪者に反抗したのを誰れが見た事があるか。不法なる権力の起つた時、裁判は只だこれを合法のものとして認るの外はない。何事も形式の中に在る。そして有罪と無罪との間には、一枚の印紙の厚さ程しかない。クレンクビユよ、お前は最も強きものであれば善かつたのだ。若しお前がモオル・オー・ヴアシユ！　と叫んだ後、自ら皇帝である、独裁官である、大統領である、或は単に市会議員であると宣言しさへすれば、私は必ず十五日の禁錮と五十法の罰金とにお前を宣告しなかつたのだ。私はお前を無罪放免にしたのだ。これは本当の事だ。」

ブウリシユ裁判長は確かに斯う云つたに違ひない。何んとなれば彼れは裁判官的精神を持つてゐる。彼れは裁判官が社会に負ふ所を知つてゐる。彼れは此の原則を厳密に防護してゐる。裁判は社会的のものである。これを人情的の有情的のものにしようなどと思ふのは、よこしまなる心の人々である。裁判は一定の規定によつて行はれるもので、肌の慄ひや知識の光りで行はれるものではない。殊に此の裁判に対して正義なれと要める事は出来ない。裁判はそれ自身が正義なのだから、敢て正義である必要がないのだ。そればかりではない。正当な裁判と云ふやうな観念は、無政府主義者の頭の中でなければ萌《きざ》す事が出来ない。マニヨオ裁判長（註。仏蘭西現存の裁判官にて、名判官の名高き人。今は何地よりか代議士として出てゐる筈）が公平な判決を与へた事は本当だ。しかしそんな判決は破棄されて了ふ。これが裁判なのだ。

本当の裁判官は証言を武器の重さとかけ較べて見る。クレンクビユの事件にも、其他のもつと有名な事件にも、これは現はれてゐる。」

ジヤン・レルミツト氏はパ・ペルデユの法廷を端から端まで歩きながら斯う云つた。

裁判所の事情を善く知つてゐるジヨゼフ・オーバレ弁護士は、鼻の先きを掻きながら、それに答へて云つた。

「若し君が私の意見を聞かうと云ふのなら、私はブウリシユ裁判長がそんな偉い哲学を持つてゐるとは信じない。私の見る所では、裁判長が六十四号の巡査の証言を真実の言葉だとして採用したのは、只いつも行はれてゐるのを見たまま、其のまま行つたのに過ぎない。人の行為の大部分は、其の原因を模倣《もほう》の中に求めなければならぬ。人は風習に遵つてゐさへすれば、正直な人間として通るものだ。他人のするやうにする人を、世間では善人と云ふんだ。」

三

クレンクビユは監獄へ送られて行つて、驚嘆に暮れて、例の壁に付着《ひつつ》いた腰掛に坐つた。彼れは裁判官が間違つてゐるのか何うかも自分で善く分らなかつた。裁判所は形式の威厳の下に、彼れの弱い心を打砕いて了つた。彼れは裁判官に対して、しかも彼れには其の道理が分らなかつた裁判官に対して、自分の方が道理あるのだとは信ずる事が出来なかつた。彼れは此の美はしい儀式の下に、何物かの面白くないものが潜んでゐる事を会得する事が出来なかつた。彼れは聖餐会にも行つた事がなく、又エリゼ宮殿にも行つた事がないので、軽罪裁判所のやうな斯んな華《はで》やかなものを、生れてまだ見た事がなかつた。彼れは自分がモール・オー・ヴーシユ！　と叫んだ事のないのを善く知つてゐた。

そして之れを叫んだものとして十五日の禁錮と五十法の罰金とに処せられたのは、彼れ思へらく、之れは或る貴い神秘である、信者がそれを分りもせずに信ぜねばならぬ彼の信仰箇条のやうなものである、漠然《ぼんやり》としたやうな、瞭然《はつきり》としたやうな、崇め奉る可き、そして恐る可き天啓であると。

此の憐れなる老人は、丁度教理問答に行く小供が自分をエヴの罪悪に罪あるものと思ふやうに、六十四号の巡査を神秘的に侮辱した罪が自分にあるのだと思つた。彼れは其の判決文に依つて、自分がモール・オー・ヴーシユ！　と叫んだのだと教へられた。さすれば彼れは自分で知らない或る神秘的方法に依つて、モール・オー・ヴーシユ！　と叫んだのだ。斯くて彼れは超自然の世界に移されて了つた。そして其の判決文は、正に彼れに取つての黙示録であつた。

彼れは其の犯罪に就いての明白な観念を持たなかつた如く、又其の刑罰に就いても同じやうに明白な観念を持つてゐなかつた。されば彼れは此の刑罰を、或る神業のやうな壮厳な、そして至上な事柄、了解する事の出来ない、争ふ事の出来ない、従つて満足する事も又苦情云ふ事も出来ない、或る目眩《めまぶ》しい事柄のやうに思つてゐた。或は此の時彼れは、ブーリシユ裁判長が額に後光をさして、白い翼を生やして、天井の裂目から天降りして来るのを見たかも知れない。そして彼れは、此のやうな裁判の光栄の新しい発現に驚きもせず、「これや俺らの事件の続きだ！」などと云つてゐたかも知れぬ。

翌日弁護士が会ひに来た。

「何うだい、お爺さん、別に悪いとこもないかい。しつかりするさ。何あに二週間は直ぐだ。之れだけなら余《あ》まり不平もないよ。」

「エエ、それに就きましては皆様がもうお温《とな》しい御丁寧な方ばかりで、一言も荒い言葉も仰やらず、私はこんな事とは思ひも寄りませんでございました。それから、あのお回りさんが白い手袋をかけてゐましたが、御覧になりませんでしたか。」

「まあ何《ど》う考へて見ても、お前は自白をして善い事をしたよ。」

「さやうかも存じません。」

「それからねお爺さん、今日は善い知らせを持つて来たんだよ。或る慈善家があつてね、其人からお前の罰金を払つて貰ふ事にして、私が其の五十法の金を預かつて来たんだ。」

「何時其のお金を戴けませうか。」

「いや、それは書記の方へやるんだから、お前は別に心配しなくとも善いんだよ。」

「どちらでも善うございます。そして其のお方様にも宜しくお礼を申上げます。」

そしてクレンクビユは暫《しば》く何にか考へ込んでゐたが、やがて呟くやうに云つた。

「何うも俺等に起つて来る事は只事ぢやねえ。」

「仰山に思つちやいけない。こんな事は不思議でも何んでもないんで、始終ある事なんだよ。」

「何処へ私の車を隠してあるんだか、先生様は御存じありませんかねえ。」

四

クレンクビユは監獄から出て、又玉菜！　蕪！　人参！　と呼はりながら、モンマルトル町に其の車を押して行つた。彼れは其の出来事に就いて、素より誇つてもゐず、さりとて又恥てもゐなかつた。

彼れは其の苦しい記憶をすらも持つてゐなかつた。彼れの心の中では、それが芝居か、旅か、又は夢のやうに思はれてゐた。彼れは町の敷石の上の泥の中を歩いて、そして其の頭の上に溝のやうな汚い水気だらけの空を見て、殊更に満足してゐた。彼れは町の角々で止まつて水を飲んだ。そして今は自由の身となつて、喜ばしさうにして、胼胝《たこ》だらけの掌に唾をして、シツカリと梶棒を握つて、そして車を押して行つた。然るに彼れと等しく朝起きで、貧乏で、そして同じく大道に生活を求めてゐた雀が、玉菜！　人参！　と呼ぶ其の親しい声を聞くと同じ時に、其の前を群になつて飛んで行つて了つた。其処へ一人の婆さんがやつて来て、和蘭芹《オランダせり》を触つて見ながら、

「まあお爺さん、何うかしてゐたの？　三週間ばかりもチツトも見えなかつたのね。病気だつたの？少し顔色が青いよ。」

「エエ、マダム・マイヨーシユさん、今お話をしますがね、私赤い着物を着て来ましたよ。」

彼れは昨日お祝ひのつもりで、いつもよりも頻繁な居酒屋へ行つたのと、それと彼の事件でいろいろ情深い人々を知つて来た事との外に、其の生活に何等の変りもなかつた。そこで昨日は多少上機嫌になつて、其の屋根裏の室に帰つた。そして床の中に入つて、角の栗屋が貸してくれた袋を被つて、蒲団の代りにして寝た。彼れは思つた、「監獄と云つても、別に苦情云ふ事もない。何んでも要るものはある。自分の家にゐるよりは余つ程善い。」

けれども此の満足は短い時の間であつた。彼れは其のお客が皆んな妙な顔をしてゐるのに直ぐ気が付いた。

「善い芹ですぜ、マダム・コワントローさん。」

「私何んにも要りやしない。」

「エ？　何んにも要りませんて？　けれどもお神さん、空気を吸つて生きてゐられやしませんぜ。」

マダム・コワントローは返事もしないで、自分の家なる大きなパン屋の中へ、傲然《ごうぜん》として帰つて行つた。嘗つて其の青々とした、華やかな車の周囲に欠かさず寄つて来た店商人のお神さんも、受付のお神さんも、今はもう誰れも彼れも見向きもしない。彼れは其の裁判事件が起つた場所の、アンジユ・ガルデイアンの靴屋の処に来て、そしてお神さんのマダム・バイヤルを呼んだ。

「お神さん！　お神さん！　いつか十四スーの貸しがありましたね。」

けれどもマダム・バイヤルは帳場に座つたまま、首を向けやうともしない。

モンマルトルの町中のものは、皆んなクレンクビユが監獄から出て来た事を知つてゐた。そして此のモンマルトルの町中のものは、もう皆んな彼れの知人ではなくなつた。彼れが処刑を受けたと云ふ風評は、場末のリシエ町の騒々しい角にまでも拡がつてゐた。正午頃彼れは其処へ行つて其の常得意のマダム・ロールがマルテン小僧の野菜車をのぞいてゐるのを見た。お神さんの髪の毛は黄金を大目に綯《な》つた房々とした糸のやうに、日に輝つてゐた。そして彼の下らない野郎子のマルテン小僧が、其の胸に手を置いて、自分の品物程善い品物はないと云つて誓を立ててゐた。之れを見たクレンクビユの心は張り裂けんばかりになつた。彼れはマルテン小僧の車の上へ自分の車を押しかけて、そしてガツカリした訴へるやうな声を出して、マダム・ロールに云つた。

「私をお忘れになるのは酷うございますよ。」

一体マダム・ロールは、自分でもさう云つてゐる通り、あまり立派な女ではなかつた。彼女自身も此の監獄とか囚人馬車とか云ふものの経験があつたのだ。しかし人は何んな地位にゐても、正直な顔をしてゐられるものだ。人は皆各々其の自負心を持つてゐる。そして監獄から出て来たものなどと関係するのを好まないものだ。それで彼女も嘔吐を吐くやうな真似をしただけで、別にクレンクビユに返事もしなかつた。そして此の老ふり売商人は、自分が馬鹿にせられたのを感じて、堪らなくなつて怒鳴り立てた。

「此の地獄女！」

マダム・ロールは其の手にしてゐた青い玉菜を落した。そして叫んだ。

「何んだと、此の老ぼれの前科者め、此奴は監獄から出て来やがつて、そして人の事を悪口つきやがる。」

クレンクビユは若し冷かな頭の時だつたら、決してマダム・ロールの私行をまで罵るんぢやなかつた。彼れは、誰れも世の中で自分の望む事をしてゐるものでない、誰れも其の職業を選んでするのでない、そして何処へ行つても善人がゐるものであると云ふ事を、余りに善く知つてゐた。されば彼れは賢くも其のお客が家の中でしてゐる事を、知らない風をする習慣を持つてゐた。けれども今彼れは自分を忘れて了つた。彼れはマダム・ロールの事を三度までも、地獄だとか、売女だとか、淫売だとか云つて罵つた。マダム・ロールとクレンクビユとの周囲には、弥次馬が輪をつくつた。そして二人は猶前と同じやうな恐ろしい悪口を交換してゐた。若し其の時に不意に巡査が来て、其処に立止つて何んとも云はずに、にらみ付けて、そして急に此の二人を黙らせて了はなかつたならば、猶此の二人はいつまでも其の長い悪口の珠数《じゆず》をつまぐり合つてゐたかも知れぬ。二人は分れて了つた。そして此の出来事以来モンマルトル町やリシエ町の人々の間に、全くクレンクビユの評判は落ちて了つた。

五

クレンクビユはブツブツ云ひながら歩いて行つた。

「たしかに彼奴《あいつ》は地獄だ。あんな地獄つたらありやしない。」

けれども其の心の奥では、彼れは此の女を罵つてゐるのではなかつた。彼れは此の女の過去に就いて少しも軽蔑してゐやしなかつた。寧ろ彼れは其の几帳面な倹約《つま》しいのを善く知つてゐるので、却つて此の女を尊敬してゐたのだ。嘗つては善く二人一緒に話し合ひもした。そして二人とも、小さな畑を耕して、鶏でも飼つてみたいと云ふ同じ望みを持つてゐた。彼女は実に善いお客であつた。只彼れは彼女があの下らない野郎子のマルテン小僧から玉菜を買つてゐるのを見て、恐ろしい打撃を受けた。そして彼女が自分を馬鹿にしたやうな風をするのを見て、とうとう其の癇癪玉を破裂さして了つた。

そして噫《ああ》……。

それればかりではない。彼れをのけもの扱ひしたのは、只此の女一人だけでなかつた。誰れも彼れも皆んなもう彼れを相手にしない。皆んなマダム・ロールや、肉屋のマダム・コワントローや、又はアンジユ・ガルデイアンのマダム・バイヤルのやうに、彼れを馬鹿にした、のけものにした。全社会が、

噫、何んたる事ぞ。

十五日間暗い処にゐたからとて、もう韮を売る事すらも出事ない人間となるのだらうか。之れが正

しい事だらうか。巡査と少し悶着を起したからとて、それで正直な男を餓死させて了ふと云ふ事が、之れが常識だらうか。彼れは其の野菜を売る事が出来なくなれば、もうのたれ死する外はないのである。

彼れは丁度よく始末されなかつた葡萄酒のやうに、酢に帰つて了つた。マダム・ロールと喧嘩をしてから、今はもう誰れとでも喧嘩をする。何んでもない事で、其のお客に悪口をつく、若しお客が少しでも長く其の品物をいぢつてゐやうものなら、彼れは遠慮なく其のお客を吝嗇《けち》だとか乞食だとか呼ぶ。居酒屋ででも同じやうに、彼れは其の仲間のものを罵る。其の友達の栗屋は、もう彼れと絶交してゐたが、此のクレンクビユ爺さんは本当の山猪《やまあらし》になつて了つたと云つた。本当にさうだ。彼れは不作法な、口汚ない、喧嘩好の、怒鳴りやになつて了つた。しかし斯うなるのも当り前である。彼れは社会の不完全な事だとは知つたが、しかし、政治学校の教授達のやうに、制度の欠点や若しくば其れに必要な改革などに就いて、其の思想を述べる事も出来ず、又其の頭の中で秩序正しい思想をめぐらす事も出来ない。

不幸は益々彼れをして邪《よこしま》にして了つた。彼れは何等彼れに害をしやうともしないものや、又時としては自分よりも弱いものにまで其の復讐をした。或時彼れは、「監獄つて善い処かい」と聞いた葡萄酒屋の小供の横面を殴つた。そして云つた。「此の餓鬼め、毒を売つて金儲けしてゐやがる手前の親爺こそ、暗い処へ行くのが本当なんだ。」

之れは彼れに取つて些《すこし》の名誉ともならない所作である、言葉である。何故かと云ふに、栗屋が彼れに忠告をして、小供を殴つたり、又自分で選んで生れて来んでもない親爺を悪口したりするのは善くないと云つたのは本当の事だ。

彼れは酒を飲み始めた。金を儲ける事の少ない程、それだけ多く酒を飲んだ。嘗つて倹約な質素な男であつた彼れ自らも、此の変化には驚かされた。そして自ら云つた。

「俺れはちつとも無駄費をしない男だつたんだが、年をとるとだんだん馬鹿になるものなのかなあ。」

時として彼れは、自分の不為体《ふしだら》な事と怠惰な事とに、少しの容赦もない本当の判断を下した。

「クレンクビユ爺さん、お前はもう酒を飲む外に何んの能もないんだ。」

けれども時として彼れは又、自分を欺いて、之れも必要に依つて飲むんだと信じた。

「時々俺れは斯うして酒を飲んで、元気をつけたり、身体を冷したりしなけりやならないんだ。たしかに俺れの身体の中には何にか燃えてる。酒は清涼剤見たやうなもんだ。」

折々彼れは朝の市にも遅れ勝ちになつた。そして僅かに信用借をして、しかも損《いた》んだ品物の外は貰ふ事も出来なくなつた。或日彼れは其の心臓の疲れ切つたのと手足に気力のなくなつたのとを覚えて、其の車を物置の中へうつちやつて、終日マダム・ロールの肉屋の周囲や、ハールのおられる居酒屋の前をうろついて暮した。そして夕方家に帰つて、籠の上に腰を下していろいろ考へた。そして其の身の衰へ果てた事を自覚した。彼れは其のもとの元気の事、つらかつた仕事の事、多かつた儲の事、長い間のいつも同じやうな、しかし実のある生活の事、市の開けるのを待ちながら夜ハールの敷石の上を散歩した事、車の上へ巧みに野菜を列べて積み重ねた事、テオドラ小母さんの小さなカツフエの前で、車の梶棒をシツカリと握つて、立ちながら熱いのを一飲みにグツとやつた事、朝の空気を引裂く鶏の歌のやうな強い其の触声の事、人数の多い町々を歩き回つた事、不安と不眠とに苦しんでゐる市民に、新鮮な野菜物を齎《もた》らして来た、其の五十年間の人馬のやうなつらい全生涯の事などを、それからそれへと思ひ出した。そして其の首をふりながら溜息をついた。

「否《い》や、俺れにやもう元の元気がない。俺れはもう最後だ、俺れはもう破滅しちやつた。あの裁判事件以来、俺れにやもう元の気質がない。俺れはもう元の人間ぢやなくなつちやつた。ああ！」

遂に彼れは堕落して了つた。斯んな風の人間は、丁度地べたに倒れて、もう立つ事も出来なくなつたもののやうなものだ。道行く人々は、皆んな其の上を踏みにじつて行く。

六

困窮が来た。困窮の極みが来た。嘗つてはモンマルトル町から財布一つぱいに百スーも持つて来た老ふり売商人も、今はもう一銭の金もなくなつた。時は冬であつた。彼れは屋根裏から逐出されて、車部屋の中の車の下で寝てゐた。一昼夜しきりなく雨が降つた。雨滴が漲れた。車部屋は水一つぱいになつて了つた。

彼れは此の汚水の上の其の車の上に、蜘蛛や鼠や宿なし猫などと一緒になつて、安坐をかいて、黒暗の中でふさぎ込んでゐた。一日何んにも食はず、又其の身体を覆ふ例の粟屋の袋ももう無くなつてゐた。彼れはお上が其の衣食を与へてくれた二週間の事を思出した。彼れは寒さにも餓ゑにも苦しまない囚人の身上を羨んだ。そして彼れは一案を考へ出した。

「こんな善い方法があるのに、何故今迄之れを遣らなかつたんだらう。」

彼れは起き上つた。そして町へ出た。もう十一時を少し過ぎてゐた。いやな真暗な夜であつた。雨よりももつと寒い、もつと身にしむ霧が降つてゐた。壁に沿ふて走つて行く人もまるで見えない。

クレンクビユはセントスタシユ寺に沿ふて、モンマルトル町に入つた。町にはもう誰れもゐない。只一人の巡査が、寺の傍の瓦斯《ガス》灯の下に衝立《つつた》つてゐる。そして其の瓦斯の焔の周囲に、茶色の細かい雨が降つてゐる。巡査は頭巾の上に此の雨を受けて、凍え死んだやうになつてゐる。けれども彼れは暗い処よりも明るい所が好きなのか、それとも疲れ果てて足も進める事も出来ないのか、只此の瓦斯灯の柱の下にばかり立つてゐる。恐らくは彼れは此の瓦斯灯を唯一の友達としてゐたのかも知れぬ。其のゆらゆらと揺らめいてゐる焔は、此のさびしい夜の彼れが唯一の話相手であつたのであらふ。そして巡査が身動をもしないでジツとしてゐる姿はとても人間だとは思へない。湖のやうになつた水溜りの人道の上に、其の長靴の影がうつつて、身体が長く下の方に延びてゐるやうに見えるので、遠くから見ると丁度半分水から出かかつた水陸両棲の怪物のやうに思へる。そして夫れに近づいて見ると、頭巾を被つて武装をしてゐるので、坊主のやうにも見えれば又兵隊のやうにも見える。そして其の顔の太い線は、頭巾の影で夫に大きくせられて如何にも陰鬱らしい風に見える。彼れは厚い、短かい、灰色の口髯を生やしてゐた。彼れは四十歳ばかりの老巡査であつた。

クレンクビユは静かに彼れに近づいて、そして弱いよどみ声で云つた。

「モール・オー・ヴーシユ！」

そして彼れは此のおきまりの文句の効果を待つてゐた。けれども何んの効果も起らない。巡査は依然として其の短かい外套の下に腕組をして、黙つて身動きもしないで立つてゐる。そして其の大きく開いた、暗に光つてゐる眼は、悲しさうな、用心深かさうな、そして下げすんだやうな目つきをして、クレンクビユを見つめてゐた。

クレンクビユは驚いた。それでも猶僅かばかり残つてゐる決心を保つて、そして吃《ども》りながら云つた。

「オイ、モール・オー・ヴーシユ！　と云つたんだぜ。」

しばらく両方とも黙つてゐた。そして其の間細かい茶色の雨が降つて、あたりは凍えるやうな寒さの暗が支配してゐた。遂に巡査は口を切つた。

「そんな事を云ふもんぢやない……本当にそんな事を云ふもんぢやない。お前のやうな年になつたらそれ位の事は分つてさうなもんだ……さあ行け行け。」

「何故私を拘引して下さらないんですか。」クレンクビユは尋ねた。

巡査はズブ濡になつた頭巾の下で其の首を振りながら、

「つまらん事を云ふ酔漢を皆んな捕へたら、それや仕事はいくらでもあるよ……しかし其れが何んになるんだ。」

クレンクビユは此の大やうな侮辱にへこまされて、水溜の中へ足を入れて、しばらく茫然《ぼうぜん》として黙つてゐた。そして其処を立ち去る前に本当の事を云つて了はうと思つた。

「私がモール・オー・ヴーシユ！　と云つたのは、あなた様の事ぢやございません。又別に誰れの事でもございません。私はただ一寸考へがあつて、さう云つたのでございます。」

巡査はやさしく、しかし厳《おごそ》かに答へた。

「それが別の考へからであつても、又誰れの事であつても、兎も角そんな事は云ふものぢやない。人が其の勤をして、そしていろいろ苦しんでゐる時に、無駄な事を云つてそれを侮辱したりするものぢやない、さあさあ行け行け。」

クレンクビユは頭を下げて、両手をブラリと下げて、雨の下を暗の中に消えて了つた。

（『売文集』一九一二年五月五日）

batalos kontraŭ vi, mi kapitulacas la kastelon, kaj mi petas vin ŝpari nur mian vivon."

XI.

Momotaro ligis la grandegan Diablon per ŝnuro, kaj la simio dekondukis lin. La hundo kaj la fazano, prenis sur ilin la gardon por la multekostaj trezoroj.

Unue, mantelo kiu nevidebligus la portanton! kaj ĉapelo kiu havus saman kapablecon de la mantelo! Ili komencis enmeti en grandan skatolon tiujn trezorojn : frapilon, ĉe kies ĉiu frapo elsaltus multaj pecoj da oro: sanktajn koralojn, testudajn ŝelojn k.t.p., k.t.p.

La hundo kaj la fazano surportis tiun ĉi skatolon sur iliajn ŝultrojn kaj reiris al la boato.

Tiel, Momotaro kaj liaj tri servantoj revenis ĝoje de la venkinta militiro.

La ĝojo de la maljunaj gepatroj de Momotaro, kiuj atendis senpacience la revenon de sia amata filo, bezonas neniom da priskribo.

La gemaljunuloj, kun Momotaro, iĝis pli kaj pli influaj kaj riĉaj, kaj vivis pli kaj pli feliĉe.

(FINO)

(『日本エスペラント』第2巻第6号, 1907年9月5日)

X.

La Diabloj aŭdinte ĝin laŭte ridegis kaj unu el ili diris, "Kia malsaĝulo! Vi, fazano de arbaro, vokas por la kapitulaco! Ho! ho!! ho!!! Venu kaj gustumu tiun ĉi feran bastonon." Kaj la Diablo sin ĵetis sur la fazanon por bati kaj pudri ĝin.

Nia fazano certe estis brava. Li batis kaj boris per sia beko la verton de la Diablo.

Vidinte tion, ruĝa Diablo ankaŭ penis bati la fazanon per la fera bastono, sed la fazano per unu bato de beko boris kaj rompis la brustostojn de la ruĝa Diablo. Ankaŭ la fazano forpiedfrapis per la unugoj la alian Diablon, kiu sin ĵetis sur lin. La fazano ja batalis kun ekstrema energio.

Dume la hundo kaj la simio elsaltis el la boato en la insulon kaj disrompinte la pordegon de la kastelo eniris rapide internen.

Ĝis nun, la Diabloj pensis, ke la malamiko konsistas el la sola fazano. Sed, ĉar la aliaj du bestoj subite aperis, la Diabloj pli kaj pli furioze batalis por forpeli kaj mortigi ilin.

Estis tie ĉi ruĝaj, bluaj kaj nigraj malgrandaj Diabloj kaj ili dividiĝis en tri rotoj, kaj batalis defendi sin mem.

Sed la Diabloj grade laciĝis. La unuj elpelite el la insulo estis dronitaj en la maron, kaj la aliaj faligite sur la ŝtonegojn estis pece rompitaj! Estis neeble kalkuli la nombron da tiuj, kiujn mortigis la hundo, la simio kaj la fazano. Fine, nur unu postvivanto estis Ĉefdiablo, la plej granda Diablo. Sed grandega Diablo konvinkite, ke la kontraŭbatalo estas tute neebla, la feran bastonon ĵetis teren kaj sin mem metis antaŭ Momotaro kun la tutaj posedataj trezoroj. Kaj li diris malkuraĝe al Momotaro kun larmo elfluanta. "Mi estas plena je admireco por la grandega forteco de Sinjoro Momotaro! De nun mi neniam plaĉas al mi. Mi ordonas al vi kuniri kun mi kiel la hundo kaj la simio. Bone obeu al mi."

La fazano kuniĝis en la rango kaj laŭ la ekzemploj ricevis la duonon da miliopasteĉo, kaj ĝoje rapidis sur la vojo kun siaj kolegoj.

IX.

Unu tagon, ili alvenis al marbordo. Ili vidis nur senliman maron, sed nenie insuleton.

Momotaro rapide konstruis boaton kaj sidiĝis en ĝin kune kun siaj tri servantoj. Bonan favoran venton ricevante ili velis kun neordinara rapideco; kaj en nekredeble mallonga tempo, la insulo de Diablo ekaperis sur la horizonto.

De la boato, la insulo vidiĝis kiel ŝtonego akrigita per hakilo, kaj sur ĝi estis fera palisaro kun fera pordego. Interne estis multaj grandegaj kasteloj kovritaj de feraj tegmentoj. Vere, ĝi ŝajnis al ili nealirebla fortikaĵo!

Momotaro staris en la antaŭparto de la boato kaj rigardis la insulon. Fine li vokis la fazanon kaj diris. "Vi havas flugilojn. Alflugu al la insulo, kaj atente serĉu la staton internan."

Laŭ la ordono de la generalo, la fazano ĝoje forflugis kiel eble plej rapide. Li flugis sur tegmenton de la centra kastelo de la insulo, kaj li, frapante la flugilojn, laŭte ekkriis. "Bone aŭskultu! Ĉiuj Diabloj de tiu ĉi insulo! La Dio en Ĉielo alsendis sian senditon, Generalo Momotaro de la granda Japanujo, por submeti tiun ĉi insulon. Se vi dezirus vian vivon, tuj kapitulacu kaj lasu al li ĉiujn trezorojn. Sed, se vi kontraŭbatalus, mi, Fazano, kiu nun parolas, kaj Hundo kaj Simio, kiuj ambaŭ estas bravaj militistoj, tuj venos kaj mortigos vin senescepte."

Sinjoro Momotaro, estas en la vojo de militvojaĝo por submeti la Diablojn. Mi estas tre feliĉa kuniri kun vi."

"Certe, vi estas laŭdinda," diris Momotaro, "mi donas al vi la duonon da miliopasteĉo. La plej bona en Japanujo ; kaj vi min sevku."

Tiel kun la standardo portata de la hundo kaj kun la glavo de la simio, Momotaro sin metis inter la du, mem portante en la mano ferventumilon, laŭ la kutimo de grandaj militkomandoroj; kaj tri ciuj komencis kviete ilian marŝadon.

VIII.

Baldaŭ ili trairis arbaron. Subite, el sub iliaj piedoj elflugis birdo. Ĝi estis granda fazano. La hundo tuj estis sin ĵetonta sur la fazano kaj ekmordonta ĝin. Sed la fazano antaŭpuŝigis la bekon kaj preparis ataki la hundon.

Tion vidinte, Momotaro pensis: "Ĝi estas tre interesa birdo. Se mi ĝin alligus al mia partio, ĝi estas tre utila en iaj aferoj." Rapide li, kurante al la hundo puŝis ĝin aliflanke kaj diris intence al la fozano. "Kial vi konfuzas tiel nian militvojaĝon? Se vi submetiĝus, mi vin kunirigus kiel mia servanto. Sed se vi malhelpus al ni, mi saltigus sur vin tiun ĉi hundon kaj mordrompigus vian kapon."

La birdo, tre mirante, rapide genufleksis kaj diris kun ŝajno de tuta humileco. "Ĉu vi estas Sinjoro Momotaro, kiun mi jam antaŭe estimis? Mi estas fazano de tiu ĉi arbaro. Mi ne sciis ke tia fama generalo pasas tiun ĉi vojon. Mi petegas vin, ke vi bonvole pardonu mian malĝentilaĵon kontraŭ via estimata servanto, Sinjoro Hundo. De nun mi submetiĝas sub vi, obeas al viaj ĉiuj ordonoj. Ordonu, mi petas, kuniri al la insulo de Diablo kune kun sinjoroj Hundo kaj Simio."

Momotaro ridetante respondis, "Tia tuja submetiĝo multe

"Nenio estas pli ĝoja ol via tuja akcepto," diris la hundo, "kaj nun mi ja estas tre malsata, ĉu vi ne volas doni al mi unu el la nutraĵoj, kiujn vi ĵus manĝis."

"Gi estas la plej bona miliopasteĉo en Japanujo," diris Momotaro: "Mi ne povas doni al vi unuon tutan, sed nur duonon."

"Multajn dankojn al vi," respondis la hundo. Kaj li, ricevinte la duonon da pasteĉo kuniris kun Momotaro : ili marŝis sur la vojo kiel eble plej rapide.

VII.

Ili trairis tra valoj kaj montoj. Subite, el la branĉo de arbo unu simio elsaltis sur la teron kaj genufleksis antaŭ Momotaro. "Ho!" Vi estas Sinjoro Momotaro!" La simio ekkriis, "mi estas tre ĝoja vidi vin irantan al militiro! Mi estus tre feliĉa, se vi min akompanus."

Tiam, la makula hundo ne aŭdinte ĝis la fino, rigardis kolerege la simion kaj diris, "Mi, Makula Hundo, estas servanto de Sinjoro Momotaro. Kion Vi, monta simio kiel vi, povas fari en la militiro? Foriru! foriru de tie ĉi!"

La simio, ricevinte tian insulton, montris la dentojn kaj elmetis la ungojn; la konflikto estis tuj komencota inter la hundo kaj la simio. Momotaro puŝis ilin aparte kaj diris. "Atendu! atendu iom da tempo! Makula Hundo, vi ankaŭ, iom vin ĝenu!"

"Sed," rediris la hundo, " ĉar tiu ĉi monta simio malestimis vian majeston."

"Bone! bone!" respondis Momotaro, "tio ne estas via afero." Kaj puŝinte aliparte la hundon kaj returninte sin al la simio, diris: "Nu! Kiu vi estas?"

La simio metis teren la manojn kun respektega ŝajno, kaj diris: "Mi estas la simio de tiu ĉi monto. Mi aŭdis, ke vi, al ili kun la koro plena je kortuŝeco kaj eliris rapide el la domo.

V.

Momotaro rapidis kaj marŝis sur vojo. Ĝuste tagmeze, li iom malsata, sidiĝis sur la piedon de arbo, kiu staras flanke de vojo kaj li, elpreninte la milian pasteĉon, komencis manĝi ĝin.

Tuj, el apuda herbejo, subite aperis unu makula hundo, granda kiel bovido, kaj alproksimiĝis kun la ŝajno tre aroganta. La hundo haltis kontraŭ Momotaro, montris la dentojn kaj ekminacis Momotaron. "Vi estas maltimema knabo," diris la hundo, "trapasi la teritorion de la Landsinjoro Makula Hundo sen ia permeso. Lasu al mi ĉiujn nutraĵojn, kiujn vi havas, kaj foriru de tie ĉi. Se vi kontraŭparolus kontraŭ mi, vin tuj mordmortigus." Kaj ree li ekbojis minace.

（『日本エスペラント』第 2 巻第 5 号，1907 年 8 月 5 日）

VI.

Momotaro ridis kaj diris, "Sovaĝa hundo! Kion vi diras? Mi estas Momotaro, kiu iras al la insulo de Diablo por submeti la Diablojn. Se vi malhelpus al mi, neniom da kompato! mi tranĉus ĝustduone vian kapon!"

La hundo rapide enmetis la voston inter la kruroj kaj iĝis kiel eble plej malgranda kaj diris. "Do! Ĉu vi estas Sinjoro Momotaro pri kiu mi aŭdis tre ofte? Mi petas vin pardoni miajn malĝentilaĵojn, ĉar mi ne sciis, kiu vi estas." Kaj li daŭrigis, "vi diris, ke vi pasas tiun ĉi vojon por iri al la insulo de Diablo kaj submeti la Diablojn. Mi, via humila servanto, estus tre feliĉa, se vi ordonus al mi kuniri kun vi."

"Ho! Se vi deziras tion," diris Momotaro, "mi ne malhelpos al vi."

estas nur por mallonga tempo. Baldaŭ mi revenos."

"Do!" ekkriis la maljunulo, "kien vi volas iri?"

"Sen tutaj detaloj," diris Momotaro, "vi ne povus kompreni. Nordoriente de Japanujo, malproksimege, estas insulo loĝata de Diabloj. Tiuj ĉi Diabloj ĉiam faradas malbonon al Japanujo, ili kaptis la popolojn kaj manĝis ilin! Ili ŝtelis diversajn trezorojn. Ili ja estas la plej malamindegaj kreitoj en la mondo, mi intencos aliri tien ĉi, fari militon koutraŭ ili, submeti ilin kaj repreni la tutajn trezorojn."

IV.

La maljunulo miregis momente aŭdinte el la bŭso de tia juna knabo tiajn bravajn vortojn. Sed li pripensis espere ke, ĉar la knabo estis sendita de la Dio en Ĉielo, ia malfeliĉo ne okazos al li. "Tio," diris li, "estas bonega afero." "Kial mi malhelpus al vi, se vi havus tian planon?! Laŭ via deziro, mi vin liberigos. Iru senŝanceliĝe al la insulo de Diablo kaj revenu tuj kiam vi ekstermos la Diablojn,"

Momotaro tiel ravis, ĉar la maljunulo donis al li konsenton vere ĝoje, ke li ne povis atendi ĝis morgaŭ kaj komencis prepari por eliro de eĉ tiu ĉi tago.

Aliflanke la gemaljunuloj preparis nutraĵon por la vojaĝo. Ili faris milian pasteĉon el milio, kiun ili rezervis. Baldaŭ la pasteĉo estis farita kaj la persona preparo de Momotaro estis finita.

Malgraŭ tio, la disiĝo ŝajnas ĉagrena: la gemaljunuloj, kovrigis la okulojn de larmo kaj diris adiaŭ, tremigante la voĉon, "Zorgu pri vi dum la vojaĝo, kara mia." Mi atendos vin senpacience revenontan."

Momotaro sentis sin ankaŭ ĉagrena, sed diris nur, "nun mi foriras, adiaŭ zorgu bone pri vi mem." Kaj li alturnis la dorson falis teren. Sed la knabeto rapide alproksimiĝis al ili kaj diris: "Ne timu! ne timu! Mi certigis al vi ke mi neniam estas suspektulo. Vere, mi estas sendita al vi per la ordono de la Dio en Ĉielo. Vi ambaŭ ĉiam ploras, ke vi ne havas ian infanon ankoraŭ en tia aĝo. La Dio sentis kompaton por tio kaj sendis min por nutriĝi kiel via propra infano." Aŭskultinte tion, raviĝis la gemaljunuloj. Kaj ĉar tiu ĉi knabeto estis naskita el la persiko, li estas nomata Momotaro(Persikoknabo). Ĝi estis amata el tuta koro de du gemaljunuloj.

III.

Ja! Rapide pasas la tempo! Nun Momotaro havis dekkvin jarojn.

Unu tagon, Momotaro venis al la patro kaj genufleksis respektege antaŭ li, kaj diris : "Patro! Ni iĝis patro kaj filo per tre rimarkinda maniero. Kaj via boneco al mi estas pli alta ol la monto, en kiu vi hakas brullignon, kaj pli profunda ol la rivero, en kiu la patrino faras lavon. Tamen mi ne povas trovi iom manieron, per kiu mi klarigas al vi mian dankon."

La maljunulo iom embarasis kaj diris; "Ne priparolu ĝin! Ni jam iĝis patro kaj filo. Ne estas strange ke la filo ricevas bonvolon de la patro. Sekve la danko tia formata maniera estas tro multe por mi."

"Mi multe timas proponi tian aferon antaŭ ol danki la bonecon. Sed mi devas peti vin. Ĉu vi volas aŭskulti pri ĝi? " demandis Momotaro.

"Kion ajn vi postulos," respondis la maljunulo, "mi vin aŭskultos plezure."

"Nu," diris Momotaro," mi petas vin diri adiaŭ de nun."

"Kio!" ekkriis la maljunulo, "diri adiaŭ al mi?"

"Jes!" respondis Momotaro, "sed ĝi ne estas eterna adiaŭ. Ĝi ŝi revenis domen, kaj atendis la revenon de la maljunulo. "Kiam mia maljuna edzo revenos, kiel plezura li estos?!"

II.

Vespere, revenis la maljunulo surportante sur la dorso la brullignon, kiun li hakis en la monto.

"Kara maljunulo mia," elkurante la maljunulino ekkriis, "longatempe mi atendis vin revenontan! "

"Kial tiel vi bruas?" demandis li. "Kio okazis dum mia elirado?"

"Nenio," respondis la maljunulino, "sed mi havas bonan donacon, kiu multe plaĉus al vi."

"Ho! Ja! " ekkriis la maljunulo. "Tio estas mirinda afero." Kaj la maljunulo eniris domen lavinte la nudajn piedojn.

La maljunulino ĉirkaŭprenis la persikon per du brakoj kvazaŭ ĝi estas multepeza, metis ĝin antaŭ la maljunulon, kaj diris: "Jen, rigardu ĝin!"

La maljunulo ekvidinte la persikon restis iom da tempo mireginta. "Ho! ho!" ekkriis li. "Ĝi estas mirindega persiko! Kie vi aĉetis tian grandegan persikon?"

"Kion vi volas diri?" respondis la maljunulino. "Ĝi ne estas aĉetita! Mi ĝin trovis en la riverfluo." Kaj ŝi priparolis al la maljunulo tutajn detalojn. La maljunulo aŭskultis pli kaj pli plezure. "Al Dio dankojn!" diris li. "Nun mi estas tre malsata, ni faru kun ĝi vespermanĝon!"

Tranĉilo estis alportita kaj ili preparis tranĉi ĝin ĝustduone. Tiam, mirinde! el la interno de la persiko eliris voĉo de beleta knabeto: "Atendu iom da tempo, kara maljunulo mia!" Samtempe la persiko subite fendiĝis duone kaj knabeto elsaltiĝis.

La gemaljunuloj miregis de tia apero, tiel ke ili timegis kaj

MOMOTARO
PERSIKOKNABO

I.

Antaŭ treege multaj jaroj, vivis en ia loko maljuna viro kaj maljuna virino.

Unu tagon, ili ambaŭ dise eliris el la domo: la maljunulo al monto por haki brullignon, kaj la maljunulino al rivero por lavi vestaĵojn.

Baldaŭ la maljunulino alvenis al la rivero. Ŝi eltiris el lavkuvo la vestojn kaj komencis lavi ilin. Tiam subite, grandega persiko, tiel grandega ke oni povas apenaŭ ĉirkaŭpreni per du brakoj, venis subakviĝante kaj surakviĝante en superfluo de la rivero.

Vidante la persikon, la maljunulino diris al si, "Ho! ho! bela persiko ĝi estas! Mi havas nun sesdekjarojn, sed en tia longa vivo mi neniam vidis tian grandegan persikon. Kiel dolĉa ĝi ŝajnas! Mi ĝin prenos kaj alportos al la maljuna edzo kiel donaco." Ŝi alcelis sian manon al persiko, sed ne povis atingi ĝin. Ŝi ĉirkaŭ vidis ĉirkaŭ si por trovi ian bastonon, sed nenio estis. Ŝi embarasis iom kiel ŝi faros, kaj fine elpensis bonan planon. Ŝi alturnis sin al la persiko fluanta kaj ekkantis.

La akvo malproksima estas maldolĉa.
La akvo proksima estas dolĉa.
Evitu la maldolĉan!
Venu al la dolĉa!

Tiam, mirinde! La persiko proksimiĝis iom post iom kaj fine haltis kontraŭ la maljunulino.

Ŝi rapide ekkaptis la persikon. Kaj la persikon sub la brakoj, antaŭ Momotaro kun la tutaj trezoroj. Kaj li diris al Momotaro malkuraĝe kun larmo elfluanta: "Mi estas plena je admireco pro la grandega forteco de Sinjoro Momotaro. De nun, mi neniam kontraŭbatalos kontraŭ vi. Nun, mi kapitulacas la kastelon, kaj mi petas vin ŝpari mian vivon."

Momotaro ligis la grandegan Diablon per ŝnuro kaj kondukigis lin de la simio. La hundo kaj la fazano prenis sur ilin la gardon de la valorindaj trezoroj.

OSUGI, S.

地なくも降参と来ました。

桃太郎はすぐ此の大鬼を縄でしばつて、猿に之を曳かせ、また犬と雉子には分捕りの宝物。まづ隠蓑、隠笠を初めとし、打出の小槌、如意の宝珠、珊瑚、玳瑁真珠の類を大きな函に入れて担がせ、再び以前の船に乗つて、目出度凱陣を致しました。

待ちこがれた爺さん婆さんの喜悦は申し上げるまでもない事。

此の後、爺さん婆さんは、桃太郎と一所に、益々富み、益々幸福に世を送りましたとさ。

（此の日本文は巌谷小波編日本昔噺桃太郎に拠る）

大杉栄

（『日本エスペラント』第1巻第4号，1906年11月5日）

rompis la brustostojn de la ruĝa Diablo. Ankaŭ la fazano forpiedfrapis per la ungoj alian Diablon kiu ĵetis sin sur lin. La fazano ja batalis kun ekstrema entuziasmo.

Dume la hundo kaj la simio elsaltis al la insulo el la boato, kaj disrompinte la pordegon de la kastelo ensaltis rapide ambaŭ.

Ĝis nun, la Diabloj pensis ke la malamiko konsistis nur el sola fazano. Sed ĉar subite aliaj du bestoj aperis, la Diabloj pli kaj pli furioze batalis por forpeli kaj mortigi ilin.

Estis tie ĉi ruĝaj, bluaj kaj nigraj malgrandaj Diabloj; kaj ili dividiĝis en tri rotoj, kaj batalis defendi sin mem.

Sed, eĉ la Diabloj grade laciĝis. La unuj elpelite el la insulo estis endronitaj en la maro, kaj la aliaj falite sur la ŝtonegojn estis pece rompitaj! Kaj estis neeble kalkuli la nombron de ili, kiujn mortigis la hundo, la simio kaj la fazano. Fine nur unu postvivinto estis la estro, grandega Diablo.

La grandega Diablo, konvinkite ke la kontraŭbatalo estas tute neebla, ĵetis teren la feran bastonon kaj metis sin mem

き飛ばし、此処を先途と闘ひました。

其の中に犬と猿とは、船からヒラリと陸へ飛び下り、はや大手の鉄門を破つて、ドツと計りに踊り込みました。敵は一羽の雉子ばかりかと思つた処へ、又犬猿の二疋の者は、矢庭に踊り込んで参りましたから、鬼も今は一生懸命、赤鬼、青鬼、黒鬼の小鬼共、三手に分れて拒ぎ闘ひました。

其の中にさすがの鬼も段々に弱はりまして、見る見る中に追ひまくられ、海に溺れて死ぬもあれば、岩に落ちて砕けるもある。其の他、犬猿雉子の牙にかかつて討たれる者数を知らず。果ては鬼が島に生残れる者は、頭の大鬼計りになりました。

すると此の大鬼も敵はぬ処と覚悟をしたが、やがて鉄棒をからりと投げ棄て、宝物をもつて桃太郎の前に平伏し、「ハツ恐れ入つたる桃太郎様の御威勢。此の上は何しに御抵抗致しませう。今日限り心を改め、降参致します程に、命計りは御助け下さい」と涙をポロポロ流しまして、意気

la fazano ĝoje forflugis kiel eble plej rapide. Li flugis sur tegmenton de centra kastelo de la insulo; kaj li, frapante la flugilojn, ekkriis laŭte: "Bone aŭskultu! ĉiuj Diabloj kiuj loĝas en tiu ĉi insulo! La Dio de ĉielo sendis sian senditon, generalo Momotaro de la granda Japanujo, por submeti tiun ĉi insulon. Se vi dezirus vian vivon, tuj kapitulacu kaj lasu al li tutajn trezorojn. Sed, se vi kontraŭbatalus, mi Fazano kiu nun parolas, kaj Hundo kaj Simio kiuj ambaŭ estas bravaj militistoj, venus kaj mordmortigus vin unu post unu."

La Diabloj aŭdinte ĝin laŭte ridegis kaj unu el ili diris: "Kia malsaĝo! Vi, fazano de arbaro, vokas pri la Kapitulaco! Ho! ho!! ho!!! Venu kaj gustumu tiun ĉi bastonon feran," kaj la Diablo sin ĵetis sur la fazanon por bati kaj pudri lin.

Sed nia fazano estis certe bravulo. Li, per la beko, batis kaj boris la verton de la Diablo.

Vidinte tion, ruĝa Demono ankaŭ provis bati la fazanon per la fera bastono, sed la fazano per unu bato de la beko boris kaj

飛んで参りました。

雉子は大将の命を受けて、急いで飛んで参りましたが、やがて鬼が島の真中の、城の屋根に降り立ちまして、羽ばたきをしながら、「やあやあ此の島の内に住居する鬼共確かに承はれ。只今此の処へ天の神の御使、大日本の桃太郎将軍、征伐の為めにお出向ひに成つたぞ。命が惜しくば、速かに宝を捧げて降参しろ。若し又刃向ふ時は、かく云ふ雉子を初めとして、犬猿の猛将の面々、日頃鍛えた牙にかけて、片つ端から汝等を、咬み殺して呉れるぞ。」と大音声に呼はりました。

すると此の島の鬼共は、之を聞いて大に笑ひ、「シヤ小賢かしい野雉子奴。征伐呼はり、片腹痛い。いで此の鉄棒の味を見よ」と飛びかかつて微塵になれと打ち降ろす。

此方の雉子も元よりさるもの、小癪な奴等と引つ外ずし、嘴を反らして鬼の脳天を、只一と突に突き倒す。之を見て一疋の赤鬼、又も鉄棒で打つてかかるを、同じく胸板を突き破る。又来る鬼を爪で蹴返し、続いてかかるを突

Momotaro

FINA PARTO DE LA JAPANA LEGENDO MOMOTARO

桃太郎（日本昔噺桃太郎の一節）

Unu tagon, ili aliris al marbordo. Ili vidis malproksimege nur senliman maron, sed nenion da insuleto.

Momotaro rapide konstruis boaton kaj sidiĝis en ĝin kune kun siaj tri servistoj. Bonan favoran venton ricevante al la velo, ili velis kun neordinara rapideco, kaj en nekredebla mallonga tempo la insulo de Diablo vidiĝis sur la horizonto.

El la boato, la insulo vidiĝis kiel ŝtonego akrita per hakilo, kaj sur ĝi estis fera palisaro kun fera pordego. Interne estis multaj grandegaj domoj kovritaj de feraj tegmentbrokoj. Vere ĝi ŝajnis al ili neprenebla fortikaĵo!

Momotaro staris en la antaŭparto de la boato kaj rigardis la insulon. Fine li vokis la fazanon kaj diris: “Vi havas flugilon. Flugu al la insulo, kaj atente serĉu la staton internan.”

Laŭ la ordono de la Generalo,

はや此処は陸の端。前面を見渡せば、只茫々とした大海、更に眼に入る小島もありません。そこで桃太郎は、急いで船を拵へて、三疋の家来と共に、鬼が島さして乗り出しました。

追風に帆を揚げましたから、船脚殊の外速く、何時の間にやら鬼が島は、前面の方に見えて来ました。

海の上から見渡しますと、斧で削づる様な岩の上に、鉄の門、鉄の垣根、中には又鉄の瓦を敷きつめた、大きな家の幾つもあつて、その要害の堅固さ、中々容易に入いれそうもありません。

桃太郎は船の舳に立つて、島の中を見てありましたが、やがて雉子を呼びまして「其方は羽根があるから、是れから彼処へ飛んでゆき、中の様子を見て来い」と云ひつけますと、雉子はハツと心得て其儘身支度をなし、勇み進んで

れなさるな。

la malfervoro kaj la apatio nenie estas rekompencataj.

B. —君の兄弟が嘗て君によこしたあの手紙は正しく書いてあつて読む可き価値がある。少し厳しいかも知れぬが、然し決して不公平ではない。—此の人は能く仏蘭西語を知つてゐる、大そう正しく発音する、彼れは長い詩や御伽話や物語りなどをよく暗誦する。それで彼れは到る処、殊に吾々の集りの間では受けが善い、吾々の集りに於て彼れは常に能く皆を喜ばす事を知つてゐる。

B. —La letero, kiun via frato iam skribis al vi, estas leginda, tial ke ĝi estas justa: iom severa eble, sed neniel partia. —Tiu ĉi sinjoro scias bone la francan lingvon: li elparolas ĝin tre korekte; li estas kapabla diri parkere longajn versaĵojn, fablojn kaj ĉi tutajn fabelojn, tial li estas vidata ĉie kun plezuro, precipe en mia societo, kie li ĉiam scias interesi ĉiun.

(『語学』第1集第1号〜第20号, 1906年11月3日〜1907年9月18日)

teatron? —Tial ke mi neniam iris tien.

かないのか。—私は一度もそんな所へ行つた事がないから。

B. —Ĉu vi vidis tie ĉi mian paperujon? —Mi neniam vidis, sinjoro, vian paperujon tie ĉi, tial mi kredas, ke vi perdis ĝin, aŭ ke oni ŝtelis ĝin el via poŝo. —Vi do bone farus, forgesi kiel eble plej baldaŭ tiun malgrandan malfeliĉon. —Ha! sinjorino pordistino, vi kredas tion, sed tio ne estas kredebla, kaj ju pli mi pensas pri tio, des pli —ne kredema— mi kredas, ke vi ne estas kredinda. —Tiam mi mensogas? —Do, eble, mi opinias, sed mi nenie diros tion, kaj vi neniel bezonos maltrankviliĝi.

B. —あなたは私の紙入を其処に見ましたか。—イイエ、私は見ませんでした。私の思いますには、あなたが夫れを失したか或は何者かがあなたのカクシから盗んだのではないでせうか。—そんな小さな不幸はなる可く早くお忘れなすつたら善う御座いませう。—ハハ、門番さん、あなたは左様御思ひか知らんが、どうかそうは信ぜられませぬ。—私はその事に就いて思へば思ふ程信ずる事が出来ません。—あなたは余り信ぜられん方ですね。—では私が偽を申したと仰有るのですか。—まあ左様です、併し何処へ行つても左様な事を云ひませんから御心配なさいますな。

作文

A. —此の青年は彼の可愛らしい従姉妹の結婚に就いて、注意す可き詩を作つた。—我が愛する子よ、謹み深かれ勉強家たれ、まだ若い間、即ち仕事の容易い間に御働きなさい。之れから怠惰と無頓着とは何処へ行ても決して賞せられない事を御忘

TRADUKADO

A. —Tiu ĉi junulo skribis versojn tiel rimarkindajn pri la edziniĝo de sia aminda kuzino. —Estu prudenta, mia kara infano, estu lernema, laboru dum vi estas juna, tiam, kiam la laboro estas ankoraŭ facila, kaj neniam forgesu, ke

VORTFARADO

A. Lernejo, lernanto, lernejestro, instruisto, instrato, paperujo, inkujo, malfervoro, finiĝo, lernolibro, skribadi, skribaĵo, fablaro, verkisto, jarlibro, klarigi, apudesti, libertempo, pluvombrelo, trograndigi.

B. Lernema, legebla, punebla, kalkulebla, laborema, forgesema, forgesinda, leginda, puninda, kalkulinda.

EKZRECO

A. —Kiam venos via aminda fratino? —Ŝi ĵus venis tien ĉi. —Tiu ĉi lernanto estas diligenta kaj prudenta, sed ne sufiĉe laborema: liaj skribaĵoj ĉiam estas tiel malbone skribitaj, ke ili ne estas legeblaj de liaj instruistoj, kiuj ĉiutage, sed vane, lin punas. —Kiam mi ricevis vian leteron, mi skribis al via amiko, sed li ne ankoraŭ respondis. —Kial vi ne iros morgaŭ kun ni en

造語法

A. —学校、—学生、—校長、—教師、—生徒、—紙入、—インキ入、—怠惰、—終り、—教科書、—書き続ける、—書き物、—御伽話集、—著作家、—年報、—明にする、—侍る、—休日、—雨傘、—過大にする。

B. —勉強家の、—読み得可き、—罰し得べき、—計算し得可き、—働き好きの、—忘れ易い、—忘るるに価する、—読むに足る、—罰するの価ある、—計算するの価ある。

訳読

A. —いつあなたのあの可愛らしい姉妹は来るであらうか。—彼女はたつた今此処へ来た。—此の学生は勉強家で謹み深いが、どうも仕事が嫌いで。彼の書き物はいつでも善く書かれてない。先生は読む事が出来ないので毎日の様に罰するけれど駄目だ。—あなたの手紙を受取つた時、私はあなたの友達に手紙をやつた。けれどもまだ彼れから返事がない。—何故にあなたは私と一所に明日芝居に行か。—多分夫れは昨日私共が庭の戸の傍で見たあの貧しい女の人のでせう。—此等の子供等はあなたが彼れ等を作る通りになる。—僕が大そう太つたので此の毛のチヨツキは余り小さくなつた。—君の父の様な人がどうして之れに趣味を感じたのだらう。

antaŭtuko? —Ĝi estas eble de la malriĉulino, kiun ni vidis hieraŭ apud la pordo de nia ĝardeno. —Tiuj infanoj fariĝos tiaj, kiajn vi ilin faros. —Tiu ĉi lana veŝto fariĝis tro malgranda, ĉar mi multe dikiĝis. —Tiu junulo scias ĉion, almenaŭ li tion kredas. —Per kio tio interesis homon tian, kia via patro?

B. —此の紙屑入の中の赤いリボンは誰れのでせう。—何人のでもない、若しなんなら誰れのでも善い。—若し此の老人がもう少し吝嗇でなければ、此の新しい着物を買ふかも知れない。—此の若い女達は絹やビロードの立派な織物よりも普通の毛の織物を好む。—何処へあなたはあなたの金時計を置いたか。私はそれを黒いチヨツキのかくしの中に置きました。

B. —Kies estas la ruĝaj rubandoj, kiuj kuŝas en la ĉifonujo? —Nenies aŭ, se vi volas, ĉies. —Tiu maljunulo aĉetus novajn vestojn, se li estus malpli avara. —Tiuj junaj virinoj preferis ŝtofojn simplajn kaj lanajn pli ol riĉajn ŝtofojn silkajn aŭ velurajn. —Kien vi metis vian oran poŝhorloĝon? En la poŝo de mia nigra veŝto.

第十六回

練習 VIII.

Gramatiko: 27, 28
Sufiksoj: ema, elba, inda

文法 : 27, 28
接尾語 : ema, elba, inda

el vi, junulinoj, iras kun mi en la magazenon de novaĵoj? —Ni ĉiuj irus volonte kun vi, sinjorino, se ni estus vestitaj, sed ĉar neniu el ni intencis eliri hodiaŭ, ni tute ne pretaj. —Mia patro devigas min purigi ĉiumatene miajn malpurajn ŝuojn. —Kiajn naztukojn vi volas aĉeti? —Mi ilin prenos tiajn, kiaj ili estas.

の中のどなたが私と一所に唐物屋の店へ参りますか。—夫人よ、みんな喜んで御供します、併し今日は誰れも外出しやうと思つてゐなかつたものですから、私共は少しも仕度をしてゐません。—私の父は毎朝私の汚ない靴をふかせます。—どんなハンカチーフを御買になりますか。—私はどんなのでも買ひませう。

B. —La fraŭlino, kies belegajn orajn juvelojn ni admiris, edziniĝos baldaŭ. —Kies estas tiu ĉi cigarujo? —Nenies, almenaŭ nenies, mi kredas, en la kafejo. —Kion vi volas diri al mi? —Nenion. —La junularo en tin ĉi vilaĝo konsistas el kelkaj junuloj kaj multaj junulinoj. —Prenu la sapon el la sapujo kaj lavu vian vizaĝon kaj viajn manojn. —Tiu ĉi silka robo estas pli eleganta ol tiu lana, sed vi estas ĉarma en kia ajn vesto.

B. —吾々が嘗て其人の極めて奇麗な金の宝玉を称賛したあの令嬢は近日結婚するそうです。—此の葉巻煙草入は誰れのですか。—誰れのでもありませぬ、少なくとも此のコーヒー店にゐる誰れのでもありませぬ。—君は何を僕に云はうと思ふのか。—何にも云はうと思つてゐない。—此村の青年団は若干の男子と多数の女子とにより成る。—其の石鹼入から石鹼を出して、君の顔と手とを御洗いなさい。—此の絹の上衣は其の毛の上衣よりも立派だ、併しあなたはどんな着物でもよく似合ふ。

作文

A. —此の青い前垂は誰の

TRADUKADO

A. —Kies estas tiu ĉi blua

第十五回

練習 VII.

Gramatiko: 14, 15
Sufiksoj: adi, igi, iĝi

文法: 14, 15
接尾語: adi, igi, iĝi

VORTFARADO

A. Ĉenero, ĉifonisto, ĉifonujo, lanaĵo, kombilo, lavejo, levilo, ĝentilaĵo, kunigi, ĉiutaga, edziĝo, edziniĝi, antaŭtuko, falsaĵo, poŝhorloĝo, junularo.

B. Purigi, aŭdado, kuŝiĝi, riĉigi, riĉiĝi, parolado, pligrandigi, plibonigi, pliboniĝi, kontentigi, vekiĝi, junigi, juniĝi, maljunigi, plimaljuniĝi, devigi, glitado, fariĝi, dikiĝi, maldikiĝi, marŝadi.

造語法

A. —鎖、—屑拾、—屑箱、—毛織物、—櫛、—洗濯場、—槓桿、—丁寧、—合する、—毎日の、—結婚、—妻となる、—前掛、—偽造物、—懐中時計、—青年の団体。

B. —清潔にする、—聞く事、—寝る、—富ます、—富む、—演説、—大きくする、—善くする、—善くなる、—満足させる、—目覚める、—若くする、—若くなる、—老いさせる、—更に老ゆる、—余儀なくさせる、—滑る事、—成る、—太くなる、—細くなる、—歩み続ける。

EKZERCO

A. —Vestu vin rapide kaj ne prenu tiun malbelan sed tiun ĉi novan ĉapelon! —Kiu

訳読

A. —早く着物を着なさい、その古いのはよして此の新しい帽子を御被りなさい。—あなた方

作文

A. —若者よ、君は朝食の後に喫煙するか。—イイエ、あなた、私は朝食の後には喫煙しません、私は夕食の後に折々二三本の極く弱い巻煙草を吸ひます、そして私は成るたけ強いコーヒーを一杯飲みます。—昨日客嗇者の財布が極めて巧みな盗人に盗まれた。—此の庖丁は十分に切れない、今日僕は肉を切る事が出来ない。

B. —老人のショーベルが室の中の一番よい葡萄酒の瓶の側にあつた、そこで戸に一番近い瓶が彼れに盗まれたものと信ずる事が出来る。—小牛の肉は牛肉或は羊肉よりも白い、其れは最も白い肉の一つである。

TRADUKADO

A. —Ĉu vi fumas, junulo, post via matenmanĝo. —Ne, sinjoro, ne post la matenmanĝo, sed mi ofte fumas du aŭ tri cigaredojn tre malfortajn post la vespermanĝo, dum mi trinkas unu tason da kafo, kiel eble plej forta. —La monujo de la avarulo estis ŝtelita hieraŭ de tre lerta ŝtelisto. —Tiu ĉi tranĉilo ne estas sufiĉe akra, mi ne povas tranĉi la viandon hodiaŭ.

B. —La ŝovelilo de la maljunulo estis trovita en la kelo apud la boteloj de nia plej bona vino, oni do povas kredi, ke la boteloj la plej proksimaj de la pordo estas ŝtelitaj de li. —La bovidaĵo estas pli blanka ol la bovaĵo aŭ la ŝafaĵo, tio estas unu el la plej blankaj viandoj.

bombonujo.

箱。

EKZERCO

A. —La servistino diras, ke la supujo estas sur la tablo, ni do eniru, junulinoj kaj junuloj, en la manĝoĉambron, ni manĝu kaj trinku laŭ nia apetito. —Mia tranĉilo estus, mi kredas, pli akra ol la via, se ĝi estus tiel nova kiel la via. —Tiu ĉi botelo da vino estas trinkita tiel rapide, mi ne povis kredi ke ĝi estis trinkita nur de unu homo.

訳読

A. —女中の云ふには、もうスープ皿が食卓の上に供はつたそうですから、皆さん食堂の中へ這入りませう、そして大に食ひ且つ飲みませう。—私の庖丁は、若しあなたのと同じ位新らしければ、あなたのよりはもつとよく切れると思ひます。—此の葡萄酒瓶は、ただ一人の人が飲んだのとは到底信ぜられない程早く空になつて了つた。

B. —La fingringo, kiu estis perdita, estas trovita de la maljunulino pli rapide ol ŝi esperis. —Ni havos hodiaŭ ĉe l'vespermanĝo legoman supon, ezokon, bovaĵon kun brasiko kaj terpomoj, pomojn kaj pirojn. —En la salaton oni metas vinagron, oleon, mustardon, salon kaj pipron. —La pomoj kreskas sur la pomujo kaj la piroj sur la pirujo. —Oni trovas fragojn kaj frambojn en la arbaroj de nia bela provinco.

B. —失くした指抜が思つたよりも早く老婆によりて見出された。—今日吾々は夕食に野菜の汁と、カマスと、キヤベツと馬鈴薯の入つた牛肉と、林檎と梨子とをもつ。—サラダの中へ酢と油と芥子と塩と胡椒とを入れる。—林檎は林檎の樹に生じ、梨子は梨の樹に生ず。—吾々のうつくしき田舎の林には、苺や蝦夷苺などがある。

客間へ這入りませう、そして其処で皆さんと善い絵師の額の前で、美しき絵や美しき彫刻の愉快と必要とに就いて楽しく御話し致しませう。

—Ni eniru, se vi volas, en mian salonon; tie, sinjoroj, antaŭ la pentraĵoj de bonaj pentristoj, vi parolos plezure pri la agrableco aŭ eĉ pri la utileco de bela desegnaĵo aŭ de bela skulptaĵo.

第十四回

練習VI.

Gramatiko: 8, 9
Sufiksoj: ingo, aĵo, alo

文法 : 8, 9
接尾語 : ingo, aĵo, alo

VORTFARADO

A. Nutraĵo, bovaĵo, sukeraĵo, sukeraĵejo, sukeraĵisto, matenmanĝo, vespermanĝo, ŝafidaĵo, malsata, terpomo, ĉasaĵo, drinkejo, ovaĵo, trinketi, bierejo, ŝtelisto, fritaĵo, manĝaĵo, manĝeti.

B. Kandelingo, cigarujo, cigaringo, maljunulo, teujo, fingringo, malfeliĉulo, sukerujo, belulino, piedingo, avarulo, riĉulo, malriĉulo, monujo, Francujo, Patrujo, piprujo,

造語法

A. —食物、—牛肉、—砂糖菓子、—砂糖菓子店、—砂糖菓子屋、—朝食、—夕食、—羊肉、—餓ゑたる、—馬鈴薯、—狩の獲物、—飲酒店、—オムレツ、—チヨツト飲む、—ビーアホール、—泥棒、—フライ、—食物、—味ふ。

B. —燭台、—葉巻煙草入、—葉巻パイプ、—老人、—茶入、—指抜、—不幸者、—砂糖入、—美人、—鐙、—吝嗇者、—富者、—貧乏者、—財布、—仏国、—本国、—胡椒入、—菓子

skulptisto, sur la kamparon, ĉe lian fraton, kiu estas pentristo, kaj ni loĝos ĉe tie ĉi unu tutan semajnon. —Kie vi trovis la dasegnaĵojn de mia filino, kaj kien vi metis ilin? —Mi trovis, sinjorino, la desegnaĵojn sub la kanapo en la salono, kaj mi metis ilin en la tirkeston de la skribotablo de fraŭlino sofio.

彼の兄弟の画師の家に行くであらう、そして私はそこに一週間滞在する。—あなたは私の娘の絵を何処で見付て、何処へ置きましたか。—夫人よ、私は客間の長椅子の下に其の絵を見付けました、そして私はそれをSofio嬢さんの机の引出の中へ入れて置きました。

TRADUKADO

A. —旦那、どの机の上にランプを置いたら宜ろしう御座いませうか。—花瓶のそばの今其のランプのある机の上に置いてお呉れ。—昨日、犬が小供等と共に庭に遊んでゐたが、急に通りの向側の市長の家に飛び込んだ、そしてもう吾々の方に来やうとも仕ない。—オイ、君、この儘にほつて置け。—此の冬、石炭の三袋が九法か十法する。

B. —料理人がストーヴの火の上に、奇麗な木の盆を置いた、すると火の粉の為めにすつかり損はれて了つた。—私の

作文

A. —Ĉu vi volas diri al mi, sinjoro, sur kian tablon oni metos la lampon? —Oni lasos ĝin sur la tablo, kie ĝi estas nun apud la florpoto. —La hundo ludis hieraŭ en la ĝardeno kun la infanoj, subite ĝi kuris trans la straton en la domon de la urbestro kaj nun ĝi ne volas plu veni ĉe nin. —Nu! mia amiko, lasu ĝin tie. —Tri sakoj da karbo kostas tiun ĉi vintron naŭ aŭ dek frankojn.

B. —La kuiristo metis sur la fajron de la forno beletan lignan pleton, kaj tiu ĉi estas tute difektita de la fajreroj.

VORTFARADO

A. Lavvazo, korktirilo, desegnaĵo, florpoto, antaŭĉambro, karbero, skatoleto, botelego, anstataŭi, kandelego, pentraĵo, difektaĵo.

B. Falĉilo, kudristino, kuiristino, kuirejestro, tranĉilo, balailo, skribisto, horloĝisto, flugilo, tondilo, segilo, ĝardenisto, urbestro, gladilo, provincestro, glitiloj, hakilo.

造語法

A. —盥、—コルク抜、—画、—花瓶、—玄関、—石炭、—小箱、—大瓶、—代る、—大蝋燭、—額、—過失。

B. —鎌、—裁縫女、—料理女、—料理場長、—庖丁、—箒、—筆耕、—時計屋、—翼、—剪刀、—鋸、—園丁、—町長（市長）、—火熨斗、—県知事、—滑靴、—斧。

EKZERCO

A. —La manĝilaro konsistas el la kulero, la forko, la tranĉilo, la glaso kaj la diversaj teleroj: suptelero, plataj teleroj, teleretoj. —La kuiristino portis en la kuirejon sitelon plenan je karbo; poste ŝi balais per balailo kaj ŝovelis per ŝovelileto la karberojn kovrantajn la plankon en la antaŭĉambro. —La pingloj kaj kudriloj estis metitaj de la kudristino en skatoleton, kiu kuŝas sur la tablo.

B. —Mi iros la proksiman ĵaŭdon kun mia amiko, la

訳読

A. —食器は匙や肉叉や庖丁やコップや其他いろいろな皿、即ちスープ皿、平皿、小皿より成る。—料理女が石炭の一ぱいに入つた桶を台所に持つて来て、それから箒で掃いて、ショーベルで玄関の床板に散つてゐる石炭屑をかきとつた。—留針と針とが机の上に在る小箱の中へ裁縫女によりて置かれた。

B. —次ぎの木曜日に私は私の友達の彫刻師と一所に田舎の

る。—私の夫の卓子は客間と食堂との間の階段のそばにある。—私が手の上に置いた四、五粒の穀物を鳥が食べた。—食堂の古い道具は主人夫婦から年老ゐた女中に与へられた。

multe da kamentubojn. —La skribotablo de mia edzo estas apud la ŝtuparo inter la salono kaj la manĝoĉambro. —La birdo manĝis kelkajn grenerojn, kiujn mi havis sur la mano. —La malnova meblaro de la manĝoĉambro estis donita al la maljuna servistino de ŝiaj gemastroj.

B. —子供等よ、今朝御前達はあまり早くあの若い女中に洗つてもらつたから、客間から出てそして化粧室に入つて手や顔をよく御洗い。—此の夏の間若し天気がよかつたら、あの古い御寺は多くの都会人に見舞はるるであらう、併し天気はよくない。—子供等は其の両親に愛せられてゐる。

B. —Hodiaŭ matene, miaj infanoj, vi estas lavitaj de la juna servistino tro rapide; eliru el la salono kaj lavu tre bone en la traletejo viajn manojn kaj vian vizaĝon. —Se la vetero estus bela tiun ĉi someron, la malnova preĝejo estus vizitata de multaj urbanoj; sed la vetero ne estas bela. —La infanoj estas amataj de siaj gepatroj.

第十三回

練習 V.

Gramatiko: 29, 30, 31, 32, 33
Sufiksoj: estro, isto, ilo

文法：29, 30, 31, 32, 33
接尾語：estro, isto, ilo

estis ŝlosita de la servistino, kaj la kato ne povis eliri el la kelo hieraŭ vespere. —La fraŭlino eliris je la oka el la dormoĉambro kun la knabino; ili supreniris kaj trovis en la manĝoĉambro la familian patrinon gaje parolantan kun ŝia edzo. —Kies estas tiu dometo? —Estas nia. —Mia bofrato havas en sia grandega salono multajn spegulegojn.

れたので、猫は昨晩室から出る事が出来なかつた。—令嬢が八時に女の子と一所に寝室から出で来て、上へ登つて家の御母さんが食堂に於て嬉しさうに其の夫と話してゐるのを見た。—其の小家は誰れのか。—僕等のだ。—僕の義兄弟は其の極めて大きな客間に沢山の大鏡を備へてある。

B. —La frateto estis banota de sia granda fratino en la banejo, sed ĉar la vetero estas tre varma hodiaŭ, li estos banata de ŝi sur la larĝa balkono apud la dormoĉambro. —La ĉirkaŭaĵo de nia urbo estas tre amata de ni; ni ofte vizitas tie amikojn, kiuj loĝas en bela dometo apud granda arbaro, ne malproksime de grandegaj ŝtonegoj; ni tien iros la postmorgaŭan tagon. —Donu al mi, sinjoro, nur unu momenton!

B. —小さい兄弟は浴場にて其の姉に湯浴してもらう筈なのだけれど、今日は天気が甚だ暖かなので寝室の傍の広い廊下で姉に湯浴してもらうであらう。—吾々の町の付近は甚だ吾々に愛せられてゐる、吾々は折々其処に友達を訪れる、此の友達は極めて大きな岩から遠からぬ大きな林のあたりに奇麗な小家を構へてゐる、吾々は明後日其処へ行くであらう。—チヨツト御待ち下さい。

TRADUKADO

A. —一人は巴里に於て家々の屋根の上に沢山の烟筒を見

作文

A. —Oni vidas en Parizo sur la tegmentoj de la domoj

れの病気は重くはない、併し彼れはしばしば頭痛をやむ。—此の腕飾は六百五十フランする。

malmulte, se ni estas kvarope hodiaŭ vespere. —Lia malsano ne estas grava, sed li ofte havas kapdolorojn. —Tiu ĉi ĉirkaŭmano, sinjorino, kostas sescent kvindek frankojn.

第十二回

練習IV.

Gramatiko: 19, 20, 21, 23, 24
Sufiksoj: aro, ejo, ero

文法 : 19, 20, 21, 23, 24
接尾語 : aro, ejo, ero

VORTFARADO

A. Pordego, ŝtonego, spegulego, malsupreniri, malfermi, seĝego, manĝoĉambro, skriboĉambro, dormoĉambro, ĉambreto, kastelano, supro, kamentubo, teretaĝo.

B. Kuirejo, banejo, sablero, ŝtuparo, dormejo, monero, manĝejo, loĝejo, parencaro, necesejo, dentaro, ostaro, homaro, fajereo, hararo, grenejo, tualetejo.

造語法

A. —大門、—岩、—大鏡、—下る、—開く、—安楽椅子、—食堂、—事務室、—寝室、—小室、—城民、—頂、—煙突、—地並(平屋)。

B. —厨房、—浴場、—砂粒、—階段、—寝室、—貨幣、—食堂、—住家、—親戚、—便所、—歯、—骨格、—人類、—火の粉、—毛、—穀物倉、—化粧室。

EKZERCO

A. —La pordo de la kelo

訳読

A. —室の戸が女中に閉めら

kvinan de januaro. —Unu malgranda bovido kostas en tiu ĉi sezono sesdek frankojn. —Sepoble kvin estas tredek kvin. —Nokte la policanoj en Parizo ĉiam iras duope. —Eiffelturo estas alta tricent metrojn (aŭ je 300 metroj). —La ĉirkaŭaĵo de Parizo estas tre verda en printempo.

である。—一疋の小さな犢が此の季節に於ては六十フランします。—五を七倍すれば三十五となる。—巴里では夜になると、いつでも警官が二人連で歩るく。—エイフエルトウーロ山は三百米突の高さがある。—巴里の付近は春に於て甚だ緑色を呈する。

作文

A. —一と月は一年の十二分の一で、一週は一月の四分の一で、一日は一週の七分の一である。—ヴエスヴオワの高さは千百五十米突である。—十七を八倍すれば幾つになるか。—百三十六となる。—幾時に君の義兄弟は来るか。—五時四十五分に。—此の石の表面は白い。—私の兄弟は二フラン持つてゐる、そして私はその倍持つてゐる。

B. —友よ、吾々は三人連で来た、君は不満足か。—イイエ、隣り人よ、併し私は半分の雛鶏しか持つてゐない、これでは今晩四人の人に少なからう。—彼

TRADUKADO

A.—Unu monato estas dekduono de jaro, unu semajno kvarono de monato, kaj unu tago sepono de semajno. —Vesuvo estas alta mil cent kvindek metrojn. —Kiom estas okoble deksep? —Tio estas cent tridek ses. —Je kioma horo venas via bofrato? —Je tri kvaronoj de la kvina. —La supraĵo de tiu ĉi ŝtono estas blanka. —Mia frato havas du frankojn, mi havas la duoblon.

B. —Ni venas triope, mia amiko, ĉu vi estas malkontenta? —Ne, mia kara najbaro, sed mi havas nur duonan kokidon, kaj tio estas dormeti, policano, naskiĝo, unufoje, dufoje, kioma?

官、—生れる事、—一度、—二度、—幾何の。

B. Bovido, novaĵo, verdaĵo, juneco, internaĵo, kokido, pureco, maljuneco, infaneco, infanaĵo, vireco, saneco, blankaĵo, supraĵo, gajeco, trankvileco.

B. —牛の子、—新しい物、—緑色の物、—青春、—内部、—雛鶏、—清潔、—老年、—幼年、—小児らしき所作、—外部、—周囲の物、—兄弟の親しみ、—古物、—大人らしき事、—健康、—白い物、—表面、—愉快、—安静。

EKZERCO

A. —Unu tago estas tricent sesdek kvinono de jaro. —Kioma horo estas nun? —Estas la unua. —Kvarono de la dua. —Duono de la tria. —Tri kvaronoj de la kvara. —Dudek minutoj post la kvara. —La trankvileco de tiu ĉi vilaĝo en somero estas tre agrabla. —Knabino, kiun aĝon vi havas? —Mi havas sep jarojn(aŭ mi estas sepjara). —Kvardek ses kaj kvindek du faros naŭdek ok.

訳読

A. —一日は一年の三百六十五分の一である。—今は幾時か。—一時だ。—二時十五分だ。—三時半だ。—四時四十五分だ。—四時二十分だ。—夏に於ける此の村の静けさはまことに愉快である。—小さな女の児よ御前は幾歳か。—私は七歳である。—四十六と五十二とで九十八となる。

B. —Mia patrino ne fartas tre bone nun, ŝi havas febron jam de du semajnoj. —Kiun daton ni havas hodiaŭ? —La

B. —私の母は今大そう善くない、彼女は既に二週間前から熱病を病んでゐる。—今日は幾日ですか。—一月の五日

曰く吾々の隣の女の盲の子は大そう善く歌ふ。—此の大きな鳥の大爪は長くて且つ強い。

nigraj. —La blinda filo de nia najbarino, diras mia kuzo, kantas belege. —La ungegoj de tiu ĉi grandega birdo estas longegaj kaj fortaj.

B. —町の人達の子供等は其の町の庭で本を読んでゐる。—人は肩の上に頭を有つ。—吾々は胸の左の方に心臓を持つ。—今日君の顔色は善くない、君の唇は赤くなくて白い、そして君の顔は蒼白い、君はただ骨と皮ばかりだ。—彼れの指は非常に長い、彼れの手はただの手ではなく、極めて大きな手である。

B. —La infanoj de la urbanoj ludas en la ĝardenoj de sia urbo. —La homo havas la kapon sur la ŝultroj. —Ni havas la koron en la brusto, maldekstre. —Vi ne havas bonan mienon hodiaŭ viaj lipoj ne estas ruĝaj, sed blankaj, via vizaĝo estas pala, vi havas nur haŭton kaj ostojn. —Liaj fingroj estas longegaj, li ne havas manojn, sed manegojn.

第十一回

練習 III.

Gramatiko: 6, 16, 17, 18
Sufiksoj: aĵo, eco, ido

文法 : 6, 16, 17, 18
接尾語 : aĵo, eco, ido

VORTFARADO

A. Malsano, malsaneto, dormegi, malpuraĵo, malpureco, tagmezo, noktomezo, kapdoloroj, centjaro, kristnasko,

造語法

A. —病気、—不快、—熟睡する、—汚物、—不潔、—正午、—夜半、—頭痛、—一世紀、—クリスマス、—坐眠する、—警

tro laŭte. —La patrino iras kun sia filo kaj liaj filoj. —Mi kredas, ke hodiaŭ la vetero estas ne varma sed varmega. —La knabo havas nigrajn okulojn kaj ruĝajn harojn. —La filineto de la vilaĝano iras al sia avino, ŝi marŝas rapide kaj eĉ kuras.

息子と息子の子供等と共に行く。—今日の天気はただ暑いのではない然し燃えるやうに暑いと私は思ふ。—あの男の子は黒い眼と赤い毛を持つ。—村人の小娘が其の祖母の処へ行く、彼女は速かに歩るく、時には走る事もある。

B. —La patrino aŭdas kontente la karan voĉon de siaj infanetoj, kiujn ŝi povas vidi en la ĝardeno. —La granda hundo havas ne buŝon sed buŝegon, ne piedojn sed piedegojn. —La knabineto kuras kaj ŝiaj vangoj estas nun ruĝaj. —La onklino kisas sian nevineton sur la frunto kaj sur la kolo, kaj la infaneto ridegas. —La patro parolas kun sia filino kaj ŝiaj amikinoj.

B. —母は庭にゐる小さな小供等の可愛らしい声を喜んで聞いてゐる。—あの大きな犬はただの口を持たない、大きな口を持つ、ただの足は持たない、大きな足を持つ。—小さな女の子が走つてゐる、そして彼女の頬は今赤くある。—叔母は彼れの小さな姪の額と頸とを接吻した、そしてその小さな子は大笑した。—父が其の娘と娘の友達等と話してゐる。

作文

A. —赤い血が吾々の身体の中に流れてゐる。—吾々の義兄弟の従姉妹は、青き眼と、小さい耳と、奇麗な口と、極く美しい歯とを持つてゐる、彼女の髪は鳶色で、そして其の眉と睫毛とは黒くある。—私の従兄弟の

TRADUKADO

A. —Ruĝa sango kuras en nia korpo. —La kuzino de nia bofrato havas bluajn okulojn; malgrandajn orelojn, beletan buŝon kaj belegajn dentojn; ŝiaj haroj estas brunaj kaj ŝiaj brovoj kaj okulharoj estas

第十回

練習II.

Gramatiko: 5, 10, 11, 12, 13
Sufiksoj: eto, ego, ano

文法 : 5, 10, 11, 12, 13
接尾語 : eto, ego, ano

VORTFARADO

A. Dekstra, maldekstra, maldekstre, lipharoj, malmulta, mallonga, vangharoj, malrapida, mallaŭte, okulharoj, malvera, malvere, malforta, bogepatroj.

B. Urbano, aveto, fratineto, beleta, buŝeto, buŝego, vilaĝano, ĝardeneto, grandega, belega, malbelega, patrineto, provincano, maneto, kapego, langeto, ungego, oreleto, orelego, rideti, ridegi, videti, piedeto, piedego.

造語法

A. —右、—左、—左の方に、—口髯、—少しの、—短かき、—頬髯、—遅々たる、—低声に、—睫毛、—偽りの、—偽りに、—弱き、—舅姑。

B. —町の人、—小さい祖父、—小さい姉妹、—小奇麗な、—小さい口、—大きな口、—村人、—小さい庭、—巨大なる、—極めて美しき、—極めて醜き、—小さい母、—田舎者、—小さい手、—大きな頭、—小さい舌、—大きな爪、—小耳、—大耳、—微笑む、—高笑する、—チヨツト見る、—小足、—大足。

EKZERCO

A. —La membroj, kruroj kaj brakoj, de nia fileto estas mallongaj. —La provincano ofte parolas malrapide kaj

訳読

A. —吾々の小さい息子の四肢、即ち脚と腕とは短くある。—田舎者は往々ゆつくりとして声高く話す。—母は其の

作文

A. —許婚の男と許婚の女とは許婚の男女である。—今日小供等は若い従兄弟等と共に砂の上や大きな石の上で遊んでゐる。—田舎の庭にはまだ美しき花が咲いてゐる、そして亦楽しさうな鳥も飛んでゐる。—愛する令嬢よ、隣の人の孫達は善う御座いますか。—ハイ、併し醜くくてそして不幸であります。

B. —若き隣人の義兄弟は美しき男の子等と美しき女の子等との父である。—何人が幸福であるか。—夫人よ、善人は必ずしも幸福でありませんが、悪人は常に不満足で且つ不幸であります。—小供が隣りの女の人の年老つた牝猫と遊んでゐる。—娘の夫は婿である、息子の妻は嫁である。

TRADUKADO

A. —Fianĉo kaj fianĉino estas gefianĉoj. —Hodiaŭ la infanoj ludas kun junaj kuzoj sur la sablo kaj sur grandaj ŝtonoj. —En la ĝardeno de la provinco kreskas ankoraŭ belaj floroj kaj flugas ankaŭ gajaj birdoj. —Ĉu la nepoj de la najbaro estas bonaj, kara fraŭlino? —Jes, sinjoro, sed malbelaj kaj malfeliĉaj.

B. —La bofrato de la juna najbaro estas la patro de belaj knaboj kaj de belaj knabinoj. —Kiu estas feliĉa? —La bonaj homoj, sinjorino, ne estas ĉiam feliĉaj, sed la malbonaj homoj estas ĉiam malgajaj kaj malfeliĉaj. —La infano ludas kun la maljuna katino de la najbarino. —Edzo de filino estas bofilo kaj edzizino de filo estas bofilino.

の、—安価の。

EKZERCO

A. —La onklino legas kaj la nevinoj kuras kun la junaj knaboj en la vilaĝo. —Edzo kaj edzino estas geedzoj. —Ĉu la filino de la najbaro estas granda? —Jes, sinjoro, sed la filino de la servisto estas malgranda kaj malbela. —Ĉu la feliĉaj gefianĉoj estas ankoraŭ en la ĝardeno de la maljuna kuzo? —Ne, sinjorino, la fraŭlino estas sola, la fianĉo estas ĉe la najbaro.

B. —Ĉu la malbonaj infanoj povas esti kontentaj kaj gajaj? —Ne, patrino! —En la urba ĝardeno estas belaj floroj. —Filo de onklo estas kuzo. —La nepo skribas al la bona kaj maljuna avo. —Kia(aŭ kiel) estas la vetero, knabo? —La vetero, gesinjoroj, estas hodiaŭ malbona kaj malvarma. —La ĉevalo estas kun la bovinoj sur la kampo. —La kato kaj la hundo estas bonaj amikoj de la homo.

訳読

A. —叔母は本を読んでゐる、そして姪共は若い男の児等と村落に遊んでゐる。—夫と妻とは夫婦である。—隣の人の娘は大きくあるか。—そうです、然し下男の娘は小さくて醜い。—あの幸福な許婚の男女は未だ年老つた従兄弟の庭にゐますか。—イイエ、奥さん、令嬢は一人でゐます、そして許婚の方は隣の人の家にゐます。

B. —あの悪い子供等は満足して喜んでゐる事が出来るでせうか。—イイエ、御母さん。—町の庭に美しき花がある。—伯父の子は従兄弟である。—孫は善き年老つた祖父に手紙を書く。—男の児よ、如何んな天気か。—ご夫婦よ、今日は天気が悪くてそして寒くあります。—馬が牝牛と共に野原にゐる。—猫と犬とは人の善き友達である。

第九回

以下毎号載する所の練習は、総て仏人 Th. Cart 氏の l' Esperanto en dix leçons（エスペラント語十章読本）に拠れり。此書は英独露伊西白和等の諸国語に反訳せられて、甚だ良著たるの称ある者也。有楽社発行のガントレット氏丸山氏合著の『世界語エスペラント』も実は此の書を反訳したる者也。而して予の講義は此の書の註釈とも見るを得べき者也。読者は左段と右段とを能く参照して訳読及び作文に熟す可し。但し日本文は成る可く原文に近からん事を勉めたるが故に、或は日本語として甚だ可笑しきふしもあらん。然れども是れただ読者の原文を了解し易からんを期したるが為め也。

練習 I.

Gramatiko: 1, 2, 3, 4, 7, 19, 20, 26
Prefikso: mal, bo, ge
Sufikso: in

文法 : 1, 2, 3, 4, 7, 19, 20, 26
接頭語 : mal, bo, ge
接尾語 : in

VORTFARADO

Avino, gepatroj, bofilino, virino, edzino, malgrande, fianĉino, maljuna, malbona, filino, fratine, edza, sinjorino, geavoj, malbela, kokino, malvarma, katino, bofilo, bopatro, nepino, kuzino, bovino, servistino, fraŭlino, malgaja, onklino, fila, malkara.

造語法

—祖母、—両親、—嫁、—女、—妻、—小さく、—許嫁の女、—老いたる、—悪しき、—娘、—姉妹の如く、—夫の、—夫人、—祖父母、—醜き、—牝鶏、—寒き、—牝猫、—婿、—舅、—孫娘、—従姉妹、—牝牛、—下女、—令嬢、—悲しき、—伯（叔）母、—子として

単純語

	性質	原因	時	場所	方法	所有	物	量	人
不定	**ia**（或る）	**ial**（或る故に）	**iam**（或る時）	**ie**（或る処に）	**iel**（或る方法にて）	**ies**（或る人の）	**io**（或る物）	**iom**（若干量）	**iu**（或る人）
疑問関係	**kia**（如何なる）（所の）	**kial**（何故）（か）	**kiam**（何時）（時）	**kie**（何処）（所の）	**kiel**（如何に）（か）（如く）	**kies**（誰の）（所の）	**kio**（何物）（事）	**kiom**（何程）（か）	**kiu**（誰れ）（所の）
指示	**tia**（其様な）	**tial**（其故に）	**tiam**（其時に）	**tie**（其処に）	**tiel**（其様に）	**ties**（其人の）	**tio**（其物）	**tiom**（其程）	**tiu**（其者）
集合	**ĉia**（総ての）	**ĉial**（種々なる理由にて）	**ĉiam**（常に）	**ĉie**（到る処に）	**ĉiel**（いろいろに）	**ĉies**（各人の）	**ĉio**（総ての物）	**ĉiom**（総て）	**ĉiu**（各）
打消	**nenia**（何等の…ない）	**nenial**（何等の理由もない）	**neniam**（何時たりとも…ない）	**nenie**（何処にも…ない）	**neniel**（如何にも…ない）	**nenies**（何人のでも…ない）	**nenio**（何物も…ない）	**neniom**（何程も…ない）	**neniu**（何人も…ない）

telefoni 電話をかける

合成語

40. 合成語はただ語根と語根とを組合せて造り、其の重なるものを後位に置く。而して語根と語根との間には文法上の語尾を付すも付せざるもよし。

vapor-ŝipo 蒸気船， vapor は蒸気，ŝipo は船也。

staci-domo 停車場， staci は停車，domo は家也。

okul-vitro 眼鏡， okul は眼，vitro はグラス也。

vesper-manĝo 夕食，vesper は夕，manĝo は食也。

打消

41. 若し一文の中に打消の意味の文字ある時は別に、ne なる打消を用ふる事なし。

Mi neniam vidis. 私は決して見なかつた。

Ni renkontis neniun. 我々は誰れとも会はなかつた。

文の構成

42. エスペラント語は語尾の変化の正則なる為め各語の位置を甚だ自由ならしむるを得。例へば私は教会の傍でペートロと遭つたと云ふ場合に

1 Mi renkontis Petron apud la preĝejo.

2 Apud la preĝejo mi renkontis Petron.

3 Petron mi renkontis apud la preĝejo.

等と云ふを得可し。

単純語

43. 代名詞及び副詞を講ずる時に、不定、疑問、関係、指定、集合、打消の題の下に数多の単語を並べ置きたり。之等は甚だ規則正しきものなる故、次ぎに表として掲げたり。読者は能く之れを暗誦し置くを以て便利とす。

paliĝi 蒼白くなる，fianĉo 約婚せる男，fianĉiĝi 約婚する，edzo 夫，edziĝi 夫となる

Em: 語根にて表はされたる傾向又は習慣を有するを示す。

kredi 信ずる，kredema 軽信する，venĝi 復讐する，venĝema 復讐好の，babili 饒舌する，babilema 饒舌なる，sin gardi 用心する，singardema 用心深き

Ebl: 可能性を示す。

kredi 信ずる，kredebla 信ぜらる可き，legi 読む，legebla 読み得べき，travidi 透視する，travidebla 透視し得べき

Ind: 価値あり且相応しき事を示す。

kredi 信ずる，kredinda 信ずるに足る，laŭdi 誉める，laŭdinda 誉むるに足る，memoro 記憶，memorinda 記憶する価値ある

ĉj: 男子を親愛の意味にて呼ぶとき，其の名の二字目より五字目あたりの所に付す。

Miĥaelo—Miĉjo,
Aleksandro—Aleĉjo,
Petro—Peĉjo

nj: 女子を親愛の意味にて呼ぶに用ふ。

Mario—Manjo,
Emilio—Eminjo

Moŝt: 尊称。

Via reĝa moŝto 陛下，
Via princa, duka, Grafa, Barona, Generala Moŝto 公，侯，伯，男，将官閣下

Um: 前置詞の je の如く不定接尾語也。其の用ひられたる数甚だ少なければ一々記憶するを要す。

kolo 頸，kolumo 襟（カラ）

第八回

外国語

39. 同一の語原より来りて、現今欧州各国に殆んど同一の文字にて用ひらるるものは、エスペラント語にても之れを変する事なし。ただ綴字法と語尾とをエスペラント風にしたるのみ。

tragedio 悲劇，tragedia 悲劇の，teatro 劇場，teatra 劇場の，telefono 電話，telefona 電話の，telefone 電話で，

regimento 連隊，regimentestro 連隊長， provinco 県， provincestro 県知事

Ist: 職業を示す。

boto 靴， botisto 靴屋，kuraci 病人を扱ふ， kuracisto 医者，ŝteli 盗む，ŝtelisto 盗賊，instrui 教へる，instruisto 教師，maro 海，maristo 水夫， komerci 商売する，komercisto 商人

Il: 道具、器械を示す。

haki 打ち切る， hakilo 斧，kombi 梳る， kombilo 櫛，kudri 縫ふ， kudrilo 針，tondi はさみ切る， tondilo 鋏，tranĉi 切る， tranĉilo 庖丁

Ad: 語根の表はす動作及び概念の継続することを示す。

pafo 発射， pafado 射撃，parolo 話， parolado 演説，progreso 進歩， progresado 絶えざる進歩，iri 行く，iradi 行き続ける，krii 叫ぶ，kriadi 叫び続ける

Ing: 語根にて表はされたる物を差し込み又は嵌め込む物なるを示す。

kandelo 蝋燭， kandelingo 燭台， plumo ペン先，plumingo ペン軸，fingro 指，fingringo 指貫

Uj: 語根にて表はされたる物を納れ又は含むの意を示す。

cigaro 葉巻煙草， cigarujo 葉巻煙草入， mono 金銭，monujo 財布， plumo ペン，plumujo ペン入， sukero 砂糖， sukerujo 砂糖入， pomo 林檎の実， pomujo 林檎の樹，Turko 土耳古人，Turkujo 土耳古国

Ul: ……の性質を有する者を示す。

juna 若い， junulo 若者，maljuna 老いたる， maljunulo 老人， malriĉa 貧しき，malriĉulo 貧人， timo 恐れ，timulo 臆病者， avara 吝な，avarulo 吝嗇者，bela 美しい，belulo 好男子．

Ig: ……せしむる、……ならしむるの意を語根に与ふ。

pura 清き， purigi 清くする， scii 知る， sciigi 知らしむる， bruli 燃える， bruligi 燃えしむる， morti 死する，mortigi 殺す，veni 来る，venigi 来らしむる．

Iĝ: ……となる、自らを……にするの意を示す。

maljuna 老いたる， maljuniĝi 老いる， pala 蒼白なる，

regno 国，　regnano 国民，vilaĝo 村，　vilaĝano 村民，Parizo パリ，　parizano パリ人，　Kristo クリスト，kristano クリスト教徒

Aĵ: 物の性質を具体的に示す。

nova 新しい，　novaĵo 新しい物，　malnova 古い，　malnovaĵo 古物，　mola 軟い，molaĵo 軟肉（果物の実等の），pentri 画く，pentraĵo 画いたる物（画），bona 善き，bonaĵo 善き物

Ec: 物の性質を抽象的に示す。

bela 美しい，　beleco 美，juna 若い，　juneco 若さ，amiko 友，　amikeco 友情，granda 大きい，　grandeco 大きさ，　malriĉa 貧しき，malriĉeco 貧

Id: 子或は子孫を示す。

bovo 牛，bovido 犢，koko 鶏，　kokido 雛鶏，　Izraelido イスラエル人の後裔，Napoleonidoj ナポレオンの後裔

Ar: 集合を示す。

arbo 木，arbaro 林，ŝtupo 梯子段，ŝtuparo 梯子，vorto 語，　vortaro 字典

Ej: 特に供へられたる場所を示す。

kuiri 料理する，　kuirejo 台所，　preĝi 祈る，　preĝejo 寺院，lerni 学ぶ，lernejo 学校，ĉevalo 馬，ĉevalejo 厩

Er: 分子、断片を示す。

Mono 金銭，　monero de oro 金貨，sablo 砂，sablero 砂粒，fajro 火，fajrero 火花

文法は今回を以て終了を告げたり。次回よりは直に練習としてエス文和訳、和文エス訳及びエス文小話を載す可し。読者は次号の出づる迄に第一号よりの発音及び文法によく習熟せられん事を望む。

第七回

接尾語（続き）

Estr: 頭領、長、親方を示す。

regno 国，　regnestro 国王，　ŝipo 船，　ŝipestro 船長，lernejo 学校，lernejestro 校長，

に，malsupre 下に，amo 愛，malamo 嫌，amiko 友，malamiko 敵

Bo: 婚姻によりて生ずる親戚関係を示す。

patro 父，bopatro 舅父，frato 兄弟，bofrato 義兄弟，filino 娘，bofilino 嫁（養女）

Ge: 両性を合称するに用ゐらる。

patro 父，gepatroj 両親，mastro 主人，gemastoj 主人夫妻

Dis: 分離或は散在を示す。

semi 種蒔く，dissemi 種を蒔き散らす，ĵeti 投げる，disĵeti 投げ散らす，kuri 走る，diskuri 別れ別れに走る，iri 行く，disiri 別れる

Ek: 動作の初まり又は其の一時的なるを示す。

kanti 歌ふ，ekkanti 歌ひ始める，krii 叫ぶ，ekkrii 叫び出す，vidi 見る，ekvidi 見つける，dormi 眠る，ekdormi 眠に入る

Re:「再び」又は「帰る」の意味を有す。

veni 来る，reveni 再び来る・帰り来る，iri 行く，reiri 再び行く，doni 与へる，redoni 返へす，brili 光る，rebrili 反射する

接尾語

In: 女性を示す。

patro 父，patrino 母，hundo 牡犬，hundino 牝犬，frato 兄弟，fratino 姉妹，fianĉo 婚約せる男，fianĉino 婚約せる女，viro 男，virino 女，sinjoro 男子に対する尊称の言葉，sinjorino 婦人に対する尊称の言葉，fraŭlo 未婚の男，fraŭlino 未婚の女，koko 牡鶏，kokino 牝鶏，bovo 牡牛，bovino 牝牛

Et: 物の度の減少を示す。

ĉambro 室，ĉambreto 小室，knabo 男の子，knabeto 小さい男の子，monto 山，monteto 丘，ridi 笑ふ，rideti 微笑む，dormi 眠る，dormeti 居眠する，kanti 歌ふ，kanteti 口誦む

Eg: 物の度の増大を示す。

varma 暑い，varmega 燃えるやうに暑い，granda 大きな，grandega 巨大なる，pluvo 雨，pluvego 大雨，pafilo 小銃，pafilego 大砲，bastono 杖，bastonego 棒

An: 会員、住民、党員等を示す。

33. 29に掲げたる何れの前置詞を用ふるも、猶其の意味を尽さざる時あり。此の時に je なる不定前置詞を用ふ。

Je kioma horo li venos? 幾時に彼れは来るだらう。

Li venos je la deka horo. 彼れは十時に来るだらう。

La vazo estas plena je sablo. 此の甕は砂を以て充たされてある。

接続詞

34. 重なる接続詞は下の如し。

ke（事を）， se（若し……なら）， ĝis（……に到る迄）， ĉu（……かを）， ĉar（何となれば）， tial ke（……の故に）， por ke（事の為めに）， kvankam（……とは云へ）， kvazaŭ（であるかの如く）， ĉu......ĉu（或は……或は）， kiam（時に）， tuj kiam（するや否や）， laŭ tio ke（……に従へば）， antaŭ ol（……をする前に）， anstataŭ（……の代りに）

35. 若し事実が確定を表はす時には接続詞の後に来る動詞は常に直接法也。

Kvankam li **estas** malsana. 彼れは病気ではあるが。

又、若し仮定或は条件を示す時には仮定法を用ふ。

Se vi **estus** malsana, mi **irus** al vi. 若し君が病気なら、僕は君の所へ行くかも知れぬ。

又、若し目的の意味ある時には、接続法を用ふ。

Ordonu, ke li **venu**. 彼れが来るやうに云ひつけて呉れ。

36. Anstataŭ と ankaŭ と por ke は常に不定法の前に。se は仮定法動詞の前に。por ke は接続法の動詞の前に置かる。

第六回

接頭語

37. 接頭語は下の如し。

Mal: 反対を示す。

bona 善き， malbona 悪しき， forta 強き， malforta 弱き， estimi 尊敬する， malestimi 軽蔑する， ĝoji 喜ぶ， malĝoji 悲しむ， fermi 閉づる， malfermi 開く， supre 上

28. 其の他語根のままの副詞は大凡左の如し。

tuj（直に）， ĵus（たつた今），jam（既に），preskaŭ（殆んど），tro（あまり、多すぎる），adiaŭ（さよなら、告別），almenaŭ（少くとも）， ambaŭ（二人とも），ankaŭ（又），ankoraŭ（まだ），apenaŭ（からうじて），baldaŭ（やがて），eĉ（……さへも、すらも），jes（然り），ne（ない），hieraŭ（昨日）， ju pli......des pli（……すれば……する程多く），ju pli......des malpli（……すれば……する程少なし），mem（自身），morgaŭ（明日），nek（……もない），nek......nek（……もない……もない），nun（今），nur（只、のみ），tre（甚だ）

前置詞

29. 重なる前置詞は下の如し。

al（に、の方に）， en（に、の中に），el（の外に），ekster（の外部に），super（上部に），sur（上に），sub（下に），antaŭ（前に），post（後に），apud（傍に），ĉe（の内に）， inter（間に），ĉirkaŭ（周囲に），kontraŭ（反対に），ĝis（迄），tra（通して），trans（超えて），anstataŭ（代りに），kun（共に），sen（無く），per（によりて、の方法によりて），pri（に関して），por（為めに、の目的の為めに），pro（為めに、原因），de（の），da（の、数量を示す），laŭ（従つて、の説によれば），malgraŭ（反して），dum（何々する間に）， preter（以外に），krom（除いて）

30. 前置詞は元来第一格（nominative）の前に付せらるるもの也。

Mi diras al mia patro. 私は私の父に云ふ。

31. 然れども若し方向を示す時単に前置詞のみにては其の意十分ならざる事あり。其の時には目的格（accusative）のNを用ふ。

La birdo flugas **en** la ĉambro. 鳥が室の中で飛んでゐる。

La birdo flugas **en** la ĉambro**n**. 鳥が室の中へ飛び込む。

32. 前置詞のalとĝisとは自ら方向を示すものなる故、其の後に来る定詞（complement）は決してnをとる事なし。

Mi iras **al** la lernejo. 私は学校へ行く。

れは皆から愛せられつつある。

Ŝi estis amata de sia patrino. 彼女は彼女の母に愛せられつつあつた。

La domo estas konstruata de mia frato. あの家は私の兄弟によりて造られつつある。

25. 分詞の後に o, a, e の語尾を付して、或は名詞、或は形容詞、或は副詞と為す事を得。

Amanta amiko. 愛しつつある所の友達。

Legante ni lernas. 読みながら吾々は勉強する。

La venonto. 来らんとする人。

Batate de la patro, la infano ekploris. 父に打たれて子供が泣き出した。

第五回

副詞

26. 副詞に二種あり、其の一は語根に e を付して形つくる。

bone 善く， kolere 怒つて，antaŭe 前に，poste 後に

27. 其の二は語根を其の儘にて用ふるものなり。

不定副詞：

ie 或る処に，iam 或る時，
iel 或る方法にて，
ial 或る故に，
iom 若干量（僅か）

疑問（関係）副詞：

kie 何処に， kiam 何時，
kiel 如何にして，
kial 何故に，kiom 如何程

指示副詞：

tie 其処に， tie ĉi 此処に，
tiam 其時に，tiel 其様に，
tial それ故に，tiom それ程

集合副詞：

ĉie 到る処に，ĉiam 常に，
ĉiel いろいろにして，
ĉial いろいろの理由にて，
ĉiom 総ての量（皆）

否定副詞：

nenie 何処にも………ない
neniam 何時でも………ない
neniel 如何しても………ない
nenial 如何なる理由にても………ない
neniom 少しも………ない

tense）は、エスペラント語にて唯一の助動詞なる Esti の助をかりて作る。

Mi estas amanta. 私は愛しつつある。

Mi estas aminta. 私は愛してゐる。

Mi estas amonta. 私は愛せんとしてゐる。

Mi estis amanta. 私は愛しつつあつた。

Mi estis aminta. 私は愛してゐた。

Mi estis amonta. 私は愛せんとしてゐた。

Mi estos amanta. 私は愛しつつあるであらう。

Mi estos aminta. 私は愛してあるであらう。

Mi estos amonta. 私は愛せんとしてゐるであらう。

注意　上の表の中、

Mi estas amanta. 私は愛しつつある。

Mi estis amanta. 私は愛しつつあつた。

Mi estos amanta. 私は愛しつつあるであらう。

の三つは成る可く避くるを以て善しとす。何となれば下の三つの形は此の意味を表はすに十分なるものなれば也。

Mi amas. 私は愛する。

Mi amis. 私は愛した。

Mi amos. 私は愛するであらう。

23. 受動の合成時も能動の合成時と同じく、常に助動詞 esti の助をかる。

Mi estas amata. 私は愛せられつつある。

Mi estas amita. 私は愛せられてある。

Mi estas amota. 私は愛せられんとしてある。

Mi estis amata. 私は愛せられつつあつた。

Mi estis amita. 私は愛せられてあつた。

Mi estis amota. 私は愛せられんとしてあつた。

Mi estos amata. 私は愛せられつつあるであらう。

Mi estos amita. 私は愛せられてあるであらう。

Mi estos amota. 私は愛せられんとしてあるであらう。

24. 受動の動詞の後に用ひらるるヨリテ又はカラ等の前置詞は、常に de を以て云ひ表はさる。

Li estas amata de ĉiuj. 彼

Mi faras. 私がする。
La avo faras. 祖父がする。
Ili faras. 彼等がする。

20. 動詞の時と法とは常に語尾の変化を以て示す。
I : 直説法を示す。
Ami 愛する
Esti 在る
As : 直説法現在を示す。
Li amas. 彼れは愛する。
Mi estas. 私はある。
Is : 直説法過去を示す。
Li amis. 彼れは愛した。
Vi estis. 汝はあった。
Os : 直説法未来を示す。
Ni amos. 我等は愛せん。
Ili estos. 彼等はあろう。
Us : 仮定法を示す。
Mi amus. 私は愛するかも知れぬ。
Ŝi estus. 彼女はあるかも知れぬ。
U : 命令法又は接続法を示す。
Amu 愛せよ
Estu あれ
Li finu. 彼れをして終らしめよ。
Ili venu. 彼等は来らしめよ。
Ŝi havu. 彼女をして持たしめよ。
Ke mi amu. 私が愛する事を。
Ke vi estu. 汝がある事を。

21. 能動受動共に三つの分詞を有し、下の如き語尾を以て表さる。

能動

Anta : 現在分詞
amanta 愛しつつ
faranta 為しつつ
Inta : 過去分詞
aminta 愛して
farinta 為して
Onta : 未来分詞
amonta 愛さんとして
faronta 為さんとして

受動

Ata : 現在分詞
amata 愛せられつつ
farata 為されつつ
Ita : 過去分詞
amita 愛せられて
farita 為されて
Ota : 未来分詞
amota 愛せられんとして
farota 為されんとして

22. 能動の合成時（compound

kvar (4), kvin (5), ses (6), sep (7), ok (8), naŭ (9), dek (10), cent (100), mil (1000)

十以上の数は甚だ規則正しく恰かも日本語の夫れの如し。

dek unu (11), dudek (20), tridek (30), tridek du (32), kvincent (500), sescent okdek tri (683), mil okcent tridek tri (1833)

17. 此の基本数に o, a, e を付して規則正しく名詞、順次形容詞、副詞を作る。

La unuo 一致 , dekduo 十二 , unua 第一の , sesdeka 第六十の , tricent sepdeka 第三百七十の , unue 第一に , due 第二に , sepe 第七に

18. 倍数は基本数に接尾語 obl を付して形つくる。而して其の倍数が名詞、形容詞、副詞なるに従つて語尾に o, a, e を付す。

La duoblo 二倍

Dudek estas la nombro kvarobla de kvin. 二十は五の四倍の数である。

Trioble 三倍にして

分数は基本数に接尾語 on を付加し、其の名詞なると形容詞なると副詞なるとにより、o, a, e の語尾を付す。

La kvarono de okdek estas la duono de kvardek. 八十の四分の一は四十の二分の一である。

La duona jeno 半円（五十銭）

kvar dekduonoj 十二分の四

集合数は基本数に接尾語 op を付し、其の名詞、形容詞、副詞なるに従ひ語尾 o, a, e を付す。

La duopa atako 二人掛りの攻撃

kvinope ili sin ĵetis sur min. 五人掛りで、彼等は僕に飛びかかつた。

第四回

動詞

19. エスペラント語の動詞は人称及び数の為めに変化する事なくただ法と時とによりてのみ変化す。

単数		複数	
mia	私の	**nia**	吾々の
via	汝の	**via**	汝等の
lia	彼の		
ŝia	彼女の	**ilia**	彼等の
ĝia	それの		
sia		自分の	

注意：oni は物主代名詞（形容詞）となる事なし。

13. sia は主格再帰物主代名詞と云ひ、常に文の主格の所有する物の前にのみ用ひられ、決して主格自身の前に置かるる事なし。

La patro estas kun sia filo kaj siaj amikoj. 父は自分（父の）の子と自分（父の）の友達と一所にゐる。

La patro estas kun sia filo kaj liaj amikoj. 父は自分（父の）の子と彼れの（子の）友達と一所にゐる。

注意：上の二つの例によりて、sia と lia との用法の異なる所を能く注意せよ。

14. 不定代名詞：

iu 或る人　ia 或る
io 或る物　ies 或る人の

疑問（関係）代名詞：

kiu 誰れ　kia 如何なる
kio 何物　kies 誰れの

指示代名詞：

tiu その　tia 其の様な
tiu ĉi 此の　ties 其の人の
tio 其の物

集合代名詞：

ĉiu 各人　ĉia 各の
ĉio 各の物　ĉies 各人の

否定代名詞：

neniu 何人も　nenia 如何なる　nenio 何物も　nenies 何人のでも

15. 其の他代名詞として用ひらるるもの、大凡下の如し。

unu 一人　alia 他の者
cetera 他の者（残りの者）
kelke da / kelka　若干の
multe da / multa　多くの
malmulte da / malmulta　少しの
kia ajn 誰れでも
tuta 全ての

数詞

16. 基本数は下に記載せるが如くにして、変化する事なし。

unu (1),　du (2),　tri (3),

劣級 : malpli.........ol

Mia frato estas malpli granda ol mi.　私の兄弟は私よりも小さい。

9. 最高級を示すには下の如き熟字を用ふ。

比較最高優級 : la plej.........el

Paŭlo estas la plej granda el miaj fratoj.　ポールは私の兄弟の中で一番大きい。

比較最高劣級 : la malplej.........el

Paŭlo estas la malplej granda el miaj fratoj.　ポールは私の兄弟の中で一番小さい。

絶対最高級 : tre

Paŭlo estas tre granda.
ポールは甚だ大きい。

第三回

代名詞

10. 人代名詞は下の如し。

単数		複数	
mi	私は	**ni**	吾々は
vi	汝は	**vi**	汝等は
li	彼は	**ili**	彼等は
ŝi	彼女は		
ĝi	それは		
si	自分		
oni	人		

注意 : 単数の vi の代りに ci を用ふる事あれど、英語の thou の如く古文などにのみ希れに用ふるものなり。li は男性、ŝi は女性、ĝi は物品、動物及び性の不明なるもの即ち中性に用ふ。si 及び oni は単複の何れにも用ひらる。si は主格再帰代名詞と称せられ、文中の主格を云ひ表すに用ふ。

11. 人代名詞が目的格なる時、即ちヲ格の時には名詞と同じく n を付す。

min 私を　vin 汝を　lin 彼を　ŝin 彼女を　ĝin それを　nin 吾々を　vin 汝等を　ilin 彼等を　sin 自分を

注意 : oni は目的格となる事なし。

12. 物主代名詞(形容詞)は、人代名詞の後に a を付して形つくる。

根を付加して、無数の語を造る。

冠詞

1. 定冠詞は数と性と格との別なく、常に la を用ふ。
la patro 父 , la frato 弟
la は母音に終る前置詞の後にある時に限り、a を省きて l' と為す事を得。
de l' frato 兄弟の ,
ĉe l' patro 父の家に
固有名詞は冠詞を要せず。
Francujo 仏国 ,
Londono ロンドン

2. エスペラント語には不定冠詞なし。

名詞

3. 名詞は語尾 o にて終る。
Patr-o 父 , Frat-o 兄弟

4. 複数を作るには、語尾の後に j を添ゆ。
patro-j 父等 , frato-j 兄弟等

5. 目的格即ちヲ格は、語の最後に n を付して示す。
patro-n 父を , fratoj-n 兄弟等を

6. n は又、方向、日付、動作の継続、容量、価格を示すに用ひらる。
Mi iras parizon. 私はパリーに行く。
La dekan de marto 三月十日
Mi restas tri tagojn. 私は三日間止まつてゐる。
Tio kostas ses frankojn. 此物は七フランする。

形容詞

7. 形容詞は語尾 a にて終り、常に其の形容する名詞或は代名詞の格と数とに一致す。
patr-a 父の , frat-a 兄弟の ,
bel-an floron 美しき花を ,
bel-ajn filinojn 美しき娘達を

8. 形容詞（或は副詞）の比較を表はすには、下の如き熟字を用ふ。
等級 : tiel.........kiel
Mia frato estas tiel granda kiel mi. 私の兄弟は私と同じ位の大きさだ。
優級 : pli.........ol
Mia frato estas pli granda ol mi. 私の兄弟は私よりも大きい。

Pa-**ten**-to.《パテーヌト》 U-**ti**-la.《ウティーラ》 **Un**-go.《ウーヌゴ》
Plu-mo.《プルーモ》 Tu-**mul**-to.《トゥムールト》 **Lu**-i.《ルーイ》
Ki-u.《キーウ》 Ba-**la**-u.《バラーウ》 Tra-**u**-lo.《トゥラウーロ》
Pe-**re**-u.《ペレーウ》 **Fraŭ**-lo.《フラーウロ》 Flaŭ-**li**-no.《フラゥリーノ》
Laŭ-di.《ラウディ》 Eŭ-**ro**-po.《エウローポ》 Tro-**u**-zi.《トゥロウーズィ》
Ho-**di**-aŭ.《ホディーアウ》 **Va**-na.《ヴァーナ》 **Ver**-so.《ヴェールソ》
Sol-vi.《ソールヴィ》 **Zor**-gi.《ゾールギ》 Ze-**ni**-to.《ゼニート》
Zo-o-lo-**gi**-o.《ゾオロギーオ》 A-**ze**-no.《アゼーノ》
Me-**zu**-lo.《メズーロ》 Tre-**zo**-ro.《トゥレゾーロ》
Mez-**nok**-to.《メズノークト》 **Zu**-mo.《ズーモ》 **Su**-mo.《スーモ》
Zo-mo.《ゾーモ》 **So**-no.《ソーノ》 **Pe**-zo.《ペーゾ》
Pe-co.《ペーツォ》 **Pe**-so.《ペーソ》 Ne-**ni**-o.《ネニーオ》
A-**di**-aŭ.《アディーアウ》 Fi-**zi**-ko.《フィズィーコ》 Spi-**ri**-to.《スピリート》
Ge-o-gra-**fi**-o.《ゲオグラフィーオ》 Lip-**ha**-ro.《リプハーロ》
In-**dig**-ni.《イヌディーグニ》 Ne-**ni**-el.《ネニーエル》
Spe-**gu**-lo.《スペグーロ》 **Spi**-no.《スピーノ》 **Ŝpi**-no.《シュピーノ》
Ne-i.《ネーイ》 **Re**-i.《レーイ》 He-**ro**-o.《ヘローオ》
Kon-**sci**-i.《コヌスツィーイ》 Tra-e-**te**-ra.《トゥラエテーラ》
He-ro-**e**-to.《ヘロエート》 **Lu**-e.《ルーエ》 **Mo**-le.《モーレ》
Pa-le.《パーレ》 Tra-**i**-re.《トゥライーレ》 Pa-**si**-e.《パシーエ》
Me-**ti**-o.《メティーオ》 In-ĝe-ni-**e**-ro.《イヌジェニエーロ》
In-**sek**-to.《イヌセークト》 Re-**ser**-vi.《レセールヴィ》
Re-**zer**-vi.《レゼールヴィ》

練習 III.

Cit**ro**no. **Cen**to. **Sce**no.
B**a**lau. Ŝan**ce**li. Ne**ni**el.
Emba**ra**so. Zoolo**gi**o.
Re**se**rvi. Tra**i**re. Ho**di**aŭ.
Dis**ŝi**ri. Ma**jes**ta. Hero**i**no.
Pezo. Interna**ci**a. Ses**ho**ra.
Ci**pre**ro. **Sta**lo. Feino.
Plu. Su**ke**ro. **Gen**to.
In**di**gni. Si**ge**lo. Kra**jo**no.
Ru**i**no. Pe**si**lo. Lip**ha**ro.
Me**ti**o. Ĝar**de**no. **So**no.
Laŭdi. **Pa**le. Fa**ci**la.
In**sek**to. **Ki**u. **Zor**gi.
Ĉi**ka**no. Trae**te**ro.
So**fis**mo. **Do**moj. **Spi**no.
Majo. **Si**gni. Eĉ. Bo**na**ĵo.
Legi. **I**el. Ju**ris**to. Ĉi**e**lo.
Ĥe**mi**o.

注意：肉太の文字は揚音を示すものなり。

第二回

文法

総則

エスペラント語は、欧州語の中にて最も国際的なるもの二千余を選びて語根と為し、之れに語尾、接尾語、接頭語及び他の語又五つの母音の音の長短は何れも同一にて何れを長しとし何れを短しとする事なけれど揚言符のある母音は自然に少しく長音を発するを常とす。

練習 I.

Al《アル》. Ba-lo《バーロ》. Pat-ro《パートゥロ》. Nu-bo《ヌーボ》.
Ce-lo《ツェーロ》. Ci-tro-no《ツィトゥローノ》. Cen-to《ツェーヌト》.
Sen-to《セーヌト》. Sce-no《スツェーノ》. Sci-o《スツィーオ》.
Co-lo《ツォーロ》. O-fi-ci-ro《オフィツィーロ》. Fa-ci-la《ファツィーラ》.
La-ca《ラーツァ》. Pa-cu-lo《パツーロ》. Ĉar《チァル》.
Ĉe-mi-zo《チェミーゾ》. Ĉi-ka-no《チカーノ》. Ĉi-e-lo《チエーロ》.
Ĉu《チュ》. Fe-li-ĉa《フェリーチァ》. Ci-a《ツィーア》. Ĉi-a《チーア》.
Pro-ce-so《プロツェーソ》. Sen-ĉe-sa《セヌチェーサ》. Ec《エツ》.
Eĉ《エチゥ》. Ek《エク》. Da《ダ》. Lu-do《ルード》.
Den-to《デーヌト》. Plen-di《プレーヌディ》. El《エル》. En《エヌ》.
De《デ》. Te-ni《テーニ》. Sen《セヌ》. Ve-ro《ヴェーロ》.
Fa-li《ファーリ》. Fi-de-la《フィデーラ》. Tra-fi《トゥラーフィ》.
Ga-lo《ガーロ》. Gran-da《グラーヌダ》. Gen-to《グーヌト》.

Gip-so《ギープソ》. Gus-to《グースト》. Le-gi《レーギ》.
Pa-go《パーゴ》. Pa-ĝo《パーヂォ》. Le-ĝo《レーヂォ》. Ĝis《ヂス》.
Ĝus-ta《ヂュースタ》. Re-ĝi《レーヂ》. Ĝar-de-no《ヂァルデーノ》.
Lon-ga《ローヌガ》. Reg-no《レーグノ》. Sig-ni《シーグニ》.
Gvar-di-o《グワルディーオ》. Lin-gvo《リーヌグヴォ》.
Ĝu-a-do《ヂゥアード》. Ha-ro《ハーロ》. Hi-run-do《ヒルーヌド》.
Ha-ki《ハーキ》. Ne-he-la《ネヘーラ》. Ses-ho-ra《セスホーラ》.
Bat-hu-fo《バトゥフーフォ》. Ho-ro《ホーロ》. Ĥo-ro《ホーロ》.
Ko-ro《コーロ》. Ĥo-le-ro《ホーレーロ》. Ĥe-mi-o《ヘミーオ》.
I-mi-ti《イミーティ》. Fi-lo《フィーロ》. Bir-do《ビールド》.
Tro-vi《トゥローヴィ》. Prin-tem-po《プリヌテームポ》. Min《ミヌ》.
Fo-i-ro《フォイーロ》. Fe-i-no《フェイーノ》. I-el《イーエル》. I-am《イーアム》.
In《イヌ》. Jam《ヤム》. Ju《ユ》. Jes《イェス》. Ju-ris-to《ユリースト》.
Kra-jo-no《クラヨーノ》. Ma-jes-ta《マイェースタ》. Tuj《トゥイ》.
Do-moj《ドーモイ》. Ru-i-no《ルイーノ》. Pruj-no《プルーイノ》.
Ba-la-i《バラーイ》. Pa-laj《パーライ》. De-i-no《デイーノ》.
Vej-no《ヴェーイノ》. Pe-re-i《ペレーイ》. Mal-plej《マールプレイ》.
Jus-ta《ユースタ》. Ĵus《ジゥス》. Ĵe-ti《ジェーティ》. Ĵa-lu-za《ジァルーザ》.
Ĵur-na-lo《ジュルナーロ》. Ma-jo《マーヨ》. Bo-na-ĵo《ボナージォ》.
Ka-po《カーポ》. Ma-ku-lo《マクーロ》. Kes-to《ケースト》.
Su-ke-ro《スケーロ》. Ak-vo《アークヴォ》. Ko-ke-to《コケート》.

第一回続き

練習 II.

La-vi《ラーヴィ》. Le-**vi**-lo《レヴィーロ》. Pa-**ro**-li《パローリ》.
Im-**pli**-ki《イムプリーキ》. Em-ba-**ra**-so《エムバラーソ》.
Mem《メム》. In-di-fe-**ren**-ta《イヌディフエレーヌタ》.
In-ter-na-**ci**-a《イヌテルナツィーア》. He-**ro**-i《ヘローイ》.
Foj-no《フォーイノ》. He-ro-**i**-no《ヘロイーノ》. **Pal**-pi《パールピ》.

Ri-**pe**-ti《リペーティ》. Ar-**ba**-ro《アルバーロ》. **Pi**-a《ピーア》.
Sa-ma《サーマ》. **Sta**-ri《スターリ》. Si-**ge**-lo《シゲーロ》.
Sis-**te**-mo《システーモ》. Pe-**si**-lo《ペシーロ》. Pe-**zi**-lo《ペズィーロ》.
Sen-ti《セーヌティ》. So-**fis**-mo《ソフィースモ》. Ci-**pre**-so《ツィプレーソ》.
Pa-ŝo《パーシォ》. **Ŝi**《シィ》. **Sta**-lo《スターロ》. **Ŝta**-lo《シュターロ》.
Ves-to《ヴェースト》. **Veŝ**-to《ヴェーシュト》. Dis-**ŝi**-ri《ディスシーリ》.
Ŝan-**ce**-li《シァヌツェーリ》. Ta-**pi**-ŝo《タピーシォ》. Te-o-**ri**-o《テオリーオ》.

注意：エスペラント語の発音は欧州語の発音を基礎と為すが故に日本の仮名を以て之れを書き現さんとするは到底不可能の事也。故に其の正確なる発音を知らんと欲せば必ずや師に就きて学習せざる可らず。今英語と発音を異にする数字に就きて説明を為さんにcはbitsに於けるtsの音を発しĉはchurchに於けるchの音を発しŝはsheに於けるshの音を発す。又ĝとĵとの区別はgemとvisionとに於けるgとsとの区別の如し。ĥは英語にも之れに当る発音なく。只独乙語のch又は西班牙語のjに相当す。ŭは之れに先だつ母音と共に漸く一音を為すもの即ち母音なるが故に極めて短く発音す。

2. 1の表に於てa e i o uの五つを母音と称しj ŭの二字を半母音と称し他の二十一字を子音と云ふ。但しjは母音のa e o uの後に在る時にのみ半母音にして他の場合に於ては子音なり。

発音

3. エスペラント語の発音は甚簡易を極めたるものにて其の唯一の規定とも称す可きは即ち下の如し。

語の各文字は常に字母に於て与へられたる音を発し決して他の音をとる事なし。

故にm, nの如きは常にム、ヌの音を発し、たとへam, an, em, en, im, in等の如く母音に先だたる時と雖も之れを鼻音に変じてアン、アン、エン、エン、イン、イン等と読む事なく、必ずアム、アヌ、エム、エヌ、イム、イヌと明瞭に一字づつ発音せざる可らず。

又scをスツと読みphをプフと読むも同理に原づくものなり。

揚音法

4. エスペラント語のアクセントは常に最後より一つ前の綴りに在り。

揚音法に就きて注意を要するは半母音のŭのある時なり。即ちhodiaŭ, antaŭeに於てŭは其の前にある母音即ちaと合して漸く一音を為すものなればhodiaŭはdiに於て声を強めantaŭeはaŭに於て声を強むるを要す。

エスペラント語講義

緒言としてエスペラント語に就き大体の説明をなす筈なりしも本誌の特別寄書家にして日本エスペラント協会の発起者たる黒板博士が近日本欄に寄書してエスペラント語の如何なるものかを紹介せらるる由なれば予は今直に進んで講述に入らんとす。

第一回

字母

1. エスペラント語の字母は母音半母音子音を合して凡そ二十八字あり。今其の名称と発音とを示すに次の如し。

文字		発音	名称
A	a	ア	ア
B	b	ブ	ボ
C	c	ツ	ツォ
Ĉ	ĉ	チゥ	チォ
D	d	ドゥ	ド
E	e	エ	エ
F	f	フゥ	フォ
G	g	グ	ゴ
Ĝ	ĝ	ヂゥ	ヂォ
H	h	フ	ホ
Ĥ	ĥ	フ	ホ

文字		発音	名称
I	i	イ	イ
J	j	ユ	ヨ
Ĵ	ĵ	ジゥ	ジォ
K	k	ク	コ
L	l	ル	ロ
M	m	ム	モ
N	n	ヌ	ノ
O	o	オ	オ
P	p	プ	ポ
R	r	ル	ロ
S	s	ス	ソ
Ŝ	ŝ	シ	シォ
T	t	トゥ	ト
U	u	ウ	ウ
Ŭ	ŭ	ウ	ヲ
V	v	ヴ	ヴォ
Z	z	ズ	ゾ

V

解題

山泉進

本巻には、週刊『平民新聞』第三六号（一九〇四年七月一七日）一面の「地方通信」欄に掲載された大杉栄の西川光次郎に宛てた書簡「名古屋より」に始まり、『近代思想』の創刊（一九一二年一〇月）までの期間に執筆、刊行された大杉栄の著作を収録する。大杉栄の一九歳から二七歳までのほぼ九年間の著作記録である。大杉栄が社会運動家として自立していく助走の時期にあたる。

一九〇三年一〇月、堺利彦と幸徳秋水によって設立された平民社の非戦論と社会主義運動に、大杉が関心をもったのは東京外国語学校仏文科の在学時代で、『自叙伝』（改造社、一九二三年一一月）には幸徳秋水の『社会主義神髄』（一九〇三年刊）に心酔し、平民社の「旗上げ」には、どうしても「一兵卒」として参加したいと思ったと記されている。そして、初めて有楽町の平民社を訪問したのは、一九〇四年三月一三日、「雪のふるある寒い晩」に開かれた社会主義研究会（第二回）であった。大杉は自らを「監獄で出来あがつた人間」と称したように、社会運動家としての誕生は、二〇歳の時、「東京市電値上げ反対運動」での兇徒衆聚罪での入獄以来、四度にわたる、ほぼ三年半にわたる獄中生活を体験したことが大きい。その間に、「一犯一語」といわれるようにフランス語にくわえ、エスペラント語をはじめとして「六ヶ国ばかりの欧州語」に精通し、世界の最新の思想と運動の情報を学びとった。それはアカデミズムのなかで教授されたものではなくて、体験のなかから得た社会変革のための実践的教養ともいうべきもので、二年半にわたる「赤旗事件」での入獄後に浮田和民宛に書かれた書簡「無政府主義の手段は果して非科学的乎」（一九一一年五月）は、その成果を端的に示している。

収録にあたっては、時系列にしたがって論考（評論・翻訳）と獄中消息とを一括して、「Ⅰ」（一九〇四年七月〜一九〇六年一一月）、「Ⅱ」（一九〇六年一二月〜一九〇八年六月）、「Ⅲ」（一九〇八年九月〜一九一二年九月）に時期区別し、原則として執筆順に配列した。ただし、同じタイトルで連載されたもの、あるいはジャンルを同じくする著作については初出の文章に合わせて掲載した。もっとも、この時期に書かれたが、機関紙誌に掲載されなかった私信については、別巻の書簡篇に収録することにして本巻からは除いている。とりわけこの時期に執筆された大杉の文章は、オリジナルな文章と「翻訳」とを区別することがむつかしい。本巻では、大杉自身が「翻訳」として発表している文章のみを「翻訳」として区別したが、「翻訳」とことわっていない文章のなかにも外国文献からの翻訳と考えられるものもある。いわば「情報」として利用したということになるが、ここでは原文献が確認できるものについてのみ注記した。本全集では、翻訳家としての大杉栄に注目しているが、単行本として刊行された著作については第八巻から第一二巻に収録することとし、この時期に刊行された最初の翻訳本『万物の同根一族』（一九〇八年七月）については第八巻、革命社版『青年に訴ふ』（一九〇九年一二月）については、他の同タイトルのパンフレットと合わせて第一〇巻に収録する。もっとも、アナトール・フランスの小説「クレンクビユ」についてだけは長編翻訳として「Ⅳ」に分類し、本巻に収録した。また、「エスペラント語講義」等、エスペラント語関係は「Ⅴ」に分類して独立させた。解題の末尾には「参考作品」として、「物を食ふ事を恥づる人民」（『直言』第二二号・一九〇五年七月二日、無署名）を収録した。これは、新潮社版の大杉栄著『生の闘争』（一九一四年一〇月）に収録

（九九頁）されているので大杉執筆と考えられるが、『近代思想』（一九一三年三月号）には「『直言』より」のコメントが付されて「利彦」の署名で再録されているので、このような扱いとした。

本巻の編集・解題は、堀切利高氏が担当であったが、二〇一二年一二月ご逝去のために山泉に交代した。外国語文献の全般については白仁成昭、フランス語文献の出典は片倉悠輔、エスペラント関係文献の解題と翻訳については手塚登士雄、諸氏のご協力を得た。

Ⅰ

名古屋より（地方通信）

西川光次郎宛。週刊『平民新聞』第三六号（一九〇四年七月一七日、大杉栄）

社会主義者茶話会（地方通信）

週刊『平民新聞』第三八号（一九〇四年七月三一日、大杉・矢木の連名）

大杉栄は、一九〇三年九月東京外国語学校に入学、本郷教会の海老名弾正からキリスト教の洗礼をうけた。また、平民社の非戦論に共鳴し、翌年三月社会主義研究会で運動家としての決意表明をおこなった。この二通の書簡は、四月堺利彦の筆禍事件での入獄、平民社にたいする言論弾圧が厳しさを増していくなかでの週刊『平民新聞』への運動報告であった。週刊『平民新聞』に「地方通信」欄が設けられたのは第二一号（一九〇四年四月三日）からである。平民社は運動の拡張と購読者の獲得の方策として、地方に同志の「小団体」を結成する要請を行っていた（「平民社籠城の記」第一七号・同年三月六日）。そして、「籠城後の平民社」（第三〇号・同年六月五日）では、「本社は先づ東京に於ける社会運動の中心となるを得たのみならず、北海道や信州や、岡山や、佐賀や、其他地方で、本紙読者を中心とした団体が沢山に起つて来た」と報告している。通信（一）の冒頭に「あの日」とあるのは、社会主義協会主催の「社会主義演説会」が開催された日、つまり同年七月九日夜のことである。文中にある「広告」と「檄文」は社会主義協会のもので、「会則」や「社会主義の激」とが印刷されたチラシのことである。社会主義協会は、一九〇四年一月より本部を有楽町の平民社に移し演説会などを開催していた。他方、平民社の社会主義研究会は、同年三月六日から日曜日ごとに社内で開催された。社会主義協会と平民社は、組織的には別のものであったが運動としては共同歩調をとっていた。社会主義協会の活動方針のなかには、『平民新聞』の購読者拡大をめざすことや地方遊説を盛んにすることなどがうたわれた。とりわけ会員中の学生には夏期休業を遊説に利用することを奨励した。大杉は、名古屋での二ヶ月間の夏期休暇を、この方針のもとに過ごしたということになる。二通の通信は、運動の「一兵卒」としてのデヴューを飾った証拠である。なお、連名者の「矢木」は、矢木鍵次郎（1882–1924）のことで、当時は郵便局員であった。平民新聞講読会を設立、大杉をむかえて名古屋社会主義研究会などを開催し、以後、この地域の運動の中心的人物となった。

社会主義と愛国心

（一）「世界之新聞」欄（『直言』第二巻第三〇号・一九〇五年八月二七日、無署名）
（二）英国社会民主党首領　ケルチ氏（『直言』第二巻第二九号・一九〇五年八月二〇日、無署名）
（三）独逸社会党首領　べーベル氏（『直言』第二巻第三〇号・一九〇五年八月二七日、無署名）
（四）伊太利社会党首領　エンリコ・フエリ氏（『直言』第二巻第三一号・一九〇五年九月三日、無署名）
（五）仏国社会党員　ギユスタヴ・エルヴエ氏（『直言』第二巻第三二号・一九〇五年九月一〇日、無署名）

「社会主義と愛国心」と題された五つの無署名の文章を収録する。（二）～（四）はアルス版全集には収録されなかったが、安谷寛一編『大杉栄遺稿』（金星社、一九二八年一月、以下、安谷編『遺稿』と略す）に収められている。（一）は、いずれにも収録されていない。内容から大杉の文章であると判断し、この位置においた。したがって、冒頭に「前号の本誌一面に」云々とあるのは、（二）の文章のことである。四名の欧文名は、「ケルチ」（Henry Quelch, 1858–1913）、「べーベル」（August Bebel, 1840–1913）、「エンリコ、フエリ」（Enrico Ferri, 1856–1929）、「ギユスタヴ、エルヴエ」（Gustave Hervé, 1871–1944）で、『社会党評論』（*La Vie socialiste*）第一六号（一九〇五年六月）と第一八号（同年七月）の「社会主義と国際主義に関する国際的アンケート」欄に掲載されたものである。なお、後に掲載する「万国社会党大会略史」「万国社会党大会略史に就て」でも、この論争について触れている。西川正雄『初期社会主義運動と万国社会党』（未来社、一九八五年七月、第Ⅴ章「非戦論とアムステルダム大会」）は、この問題について言及し、クェルチの文章が、原文とは全く異なっていることを指摘している。田中ひかる氏の調査によれば、『社会民主主義者』（*Social Democrat*）第九巻六号（一九〇五年六月）に「社会主義、愛国心、軍国主義」（Socialism, Patriotism and Militarism）のタイトルで掲載された論説が内容的には該当しているということである。

断頭台上の三青年――革命党員の死刑（世界之新聞）

『光』第一巻第四号（一九〇六年一月一日、大杉えい）

週刊『平民新聞』は、創刊号（一九〇三年一一月一五日）から、第一面下段に英文欄を設けて情報を世界へと発するとともに、第二号（同年一一月二二日）からは「世界之新聞」欄を設置して世界の情報を紹介した。その編集方針は、『直言』・『光』へと引き継がれた。「断頭台上の三青年――革命党員の死刑」は、『ロシア・トリビューンの速報版』（*Service de renseignements rapides de La Tribune russe*）第一一四号（一九〇五年九月）に掲載された「テロリストの裁判：ロシア社会革命党の地域闘争組織」（“Procès des Terroristes, Membres des Organisations de combat locale (droujina) du Parti socialiste révolutionnaire russe”）からの翻訳（片倉悠輔氏の調査による）。

之を命令する者に発砲せよ（世界之新聞）

『光』第一巻第八号（一九〇六年三月五日、大杉栄）

「パリ警視庁文書館所蔵ビラ「新兵諸君！」（「CONSCRITS!」分類番号BA/1512）からの翻訳（片倉悠輔氏の調査による）。

万国社会党大会略史

『社会主義研究』第一号（一九〇六年三月一五日、大杉栄）

『社会主義研究』（第一号〜第五号、一九〇六年三月〜同年八月）は、堺利彦を編集兼発行人として創刊された社会主義についての月刊の研究誌で、「欧米の書籍、雑誌、新聞等」により、社会主義に関する「理論、歴史、運動等」を紹介することを目的とした。創刊号の巻頭を幸徳秋水・堺利彦共訳の『共産党宣言』が飾った。一九〇六年二月に結成された「日本社会党」に関係する若干の運動情報も掲載された。二号掲載の「正誤」表により綴りのミスなどを訂正した。

万国社会党大会略史に就て

『社会主義研究』第二号（一九〇六年四月一五日、大杉栄）

「東京監獄より」と付されているように、厳密にいえば次の「市ケ谷から——獄中消息（一）」に収められるべきものであるが、内容を考慮し、ここに置く。

市ケ谷から——獄中消息（一）

本巻に収録する「獄中消息（一）～（四）」は、機関紙誌に掲載された、公開された獄中からの書簡を対象としている。原本は存在しないので、機関紙誌に掲載された初出の書簡を底本とする。収録にあたっては、初出に付されている段落を表している・や△などは無視し、一字下げで統一した。また、初出においては、例えば「▲大杉氏より」とあって、本文が「僕は…思ふ位だ」「然し……あつた」というように括弧に入れられて表記されているものもあるが、獄中記版にしたがって段落として扱った。その他の表記については、本全集の「凡例」に従っている。解題では、大杉が生前に刊行した『獄中記』（春陽堂、一九一九年年八月、以下、獄中記版と略す）付録の「獄中消息」や『大杉栄全集』（大杉栄全集刊行会、以下、アルス版全集と略す）の「獄中消息」（第四巻、一九二六年九月）を参照して、初出との異同について若干の言及をおこなった。詳しくは生前には未刊の獄中書簡を含めた全書簡を収録する別巻（書簡篇）を参照のこと。

「獄中消息（一）」は、一九〇六年三月一五日の東京市電値上げ反対運動での入獄時の書簡である。大杉は、一九〇六年三月二〇日麹町署に拘引・逮捕され、警視庁、東京監獄へと移送される。父との面会は四月五日、同月一三日予審終結、六月四日公判開始、同月二一日保釈・出獄している。獄中記版には「市ヶ谷から」と題されて掲載され、そのタイトルの下に「日附と宛名は不明。《 》内は註」と記されて一四通の書簡が収録されている。

（一）宛名・日付不明（『光』第一巻第一〇号・一九〇六年四月五日、「獄中の消息（大杉栄氏より）」）

参考のために、初出と獄中記版との表記を比べてみると、初出の「なるまいと……然るに不思議だ、煙草のたの字も出て来ない、余り不思議だから強いて思つて見ようと勉めて見たけど」の部分は、「なるまいと思つてゐたが。不思議だ。煙草のたの字も出て来ない。強いて思つて見ようと勉めて見たが」と直されている。アルス版は獄中記版に同じである。

（二）宛名不明・一九〇六年四月二日付（『社会主義研究』第二号・一九〇六年四月一五日、「東京監獄より」）

（三）堺利彦宛・一九〇六年四月（『光』第一巻第一一号・一九〇六年四月二〇日、堺利彦「在監の同志と其家族（大杉栄君）」）

堺利彦「在監の同志と其家族」に引用されている大杉の書簡。堺の次のような紹介文に続くものである。「大杉栄君はまだ独身の青年で、其寓居に於て仏蘭西語の教授をしているのである。君の父君は陸軍の佐官で越後の連隊に居られるのだが、去日公務を以て上京した序に、僕の処に来訪せられた。僕は栄君の学問、文章に秀でて居る事、其主義に忠なる事、及び今回の事件の顚末などを細々と語つた。父君は、子供の事には自分一切干渉せぬ、総て其の自由に任せるの主義だからとて、頗る善く僕の言を了解して帰られた。処が後に栄君から次の如き手紙が来た。」と。獄中記版には未収録、アルス版には収録されているが伏字が付されている。

（四）宛名・日付不明（『光』第一巻第一一号・一九〇六年四月二〇日、「獄中の消息（三）」）

獄中記版・アルス版では、「来た始に」から始まる書簡と「今朝早くから」から始まる書簡は、二通の書簡として分離されている。最初の書簡にある「大ハイ」については獄中記版に「《当時の僕のアダ名、ハイはハイカラのハイ》」の注記が付されているので、このように表記した。また、「それをガラス窓の向側に当てるのです」の部分は、獄中記版では「ガラス窓を外して、其の向側にそれを当てて見るのです」と変更されている。

（五）由分社宛・日付不明（『光』第一巻第一二号・一九〇六年五月五日、「獄中消息（四）」）

獄中記版では最初の部分「どうせ食ふなら」から「死にもしまい」が削除、アルス版では復活されている。

㈥ 堺利彦宛・日付不明（『光』第一巻第一二号・一九〇六年五月五日、「獄中消息」）

獄中記版・アルス版では、冒頭の「此処へ来てから……一定殺した。」までが削除、また文末の「ギロチンに掛けた」に続く部分は、「人の血を吸ふ奴は皆な斯うしてやるに限る。」と直されている。

㈦ 宛名・日付不明（『社会主義研究』第三号・一九〇六年五月一五日、「市谷監獄より」）

㈠ 獄中記版・アルス版、いずれも未収録。サンフランシスコ大震災は、現地時間の四月一八日早朝に発生、日本での報道も早かった。『光』（第一二号、五月五日）には幸徳秋水とサンフランシスコ平民社の面々の写真が飾られ、四月二九日付の堺利彦の「桑港平民社と大地震」と題する文章が掲載されている。「平民社諸君の安否は如何、我が幸徳君の安否は如何」云々と心配している。

㈡ 獄中記版・アルス版では、第四段落の「軍隊」「警察」「法律」の語句が「〇〇」と伏字にされている。またアルス版では、第二段落の「『研究』や『光』」→「『社会主義研究』や『光』」、第三段落の「白熊、孤剣、起雲、世民の徒」→「西川、山口、吉川、岡の徒」、「少翁」→「深尾」、と分かりやすく直されている。西川光次郎、山口孤剣、岡千代彦、深尾韶のことである。

㈢ 獄中記版・アルス版では、「僕等の監房の窓の下」以下は、別の書簡として分離されている。初出の第一段落にある「食品口といふ四寸四方ばかりの小窓を開けて」の部分が獄中記版・アルス版では、監房の構造を表記しているという理由からか削除されている。宛先は内容からみて保子宛であろう。「僕等の監房の窓の下」から始まる書簡は、獄中記版・アルス版では、大幅な削除がなされ、第三段落「兎も角も」以下は、「女が入つていゐたら如何なに面白い事だろう。「兇徒聚集の女」！」で終わっている。文中の「秀湖」は白柳秀湖で、『家庭雑誌』（第四巻四号・一九〇六年四月）に「余は寧ろハイカラ女学生を取る」を執筆していた。

㈣　獄中記版・アルス版では、第三段落の「入獄するチヨツト前」云々の書簡は、別の書簡として分離されている。第二段落にある「堀内」は獄中記版・アルス版では伏字に、また「泣く事と怒る事だけは厳禁してもらひたい。そして」の個所が削除されている。後掲の「飼猫ナツメ」（『家庭雑誌』一九〇七年一月）に、この書簡についての言及がある。第三段落の終わりの「保存せしめたいもの」は「保存させたいもの」と変更されている。

㈤　獄中記版・アルス版では、第一段落の終わり「そして其の包紙に下の如くいたづら書をした。」以下、第二段落全部が削除されている。

（八）宛名・一九〇六年五月（『光』第一巻第一三号、一九〇六年五月二〇日、「獄中消息（七）」）冒頭の「先々月の」云々より五月に執筆したものであることが確認できる。第一段落の「鼠や茶の中折帽はパナマや麦藁帽」→「中折はパナマや麦藁」、「アルベルト（仏国無政府主義者）」→「アルベエル（仏国アナキスト）」、「トルストイの小説集（英文）」→「トルストイの小説集」と獄中記版・アルス版では変更されている。

（九）宛名・日付不明（『光』第一巻第一五号・一九〇六年六月二〇日、「獄中消息」）獄中記版・アルス版には「剃髪した、」の後ろに「《髪を長くのばしてゐたのを短く刈ったのだ》」が挿入されているので補った。

（一〇）同志諸君宛・一九〇六年六月二二日付（『社会主義研究』第四号、一九〇六年七月一日）大杉栄と深尾韶の連名で掲載されている。深尾韶は『社会主義研究』の印刷人であった。なお、他に六月二一日付の出獄御礼（『光』第一六号・一九〇六年七月五日）と七月九日付「一同無罪」（『光』第一七号、一九〇六年七月二〇日）があるが、多数の連名によるものであり、別巻（参考資料）に収録することにした。

ベーベル伝

『社会主義研究』第五号（一九〇六年八月一日、大杉栄）

ベーベルの写真（一頁分）が掲載されている。

エンゲルス逸話（ポール・ラファルグ）

『社会主義研究』第五号（一九〇六年八月一日、大杉栄訳）

ポール・ラファルグ（Paul Lafargue, 1842–1911）の「フリードリヒ・エンゲルスについての私的回想」（“Souvenirs personnels sur Friedrich Engels”）の翻訳。ラファルグはマルクスの女婿として知られ、『怠ける権利』などの著作がある。「訳者注」にあるように、ドイツ社会民主党の機関紙『新時代』（*Die Neue Zeit* 一九〇五年七月二九日号）に掲載された回想。仏訳の掲載紙誌は未見。

不幸の神

『家庭雑誌』第五巻第一号（一九〇六年一一月一日、大杉栄）

『家庭雑誌』は、一九〇三年四月堺利彦が創刊した月刊雑誌で、第六巻四号（一九〇九年七月）まで刊行された。発行所は由分社であった。第四巻九月号で休刊、本号から発行所を家庭雑誌社に改め、初号以来の「世話人」であった堀保子が経営することにし、第五巻一号とした。深尾韶の編集後記には、今後「事務については堀保子、編集に就いては大杉栄氏が専ら其責に当ることに決しました。大杉君は堀保子君の良人で又小生等の親しき友」と紹介されている。この年八月に結婚し、住居は発行所のある「牛込区市ヶ谷田町二丁目二二番地」に置いていた。

動物の恋愛

『家庭雑誌』第五巻第一号（一九〇六年一一月一日、大杉栄）

新兵諸君に与ふ（L'Anarchie）

『光』第一巻第二八号（一九〇六年一一月二五日、大杉栄訳）

大杉が序文で紹介しているように、原文は週刊『ラナルシー』（*L'Anarchie* 一九〇六年九月二七日号）に「新兵諸君へ」（"Aux conscrits"）と題して掲載された文章である。本巻に収録している『国際社会評論』（*Internacia Socia Revuo* 一九〇八年二月号）に掲載された「日本からの手紙」にも言及されている。この訳文を掲載した『光』は、一一月二八日新聞紙条例違反による社会秩序の「壊乱」の容疑で発売頒布の禁止処分を受けた。東京地裁での裁判は一二月八日から始まり、翌年二月五日軽禁錮一ヶ月の判決を受ける。直ちに控訴、四月四日東京控訴院判決も同じで、大審院に上告するも、五月三一日「朝憲紊乱」が適用され軽禁錮四ヶ月、罰金五〇円の重い刑が言い渡された。

収録にあたっては、本文中の四ヶ所の伏字個所を、「大逆事件」の家宅捜査中に築比地仲助より押収された印刷物（第一号一六二六、内山愚童が秘密出版した加藤清著『帝国軍人座右之銘』国民後援会刊のこと。大逆事件記録刊行会編『証拠物写』大逆事件記録第二巻、世界文庫、一九六四年五月、所収）を参照にして復元した（伏字部分は、傍×で明示した）。なお、「印刷物」では、本文二行目の「我が仏国」が「わが日本国」となっている他、いくつかの表現上の違いがある。訳文は総ルビである。

予の想望する自由恋愛

『家庭雑誌』第五巻第二号(一九〇六年一二月一日、大杉栄訳)

『生の闘争』(新潮社、一九一四年一〇月)に「恋愛と資本——「予の想望する自由恋愛」の一節」として、一頁分が掲載されているが、文末の「一九〇六、一一」の日付を残して一一行文の全文が「、」で埋められている。南天堂の再版(一九二三年七月)には収録されていない。

社会主義者の座右銘

『光』第三一号(一九〇六年一二月二五日、大杉栄)

『光』の終刊号での企画。白柳秀湖・大石誠之助・幸徳秋水・堺利彦ら二三名の「座右の銘」が掲載されている。「すべてを破壊せよ」の意味か。

飼猫ナツメ

『家庭雑誌』第五巻第三号(一九〇七年一月一日、大杉栄)

前述の通り、第五巻第一号(一二月)から大杉栄・保子の居住地である家庭雑誌社から発行、大杉栄が名義上「発行兼編集人兼印刷人」となったのは翌月の第五巻二号(一九〇六年一二月)から第八号(一九〇七年六月)まで。「青年に訴ふ」事件で入獄後、第九号・一〇号(同年七月・八月)は深尾韶の平民書房に発行所を移し、その後守田有秋が第六巻一号~四号(一九〇九年四月~七月)を担当し家庭雑誌社から刊行した。

大儒ダイオゼニス

『簡易生活』第一巻第三号(一九〇七年一月一日、大杉栄)

雑誌広告などには「犬儒」とされているものもあるが、表題どおりとする。

『ル・レヴオルテ』発刊の記——クロポトキン自叙伝の一節（クロポトキン）

日刊『平民新聞』第一号（一九〇七年一月一五日、大杉栄訳）

クロポトキン（Peter Kropotkin, 1842–1921）の自伝『一革命家の回想』（*Memoirs of a Revolutionist*, 1899）第六章「西ヨーロッパ」第七節（Western Europe VII）からの要約である。標題と小見出しは大杉が付したもので、日刊『平民新聞』の創刊を意識してのことと思われる。後に『革命家の思出』（春陽堂、一九二〇年五月）として全訳し直して刊行したが、原文通り「第六章西ヨオロッパ」の「七」として小見出しは削除した。訳文には総ルビが付されているが、単行本では削除された。「二人の友」の項の末文にある「植字架」は the composing-stick の訳である。

上司小剣への手紙

一月七日付、『簡易生活』第一巻第四号（一九〇七年二月一日、大杉栄）

四ツの道徳

『家庭雑誌』第五巻第四号（一九〇七年二月一日、栄）

小説　釣鐘物語（ジユール・ルメートル、『家庭雑誌』版）

『家庭雑誌』第五巻第四号（一九〇七年二月一日、大杉栄訳）

本巻では執筆・刊行の日付順に収録するので、『読書の栞』版（『読書の栞』臨時増刊第四号・一九〇七年四月二八日）は後掲の「僕は医者だ」の次に収録する。もちろん原文は同じものであるが、訳文は大幅に変更している。原作者についての表記はないが、フランスの批評家・劇作家であるジュール・ルメートル（Jules Lemaître, 1853–1914）作『白い寓話——鐘・白いチャペル・空疎な結婚』（*Contes blancs: la Chapelle blanche; Mariage blanc*, 1900）である。『読書の栞』は、熊谷千代三郎が経営する平民書房が刊行する月刊の新刊紹介誌で、熊谷自身が発行兼編集人であった。

欧州社会党運動の大勢

以下のように日刊『平民新聞』に掲載された。

（一）社会党の運動大勢（一）非軍備主義と労働組合主義（第一七号・一九〇七年二月六日、大杉栄）
（二）欧州社会党運動の大勢（二）仏国社会党大会（上）（第一八号・一九〇七年二月七日、大杉栄）
（三）欧州社会党運動の大勢（三）仏国社会党大会（下）（第一九号・一九〇七年二月八日、大杉栄）
（四）欧州社会党運動の大勢（四）独逸社会党大会（第二〇号・一九〇七年二月九日、大杉栄）
（五）欧州社会党運動の大勢（五）伊太利社会党大会（第二一号・一九〇七年二月一〇日、大杉栄）
（六）欧州社会党運動の大勢（六）平和的運動と革命的運動（第二二号・一九〇七年二月一二号、大杉栄）

安谷編『遺稿』（前掲）に収録。「彼が無政府主義者としての態度を初めて発表したもの」として紹介されている。正確には「無政府主義者」としての態度表明というよりは「直接行動」論を支持したということであろう。

「筒袖の葬式」前文

『家庭雑誌』第五巻第五号（一九〇七年三月一日、栄）

堺為子「筒袖の葬式」の前に付された紹介文、本文は、「ここ一週間ばかりは、夢のやうに、苦しい夢を見るやうに、日を送つて来ました。」と始まる。

露西亜の女学生（クロポトキン）

『家庭雑誌』第五巻第五号（一九〇七年三月一日、大杉栄訳）

クロポトキンの自叙伝『一革命家の回想』（前掲）第四章「セント・ペテルブルグ：西ヨーロッパへの最

初の旅行」の第六節（St. Petersburug: First Journey to Western Europe VI）からの抄訳。標題は大杉が付したもので、後に『革命家の思出』（前掲）として全訳し直して、刊行した。原文は総ルビである。

青年に訴ふ（クロポトキン）

日刊『平民新聞』（第四三号・一九〇七年三月八日〜第六三号・三月三一日、大杉栄訳）

（一）第四三号・一九〇七年三月八日
（二）第四五号・一九〇七年三月一〇日
（三の上）第四六号・一九〇七年三月一二日
（三の下）第四七号・一九〇七年三月一三日
（四）第五〇号・一九〇七年三月一六日
（五）第五一号・一九〇七年三月一七日
（六）第五二号・一九〇七年三月一九日
（七）（八）第五三号・一九〇七年三月二〇日
（九）第五五号・一九〇七年三月二二日
（十）第五六号・一九〇七年三月二三日
（十一）第五九号・一九〇七年三月二七日
（十二）（十三）第六〇号・一九〇七年三月二八日
（十四）第六二号・一九〇七年三月三〇日
（十五）（十六）第六三号・一九〇七年三月三一日

原著は、クロポトキン（Pierre Kropotkine）の「若者たちに」（“Aux jeunes gens”）で、パリで刊行されていた『ル・レヴォルテ』（*Le Révolté*）に一八八〇年六月二六日から八月二一日にわたって四回連載された。一八八五年パリで出版されたクロポトキンの最初の著作『反逆者の言葉』（*Paroles d'un Révolté*）に収録される。英語版としては、一八八四年ロンドンで刊行されていた社会民主党の機関紙『ジャスティス』（*Justice*）にハイドマン（H. M. Hyndman）によって翻訳、掲載された。一八九九年にロンドンのフリーダム社とシカゴのチャールズ・カー社から、『若者への訴え』（*The Appeal to the Young*）のタイトルで刊行された。本巻所収のエスペラント誌『国際社会評論』（*Internacia Socia Revuo* 一九〇八年二月号）に掲載された大杉の「日本からの手紙」には、フランス語からの翻訳と記されている。パリの新時代社からは仏文の四〇ページ足らずのパンフレット（第五版、一九〇四年刊）として刊行されているので、『反逆者の言葉』、あるいは新時代社版を原典としたものと考えられる。『社会主義研究』（第一号、一九〇六年三月一五日）には翻訳の予告が掲載されているので、既にこの頃に着手しようとしていた。なお、最終章を掲載した日刊『平民新聞』（三月三一日号）が新聞紙条例違反に問われ発売禁止処分になった。大杉は、四月に東京地裁で軽禁錮一月一五日の判決を受け、控訴するも取り下げ、五月二九日から巣鴨監獄に入獄する。

収録にあたっては、「大逆事件」の家宅捜索中に古河力作から押収された「クロポトキン原著・青年に訴ふ」「（「証拠物写」四三押第一号ノ一三六、「青年に訴ふと題し原稿綴に認めたるもの／ふりがなはぶく」とのコメントが付されている、大逆事件記録刊行会編『証拠物写』大逆事件記録第二巻、世界文庫、一九六四年五月、所収）を参照して、伏字を復元し傍×で明示した。

なお、大杉訳「青年に訴ふ」は、その後、革命社、労働運動社、彰考書院からパンフレットとして刊行されているが、それらは本全集第一〇巻に収録する。

婦人諸君に与ふ

『家庭雑誌』第五巻第六号（一九〇七年四月一日、大杉栄）

ザーメンホフ博士とエスペラント——ザーメンホフ博士よりボロヴコ氏に与へたる私書の一節（ドクトル・ルドヴイコ・ザメンホーフ）

『日本エスペラント』第二巻第一号（一九〇七年四月、S. Osgi.）、第二号（同年五月）、第四号（同年七月）

（一）（一九〇七年四月五日号）

（二）（五月五日号）

（三）（七月五日号）

スウェーデン・ウプサラで発行されたエスペラント運動機関誌『国際語』（*LINGVO INTERNACIA*）の一八九六年六月号・七月号に連載された「ザメンホフ博士よりB氏に宛てた私信より抜粋」（"Eltiro el privata letero de d-ro Zamenhof al s-ro B"）の翻訳。原文によればロシア語から「V. G.」なる人物によって翻訳されたとのことである。ザメンホフがエスペラント語創案の経緯を語った文章として知られている。タイトル表記等は（一）に揃えた。

僕は医者だ

『簡易生活』第一巻第五号（一九〇七年四月一日、大杉栄）

小説　釣鐘物語（ジユール・ルメートル、『読書の栞』版）

『家庭雑誌』版の全面改訳、前掲の解説を参照のこと。

米国婦人運動小史

『家庭雑誌』第五巻第七号（一九〇七年五月一日、大杉栄）

石川、山口両君の入獄

『家庭雑誌』第五巻第七号（一九〇七年五月一日、無署名）
前掲の「米国婦人運動小史」末尾の余白の穴埋めとして掲載されている無署名の文章であるが、同号の発行・編集人兼印刷人が大杉栄であることから判断した。現代思潮社版の全集には収録。なお、『家庭雑誌』には、この他にも多くの穴埋めの文章があるが、とりあえずこの文章だけを収録した。

お別れ（『家庭雑誌』版）
書簡（日付不明）、『家庭雑誌』第五巻第八号（一九〇七年六月一日、大杉栄）

お別れ（週刊『社会新聞』版）
五月二五日付書簡、週刊『社会新聞』第三号（一九〇七年六月一六日、大杉栄）
「青年に訴ふ」による新聞紙条例違反事件での入獄である。『家庭雑誌』版、週刊『社会新聞』版はほぼ同じ内容の書簡であるが、前者には「二十九日の午後二時に刑の執行」、後者には「二十六日午前十時出頭」とある。

巣鴨から（上）――獄中消息（二）
「獄中消息（二）」は、「青年に訴ふ」「新兵諸君に与ふ」についての新聞紙条例違反による巣鴨監獄への入獄時（一九〇七年五月二六日~同年一一月一〇日）の書簡である。「青年に訴ふ」事件での刑執行（軽禁錮一ヶ月半）のための出頭は一九〇七年五月二六日、二九日巣鴨監獄に入獄する。「新兵諸君に与ふ」筆禍事件についての東京地裁での裁判は二月八日から始まり、翌年二月五日軽禁錮一ヶ月の判決を受ける。直ちに控訴、四月四日東京控訴院判決も同じで、大審院に上告するも、五月三一日「朝憲紊乱」が適用され軽禁錮四ヶ月、罰金五〇円の重い刑が言い渡された。大杉は「青年に訴ふ」事件で入獄中であったが、この判決により刑期が大幅に延ばされた。獄中記版には「巣鴨から（上）」と題して五通の書簡が収録されている。

（二）大杉保子宛・一九〇七年六月一一日付（週刊『社会新聞』第四号・一九〇七年六月二三日・「監獄だより（巣鴨より）」、『大阪平民新聞』第三号・一九〇七年七月一日・「獄中消息（大杉栄君より）」）

『大阪平民新聞』版には、第三段落の「午前中は……とイタリー語との研究をやる。……」の個所と第五段落の「山川の獄通から」以下の文章が削除されている。そして、獄中記版は第三段落以後が全面的に削除されている。また、アルス版では大幅な増補がなされている。少し煩わしいが、それによって初出の文章を復元しておこう。第三段落の「午前中は」に続く最初の削除部分は「アナルキズム」、その後は「アナルキズムは、クロポトキンの『相互扶助』と、ルクリユスの『進化と革命とアナルキズムの理想』といふのを読み終つた。今はクラーウの『アナルキズムの目的と其の実行講法』といふのを読んでゐる。」という一文がはいる。第四段落の終わり「致方ない。」の後には、「此の事に就いては、何ともいふて来ないが、どうしたのだ。まだ知らないのか。助松（足尾銅山ストライキの首謀者南助松）君も重罪公判に移されたさうだけれど、まだ予審の事だから此のさきどうなるかわからぬ。よく操君を慰めるがいい。／お手紙は九日発のがけふ着いた。たしか之れが九通目だ。同志諸君からも、毎日平均二通は来る。秋水の『比較研究論』は不許になつたやうだ。／『青年』の原稿は熊谷（平民書房の熊谷千代三郎）に渡したか。早く出すやうに云へ。雑誌の相談はどうなつたか。／留守中の財政はどうか。山田からは十五六日頃に端書が来るだらう。お絹嬢にでも取りにやらせろ。仙台に行つてゐる筈の事を忘れるな。／社会新聞と大阪平民新聞とは、若し送つて来なければ前金を送れ。そして保存して置け。」がはいる。さらに、「山川の獄通」の段落のあとに、「古川老及び兄キ（保子の兄、堀紫山）の病気よきよし、喜んでゐる。幽月（管野須賀）はどうか。真坊（堺真柄）の歯はどうか。弥吉はどうか。／『新兵』で刑期が思つたよりも延びたから、いろいろ相談もある。面会に来い。」の文章があって、最後の語句に続く。
（二）家庭雑誌読者諸君宛・日付不明（『家庭雑誌』第五巻第九号・一九〇七年七月一日）
獄中記版・アルス版には未収録。「新兵諸君に与ふ」についての大審院判決は五月三一日、前の書簡で、「八日に『新兵事件』の判決が来て、些か驚かされた。」とあるから、大杉は出廷することなく判決結果だけを知らされたということであろう。
（三）堺利彦宛・一九〇七年七月七日付・（週刊『社会新聞』第八号・一九〇七年七月二一日・「監獄だより（大杉栄君より）」）
アルス版では「堀保子宛」とされているが、初出の「（堺利彦宛）」が正しい。第一段落の文章から判断したのであろうが、これは追伸として付された部分である。この部分は初出では「（前略）」となっているので、獄中記版・アルス版により補った。初出の「（中略）」の部分をアルス版で補えば、「其後読んだもの。チエルコソフ『社会主義史の数頁』、クロポトキン『無政府主義の倫理』、同『無政府主義と共産主義』、同『裁判と称する復讐制度』、マラテスタ『無政府』、ロラー『総同盟罷工』、ニユーエンヒユイス『非軍備主義』（以上小冊子）。ゾラ『アソンモアル』、クロポトキン『パンの略取』、アラトウ『無政府主義の哲学』、荘子、老子、家庭雑誌、日本エスペラント。」という段落がはいる。
（四）堺利彦宛・一九〇七年八月一一日付・（週刊『社会新聞』第一三号・一九〇七年八月二五日・「監獄だより（大杉栄君より）」、『大阪平民新聞』第七号・一九〇七年九月五日・「消息（大杉栄君より）」）
獄中記版では第一・第二段落が削除されている。しかし、第三段落の終わりの省略「……」の個所に、「ナツメ《飼猫》は大怪我したさうだが、其後の経過はいかが／保子からやれ胃腸が悪いの、やれ気管が悪いの、やれ何処が悪いのと手紙のたんびにいろんな事を云つて来るが、」云々の文章が挿入されているので補った。アルス版では語句等の表記がだいぶ変えられているが、全文が復元されている。

（五）幸徳秋水宛・一九〇七年九月一六日付（週刊『社会新聞』第一七号・一九〇七年九月二二日・「監獄だより（大杉栄君より）」、『大阪平民新聞』第九号・一九〇七年一〇月五日、「消息（大杉栄君より）」獄中記版の「獄中消息」には未掲載であるが、『獄中記』の本文で紹介されている。そこでは、第二段落の人名「ルクリコム」は、「ルクリユス」に訂正されている。

（六）山川均宛・一九〇七年一〇月一三日付（『日本平民新聞』第一一号・一九〇七年一一月五日・「消息（大杉栄君より）」）

前の書簡と同様、『獄中記』本文に全文が紹介されている。アルス版には、文尾に「兄の家の番地を忘れたから、この手紙は僕の家に宛てた。守田兄によろしく。さよなら。」の追伸が補充されているので、書簡に書かれた送り先は保子宛ということになろう。なお、一一月七日付「弁護士諸君に謝す」が週刊『社会新聞』（第二七号、一九〇七年一二月一日）に掲載されているが、連名のため別巻（参考資料）に収録する。

自由合意——現社会の無政府的現象（クロポトキン）

『日本平民新聞』掲載、大杉栄訳。

（一）序（第一五号・一九〇八年一月一日）

（二）欧州の鉄道（第一六号・一九〇八年一月二〇日）

「研究資料」として紹介されている。クロポトキン著『パンの略取』（*The Conquest of Bread*, 1906）の第一一章「自由合意」（Free Agreement）第一節の翻訳である。

Letero de Japanlando（Februaro 1908）〔日本からの手紙〕

"Internacia Socia Revuo"（『国際社会評論』一九〇八年二月号、一月一二日付、Ei Osgi）

『国際社会評論』は、一九〇七年一月パリで創刊されたエスペラント雑誌。宮本正男『大杉栄とエスペラント運動』（黒色戦線社、一九八八年二月）を参照。以下は、手塚登士雄氏による訳文である。

親愛なる同志諸君、

監獄から出てきたばかりの日本の若い無政府主義者の手紙を受け取ってほしい。

昨年三月のことになるが、『革命評論』の同志が君たちの手紙を持ってきて、返事を書いてほしいと頼んできた。その一週間後、僕は君たちの『社会評論』を日本エスペラント協会の事務所で見つけた。僕はとても喜んだ。直ぐに何か書くことにし、共働者となる栄誉を得たいと思った。

しかし、同志諸君、その時僕は三件の訴訟を抱えていて、判決の日が数週間後に迫っていた。非常に忙しく、筆をとる時間を見つけられなかった。

とうとう五月になって、僕は監獄に放り込まれ、そこで五ヶ月半過ごさなければならなかった。訴訟の原因はとても簡単なことだった。

僕がクロポトキンの『青年に訴う』と一九〇六年一〇月二七日付『ラナルシー』から『新兵諸君に与う』を翻訳し、日本の社会主義者と無政府主義者の日刊紙である『平民新聞』に載せたことである。三番目の案件は今日まだ終わっていない。

同志諸君、いま僕は自由の世界に戻ってきた。監獄と比べればとても自由な世界だ。これから僕は、日本、朝鮮、中国、ベトナム、インドの革命運動についての記事を毎月必ず送ることにする。僕はこれらの国の革命的な活動について君たちに知らせるのにとても都合の良い立場にいる。アジアはいま大きな革命の兆しのなかにある。至る所で反乱の火が燃え上がろうとしている。

数日待ってほしい。僕の最初の記事が届くと思う。

革命的な挨拶を

大杉栄

――東京、一月一二日――

注：東京にはエスペラントを学ぼうとしている数名の同志がいる。僕たちは「リバータリアン・エスペラント会」を組織しようとしている。

『熊本評論』第一五号（一九〇八年一月二〇日、大杉栄）

『日本平民新聞』（第一八号・一九〇八年二月二〇日）に転載。安谷寛一編『大杉栄遺稿』（前掲）に収録されたが、多くの伏字が加えられた。

非軍備主義運動

ツルゲネフとゾラ――ツルゲネフよりゾラに送れる書簡集（ツルゲネフ）

『新声』（大杉栄訳）。

（一）第一八巻第三号・一九〇八年二月（一～一二）

（二）第一八巻第六号・一九〇八年五月（一三～二一）

「序」にあるように、「ハルペリン・カミンスキー」（Ely Halpérine-Kaminsky, 1858–1936）が収集した「ツルゲネフ書簡集」からの翻訳である。ロシアで生まれパリに定住したカミンスキーは、ドストエフスキーをはじめ多くのロシア文学をフランス語に翻訳・紹介したことで知られているように、フランス人作家とロシア人作家との橋渡しをした人物。（一）でのタイトル表記は「ツルゲネフ」で日付と差出地は本文の後、（二）では「ツルゲーネフ」の表記で日付等は本文の前となっているが、（一）に揃えた。なお、（一）の余白には安成貞雄による次のようなコメントがある。「一月十九日訳者大杉栄君社会主義金曜講演会に於て演説し、同士五名と共に捕へられて獄に投ぜられた。続載する積の書翰集も、従つて、中止しなければならぬ。遺憾だがしかたがない。」と。続稿が残されていたということであろうか。

巣鴨から（下）――獄中消息（三）

屋上演説事件で入獄した巣鴨監獄からの獄中書簡六通を収録する。一九〇八年一月一七日、本郷弓町の平民書房二階で開催された金曜会の演説事件で逮捕、同月二〇日治安警察法違反として東京監獄へ収容された。東京地裁での判決は二月一〇日、軽禁錮一ヶ月一五日、巣鴨監獄からの出獄は三月二六日。獄中記版では「巣鴨から（下）」として五通が掲載されている。アルス版では「市ケ谷から（二）」となっている。

（二）を除いて、初出が獄中記版となるため、これを底本とする。アルス版には、もう一通、保子宛の書簡（一九〇八年二月一三日付）が収録されているが、これは私信として別巻（書簡篇）にまわす。

（一）大杉保子宛・一九〇八年一月二三日付・東京監獄（『獄中記』）

（一）は、獄中記版での大杉自身による挿入。アルス版では、第二段落「原稿料をよこすだらう。」の後には、「毎度ながら又紫山に少し無理をいへ」の一文、末尾「（下略）」には、次のような長い文章がはいる。「枯川はしきりに同居説をすすめる。それはあなたの自由に任すが、兎も角も此際今の家をたたんで了つた方がいいと思ふ。どこでもいいぢやないか、当分の間の事だ。経済上は勿論、一人で一軒の家を構へてゐては、いろいろ不便で困るだらう。出来るなら本月中に何とかするがいい。／山口に至急本を入れて呉れ。小さい方の本箱の上にある、竹の棚の中の英文の本が皆なそれだ。たしか七冊あつたと思ふ。それに『源氏』と『法華経』と『婦人新論』と『新刑法』とを入れてやつてくれ。『新刑法』は小冊子だ。それから古川浩の処に事情を話して、差入の出来ない事を云つてやつて呉れ。／手紙は隔日でなければ書けない。

余は明後日に。手紙は誰れにも見せるには及ばん。さよなら。」と。
（二）宛名不明・一九〇八年一月二八日付・東京監獄（『日本平民新聞』第一八号・一九〇八年二月二〇日・「獄中消息（二）・大杉栄君より（一月二十八日発）」）
獄中記版には未収録である。アルス版では、人名「エリゼ・ルクルエス」は「エリゼ・ルクリユス」に直されている。
（三）大杉保子宛・一九〇八年一月三一日付・東京監獄（『獄中記』）
文末に「（明治四十一年一月三十一日東京監獄にて）」の注記がある。アルス版では、第一段落の「筆記所から」が削除、第三段落の「一貫三十目」は「一貫三百五十目」、第五段落の「三尺四方」は「二尺四方」に変更されている。また第八段落の終わりに「お為さんによろしく。真坊はどうしてゐる。」の文章が加えられている。
（四）大杉保子宛・一九〇八年二月五日付・東京監獄（『獄中記』）
文末に「（明治四十一年二月五日東京監獄にて）」の注記がある。文尾に「（下略）」とあるが、アルス版でも増補されていない。
（五）大杉保子宛・二月一五日付・東京監獄（『獄中記』）
文末に「（明治四十一年二月十五日東京監獄にて）」の注記があるので、それに従う。アルス版では「二月一七日」となっている。またアルス版では、「出獄する。」から始まる第四段落の「別れ別れにさせられて了つた。」は、「再びお互ひに『長々し夜』をかこたねばならぬ事となつた。」に変えられている。次の段落の末尾「慰めるやうな事はしたくない。」の後に「寧ろ断然宣言したい。あのバベルのお母さんを学んで呉れ。」が挿入、文末の「（下略）」は、新しい段落で、「次の書物を送つて呉れ。La Conquête du Pain. —

De la Commune à l'Anarchie. ― Le Socialisme en Danger. 三冊とも赤い表紙の本だ。それから若宮に『ノヴィコー』の本を借りて来て呉れ。ノヴイコーと云へばわかる。さよなら。」の文が入る。

（六）大杉保子宛・一九〇八年三月二二日付・巣鴨監獄（『獄中記』）

末尾に獄中記版では「（明治四十一年三月二十二日）」、アルス版では「巣鴨にて、一二〇〇生」とある。第三段落、伏字「〇〇」はアルス版では「古那」という漢字がはいっている。また、第四段落は、「志津野（又郎、堺の従弟）の子供が生れたさうだね。まつのさんはどうか。この手紙は私事ばかりだから人に見せるに及ばぬ。もうあとが三日、四日目には会へる。さよなら。」と、補足されている。なお、三月二六日付の山川均・堺利彦との連名の出獄報告が『日本平民新聞』（第二一号、一九〇八年四月五日、三面）に掲載されているが、これは別巻（参考資料）に収録。

大杉栄君より〔書簡、宛名・日付不明〕

『日本平民新聞』第二二号、一九〇八年四月二〇日

『日本平民新聞』は、森近運平を発行兼編集人として大阪平民社から刊行された月刊紙で、『大阪平民新聞』の後継紙である。「消息」欄に掲載。

Letero de Japanlando (Majo 1908)〔日本からの手紙〕

"*Internacia Socia Revuo*"（『国際社会評論』一九〇八年五月号、日付不明、Osgi）

以下に手塚登士雄氏による訳文を掲げておく。

親愛なる同志へ、

今度も二度目の入獄で筆をとることができなかった。

君に手紙を書いた日、つまり一月一七日から一週間後に僕は五人の同志と共に権威への不服従ゆえに逮

捕された。

その日、僕らはいつものように同志の一人のところで金曜晩の集会を開いていた。聴衆は、担当の警察署長と幾人かの制服あるいは私服の警官を除いて、四〇人ほどだった。

最初に有名な社会主義者の同志守田［文治］がトーマス・モアの『ユートピア』の話をした。「ある日」と彼は話し始めた。「外国の大使がユートピアにやって来た。彼は胸にたくさんの金や、銀や、石の勲章を付けていた。人々はみんなそれを見て大笑いした。なぜならユートピアではそんな有害な金属を大いに軽蔑していたからである。」

突然、弁士の横で偉そうに座っていた署長が立ち上がり、狂ったように「演説中止！」と怒鳴った。数名の同志はユートピアの住民のようにこの滑稽な光景をみて大笑いした。その時、尊大ぶった署長が再び「集会解散！」と怒鳴った。参加者はみなこの不公正極まりない命令に抗議し、解散を拒絶した。演説と爆笑のどこに「社会秩序と安寧」に反する行動があるというのだ。その時まで外にいた十人余りの警官が入ってきた。警官たちは一人一人力ずくで僕らを外に引きずり出そうとした。こうして僕らと警官たちとの乱闘が始まった。

騒動を聞きつけて同じ通りの住民や通りがかりの人々が家の前に集まってきた。たまたま集会場近くの兵器工場の一日の労働が終わった。千にものぼる労働者がやって来て群衆をさらに膨らませた。

僕らの同志はこの機会を逃さなかった。有名な社会主義者である同志の堺［利彦］は月明かりに照らされた屋根に上がり、熱い演説で通りの空気を震撼させた。社会主義と無政府主義の半月刊の機関誌である『日本平民新聞』で一緒に働く同志の山川［均］と僕が堺に続いた。僕らは社会主義（むしろ無政府主義）、反軍国主義、総同盟罷工について話した。僕らはかつてこれらの思想についてこんなに明確かつ勇敢に語ったことはなかった。最後に僕らは集会の解散を宣言した。

最初、聴衆はわずか四〇だったが、最後は千を超えた。最初僕らはモアの「ユートピア」について語ったが、最後は社会革命について語った。それ故僕らは警察署長にとても感謝し、喜んで逮捕された。同時に警官は他に数人の同志を捕まえたが、多くは群衆によって奪還され、警官の手には同志の竹内［善作］、森岡［永治］、坂本［清馬］らが残っただけだった。

奪還された同志の中に、有名な中国の無政府主義者である張継がいた。警官たちは非常に悔やんで、彼を国内で逮捕し、中国政府に引き渡すことを決定した。中国政府はもう長いこと張継の「首」を持ってきた者に十万フランの賞金を与えると公に約束していた。しかし心配しないでほしい。いま彼は別の国にいる。

結末は次の通りだ。二三日間の勾留の後、堺と山川と僕は禁錮一月半、竹内、森岡、坂本は禁錮一月の判決を受けた。

以上が僕が約束を果たせなかった理由だ。しかし、僕は先月末、監獄を出て、一週間にわたる地方伝道の旅から昨晩帰ってきた。今後、僕は約束を必ず果たす。最初に、この国の社会主義運動の歴史について書きたいと思う。なぜなら、そこが分からないと、僕がこれから書くことの詳細が良く理解できないと思うからである。

大杉

新聞旧聞

『熊本評論』第二三号（一九〇八年五月二〇日、大杉栄）

安谷編『遺稿』（前掲）に収録。

防御虚無主義——瑞典に於ける新非軍備主義運動
『熊本評論』（第二四号・一九〇八年六月五日、大杉栄）
安谷編『遺稿』（前掲）に収録。

敵は平穏
六月一三日付書簡、『熊本評論』第二五号（一九〇八年六月二〇日、大杉栄）
文尾に「記者曰く、東京に於ては堺、山川、大杉三兄が一時に囚はれ、森近兄も亦検事の為めに控訴されたり」のコメントが付されている。

III

千葉から——獄中消息（四）
赤旗事件で、神田警察署に逮捕されたのは一九〇八年六月二二日、東京地裁での判決は八月二九日で軽禁錮二年六ヶ月・罰金二〇円、千葉監獄への移監は九月九日、入獄中に「大逆事件」取調べのため東京監獄へ移されたのは一九一〇年九月二日、同年一一月二九日に出獄する。獄中記版では「千葉から」として一二通が収録されている。日付は各書簡の文末に記されているものを採用した。宛名は妻、保子宛である（一通だけ伸宛）。なお、アルス版には、他に保子宛の書簡六通他が収録されているが、私信として本全集の別巻（書簡篇）に収録する。
（一）大杉保子宛・一九〇八年九月二五日付（『獄中記』）
アルス版には「(下略)」の部分が復元されていて、「兄キに叱られたといふが、何を云はれたのか。浜の人には会つたか。谷君の方はまだ決まらぬか。話の都合によつては何れにしても宜からうが、茅ケ崎に一人ゐるといふやうな事はとても出来まい。兎も角も決定する前に詳しく手紙で書いて寄越して、そして面会に来い。／鹿住から何とか返事があつたか。或は静岡の方からそんな処へ寄らなくともいいとか何んとか云はれてゐやしないか。僕から来月あたり手紙を出さうと思ふ。五〇〇も請求しようと思ふが、多いと却つて難しいから或は三〇〇位にして置かうか。そして其の中一〇〇ばかり本を買はうと思ふ。その前に僕の『万物の同根一族』を送つて置いて呉れ。／パリから書物が来たら、著者の名と書名と及び紙数とを知らして呉れ。ドイツ語の本は出来るだけ早く送つて呉れ。スケツチ外数冊郵送の手続きをした。其の中の La Morale といふのは兵馬に返して呉れ。カスリの単衣は宅下げする事が出来んさうだ。／千葉あたりに住みたいなどとそんな我儘をいふものでない。病気はいかが。猫のはがきは着いた。其他、足下のは皆な見せられたやうだ。他の同志からのはまだ一通も見ない。山川へエスペラントの本を送つたか。其のほかかうして呉れ、ああして呉れといふた事は一々何んとか返事を寄越して呉れ。／次の事を秋水に知らせて呉れ。悟（佐藤）君の事件の本人には、堺、森岡、僕の三人の名を以つて絶縁を宣言する。又、同志諸君にも爾来彼れを同志視せざらん事を要求する。山川にも此の旨知らして呉れ。／同志諸君によろしく。」とある。

（二） 大杉保子宛・一九〇八年一二月一九日付（『平民評論』第一号・一九〇九年三月一〇日）

初出で削除されている文章を、獄中記版により〔 〕[*]を付して補った。アルス版には更に何ヶ所かに増補がなされているが、文尾にさらに次のように続いている、「うちの諸君及び其他の諸君によろしく。さよなら。／証拠品の旗三旒及び竿二本を返へすさうだから、控訴院検事局まで取りに行つて呉れ。けふ上申書といふのを出して、大杉保子が受取りに行くからと願つて置いた。管野に、関谷に談判して書物をとりもどすよう頼んで呉れ。」と。

（三）大杉保子宛・一九〇九年二月一六日付（『自由思想』第一号・一九〇九年五月二五日、「囚人の手紙（大杉栄氏）」）

初出で削除されている個所を、獄中記版により〔＊　〕を付して補った。ただし、獄中記版の末尾に「（下略）」とあるように、以下には差入れ本や家族のことについての長い文章が続いている。削除部分については別巻（書簡篇）を参照のこと。なお、獄中記版・アルス版では「四月二十六日」と付されているが、初出に従った。

（四）大杉保子宛・一九〇九年四月二六日付（『自由思想』第二号・一九〇九年六月一〇日、「大杉栄氏より」）

獄中記版により〔＊　〕を付して補った。「雑誌は不許になつた」以下は、大幅な削除がある。いま、アルス版で補うと、「三月の手紙に婦人文芸として雑誌を出すとあつたから、これは余程編集を骨折らないと難しいわいと私かに心配してゐたが、矢張り前の通りの題で出たので先づ安心した。僕は前に僕が話したやうにするか、或は旧のままかと二様の考へを持つてゐたのだ。雑誌は不許になつたので見る事は出来ぬが、編集は守田のお骨折の事なれば、不味からう筈はあるまい。少なくとも以前に僕が、いやいやながら怠け怠けてやつてゐたやうな蕪雑な粗漏のない事を信じて安心してゐる。／広告はよくあれだけ取れたね。大に感心してゐる。自分の方は広告は一切しないのだから、始めから売捌へのよからう筈はない。従つて其の間は、此の方面に全力を尽さなければなるまい。ながら年のお手並みだ。」となる。傍線部分が獄中記版に該当する。獄中記版の文尾にある「（下略）」の部分は、「先日話した平民新聞の読者に端書を出す」云々と長い文章が続く。別巻（書簡篇）を参照のこと。

（五）大杉保子宛・一九〇九年六月一七日付（『獄中記』）
第五段落にある「〇〇」は、アルス版でも同じく伏字である。「《下略》」とはされていないが、アルス版では大幅な増補がなされている。なお、第九段落「雑誌の売れ行き」云々の末尾「心掛を持つてくれ。」の後ろに、「たとへば、仲間のものの商売の紹介をするとか或は広告をするとかして。／社名は兄キの意見通り保文社とかかへる方がよからう。しかし出版は当分見合はすがいい。そしてもしそんな金があつたら、広告の方に費つたらよからう。」と続く。以下、差入れ本についての長い文章が続いているが、これは別巻（書簡篇）を参照のこと。
（六）大杉保子宛・一九〇九年八月七日（『獄中記』）
「（中略）」の個所をアルス版で補えば、「折角持つて来たバイブルを余りにすげなく突返して甚だ済まなかつた。実はイタリイ語ので三度も読んであきあきしたのだ。尤も、若し旧約の方があるのなら喜んで見る。しかし、これもあの文法を読んで了つてからの事だから急ぐには及ばぬ。それと同時に自然、辞書の必要も生ずるのだが、露和の小さなのがあると思ふ。お困りの際だらうが、何んとかして買つてくれ。帝国文学は許可になつた。本年末にいろいろ読み終へた本の郵送をする。」の段落がはいる。
（七）大杉保子宛・一九〇九年一〇月九日付（『獄中記』）
アルス版でも、第六段落の「〇〇」は同じく伏字にされているが、「寒村」（荒畑寒村）が入る。「横田（兵馬）から始まる第七段落の末尾には、「前の僕の手紙の文句は伝へてくれた事だらうね。」、次の段落の差入れ書籍の最初に「エス語散文集、デイヴエルサアシヨイ（エス語文集、前の手紙を見よ）、フンド・デル・ミゼロ、以上三冊合本」が挿入されている。
（八）大杉伸宛・一九〇九年一一月二四日付（『獄中記』）

獄中記版では前の書簡に続くかたちで「《次弟伸宛》」とされているが、アルス版に従って独立した書簡とした。最終段落にある「伯父」は、アルス版では「伯父（猪）」となっている。

（九）大杉保子宛・一九一〇年二月二四日付（『獄中記』）

第五段落の「寒村は目今失意の境にある。」の文章の前に、アルス版では、「ただ横田のかはりに僕は寒村を得た。」が挿入され、「彼れも目今失意」云々となっている。「（下略）」以下には、「きのふ面会の時には」から始まる長い文章が続いているが、これは別巻（書簡篇）を参照のこと。

（一〇）大杉保子宛・一九一〇年四月一三日付（『獄中記』）

アルス版にも増補はないので、これで書簡の全体と考えられる。「松枝」「勇」「伸」の注記はアルス版では削られている。

（一一）大杉保子宛・一九一〇年六月一五日付（『獄中記』）

アルス版によれば、「《中略》」以下の部分には大幅な削除がある。そのなかに「大逆事件」についての言及があるので、この部分だけを復元する。「こんどの秋水等の事件（大逆事件）に就いて二つお願ひがある。一つは嘗て巣鴨の留守中に借りた三十円の金を此際返してもらひたい。こんな時にでも返すのが、返へす方でも甚だ心持よし、又返される方でも甚だ有がたからう。も一つは少し厄介な事だが、若しお母さんを呼ぶ必要があるなら、そして其のゐる所がないなら、家で世話をしてやつてくれないか。僕は足下の秋水に対する悪感情はよく知つてゐる。しかし、此際これ程の雅量はあつてほしい。又、此くの如きは、彼に対する最もよき復讐だと思ふ。若し御承知なら、一度秋水と会つて相談してくれ。」と。その他、差入れ本のことが細かく指示されている。「若宮守田の病気……おからだもお大事に。」の後にも少し文章が続いている。別巻（書簡篇）を参照のこと。

（一二）大杉保子宛・一九一〇年九月一六日（『獄中記』）

「東京監獄にて」の注記がある。差入れ本の書名の部分、アルス版では「伊文。論理学。／古い本を宅下げするやうにして置くから、近日中にとりに来てくれ。大ぶ多いから其の積りで。本は五冊……」となっている。

（一三）大杉保子宛・一九一〇年一〇月一四日（『獄中記』）

アルス版では、第一段落と第二段落の間に、次の文章がはいる。「先月の末であつたか、湯に入つてゐると『面会』と云つて呼びに来た。まだ入つたばかりで何処も洗ひもしないのを大喜びに大急ぎに飛び出して行つて見ると、思はざる渡辺弁護士だつた。きのふ其の委任状に印をおして置いたが、もう事は進んでゐるのだらうね。何だか話はよく分らなかつたけれど、遅くなると取れんかも知れんとか云つてゐたやうだつたが、そんな事になつては大変だ。取れるものは早く取る方がいい。」と。「（下略）」の部分、「来月の初めには父の忌日が来る。一切の儀式は止せ。寺へ金を送つたりするのも無用。／僕の出る日には、子供等はうるさいから皆な学校へやつて置け。決して休ませるには及ばん。／本をもう五六冊頼む。但し来月上旬でいい。新仏教読んだ。お為さんがアッパレ賢婦人となりすましたのは御祝ひ申す。／出る前に、ふろしきを差し入れるのを忘れないよう、いつかは本当に困つた。着物は洋服がよからう。／堺は久しぶりで大きな声で笑つてゐるようね。山川はにやりにやりにやりか。」である。

涙の湖（ジヨゼフ・ワスニエフスキー）

『無我の愛』第二八号（一九一一年三月五日、栄生訳）

ポーランドのエスペランティストであるヨセフ・ワスニエフスキー（Josef Wasniewski, 1859–1897）の『国際語』（*LINGVO INTERNACIA*、前掲）に掲載された「私の寓話集より」（“El la libro de miaj fabloj”）の訳である。

春三月…

一九一一年三月二四日、各派合同茶話会にて寄せ書。

アルス版全集第四巻の口絵に掲載された大杉栄自筆の句。白仁成昭「花に舞ふ——死と生の会話」（『大杉栄と仲間たち』（ぱる出版、二〇一三年六月、所収）に詳しい。

無政府主義の手段は果して非科学的乎——「社会主義及び無政府主義に対する憲法上の疑義其二」を読む

『思想善導の唯一手段は何か?』（文明協会、一九三一年四月、所収、大杉栄）

表紙には「浮田和民著」とあるが、奥付は編集兼発行人として「財団法人 文明協会」、代表者として「市島謙吉」の名前が記されている。内容は、浮田の「思想善導の唯一手段は何か?」と大杉の「無政府主義の手段は果して非科学的乎」の二編が並べて掲載され、他に「資料」として「新暗黒時代」・「英国議会政治の欠陥」と題された翻訳が収録されている。浮田論考の冒頭に次のようにいう、「明治四十三年の頃所謂大逆事件が勃発して社会主義及び無政府主義に対する問題が世上注目の焦点となつたのである。そこで私は明治四十四年三月及び五月号の太陽誌上に「社会主義及び無政府主義に対する憲政上の疑義」と題して意見を発表した。全篇甚だ平凡の議論で何等怪むに足るものはなかつた。然るに故大杉栄がその第二篇に対し、批評文を草して私に寄せたのである。私は当時之を太陽紙上で発表する必要を認めず、他日の為めと思ひ、篋底に蔵めてゐたのを近頃発見した。之を一読して見ると今更懐旧の感に堪へざるものがある。今日となつては彼れの持論や主義は別問題として、彼れ其人は実に天下の奇才であつたと言ふことが出来る。」云々と。

新穢多村

『売文集』(売文社、一九一二年五月五日、売文社技手 大杉栄)

『売文集』(丙午出版社、一九一二年五月)は堺利彦の著作で、「巻頭の飾」、第一篇「剣と針」、第二篇「露と雫」、第三篇「喜劇 谷川の水(バーナード・ショー作)」、第四篇「未来と過去」の構成である。大杉の「新穢多村」は「小説 クレンクビユ」とともに、第四篇に収録されている。もちろん、「君」は堺利彦のこと、そして大杉は堺利彦が設立した売文社の「技手」となった。

妖婦ヘレネ

『人物』第四号(一九一二年九月一五日、大杉栄)〔未完〕

石川三四郎資料室(埼玉県本庄市立図書館)に収蔵されている月刊『人物』(第四号、一九一二年九月)の第八面を出典とする。この面だけが確認され、他の面は未見である。したがって、後続する文章は収録できない。雑誌『人物』(第四号)の目次については、『近代思想』(創刊号)や『書画骨董雑誌』(第五二号)の広告ページに掲載されている。もちろん、アルス版全集や現代思潮社版全集には未収録である。

「ヘレネ」は、Helen von Dönnig(1843–1911)のことで、ドイツの社会主義者・労働運動家であるフェルディナント・ラサール(1825–1864)の恋人として知られ、彼女をめぐる決闘でラサールは落命した。文中に「二年ばかり前に其有りのままの生涯の自伝を公にして」とあるから、ヘレーネの自伝(*Von anderen und mir. Erinnerungen aller Art*, Berlin, 1909)を参照としていると考えられる。

IV

クレンクビユ(アナトル・フランス)

『売文集』（一九一二年五月五日、大杉栄訳）

アナトール・フランス（Anatole France, 1844–1924）は、フランスの小説家・批評家、原題は *Affaire Crainquebille*（1901）である。大杉の序文にあるように、原作の「（一）の前」と「（二）と（三）の間」の章が省かれている。山内義雄の訳文（「クランクビーユ」、『現代仏蘭西小説集』収録、新潮社、一九二九年三月）を参照すれば、大杉が訳した章は（一）「クランクビーユ」、（二）「法廷に於けるクランクビーユ」、（三）「クランクビーユ共和国の法律に従ふこと」、（四）「クランクビーユと世評」、（五）「帰結」、（六）「最後の帰結」、である。省かれた「ブリッシュ裁判長のための弁」と題された（二）と（三）の間にはいる章は、後に『近代思想』（第二巻第一一・一二号・一九一四年九月、廃刊号）に「名判官」（文末に「『クレンクビユ』の一節」と注記）として掲載される。そして、冒頭部分を含めた完訳は『生の闘争』（前掲）の「附録」として、章に分けられることなく収録、刊行された。末尾に「一九一二・三」の日付が付されているので、『売文集』に掲載した時点では、全体の翻訳が完成されていたということになる。

V

エスペラント語講義

全一六回。『語学』第一集第一号〜第二〇号（一九〇六年一一月三日〜一九〇七年九月一八日）。東京外国語学校・語学協会発行の『語学』に一六回にわたって連載された。ただし、第六回から第一〇回までは、回数表記が不正確であったり、表記がなかったりするので、〔　〕で補った。一九〇七年五月から一一月までは「青年に訴ふ」・「新兵諸君に与ふ」事件で入獄中であった。第一五・第一六号は無署名。

（一）第一回〔第一輯第一号・一九〇六年一一月三日、大杉栄〕
（二）第一回続〔第二回〕（同二号・一九〇六年一一月一八日、大杉栄）
（三）第三回（同第三号・一九〇六年一二月三日、大杉栄）
（四）第四回（同第四号・一九〇六年一二月一八日、大杉栄）
（五）第五回（同第五号・一九〇七年一月三日、大杉栄）
（六）〔第六回〕（同第六号・一九〇七年一月一八日、大杉栄）
（七）第六回〔第七回〕（同第七号・一九〇七年二月三日、大杉栄）
（八）第八回（同第八号・一九〇七年二月一八日、大杉栄）
（九）練習Ⅰ〔第九回〕（同第九号・一九〇七年三月三日、大杉栄）
（一〇）練習Ⅱ〔第十回〕（同第一〇号・一九〇七年三月一八日、大杉栄）
（一一）第十一回（同第一一号・一九〇七年四月三日、大杉栄）
（一二）第十二回（同第一二号・一九〇七年四月一八日、大杉栄）
（一三）第十三回（同第一三号・一九〇七年五月三日、大杉栄）
（一四）第十四回（同第一四号・一九〇七年五月一八日、大杉栄）
（一五）〔第十五回〕（同第一九回・一九〇七年九月三日、無署名）
（一六）第十六回（同第二〇号・一九〇七年九月一八日、無署名）

なお、第十一回「造語法B」の項では、「―外部、―周囲の物、―兄弟の親しみ、―古物」に対応するエスペラントの単語“eksteraĵo, ĉirkaŭaĵo, frateco, malnovaĵo”が、第十五回「作文A」の項では、訳文“Tiu junulo scias ĉion, almenaŭ li tion kredas.”に対応する「其の青年は何でも知っていると少なくとも自分ではそう信じている。」という内容の原文が欠落している。

Momotaro：FINA PARTO DE LA JAPANA LEGENDO MOMOTARO　桃太郎（日本昔噺桃太郎の一節）

『日本エスペラント』第一巻第四号（一九〇六年一一月五日、OSUGI, S. 大杉栄）

『日本エスペラント』は、日本エスペラント協会の機関誌*JAPANA ESPERANTO*の邦語名。日本エスペラント協会第一回大会（九月二八日開催）で大杉が朗読した「昔噺 桃太郎」の原稿と考えられている。エス日対訳である。なお、雑誌編集上の都合（スペースの問題）と思われるが、終盤、「まず隠嚢、……」以下に対応するエスペラント文が省略されている。

MOMOTARO：PERSIKOKNABO（桃太郎・桃の少年）

『日本エスペラント』（第二巻第五号・第六号、一九〇七年八月五日・同年九月五日、S. Osgi.）

第五号・第六号は、エスペラント語訳のみ。Ⅰ～Ⅴ（第五号）、Ⅵ～Ⅺ（第六号）収録である。第四号掲載の大杉訳文の末尾に巌谷小波編の「日本昔噺」を参照したことが記されている。「日本昔噺」叢書全二四冊は、一八九四～九六年に博文館から刊行された。その第一冊が『桃太郎』（一八九四年七月）であった。ここでは「資料」として東洋文庫版『日本昔噺』（平凡社、二〇〇一年八月）を参照して訳文を掲げておきたい。「……」は大杉が略した箇所、〔　〕は大杉のエス文により、手塚登士雄氏が補った部分である。

【参考資料】日本昔噺／其一　桃太郎

（大江小波　述）

―

むかしむかし或る処に、爺《じじい》と婆《ばばあ》がありましたとさ。或る日の事で、爺は山へ柴刈に、婆は川へ洗濯に、別れ別れに出て行きました。

……〔まもなく婆はやってきて、盥《たらい》から衣類を取り出し洗濯を始めますと、〕やがて上水《みなかみ》の方から、一抱《ひとかかえ》もあらうと思はれる、素敵滅法大きな桃が、ドンブリコツコ、スツコツコ、ドンブリコツコ、スツコツコ、と流れてきました。

婆さんは之を見て、さてさて見事な桃ではある。妾《わたし》も今年で六十に成るが、産れてからまだ此《こん》様な大きな桃は、つひに見た事が無い。然《しか》し喰べたらさぞ甘味《おいし》からう、一ばんあれを拾つて行て、お爺さんの土産《おみや》にしやう、……手を伸ばしたが届きません。四辺《あたり》を見廻はしても竿はなし。一寸途方に暮れましたが、やがて工夫を考へて、流れて来る桃に向ひ、「遠い水は辛いぞ！近い水は甘いぞ！辛い処は除《よ》けて来い！甘い処へ寄《よっ》て来い！」と……〔歌いました。〕すると不思議にも件《くだん》の桃は、次第次第に寄て来て、果《はて》は婆さんの前で止まりました。

……〔婆は急いで桃を拾いあげると、小脇に抱えて吾家へ帰り、〕今にお爺さんが帰つて来たら、嘸《さぞ》喜ぶ事であらうと、待ちかまへて居りま〔した。〕

二

……其日の夕方、爺さんは山で刈つた柴を、頭迄掩《お》ひ被さるほど背負《しよ》つて、斧《よき》を杖に帰つて来ました。見るより婆さんは走り出て、「お爺さんお爺さん！先刻《さつき》からお前の帰るのを、何様《どんな》に待つたか知れないよ。」「何だなア連忙《せわしな》い、留守に何か用でも出来たのか。」「其様《そん》な事ぢやないんだよ。お前に見せて喜ばせやうと思つて、妾は好いお土産を取て置いたのだよ。」「さうか其奴《そいつ》は豪気《ごうぎ》だナ。」と、是から足を洗つて上へ来ますと、婆さんは先刻の桃を重たさうに抱へ出して、「さア此《これ》を御覧！」と、爺さんの前へ出しました。

爺さんは見て肝を潰し、「やア是はでかい桃だなア。さうして一体此様な物を、何処でお前は買て来たんだ？」「ナニ買たんぢやない拾つて来んだよ。」と、是から、以前の仕末を話しますと、爺さんは聞いていよいよ喜び、「それは何より難有《ありがた》い。丁度腹も減てるから、早速御馳走に預からう」と、勝手の方から庖丁を持ち出し、件の桃を俎板《まないた》にのせて、真二《まつぷた》ツにしやうと割かけました。

すると、不思議や桃の中から、可愛らしい子供の声で、「お爺さん暫らく待《まつ》た！」と、云ふかと思ふと其桃が、左右にさツと割れて、其中から一人の嬰児《あかんぼ》が、ヒヨツコリ踊り出しました。

此体態《このていたらく》に驚くまい事か、爺さん婆さんも、……アツと云つて倒れましたが。嬰児は……「イヤ驚くまい驚くまい、私は決して怪しい者ではない。実は天津《あまつ》神様から、御命《おおせ》を蒙《こうむ》つて降つたもので、其方衆《そなたしゆう》二人が此年頃、子供が無い迚《とて》嘆いて居るのを、神様にも不便《ふびん》に思召《おぼしめ》し、則ち私を授ける程に、吾が子にして育てよとの事だ。」と……陳《の》べました。

爺さんも婆さんも、之を聞いて喜ぶまい事か。……殆ど半狂乱の有様。其儘《そのまま》件の児をわが手に育て、桃の中から産れたのだから、其名も桃太郎と付て、蝶よ花よと可愛がりました。

III

さて光陰《つきひ》の経つのは速いもので、桃太郎やがて十五に成りました。

……すると、或日の事で、桃太郎は父に向ひ、「さて阿父《おとつ》さん！不図《ふと》した御縁で親子と成り、長の年月の御養育、御恩は艸《くさ》刈る山よりも高く、又洗濯の川よりも深くて、何と御礼の申様も御座りませぬ。」と改まつて申しますと、爺は却て迷惑顔、「是はしたり、苟《かりそめ》にも親子となれば、子が親の世話になるに、何の不思議もない筈。……それを今更改つて、礼では此方《こつち》が痛み入る。」「就きましては、其御恩も返さぬ中《うち》、かやうな御無理を申すのは、恐多い事では御座りますが、茲《ここ》に一つの御願が御座ります。何とお聴き下さりませぬか。」「余人と違て其方《そなた》の依頼《たのみ》、何なりと聞きましやう。」「それでは今から私に、何卒御暇《おいとま》を下さりませ！」「何、暇を?」「お暇と申しても霎時《しばし》の間、程なく帰つて参ります。」「シテそれは何処へ行く気ぢや?」「仔細を申さねば御不審は御道理《ごもつとも》。元来《もと》此日本の東北《うしとら》の方、海原遥かに隔てた処に、鬼の住む嶋が御座ります。其鬼……〔常に日本〕に寇《あだ》を為し、蒼生《たみくさ》を取り喰ひ、宝物を奪ひ取る、世にも憎《にっ》くき奴に御座りますれば、私只今より出陣致し、彼奴《きやつ》を一挫《ひとひしぎ》に取て抑へ、貯へ置ける宝の数々、残らず奪《うばいとつ》 取て立ち帰る所存。……」と……云ひ放しました。

IV

爺さんは之を聞いて、年に似気《にげ》ない大胆な言葉に、一時は肝を消しましたが、何を云ふにも天から授かつた代物……滅多に怪我はあるまいと……思ひました故、……「ウン面白い、其方が左様《そう》云ふ覚悟なら、何で私《わし》が止めましやう、願通り暇をやる程に、一時も早く其鬼が嶋へ押渡《おしわた》り、鬼めを退治て……〔戻って来い。〕」

と、さも快く許しましたから、桃太郎も大喜びで、……翌日《あす》とも云はず其日から、出陣の用意に取りかかりました。

爺さんは又兵粮《ひょうろう》の用意。兼て貯へて置いた黍を持ち出し、……婆さんを相手に……黍団子の製造に取り掛りました。

軈《やが》て黍《きび》団子も出来上る。桃太郎の行装《みごしらえ》も整ふ。其処でイザ出陣と成ると、流石《さすが》に離別《わかれ》は悲しいもの、爺さんも婆さんも、何時か両眼は涙に曇つて、「コレ気を付て行きや！」「芽出度く凱陣を待て居ますぞ。」と、云ふ声さへも震えて居ます。

思ひは同し桃太郎、「それでは行て参ります。何卒《どうぞ》御無事で、御機嫌好う！」と跡は胸一杯。思ひ切て吾家を出ました。……

V

さても桃太郎は、……只管《ひたすら》路次《みち》を急ぎましたが、丁度其の日の正午《ひる》時分、腹も如何《どう》やら減つて参りましたから、路傍《みちばた》の木根《きのね》に腰を掛け、用意の黍団子を取り出して、ムシヤムシヤ遣つて居りますと、忽《たちま》ち其の傍の艸原《くさはら》から、犢《こうし》ほどある斑犬《ぶちいぬ》が一匹、ノソノソと現はれ出で、桃太郎に向つて牙を剥き出し、「ウーわんわん！己《おの》れ此斑殿の領分を、断りも無く通らうとは不届きな奴、其の喰つて居る弁当を、残らず置いて行けばよし。異議に及べば此処で、頭から咬み殺してくれるぞ。ウーわんわん！」と喝しかけました。

VI

桃太郎は冷笑《あざわら》ひ、「何をぬかす野良犬奴《のらいぬめ》！吾こそは此度皇国《みくに》の為めに、鬼が嶋を征伐に参る、桃太郎と申す者だ。邪魔立て致さば用捨はない、己こそ頭から、真二に切て棄てるぞ。」と反対《あべこべ》に叱りつけました。すると犬は何思つたか、忽ち尾を股にはさんで、少さく成つて蹲踞《うずくま》り、さも恐れ入つた体で、「さては兼て聞及ぶ、桃太郎様で御座りましたか。左様とも知らず只今の御無礼、何卒御免下さりませ！」と尚も頭を地に摺りつけ、「さて此度は鬼が嶋御征伐とあつて、此処を御通りの由、何卒私奴《わたくしめ》も御供仰せ付《つけ》られましやうなら、難有い幸福に御座ります。」「ウン所望《のぞみ》とあらば只今より、供に連れるも苦うない。」「早速の御聞届、之に過ぎたる喜悦《よろこび》は御座りませぬ。就ましては私も、大分腹が減つて居ります故、只今召上りました其御品《おしな》を、何卒一個《どうぞひとつ》頂かして下さりませぬか！」「是は日本一の黍団子、一個は遣られぬが半分やらう。」「それは難有う御座ります。」と、斑は此処で黍団子を半分貰ひ、それから桃太郎の供を致して、尚も路を急ぎました。

VII

谷を越え山を越え、段々遣《やつ》て参りますと、忽ち前面《むこう》の樹の枝から、何者とも知れず一匹の獣が、バサリと飛び下りて桃太郎の前に平伏し、「これはこれは桃太郎様、好うこそ御出陣遊ばされました。何卒《なにとぞ》私奴も御《おん》供《とも》に……」と云ひ升と、斑は皆迄聞かず眼を怒らし、「桃太郎様の御供には、此斑が付いて居る。己等如き山猿が、軍の御用に立つものか。其処退け其処退け、わんわんわん！」と、吠えながら咬付かうとします。根が仲の悪い犬の事だから、此方《こなた》の猿も黙つては居ない、……牙を剝き出し爪を反らして、今や一場《じよう》の咬合《かみあい》を初めやうとしますから、桃太郎は双方を押し分け、「ヤレ待つた、はやまるな、斑も暫《しば》らく扣《ひか》へて居よ、」「ぢやと申して彼様《かよう》な山猿が、君の御前を汚します故。」「イヤよいわ、貴様の知た事ではない。」トまづ斑を傍へ押しやり、更に又猿に向つて、「シテ其方は何者だ？」猿は両手をつかへて、「ハツ私事は此山に住居致す、『ましら』と申す獣に御座ります。此度桃太郎様、鬼ケ島御征伐の事仄《ほのか》に承はり、……今日より御下来《ごけらい》に為し下れうならば、此上もない幸福に御座ります。」……「それは近頃神妙《しんびよう》な奴ぢや。然らば其の志に愛でて、日本一の黍団子を、半分わけて取らすから、供をして参るがよい。」……〔こうして桃太郎は、〕斑には旗を持たせて先に立て、「ましら」は太刀持にして後に置き、自分は其中央に立て、軍扇《ぐんせん》を使ひながら、悠々として遣て行きました。

Ⅷ

やがて或る野原へさし掛つて参りますと、唐突《だしぬけ》に足下から、一羽の鳥が飛び出しました。……〔それは大きな雉子でした。〕

彼の斑は之を見るや否や、己れと云ひさま駈け寄て、一口に咬《く》ひ殺さうと仕ますと、彼方も去る者、……嘴《はし》を尖らし蹴爪を立て、斑を一突に突き倒さんと、隙を狙《ねらつ》て居る様子。

桃太郎は之を見て、此奴《こいつ》は大分面白い鳥だわイ、ああ云ふ奴を味方に連れて行たら、又何ぞの役に立つだらうと、心の中に思ひましたから、急いで其の場へ走りより、力味《りきみ》かへる斑を制しながら、鳥に向つて態《わざ》と大音《だいおん》に、「己れはそも何奴なれば、わが出陣を妨げるのだ？　尋常に降参致さば、下来になして召連れん。尚も邪魔立致すにおいては、此斑犬をけしかけて、其素首を引千切て呉れるぞ。」ト一番虚喝《おど》しかけました。するると鳥は驚いて、矢庭に其場へ平伏し、「ハハツ、さては兼て聞及ぶ、桃太郎様で御座りましたか。某《それがし》は此野末に住む、雉子《きぎす》と申す賤しき鳥に御座りまする。かかる大将の御通りとも存ぜず、根も無き事より犬殿と争ひ、御供前《さき》を閙《さわが》しましたる段、何とも御詫の申《もうしよう》様が御座りませぬ。……御命《おおせ》に随ひ只今より、改めて降参致しまする間、何卒、某奴も犬殿や、まつたあれなる猿殿同様、御供の役目仰付られまするやう、偏《ひと》へに願ひ奉ります。」トさも恐入つて陳べました。

桃太郎は片頰笑《かたほえ》み、「早速の降参神妙神妙。此上は犬猿同様、鬼ケ島征伐の供を申付ける。随分共に忠勤致せ！」……それより雉子も供の列に加はり、例の黍団子を半分貰つて、嬉しよろこんで尾《つ》いて参りました……

IX

急ぐほどに来る程に、はや此処は東海の端《はて》です。前面を見渡せば、只茫々漠々として、更に眼に遮る小島も〔ありません。〕……

〔桃太郎は急ぎ船の用意をして、三匹の下来と共に乗り込みました。〕……

順風に帆を揚げました事ゆゑ、船脚殊の外速く、何時の間にやら鬼が島は、前面の方に見えて来ました。

海の上から見渡しますと、鑿《のみ》を以て刪《けづ》り取《と》たる如き岩の上に、黒鉄《くろかね》の門、黒鉄の垣を結ひ廻《めぐ》らし、中には黒鉄の瓦を敷きつめた、大廈《たいか》高楼棟《こうろうむね》を交へ、其間に旗幾流《ながれ》となく樹《た》てならべて、その要害の厳固《げんご》さ、中々一《ひと》通《とおり》では御座いません。

桃太郎は舟の舳《へさき》に立て、小手をかざして見てありましたが、やがてきつと心付《こころづ》き、後に扣《ひか》へた雉子を招きまして、「其方翼の有るを幸ひ、是より彼処《かしこ》へ飛で行き、斯様斯様《かようかよう》に取り計らへよ。」ト何か計略を授けま〔した。〕……

雉子は大将の命を受けて、蓦地《まつしぐら》に飛で参りましたが、やがて鬼が島の真中《まんなか》なる、城の屋根に降り立ちまして、羽ばたきを一ツしながら、「やアやア此島の内に住居《すまい》なす、鬼共確に承はり候へ、只今此処《このところ》へ天つ神の御使《おんつかい》、大日本の桃太郎将軍、征伐の為めに出向ひ賜ふ。命が惜くば速《すみやか》に角《つの》を折り、宝を捧げて降参せよ。若し又刃向ふ時に於ては、かく云ふ雉子を初めとして、斑「ましら」の猛将の面々、日頃鍛へた牙にかけて、片ツ端から汝等を、咬み殺して呉れるぞ！」と大音声《だいおんじょう》に呼《よば》はりました。

X

すると此島の悪鬼共、之を聞いて大ひに笑ひ「シヤ小賢しや野雉子奴。征伐呼はり片腹痛し、イデ此の鉄棒の味を見よ。」と……飛び掛つて、微塵に成れと打ち降ろす。此方《こなた》の雉子《きじ》も元より去る者、……嘴《くちばし》を反らして鬼の脳天を、只一ト突に突き倒す。之を見て一匹の赤鬼、又も鉄棒で打つてかかる奴を、同じく胸板を突き破る。又来る鬼を爪で蹴返し、続いてかかるを突飛ばし、此処を先途《せんど》と闘ひました。其中に斑犬山猿は、船からヒラリと陸へ飛び下り、はや大手の鉄門を破つて、ドツと斗《ばか》りに踊り込みました。

敵は一羽の雉子のみと思つた処へ、又犬猿の二匹の者が、……矢庭に踊り込んで参りましたから、鬼も今は一生懸命、ソレ其奴を追ツ払へ、彼奴を打ち取れツと云ふ下知《げち》の下、赤青黒の小鬼共、三手《みて》に分れて拒《ふせ》ぎ闘ひ〔ました。〕……

が、……さしもの鬼も拒ぎ兼ね、見る見る中に追ひまくられて、海に溺れて死ぬもあれば、岩に落ちて砕けるもあり。其他犬猿雉子の牙にかかつて、討たれる者数を知らず。果《はて》は鬼が島に生残る者は、頭《かしら》の大鬼斗《ばか》りと成りました。

すると件の大鬼も、敵《かな》はぬ処と覚悟をしたか、やがて鉄棒をカラリと投げ棄て、……宝物と一所に桃太郎の前へ出し、蜘蛛の様に平伏して、「ハハツ恐入つた桃太郎様の御威勢、此上は何しに抵抗《てむかい》致しましやう、今日限り心を改め、降参致しまする程に、命斗りは御助け下さい！」と涙をポロポロ流しまして、意気地なくも降参と来ました。

XI

……〔桃太郎は大鬼に〕縄をかけて、猿に之を曳かせ、又犬と雉子には、ぶん取りましたる宝物。まづ隠《かくれ》蓑《みの》、隠笠を初めとして、打出小槌、如意宝珠《にょいのほうじゅ》、珊瑚、玳瑁《たいまい》、真珠の類を、大きな函に入れて担がせ、再び以前の船に乗て、目出度凱陣を致しましたとさ。待ち焦がれた爺さん婆さんの喜悦は申し上げる迄もない事。いよいよ市《いち》が栄えましたとさ。めでたしめでたし。

【参考作品】

物を食ふ事を恥づる人民

旅客の語つて曰く、印度山中の蛮族中には、物を食ふ事を恥とする一社会あり。彼等も亦一般人類と同じく食事を以て必要なりと認む。然れども彼等は之を已むを得ざる害悪なりと称せり。彼等の大目的は悪徳を地下に駆逐するに在り。此村の大通りには決して食物を見る事なし。然れども町はづれに至れば、村民が暗夜密かに行きて食物を買ふ処あり。

斯く食事を恐るること甚だしき社会に於ては、貪食の風などあるべくも想はれざれど、事実は其反対にて、大食、過食は寧ろ他処よりも甚だしきものあり。一般人民の思想は殆んど食ふ事のみにて占領せられたり。少年数人相集る時は、必ず食事に関して馬鹿話を為す。若し学校の教場にて、極めて遠まはしにも食物の事を連想せしむるが如き文章ある時は、級中生徒は必ず皆な目まぜして微笑するなり。

而してそは決して少年のみならず、大人も亦同じ。彼等は常に食物の事に関して、みだらなる話を為し、其夢すら絶えず此の思ひに依りて掻き乱さる。彼等は実に其胃が顛倒せるかと思はるるばかり貪り食ひ、彼等の身体は実に此の食事の為に精力を過費するに依りて衰弱せり。又彼等は食物の不良なるが為に多くの疾病を有せり。総て食物の供給が暗所にて行はるるが故に、其質甚悪しくして且つ種々の不秩序を伴生す。

されば食物を売る者は当然最下級に属し社会に於て好地位に立つこと能はず。されど彼等は又善く世の地位ある人々に酬うる所以を知れり。彼等は良家の青年を其の食物店に導き、飲酒賭博を教へ、種々の悪習に染ましめ、其身心を荼毒し終る。
事情斯くの如きが故に、其社会の前任等は常に此の社会的害毒を除去するの法を講じ、一層深く此の悪徳を地下に埋めんと欲し、絶えず食物店の主人を警察署に引致して罰金を課し、到処の教壇に於ては絶えず食事を為す事の不徳なる所以を説教すれど曾て其効ある事なし。

（『直言』第二二号、一九〇五年七月二日）

大杉栄全集

月報7
第1巻
2015年3月

ぱる出版
東京都新宿区
若葉1-9-16

大災害のときは大杉栄と伊藤野枝を想う

野田正彰

大災害は社会を大きく変える。大地、山、河、海岸線、都市の建造物を破壊し、断層亀裂を見せつけるだけでなく、その社会の断層矛盾をも顕在化させる。そして災害後、まざまざと露呈した社会の断層を再びどの様に隠すかによって、その後の社会は造られていく。

雲仙普賢岳の噴火（一九九一年）、北海道奥尻島の津波（九三年）と災害救援の研究を続けてきた私が、とりわけ大災害によって社会が大きく変化すると考えるようになったのは、阪神大震災（九五年）においてである。大災害で弛緩解体した秩序や文化を引き締めようとする反応がおこり、強権的なもの、暴力的なもの、英雄待望の言説、堅実質素の勧めなどが蠢き出てくる。

それは大災害が頻発するようになった一九九〇年代になってからの新現象ではない。すでに確固とした前例がある。言うまでもなく、関東大震災（一九二三年九月）。

関東大震災で十万人を超える人びとが焼死し、数千人の朝鮮人、数百人の中国人、数十人の言論人、労働者が惨殺された。朝鮮人虐殺についてさえ、未だに「在日朝鮮人が暴動を起こしたという流言が伝えられ」（『広辞苑』の例）といった虚偽の解説が定説常識になっている。『現代史資料 六 関東大震災と朝鮮人』（みすず書房、一九六三年）には警察によって意図的に流された資料が詳しく載っているにもかかわらず、流言蜚語による民衆の虐殺説が新聞や教科書に書かれ続けている。中国人労働者の虐殺については、知らない人がほとんどである。そのため、今井清一と仁木ふみ子により『史料集 関東大震災下の中国人虐殺事件』（明石書店、二〇〇八年）の労作がやっと出版された。

大杉栄（三八歳）と彼の家族、伊藤野枝（二八歳）と橘宗一（六歳、大杉の甥）が、大震災の混乱と戒厳令下の緊張のなかで、九月一六日、東京憲兵隊本部構内に拉致され虐殺された。

三つの遺体は菰《こも》包みにされて、憲兵隊の内庭の古井戸に投げ捨てられていたが、隠蔽しきれなくなった政府は、九月二〇日になって小泉憲兵司令官、小山東京憲兵隊長を停職にし、福田戒厳令司令官を辞職させ、その後に甘粕正彦大尉（東京憲兵隊麹町分隊長）と森慶次郎軍曹ほか三名を軍事裁判にかけることにした。一二月八日の判決では、大杉と伊藤は甘粕が単独で首を絞めて殺し、子どもは森によって殺害したとされ、甘粕は懲役一〇年、森は懲役三年、ほかの三被告は無罪となった。

だが甘粕は二年一〇ヶ月で出所（森は一年で出所）。陸軍は彼をフランスへ留学させたが、適応できず、一年半で帰国、つづいて満州に渡り、関東軍、特務機関とつながって暗躍し、満州映画協会（満映）理事長となり、「大ばくち　もとも子もなく　すってんてん」と書いて、服毒自殺した（角田房子『甘粕大尉』ちくま文庫）。

こうして関東大震災を血の戒厳令で乗り切った政府は、「国民精神作興ニ関スル詔書」（一九二三年一一月）を出して「忠孝義勇ノ美ヲ揚ケ」ることを国民に強要し、治安維持法（一九二五年）を公布し、満州事変の謀略を決行し、太平洋戦争に突入していったのである。

今、私の机の上には、大杉栄ら三人の死体「鑑定書」がある。九月二〇日より翌二一日午前まで二二時間にわたって死体検案、剖検を行った軍医、田中隆一によるものである。九月二六日付になっている鑑定書を、ひそかに家に持ち帰り徹夜で筆写したものであり、妻は後に召集されて戦死した夫の遺品木箱にそれを保管していた。

一九七六年、妻が亡くなり、遺族によって発見されたものである。四六枚の手書きの鑑定書写しは、大杉、伊藤の遺体について、多くの肋骨、鎖骨が完全骨折し、腹部臓器も溢血斑《いっけつはん》があり、胸部には多くの表皮剝離、血腫を認め、「頗ル強大ナル外力（蹴ル踏ミツケル等）ニ依ルモノナルコトハ明白」と結論している。甘粕が単独で、後から首を絞めて殺したのでないこと、多数が蹴る踏みつけるなどして暴行虐殺したことを、正確に記している。

私たちの社会は過去の権力犯罪、社会犯罪を反省していない。大杉栄と家族の暗殺について戦後に調査を行ったこともなく、彼等への謝罪もしていない。それは当然、国家が行うべきことであるが、何もしていない。

大災害で民衆の混乱に恐怖を覚え、緊張と団結（ガンバロー日本！）を煽り、国家主義へと傾斜していく社会は変っていない。幼年学校などで受けた軍国主義奴隷教育を自己否定し、感情豊かに生きることによって、日本社会の文化的・精神的貧しさを批判した大杉栄は評価されず、あいかわらず後藤新平のごときに強い指導者願望を投影している。それに続き、安倍政権による特定秘密保護法、集団自衛権の主張に到っている。大災害の後には大杉栄を想い、彼を殺した野蛮な近現代日本社会を

反省するようにならない限り、私たちはうわずって貧しい生を繰り返すだけである。

（精神病理学者）

大杉栄と直行団第四回団員会

田中英夫

平民社の旗上げに、どうしても一兵卒として参加したいと思った、とは大杉が自叙伝に語るところ、そのとおり淡雪降る晩に開かれた社会主義研究会の記録に「社会主義の事を親爺に話して、そんな不忠な奴は切つてしまふぞと叱られた軍人の子」が出てくる。一九〇四年三月一三日のことだった。

それからおよそ二ケ月のちの五月六日、社会改良団体直行団第四回団員会出席者十八名の中に大杉栄の名があった。ほぼ月刊の機関誌『直言』七号にある報告記事だ〔明治新聞雑誌文庫蔵・団員会一覧は成田龍一『加藤時次郎』所収〕。平民社財政を支えた医師加藤時次郎が主宰する直行団は、目的に「漸次今の頽廃せる社会人心を改鋳し進んで人類の利益幸福を増進せん事を期す」をかかげたが、団員のさまざまな解釈を許すものだった。早稲田に学ぶ白柳秀湖は、平民社の矯激な思想を避けて入ったといい〔秋田雨雀編『島崎藤村研究』〕、加藤こそ革命と改良の境界線上で踏み迷ったと評された〔白柳夏男『白柳秀湖伝　脇街道一人旅』〕。

事実、対露開戦をめぐって団は割れた。「今日は最早主戦論非戦論の時にあらず、両者正に一致して、国家の安寧と国民の幸福とを保持するに務む可き也」とは加藤、原霞外連名巻頭論文の一節〔『直言』三号・『加藤時次郎選集』所収〕、対するに第一公開演説における団員山口孤剣「資本家の犬と戦争狂」が、唇から火が飛び出しそうな熱弁だったと原の報告にあることから想像がつくだろう。

では、非戦で一貫する平民社のひとつ外がわにある直行団第四回団員会に、なぜ大杉が参加したのか。創立を記念する第一回団員会に、平民社から堺枯川、幸徳秋水、石川三四郎、山根吾一が出席し、加藤の誕生日を祝う晩餐会には、加えて西川光次郎や木下尚江も参会していたからか。石川とは本郷教会牧師海老名弾正に感化されたつながりを持ってはいるが、外国語学校に学ぶ十九歳の大杉が、貸家問題演説会を開く直行団に心ひかれたとは思われぬ。

鍵は会場にある。ほとんど加藤病院で開かれた団員会は、めずらしくこの回だけ神田三崎町三ノ一山城屋で開かれた。東京座筋向かいにある旅宿兼下宿山城屋を経営するのは福田保太郎、その弟が直行団員山口孤剣である。この日山城屋における団員会で、山口は新たにもうけられた五人の委員に選出されている。これが主要案件で、いわば山口のための会だったのだ。

当夜、山口が一時期郷里で記者をつとめた下関新聞社長の息子村岡清次が出席しているのが、裏づけとなろう。

大杉が山口を知ったのは、例の平民社社会主義研究会だ。「政治学校の卒業生にして下宿屋の主人たる基督教信者」が山口で、会が始まる前に、キリスト教をめぐって無神論に立つ久津見蕨村と口角泡をとばして議論するのに出くわしていた。神は自分の中にあると信じていた大杉は、万物の上にあって支配するものと信じ、バイブルにあるとおり奇蹟を信ずる山口をあきれてながめたのだ。当の山口は、東京政治学校に学んだ友人と社会主義団体鉄鞭社をつくって『破帝国主議論』を出版し、経営する下宿に鉄鞭社の看板をかかげたため警察にとがめられて廃業に追いこまれていた。それで兄を頼って山城屋に仮住まいの身となっていたのだ。

大杉は山口と出あったあと、本郷壱岐坂下から神田に引越していたらしい。友人佐々木喜善四月二四日の日記に、「神田の大杉君を訪ねたるに留守」とあり、それは神田三崎町二ノ三とされる（後藤彰信「大杉栄、佐々木喜善との交友と平民社参加の頃」『初期社会主義研究』一六号・大杉豊『日録　大杉栄伝』）。三ノ一東京座前山城屋は、ついその先にあった。

状況証拠の積み重ねをすれば、第四回団員会に誘ったのは二歳年長の山口、すぐ近くだからという誘いを断りきれなかったのが大杉で、気のりしないまま出向いたとみる。団員会報告記事は精粗あって定まらぬが、第五回からあと大杉は出席していないようだ。

平民社解散後、山口は白柳と文学研究会火鞭会結成を発起して、『火鞭』誌上で非戦論者を非難した海老名弾正を攻撃した。「暴力を人道と叫び、腕力を正義と云ふ」説教に我慢ならなかったのである。ようやく気づいたのかという大杉のため息が聞えてくる。

（『西川光二郎小伝』と『山口孤剣小伝』の著者）

大杉栄 十九の夏は大須の街角

伊藤英一

大杉栄の文章で書いたもので最初に活字になったのは、一九〇四年七月十七日の週刊『平民新聞』掲載の次の手紙である。

名古屋より　あの日午後九時三十分新橋を発車しました……当地に来てからは毎晩涼みがてら散歩しますから其都度チラシを持つて行つて撒きちらしました、その時面白く感じましたのは「オオこりや僕の愛読している新聞だ、失礼ですが貴君は此新聞とドウ云ふ御関係の方ですか……アアさうですか、

それはドウも御苦労様です、では半分わけて呉れたまへ、向ふ側は僕が受持ちませう」などと言つて、喜んで応援して呉れた熱心なる愛読者のあつた事です。

地方通信「名古屋より」には、三つの謎が潜んでいる。
①七月九日から九月初めまでの「当地」での主たる宿泊先。
②平民新聞の宣伝チラシを撒いた場所。
③チラシ撒きに協力した「熱心なる愛読者」。

第一の謎について、多田道太郎は「生と反逆の思想家・大杉栄」（一九六九年）で、「学校の夏休みでもあるので、名古屋の近くの伯父の家へ行っていたのであろう」と記し、秋山清は『大杉栄評伝』（一九七六年）で、「名古屋に行ってビラを撒いたり、集会に出たりしたことは明らかだが、それは学校の夏休みに父の郷里に親戚を訪問した時の、事のついでだったようにも考えられる」と記している。

大杉栄の「自叙伝」に、「父［東《あずま》］の家は、名古屋を距る西に四里、津島と云ふ町の近くの、越治《こしじ》村大字宇治と云ふのにあつた……父には二人兄があつた。長兄は猪《いのこ》と云つて、宇治の家を継いで、村長などをやつていた。次ぎのは一昌《かずまさ》と云つて、名古屋にゐたが、そして僕が幼年学校にゐた間は随分世話にもなつたが、何にをしてゐたのか僕には分らなかつた」とある。

多田と秋山は、大杉の宿泊先を越治村の伯父宅と推定しているが、夕涼みがてらに津島から名古屋に出てビラ撒きをすることは不可能である。

筆者は、初期社会主義者鈴木楯夫《たてお》（一八八〇—一九四六）が、一九二八（昭和三）年六月一日発行の『名古屋民衆新聞』（名古屋大学附属図書館所蔵）に「大杉栄君のビラマキ」と題する一文を寄せているのを見つけた。鈴木はその中で、大杉の「名古屋より」について次のように記している。

明治三十七年の初夏、筆者が大須観音堂の外廊に涼を容れて居ると、弱々しい小柄な一人の学生が社会主義の檄文を配布して来た。「貴君は平民社と何ういう関係があるのですか」と尋ねると、「別に関係のあるわけではないが、暑中休みで帰省して居るから、夕方は散歩かたがた配布して居るのです」、「それはごくらうです。私も少しく手伝ひますから半分わけて下さい」というて社会主義のビラを配布したことがある。当時筆者は平民新聞を読み始めたばかりであったが、手伝ひをせぬことがなんでも主義に忠実でないような気がしてならぬので、分けて貰ふて配布したのである。

大杉栄君は当時筆者の住んで居った名古屋市中区飴屋町に親戚があり、そこに来ていて夕方主義宣伝のために人の集まる大須観音堂にチラシをまいたのである。大杉君は当時外国語学校に在学中で今日のごとく名の知れた人ではなかった。チラシをまいていた人が大杉君であったことは、明治三十七年七月十七日発行された平民新聞第三十六号に掲載の一文での

ちに知ったのであった。

この記事によって、大杉の宿泊先は名古屋の一昌伯父宅であったこと、チラシの配布場所は大須観音堂であったこと、チラシ撒きに協力した愛読者は鈴木楯夫であったことが判ったのである。

（愛知県史特別調査執筆委員）

「美しい」と彼は言った

大杉栄と無名時代の佐藤春夫

山中千春

ちやうど世に謂ふ大逆事件なるものの後であつて、生き残つた社会主義者たちは文士社会へ亡命して来たのであつた。

（佐藤春夫「吾が回想する大杉栄」）

一九二三（大正一二）年九月一六日、大杉栄、伊藤野枝、橘宗一は、自宅付近で東京憲兵隊本部へ連行され、虐殺された。このとき、宗一はたったの六歳。佐藤春夫は、同年一二月「吾が回想する大杉栄」を『中央公論』に掲載し、大杉の死を悼むとともに、その人間的魅力や出会いなどを描いている。ここで春夫は大杉を「隣人」と呼んでいるが、それが一部の読者から、自己防衛と捉えられたりもした。こうした誤解は、一九一一年一月に大逆事件によって、春夫と同郷の医師である大石誠之助が処刑されたことを詠った詩「愚者の死」（一九一一年、『スバル』）以来尾を引いているが、それは春夫の表現方法が婉曲的であることによる。その点については、拙論「〈日本人ならざる者〉の葛藤」（『初期社会主義研究会』二三号）、拙論「文学による〈革命〉として」（『Fortuna』二三号、欧米言語文化学会）に詳述したので触れない。いずれにしても、「吾が回想する大杉栄」では、人間としての大杉に対する哀悼の念を読み取ることができる。それは、社会的な評価とか肩書きを削ぎ落としてもなお残る〈精神〉のようなものを見ようとする春夫の創作スタンスでもある。

大逆事件の後

一九一二年（大正元）一一月一日、大杉栄と荒畑寒村は、雑誌『近代思想』を創刊した。その内容は多岐にわたり、寒村は「清新な意気と批判的な精神とは文壇の時流をぬく特徴をなしていた」（『寒村自伝』一九六一年、論争社）と回想している。当時は、『白樺』や『青鞜』など、新しい時代の精神が芽吹きはじめる時代であったが、そうした声も、大杉や寒村らの立場からすると表面的で生ぬるいものに見えていたのであろう。

この頃、佐藤春夫は、〈超人社〉と名づけられた生田長江の自宅に住み込み、創作上の教えを受け、乃木希典殉死以後、西欧一九世紀末の作家に傾倒しつつ、創作上の模索を続けてい

た。その後、川路歌子と同棲をはじめて西大久保に居を構え、そこへ大杉や寒村、堺利彦の周辺にいた荒川義英が同居する。

荒川義英は堺利彦に才能を見出されて、『近代思想』のほか、社会主義系の人物が多く集まる雑誌に作品を発表していたが、当時の大久保には社会主義者が多く住んでいた上、長江が既に大杉やその仲間と知り合っており、春夫は荒川と接点を持ちやすい環境にいた。また春夫は孤蝶のもとで、明治四五年ころから大杉や荒畑と顔を合わせている（佐藤春夫『詩文半世紀』一九六三年）。大逆事件後を生きる無名の春夫は、文壇で活躍する作家たちよりも、大杉や寒村などの「大逆事件の残党や、その手下」（『詩文半世紀』）たちの周辺にいたのである。『近代思想』が与えたその後の影響を鑑みるとき、無名の春夫がこうした環境にあったことの意味は大きい。

大杉栄とその周辺

大杉栄は、一九一〇（明治四三）年一一月から一九一五年一二月まで大久保百人町に住み、春夫は一九一五年八月に牛込から西大久保に転居しており、二人は月に一回以上のペースで会っている。その後、大杉が一九一六年十月から一二月まで伊藤野枝と本郷菊富士ホテルに滞在した際にも、数回会っている。春夫が荒川と二人で大杉を訪問したときのことを、次のように回想している。

> 大杉は先づ無二の友荒畑寒村の小説を推賞した。それからドレフュス大尉事件で習俗と戦つたエミイル・ゾラのことや、アナトオル・フランスの名も出た。私はウヰリヤム・モリスのことを尋ねたら、彼はその烏有郷消息《ニユースフロムノーホエア》を大変好きだと言つた。「美しい」と彼は言つた――美しいといふ言葉を確かに使つたのを覚えてゐる。
>
> （「吾が回想する大杉栄」）

この回想から春夫の「美しき町」（一九二〇年、天佑社）の登場人物・川崎禎蔵は大杉がモデルだと論ずるものもあるが、論を先走りすぎている。「美しき町」についてはここでは触れないが、少なくとも、春夫はその後、アナトオル・フランスの作品を多く読んで翻訳を試み、ウイリアム・モリスは「美しき町」に登場することを想起すると、当時無名の春夫にとって大杉との会話は、創作活動になんらかの重要な指標を示したのではなかろうか。春夫は〈超人社〉で長江から次のようなことを言われたという。

> 君は人間よりは文章のほうが未熟だと手痛い批評のあとで、しかし文章の方が人間よりできすぎてゐるよりは、このほうがよからう。大杉栄なども二三年前までは拙劣見るに堪へない文章を書いてゐたものであつたが、人間ができてゐただけに見る見る自然と長足の進歩を遂げたやうな例もある。
>
> （『詩文半世紀』）

長江は大杉の文章を高く評価しているが、春夫はそれをどのように捉えたか。また、春夫が〈超人社〉にいた頃、生田春月も住み込んでいたが、彼も大杉の思想について興味をもっていた。一九一五年四月頃、春月は荒川義英に連れられて大杉を訪問している。そのとき、春月の友人・江連沙村も同行していたという。ちなみに江連は、春夫の中篇小説『都会の憂鬱』（一九二三年、新潮社）の登場人物・江森渚山のモデルとなっている。この訪問については、春月の自伝小説『相寄る魂』（一九三〇年、新潮社）に詳しいので触れないが、大杉が語った思想的なことについて春月も強く刺激を受けて帰ったという。

春夫の創作スタンス

大杉を高く評価する長江や春月、荒川と共に暮らし、直接大杉に会っている春夫。本来ならば、頻繁に大杉やその周辺について書いていても良さそうなものだが、大杉についてのまとまった文章は「吾が回想する大杉栄」が初であり、その後も第二次大戦後を待たねばならない。やけに寡黙だ。こうした寡黙さは、大石誠之助とその甥・大石七分についても言える。大石七分は、大杉に資金的援助をし、大杉がプロモーターとなった雑誌『民衆の藝術』を出した人物であり、春夫の短編「FOU」のモデルとなっている。七分については拙論「無垢という〈アイロニイ〉――『近代思想』以後の仲間・大石七分」（『大杉栄と仲間たち』二〇一三年、ぱる出版）に詳述したが、「美しき町」をはじめ『田園の憂鬱』や『都会の憂鬱』などの大正期の春夫の作品には、大杉たちと交流していた時期が反映されている部分があることを考えると、春夫の寡黙さの意味は、その後に見出した創作スタンスにありそうだ。

その人間の真実と、霊活とが書けて居れば、たとひどんな不快な事件を書き出して居てもいいのだと私は思ひますが。

（『定本佐藤春夫全集』第三六巻、一二一頁）

これは、春夫の短編「美しき町」が発表される一年前、大逆事件の連座を奇跡的に免れた沖野岩三郎が、大石誠之助とその遺族をモデルにした短編集『煉瓦の雨』（一九一八年、福永書店）を刊行する際に、春夫が父・佐藤豊太郎に宛てた書簡である。「その人間の真実と、霊活とが書けて居れば」というスタンスは、大杉や誠之助、七分についてに寡黙であったことに関係しているように思えてならない。

（日本文学）

大杉栄 全集

全12巻＋別巻1

第1巻　1904年 7月17日－1912年 9月15日

第2巻　1912年10月 1日－1914年 9月25日

第3巻　1914年10月15日－1916年 1月22日

第4巻　1916年 3月15日－1919年 9月 1日

第5巻　1919年10月 6日－1921年12月 1日

第6巻　1921年12月26日－1922年 6月15日

第7巻　1922年 7月 1日－1923年10月25日

第8巻　翻訳第1巻〈ムウア／ルボン／ルトウルノ〉

第9巻　翻訳第2巻〈ダーウィン〉

第10巻　翻訳第3巻〈ローラン／クロポトキン（1)〉

第11巻　翻訳第4巻〈クロポトキン(2)〉

第12巻　翻訳第5巻〈ファーブル〉

別　巻　書簡／著作リスト／略年譜／索引／その他

ぱる出版

大杉栄全集《おおすぎさかえぜんしゅう》　第《だい》1巻《かん》

2015年3月15日　　初版発行

著　者　大　杉　栄
編　者　大杉栄全集編集委員会
発行者　奥　沢　邦　成
発行所　株式会社ぱる出版
〒160-0011　東京都新宿区若葉1-9-16
電話 03(3353)2835（代表）　振替 東京 00100-3-131586
FAX 03(3353)2826　　印刷・製本　中央精版印刷㈱

ISBN 978-4-8272-0901-3　C3336